国家重点档案保护与开发项目资助

省情与施政

广东省政府会议录

（1925—1949）

第七册

广东省档案馆　编

SPM 南方出版传媒 广东人民出版社

·广州·

目　　录

广东省政府第九届委员会会议录

（1939 年 1 月 4 日—时间不详）

广东省政府第九届委员会会议录

(1939 年 1 月 4 日—时间不详)

广东省政府第九届委员会
第三百三十三次议事录

日　期　六月一日

地　点　曲江本府

出席者　郑彦棻　黄麟书　张导民　郑　丰　许崇清　刘佐人
　　　　吴迺宪　方少云　何　彤　王志远

列席者　杜之英　黄　雯　黄秉勋

主　席　李汉魂（公出　郑彦棻代）

纪　录　（秘书）谢晨光

报告事项

一、据教育厅呈，奉饬将社教团三十年多拨战时加给费三百二十六元四角抵拨增加俸给费一案，前经如数解库，请饬库补发等情。饬据会计处签称，该款似应准照补拨，仍在三十年度省调整机构补助公务员生活费项下开支等语，应准如拟办理。

二、据卫生处呈缴防疫医院三十一年度检验员一月份薪俸及生活补助费预算书，列支一百六十元。饬据会计处签称，拟准如所请在该院本年度俸给费节余项下拨支等语，应准如拟办理。

三、据省粮政局电，为北江运输所员役遭受空袭损害，请予救济等情。饬据秘书、会计两处签拟，给予救济费共二千一百五十元，该款在三十一年度省总概算内救济费项下开支等语，应准如拟办理。

四、据会计处案呈，查战时公债劝募总队本年三至五月份共三个月延长结束期间经费预算书，所列各数总散相符，既奉核准由省府补助，计月列八百八十四元，三个月共列二千六百五十二元，拟在本年度省岁出概算第一预备金项下拨支等情，应准如拟办理。

五、据会计处案呈，据南海县呈缴本年度一、二、三月份囚粮费预算书册，一月份列支二百四十五元六角，二月份列支二百一十五元五角，三月份列支六百四十五元，请拨款归垫一案，拟准照三十年度前案办理，每月终列呈预算，附具名册，呈候核发，该款仍在本年度省岁出概算经常门临时部分第十三款第一项第一目接近战区战时工作经费项下拨支等情，应准如拟办理。

六、据教育厅呈缴本厅戏剧歌咏队三十年度改订俸给重编预算书表。饬据会计处签称，表列数目，核案尚无不合，计三十年度由九月份起至十二月份，月应增俸给费四百零三元六角，四个月共应增拨一千六百一十四元四角外，尚应增拨少列职员一员，队员十员，增加俸给费一千四百七十八元四角，此款拟准在三十年度省概算内调整机构补助公务员生活费项下开支等语，应准如拟办理。

七、据省振济会呈缴第一振济区征收三埠电船客票附加一成救济费二十九年度暨三十年度预算书。饬据会计处签称，查二十九年度列收列支均为二万五千二百元，三十年列收列支均为二万二千元，比对收支适合，似可准予照列。至此项收入数，拟饬振济会并列入振款收入预算内呈核，支出款项准在振款项下拨付等语，应准如拟办理。

八、据驿运管理处呈，拟增设佐理会计员四员等情。饬据会计处签称，似可照准，俸给及生活补助费在该处三十一年度营业概算损失表管理费内各段站职员俸薪生活费数额内匀支报销等语，应准如拟办理。

九、据第四区行政督察专员呈缴改编三十一年度经常费等预算分配表册。饬据会计处签称，补足折薪差额预算分配表月列一千七百五十五元，年列二万一千零六十元。又生活补助金预算分配表月列四千七百三十五元，年列五万六千八百二十元，查核尚无不合，拟准在三十一年度省岁出概算内调整机构补助公务员生活费项下按月照拨。又经常费预算分配表内增设办理军粮人员经费月列一百八十五元，年列二千二百二十元，拟照案在三十年度省岁出概算第一预备金项下按月照拨等语，应准如拟办理。

十、刘委员函，为现在粮价日涨，非贫瘠县份司法囚粮之发给，拟请仍照秘书处等五厅处局会呈核拟办理恩平县请援照补助团警食米办法筹给行政囚粮结果第二项"其余非贫瘠县份，仍比照司法囚粮数额发给。如地方财力确实困难，不能比照司法囚粮数额发给之县，得专案呈请省政府核准照前项规定办理"之办法办理，请核饬施行等由，应准如拟办理。

讨论事项

一、刘委员提议，拟就广东省各县看守所卫生管理规则，请公决案。

（决议）交何委员审查。

二、据卫生处呈缴公共卫生人员训练所开办费及经常费预算书、计划书，所需经费，拟将曲江、茂名两县中心卫生院补助费全部八万元及在疫苗费中拨出三万元合共十一万元应支，请核示等情，请公决案。

（决议）交刘、许、黄三委员审查，由刘委员召集。

三、据卫生处呈，据省立医院呈缴三十年十月份疏散公物旅运费预算书，共列支三千二百四十二元八角，请核示等情，请公决案。①

（决议）照会计处签拟通过。

四、（略）

五、据会计处案呈，查曲江县地方三十年度岁入岁出第二次追加概算，经参照财政厅意见整理后，计应改为岁入岁出第三次追加概算各为一十六万二千九百三十四元，请提会核定等情，请公决案。

（决议）照案通过。

六、据会计处案呈，查赤溪县地方三十年度岁入岁出第二次追加概算，经参照财政厅意见整理后，计追加各为二千三百九十二元，请提会核定等情，请公决案。

（决议）照案通过。

七、据会计处案呈，查陆丰县地方三十一年度岁入岁出总概预〔算〕，经参照各厅处意见核编后，计拟改列各为二百二十九万零六百九十四元，请提会核定等情，请公决案。

（决议）照案通过。

八、据博罗县政府电，拟在本年六月一日起实旅新县制，请核示等情，请公决案。

（决议）准由本年七月一日起实施新县制。

九、据财政厅、秘书处、会计处会呈，拟从新规定各机关奉派赴渝受训人员旅费办法二项，请提会核定等情，请公决案。

---

① 会计处签拟略。

（决议）照案通过。

十、据建设厅呈，为拟请由本省三十年度省总预算经济建设支出及行政支出余款项下先行拨款筹办工业试验所，及北区植棉繁殖场等情，请公决案。

（决议）准拨三十万元筹办工业试验所，款在三十年度经济建设支出项下拨付，归入三十年度省库收支结束案内统筹办理。

十一、郑委员（彦棻）、许委员、吴委员会复，审查建设厅签呈，据合作事业管理处呈拟订广东省各县举办合作讲习会暂行办法，请核备一案意见，请公决案。①

（决议）照审查意见通过。

广东省政府第九届委员会
第三百三十四次议事录

日　期　六月四日
地　点　曲江本府
出席者　郑彦棻　张导民　郑　丰　高　信　许崇清　吴迺宪
　　　　何　彤　黄麟书　王志远　方少云　刘佐人
列席者　杜之英　戴振魂　巫　琦　黄　雯
主　席　李汉魂　（公出　郑彦棻代）
纪　录　（秘书）谢晨光

报告事项

一、据秘书处签呈，拟具广东省政府合署建筑委员会新建棚舍借住及价让办法，请察核施行等情，应准如拟办理。

二、据本府行政效率促进委员会签呈，本省三十二年度各县工作计划编造办法及计划纲要，经依照修正各点整理及复审完竣，通饬各县遵照办理，请补报会议核定等情，应准如拟办理。

① 审查意见略。

三、据省振济会呈缴妇女生产工作团托儿所三十一年度儿童膳费预算书，月列一千零四十元，年列一万二千四百八十元，款在振款项下拨付等情。饬据会计处签称，查核尚合，拟准照办等语，应准如拟办理。

四、据本省驿运管理处先后呈缴二十九年度营业决算及固定资产增减表暨资产负债表。饬据会计处签称，查该处二十九年度，营业预算列收六十六万六千零六十元，列支八十五万零七百二十八元八角二分，比对亏损一十八万四千六百六十八元八角二分，现缴决算列收七万二千八百一十元八角二分，列支二十三万零九百六十七元五角四分，比对亏损一十五万八千一百五十六元七角二分，核与预算尚未超越，其余各表所列数目，尚无不合，惟营业收入决算表预算余绌数栏将运费收入比预算不足之差额五十九万三千二百六十二元三角八分列入余数栏，又将原未列入预算之其他收入数一十三元八角列入绌数栏，均属错误，拟代更正存转等语，应准如拟办理。

五、据秘书处签呈，本府三十一年度加印增修兵役法规释疑汇编印刷费计需一千四百八十三元，请拨还归垫等情。饬据会计处签称，现经会同审计处估价订印，该款拟在三十一年度省岁出概算第一预备金项下拨支归垫等语，应准如拟办理。

六、据会计处签呈，依照与财政厅会签意见，编成本省三十年度第五次追加省总概算，计追加岁入岁出各为一千二百八十六万二千八百七十六元，请报会后呈送由中央核定等情，应准如拟办理。

讨论事项

一、准广东全省保安司令部电，为本部保安第九团二十九年十月份解运械弹，共支出六千零一十二元五角六分，该款拟移在本部二十九年度历月份保安经费节余项下开支，请查照等由，请公决案。

（决议）照案通过。

二、刘委员函复，审查会计处呈，为免各厅局办理公务员生活补助金发生参差起见，拟定各县局各机关名称，分别甲乙附表，请通饬各县遵照一案意见，请公决案。①

（决议）照审查意见通过。

---

① 审查意见略。

三、据省粮政局呈，为各县粮管会三十年九月份经费共为二十一万六千一百九十六元，现由局先行垫发七成，计共一十五万二千二百八十二元九角，其余未发三成数，请一并核定由省款抑由县款开支，请核示等情，请公决案。①

（决议）未发之三成数，准由三十年度各县局普通补助金项下拨支，余照会计处签拟通过。

四、据会计处案呈，本府现奉行政院令发修正国内出差旅费规则，本省县机关人员出差、调任赴任，拟按各该机关经费状况一律援照奉发规则自行参酌办理，请提会核定等情，请公决案。

（决议）照案通过，自本年六月五日起实行。

五、据教育厅呈，据省立广州农工职业学校呈缴该校三十一年度经常费预算分配表，列支一十七万零三百零九元，补足折薪差额预算分配表，列支四万一千零一十五元，生活补助金预算分配表，列支五万四千一百七十元，请核示等情，请公决案。②

（决议）照会计处签拟通过。

六、据省振济会呈缴儿童教养院实验中学部二十九年度九月份起至十二月份止经常费概算书，月支五千零三十五元，四个月共支二万零一百四十元，请核示等情，请公决案。③

（决议）照会计处签拟通过。

七、据秘书处签呈，拟订各县统计室经费员额预算。并拟定一、二等县统计事业费年支二千元，三、四等县年支一千五百元，五等县年支一千元，管理局年支五百元，请核示等情，请公决案。

（决议）交张、方、黄三委员审查，由张委员召集。

八、据会计处案呈，查东莞县地方三十年度岁入岁出第四次追加追减概算，经参照各厅处意见整理后，计岁入追加四千九百一十八元，岁出追加六千七百八十五元，追减一千八百六十七元，实增四千九百一十八元，请提会核定等情，请公决案。

---

① 会计处签拟略。
② 会计处签拟略。
③ 会计处签拟略。

（决议）照案通过。

九、据会计处案呈，查平远县地方三十年下半年度岁入岁出第二次追加概算，经参照各厅意见整理后，计追加各为四万六千零五十七元，请提会核定等情，请公决案。

（决议）照案通过。

十、据会计处案呈，查连山县三十一年度岁入岁出追加概算，经参照财政厅意见核编后，计追加各为四万二千元，请提会核定等情，请公决案。

（决议）照案通过。

十一、何委员、张委员、刘委员会复，审查秘书处所拟广东省第九行政督察区战时人事及行政紧急处置暂行办法一案意见，请公决案。[①]

（决议）照审查意见通过。

十二、据建设厅呈，拟就广东省省营工业通则，请核定施行等情，请公决案。

（决议）交何、张、高三委员审查，由何委员召集。

十三、据民政厅呈缴视察谭庆荪荐委表，请赐核委等情，请公决案。

（决议）照派代理。

十四、方委员、黄委员、何委员会复，审查社会处所拟修正本省战时取缔奢侈浪费暂行办法，韶关市战时取缔奢侈浪费实施办法一案意见，拟参照原草签拟韶关市战时限制宴会及饮食浪费暂行办法，请公决案。

（决议）照审查意见通过。（意见略）

十五、据建设厅呈，准运输统制局电复，中央本年度财政困难，韶兴路第一、二两期追加工程费三十三万五千三百一十五元六角五分，未便核发等由，请公决案。

（决议）交郑委员（彦棻）审查。

十六、张委员、郑委员（丰）、方委员会复，审查社会处合作事业管理处呈，拟具广东省合作社物品供销处办理广东省政府暨所属各机关

---

① 审查意见略。

9

员工生活必需品平价供给暂行办法，及广东省政府暨所属各机关员工消费合作社组织暂行办法一案意见，请公决案。

（决议）照审查意见修正通过。①

十七、张委员、黄委员、刘委员会复，审查建设厅呈缴麻织厂设厂复工计划及复工经费概算书，列支国币一千零六十一万四千元，请察核拨支一案意见，请公决案。②

（决议）照审查意见通过。

广东省政府第九届委员会
第三百三十五次议事录

日　　期　六月八日

地　　点　曲江本府

出席者　郑彦棻　何　彤　张导民　黄麟书　郑　丰　高　信
　　　　　许崇清　方少云　刘佐人　王志远

列席者　杜之英　黄　雯　黄秉勋　巫　琦

主　　席　李汉魂(公出　郑彦棻代)

纪　　录　（秘书）谢晨光

报告事项

一、据秘书处主〔呈〕，关于卫生处所拟广东省卫生人员征调限期服务暂行办法一案，经本府第三二五次会议决议照审查意见通过在案。查原案卫生处原用"征调""应征"字样，审查意见以其时国家总动员法未奉令施行，拟改为"聘调"或"应聘"，现总动员法已奉命施行，似宜照原案用"征调"及"应征"字样，将原案发回卫生处更正后呈院等语，应准如拟办理。

二、据战时公债广东省劝募总队呈，拟定本省战时公债各县劝募分

---

① 审查意见及修正之点略。

② 审查意见略。

队成绩考核办法十项，请察核施行等情，应准如拟办理。

讨论事项

一、（略）

二、据本府行政效率促进委员会签呈，拟将本府工作检讨办法及成绩考核标准修正，请核示等情，请公决案。

（决议）照案修正通过。

三、据卫生处呈，拟在卫生事业补助费项下列拨六万元设置乳源、从化、佛冈、连山、始兴、仁化等六县妇婴卫生室，计需开办费共二万六千四百元，经常费由本年六月至十二月共需三万三千六百元，请核示等情，请公决案。①

（决议）照会计处签拟通过。

四、黄委员、郑委员（丰）、郑委员（彦棻）会复，审查本府战时通讯所呈缴广播电台组织规范及该台调整编制预算表，拟于本年五月份起实行一案意见，请公决案。②

（决议）照审查意见通过。

五、据会计处案呈，查鹤山县地方三【十】年度七至十二月份岁入岁出第二次追加概算，经参照各厅处意见整理后，计追加各为一十万零四千四百六十四元，请提会核定等情，请公决案。

（决议）照案通过。

六、据建设厅签呈，据公路处呈，为迁达新址，计需搬迁及添置公物费用八千八百一十四元，查属需要，该款拟在该处三十年度经费节余项下开支，请核示等情，请公决案。③

（决议）照会计处签拟通过。

七、（略）

八、据卫生处呈缴秘书陆吉甫荐委表，请核委等情，请公决案。

（决议）照派代理。

九、据财安〔政〕厅签呈，为本省田赋督导员薪旅费因延长督导

---

① 会计处签拟略。

② 审查意见略。

③ 会计处签拟略。

时间关系，计不敷一万一千零三十元，拟请由省库负担，在三十年度税务票费余额内拨支，请核示等情，请公决案。

（决议）照案通过，抵解手续照会计处签拟办理。

广东省政府第九届委员会
第三百三十六次议事录

日　　期　六月十一日
地　　点　曲江本府
出席者　李汉魂　郑彦棻　方少云　吴逎宪　高　信　黄麟书
　　　　　何　彤　许崇清　王志远　郑　丰　刘佐人　张导民
列席者　杜之英　戴振魂　黄　雯　巫　琦　云照坤
主　　席　李汉魂
纪　　录　（秘书）谢晨光

报告事项

一、准军政部电复，龙门县政府代一五八师征购架设桥梁材料费三千五百七十九元九角五分，经由农民银行汇曲等由。饬据会计处签称，除本府前拨付该县政府之本案材料费三千元饬财政厅返纳库收外，其余五百七十九元九角五分，拟发还龙门县具领归垫等语，经准如拟办理。

二、准广东省临时参议会函送二十九年度十二月份疏散档案公物去程迁移费支付预算书，及三十年度五月份档案公物回程迁移费支付预算书，共列支二千八百六十六元八角。饬据会计处签称，拟准在三十一年度省岁【出】概算第一预备金项下补拨归垫等语，应准如拟办理。

三、据建设厅呈，关誉〔于〕公路处故监工张祺生、信差黄克洲积劳病故，请援照该处战时公路员工伤亡抚恤暂行规程第五条之规定，给予张祺生遗缺〔族〕一次过二个月薪资一百八十八元，黄克洲一百四十元作为丧葬、抚恤等情。饬据秘书、会计两处签称，查核尚无不合，但应以薪额为准，不得将生活补助费包括在内，计应发该故监工席〔张〕祺生两个月薪共一百一十元，故信差黄克【洲】两个月薪共四十四元，合共一百五十四元，该款拟在三十一年度省恤金项下开支等语，应准如拟办理。

四、据第五区行政督察专员电，为科长、视察、承审等出差旅费，可否改照荐任级支报等情。饬据会计处签称，查各区专署编制，科长、视察原规定系委任职，得以荐任待遇，为求各区专署划一起见，对于专署科长、视察出差旅费，拟酌予变通办理，一律准照荐任级支报。至承审员，系规定委任职，其出差旅费，自应照委任级支报等语，应准如拟办理。

五、据省振济会呈，据儿童教养院呈，拟变更该院肥皂工厂本年度计划进度，适应目前环境需要，请核示等情。饬据效率会签称，所称各点，尚属事实上需要，拟请报会等语，应准如拟办理。

六、奉行政院电知，拟订改善省级机关员役生生〔活〕办法应行注意事项：（一）享受生活补助费及平价食粮或代金待遇之公务员役，应以所属机关系向省府支领经费有组织规程及预算分配表之规定者为限。（二）县市政府及非行政机关或仅受省府补助之机关团体，其员役均不得并于省级员役内支领生活补助费，及享受平价食粮或代金待遇。（三）省营业机关改善员役生活所需经费，应以自给为原则，省府不加补助。（四）公役人数不得超过职员四人雇用公役一人之标准。（五）平价食粮每市石应扣回之基本价格为六十元，当地粮价低于六十元者，不发代金。（六）各省政府拟定改善公务员役生活办法时，应以实在情形为根据，其所需经费，应就各该省经费统筹支配，仰即遵照妥筹办理等因。饬据会计处签，拟函令各机关切实遵照办理等语，应准如拟办理。

讨论事项

一、准广东省军管区司令部先后函送组设韶关市国民兵团团部经费预算表，月支一千九百一十六元五角。又增设韶关市地区编组保队月支五千四百四十五元，除由韶关市自筹半数外，其余半数，计二千九百九十八元五角，拟均由本年四月份起按月拨给，请查照等由，请公决案。

（决议）照会计处签拟通过。（签拟略）

二、准广东全省保安司令部电，为发给南路特务大队训育补助费一千元，款在该大队三十年度经费节【余】项下开支，请查照等由，请公决案。

（决议）照案通过。

三、据省地政局呈，拟具三十一年度举办乐昌、仁化两县土地登记计划，计全期经费共九十三万五千元，以各该县书状费收入拨充办理，在未有收入以前，拟暂向广东省银行借款六十三万三千零五十一元支用，请核示等情，请公决案。

（决议）交何、张、许三委员审查，由何委员召集。

四、郑委员（丰）、张委员、高委员会复，审查秘书处会同珠江水利局制成广东水利根本建设计划大纲一案意见，请公决案。

（决议）照审查意见通过。（审查意见略）

五、刘委员、张委员、方委员会复审查民政厅所拟广东省各县市局户籍行政各级组织暂行办法一案，谨订拟暂行办法及分等表、编制表，请公决案。①

（决议）照审查意见通过。

六、张委员函复审查建设厅呈缴战时长途电话管理所改编三十年度营业预算及改订俸给比较表一案意见，请公决案。②

（决议）照审查意见修正通过。

七、黄委员、刘委员、何委员会复审查关于本省地方行政干部各级训练机关考选学员分发任用要则及本省各级行政机关人员玩忽调训处分暂行办法一案意见，请公决案。③

（决议）照审查意见修正通过。

八、据民政厅呈缴督导员纪志远荐委表，请赐核委等情，请公决案。

（决议）照派代理。

九、据粮政局签呈，拟具公教员役团警平价米筹给办法，请核示等情，请公决案。

（决议）交刘、张、方三委员审查，由刘委员召集。

---

① 审查意见略。
② 审查意见略。
③ 审查意见略。

十、张委员、郑委员（彦棻）、何委员会复，审查广东省银行呈送三十年下期及三十年全年决算表，请察核一案意见，请公决案。

（决议）照审查意见修正通过。

十一、奉第七战区司令长官司令部电，饬迅即组设东西江船舶大队部，及选派干员委充大队长，驰赴西江筹办等因。并据建设厅呈，编具广东省船舶总队部暨东西江区船舶大队部编制预算表，总队部月支一千零三十元，大队部月支一千二百八十一元等情，并案请公决案。

（决议）交张委员审查。

广东省政府第九届委员会
第三百三十七次议事录

日　期　六月十五日
地　点　曲江本府
出席者　李汉魂　郑彦棻　郑　丰　张导民　黄麟书　何　彤
　　　　高　信　许崇清　吴迺宪　方少云　王志远　刘佐人
列席者　杜之英　戴振魂　黄　雯　巫　琦　黄秉勋
主　席　李汉魂
纪　录　（秘书）谢晨光

报告事项

一、据会计处案呈，关于广东省建设厅战时长途电话管理所修理曲雄话线工料费款七万二千九百六十八元一案，奉行政院核准在本年度战时特别预备金动支等因。请分别通知办理等情，经准照办。

二、准广东省军管区司令部函，为三十年团队管理处汽车保养费支出超过预算，在预备金项下拨支，请查照提会核备等由。经饬据会计处签称：（一）所称拟自三十年一月份起至十二月份止，每月追加补助办公费二千元，全年二万四千元，核尚需要。（二）汽车保养费原月列六百元，因汽车燃料及修车物料价涨，三十年度计超支一万八千二百九十八元二角。以上两项年共支四万二千二百九十八元二角，该款既经军管区司令部在三十年度国民兵团队预备费项下开支，似可照办等情，准如拟办理。

三、据建设厅转据农林局呈，以和平县农业指导工作站助理员朱罩胜积劳病故，除在局农业指导工作站经费办公费内先行汇发殓葬费一百元外，拟援照本局前惠阳农业指导工作站故助理员华作善请恤前例，一次过由农业指导工作站经费内发给该员薪给两月共二百六十二元，以资抚恤等语，转请核示等情。经饬据秘书、会计两处签称，以关于惠阳农业工作站助理员华作善病故给予其最后两个月薪一案，当时系在本省战时公务员、雇员、公役在职亡故核给殓葬费暂行办法未颁行以前之一种补救办法，现在既有定章，自不能援例办理，该故员朱罩胜积劳病故，既经依前项暂行办法发给殓葬费一百元，所请援照前例，另发给两个月薪给，似未便照准。关于殓葬费一百元部分，拟饬在该局本年度农业指导工作站经费内相当科目列支等语，准如拟办理。

四、据第一区行政督察专员公署呈缴四月份行政囚犯口粮清册，计共列支囚粮国币三百五十二元，请察核发还归垫等情。饬据会计处签称，查核尚无不合，拟准在三十一年度省岁出概算行政人犯口粮项下拨支等情，应准如拟办理。

五、据卫生处呈，以本处手车夫工饷月支八十元，拟由四月份下半月起至十二月止共国币六百八十元，此款拟在本处三十一年度经常费预算俸给费节余项下开支等情。饬据会计处签称，拟予照准等语，应准照办。

六、据地政局呈，为编呈三十年度故员役罗骊烈、李德燊、伍铭耀殓葬费预算书，列支二百七十元，该款请准在本局乐仁测量经费节余项下开支等情。饬据秘书、会计两处签称，乐昌县测量队员罗骊烈、助理员李德燊、公役伍铭耀等于三十年度先后因公病故，经准照本省战时公务员、雇员、公役在职亡故核给殓葬费暂行办法。各给予故员一百元，公役七十元之殓葬费等情。查该故员役等系在上项办法未颁行前病故，似不能依该项办法办理，惟该局核准数额尚无超过该项办法规定数额，拟姑准在该局三十年度乐昌、仁化两县土地测量经费节余项下开支，以该项节余为来源，并以"地政局三十年度故测量员罗骊烈、助理员李德燊、公役伍铭耀殓葬费"为岁出科目，俟汇列清表，呈报中央核备等语，准如拟办理。

七、据秘书处案呈，以本府合署建筑委员会签呈，拟订黄岗各机关旧有棚舍拆卸材料处置办法：（一）先用作建搭原在机关或单位棚舍之用。（二）准拆迁住宅之职员、备价讲让，俾便在胜利新村搭盖，其价值由原机关会同审计处核定之。（三）剩余棚舍每拆一座，则招投一次，由审计处监投。（四）拆棚投变之价款，概拨充原有机关或单位建设之用等项请核前来。经准照办。

讨论事项

一、准广东全省保安司令部电送二十九年十二月份购置运输器材及装备物品等临时费预算书，计列支一十万零二千六百三十三元八角四分，款拟移在本部二十九年历月份保安经费节余项下开支等由，请公决案。

（决议）照案通过。

二、据省粮政局呈缴南路运销处二十九年、三十年度营业计划预算书件等，请察核备案等情，请公决案。

（决议）照会计处签拟通过。（签拟略）

三、据会计处案呈，关于广东省新生活运动促进会妇女工作委员会呈缴发展妇女家庭手工业计划书、概算书等件，请贷二十万元办理一案，谨附具意见，请察核等情，请公决案。

（决议）照案通过。

四、据会计处案呈，关于南海县政府呈缴三十年度地方岁入岁出第二次追加概算，经参照民政、财政两厅意见整理后，计岁入岁出追加数各为一千元，请提会核定等情，请公决案。

（决议）照案通过。

五、据会计处案呈，关于本省应高考及格人员曾杜周等请求发给受训期间津贴费一案，请核示等情，请公决案。

（决议）每员准一次过补助五百元，款在本年度第一预备金项下拨支。

六、郑委员（彦棻）函复，审查建设厅呈准运输统制局电复中央本年度财政困难，韶兴路第一、二两期追加工程费三十三万五千三百一十五元六角五分，未便核发一案意见，请公决案。①

（决议）照审查意见通过。

七、据粮政局签呈，拟请令饬韶关市政筹备处增设粮政科，以利韶关粮政之推行，请核示等情，请公决案。

（决议）交刘、何、张三委员审查，由刘委员召集。

八、刘委员、张委员、方委员会复，审查粮政局所拟公教员役团警平价米筹给办法一案意见，请公决案。

（决议）照审查意见修正通过。

九、据秘书处签呈，拟具本府统计处三十一年度经临及追加事业费预算书，计开办费列支六万二千四百五十五元，经常费列支一十七万六千七百七十一元，追加事业费六万零一百元，请核示等情，请公决案。

（决议）交张、刘、许三委员审查，由张委员召集。

广东省政府第九届委员会
第三百三十八次议事录

日　　期　六月十八日

地　　点　曲江本府

出席者　李汉魂　郑彦棻　王志远　何彤　郑丰　高信
　　　　张导民　方少云　黄麟书　刘佐人　许崇清

列席者　杜之英　戴振魂　黄雯　巫琦

主　　席　李汉魂

纪　　录　（秘书）谢晨光

报告事项

一、据建设厅签呈，关于黄前厅长奉派赴韶兴路督促征购砂石共垫支过旅费一千八百五十一元四角四分，请指款归垫等情。饬据秘书、会计两处签，拟在本年度第一预备金开支等语，应准如拟办理。

---

① 审查意见略。

18

二、据省振济会呈缴韶关空袭紧急救济联合办事处三十一年度生活补助金预算分配表。饬据会计处签称，查表列月支一百二十元，年支一千五百六十元，核与三十一年度广东省文职公务员俸给预算编列办法乙项之规定相符，拟准照列，款照案在振款项下拨付等语，应准如拟办理。

三、据第一区行政督察专员呈缴三十一年度三月份行政因粮表册，列支二百三十四元四角。饬据会计处签称，查核尚无不合，拟准在三十一年度省岁出概算行攻人犯口粮项下拨支等语，应准如拟办理。

四、据第五区行政督察专员呈，为本署迁移汤坑，前核定会计室职员宿舍修葺费四百七十五元四角二分，请改拨为收音机价运费之需，不敷之数，另由署在行政费内筹缴等情。饬据会计处签称，查收音机价运费内有四百四十七元，系由会计室职员宿舍修宿〔葺〕费抵拨，其余二十八元四角二分，系另由该署其他经费节余款拨足，此类节余费〔经〕费挪支之预算，拟仍以补拨第五区专员公署临时费科目开支汇列清表，将来呈中央核备。至由会计室职员宿舍修葺费抵拨之四百四十七元，关系变更开支用途，仍请一并核定等语，应准如拟办理。

五、据会计处签呈，查（一）广东全省保安司令部保安第一大队及保五、保九两团并编为保安八个大队暨一个机炮教导大队不敷经费，又（二）该部通讯兵大队无线电中队第十四至十九分队三十一年度经费，经本府先后提会核定在保安司令部三十一年度保安经费节余项下拨支，又（三）韶关市及曲江县各机关学校民众朝会军训及国民兵普训干部集中讲习伙食、教育、办公费，核定在军管区兵役班经费节余项下拨支，又（四）连阳自卫总队服装费，核定在军管区司令部三十一年度国民兵团队经费节余项下拨支在案。关于上述四案经费，现拟改照本府第三二八次会议决议办法修正为上述第一、二两项经费，先由保安司令部照数自行筹垫，第三、四两项经费，先由军管区司令部自行筹垫，均俟节余款确定时，函知本府再行补办法案手续等语，应准如拟办理。

六、据本省驿运管理处签呈，拟将本处船舶运输管理暂行办法第二条第二项，及第三十二条，分别修改，并增订第七条等情。饬据秘书处签称，似尚可行，惟原第三十二条，似无修正之必要，拟仍照旧等语，应准如拟办理。

讨论事项

一、据卫生处呈，请仍准设立本处南路鼠疫防治所，拟具该所暂行组织规程，编制表计划书，计经常费月列一千一百五十二元，年列一万三千八百二十四元，款在该处三十一年度卫生事业费项下拨支，请核示等情，请公决案。

（决议）照秘书、会计两处签拟通过。（签拟略）

二、据建设厅签呈，据公路处呈缴改编前第二工务总段开办费预算书，列支三百二十七元零八分，款拟在该处二十八年度五月份经常费结余三千八百七十七元一角四分项下开支，请核示等情，请公决案。①

（决议）照会计处签拟通过。

三、据建该〔设〕厅签呈缴制纸示范厂三十年度营业预算，请核示等情，请公决案。②

（决议）照会计处签拟通过。

四、（略）

五、据本省救护委员会呈，为本会派救护队前赴东江协助救侨工作，附缴临时支付预算书，计列四千二百八十八元，该款拟在前本会香港分会最近募来事业费开支，请核示等情，请公决案。③

（决议）照会计处签拟通过。

六、据会计处案呈，查博罗县地方三十一年度岁入岁出概算，经参照各厅处意见核编后，计拟改列各为九十二万二千零九十六元，请提会核定等情，请公决案。

（决议）照案通过。

七、据会计处案呈，查化县地方三十年下半年岁入岁出第六次追加概算，经参照各厅意见整理后，计追加各为三千八百六十一元，请提会核定等情，请公决案。

（决议）照案通过。

八、据会计处案呈，查阳江县地方三十年度岁入岁出第三次追加概

---

① 会计处签拟略。

② 会计处签拟略。

③ 会计处签拟略。

算，及第四次追加追减概算，经参照各厅处意见整理后，拟将第四次岁出追加追减并入第三次追加核编。计岁入追加五万六千五百七十八元，岁出追加一十一万四千九百五十八元，追减五万八千三百八十元，岁出实增追加数五万六千五百七十八元，请提会核定等情，请公决案。

（决议）照案通过。

九、据建设厅签呈，转缴长途电话管理所修理曲连茂及广高德高话线工程计划书，及改正预算书，列支四十四万四千三百八十六元八角，请核示等情，请公决案。

（决议）照案通过，款在本年度战时特别预备金项下拨支，仍呈行政院核定。

十、准运输统制局电复，贵府拟改善各路工程，本年度均未列有预算，无法拨付，请在已奉核定之韶兴路第一、二期工程费及星坪路工程费概算内设法匀支，如有不敷，请由省库自行设法筹措等由，请公决案。①

（决议）照财政厅签拟通过。

十一、据财政厅呈，查汕头、安化两无线电分台本年度生活补助金预算分配表，月列六百七十元，全年八千零四十元，与法案核定不符，恳查明示遵等情，请公决案。②

（决议）照会计处签拟通过。

十二、据本省驿运管理处呈报，前托建设厅代垫人力手推车各款经过情形，经约同承商订定解决办法二项，请核示等情，请公决案。③

（决议）照会计处签拟通过。

十三、据会计处案呈，本府驻渝办事处三十一年度经常费月列一万三千四百四十五元，年列一十六万一千三百四十，计每月应增补四千九百四十二元六角七分，全年五万九千一百一十二元，此款拟请提会核定指款拨支等情，请公决案。

（决议）照案通过。款在本年度调整机构补助公务员生活费项下

---

① 财政厅签拟略。

② 会计处签拟略。

③ 会计处签拟略。

拨支。

十四、何委员函复，审查关于刘委员提议拟就广东省各县看守所卫生管理规则一案意见，请公决案。

（决议）照审查意见通过。（意见略）

十五、张委员、刘委员、许委员会复，审查据秘书处签呈，拟具本府统计处三十一年度经临及追加事业费预算书，计开办费列支六万二千四百五十五元，经常费列支一十七万六千七百七十一元，追加事业费六万零一百元，请核示一案意见，请公决案。①

（决议）照审查意见通过。

十六、刘委员、黄委员、何委员会复，审查据会计处案呈，关于曲江县政府呈缴三十一年度地方概算一案，经照各厅处意见整理后，计岁入岁出各为二百三十七万六千八百三十一元一案意见，请公决案。②

（决议）照审查意见通过。

广东省政府第九届委员会
第三百三十九次议事录

日　　期　　六月二十二日

地　　点　　曲江本府

出席者　　李汉魂　王志远　张导民　郑彦棻　郑　丰　黄麟书
　　　　　何　彤　许崇清　吴迺宪　方少云　刘佐人

列席者　　杜之英　戴振魂　黄　雯　黄秉勋　巫　琦　陈　文
　　　　　黄幹桥

主　　席　　李汉魂

纪　　录　　（秘书）谢晨光

---

① 审查意见略。
② 审查意见略。

报告事项

一、奉行政院令，准会计处函送促成二十九年及三十年度决算办法八项，抄发原件，仰遵照等因。饬据会计处签称，拟分别函令各机关知照等语，应准如拟办理。附抄办法。

二、奉行政院令，抄发关于省市财政改制后重行规定机关单位分级及预算内各款经费之移用等程序一案原函，仰知照，并分饬知照等因。饬据会计处签称，拟分别函令各机关等语，应准如拟办理。附抄原函。

三、据本府行政效率促进委员会签呈，拟订本府所属各机关对于新县制实施工作联系办法，请察核施行等语，应准如拟办理。

四、据卫生处呈，拟将本处办理示范区环境卫生预算内垃圾处理一项清洁夫名额减为二十四名，每名每月工饷八十元，并延长期间，改由五月至十二月为一期，合计本期清洁夫工饷一万五千六百八十元，与原定该□预算数并无超过，请核示等情。饬据会计处签称，似可准予照办等语，应准如拟办理。

五、据省振济会呈缴儿童教养院第三分院三十年度五月份起改订俸给预算书，计每月增加二千四百八十二元，五至十二月共增加一万九千八百五十六元，又三十年度下半年追加经费预算书，计每月追加一千八百八十三元，七至十二月共追加一万一千二百九十八元。饬据会计处签称，核与原案尚无不合，款援案在振款项下拨付等语，应准如拟办理。

六、据第一区行政督察专员呈缴架设本署通新昌电报局过河电话专线工程费预计算书，列支二千四百八十一元六角。饬据会计处签称，本案既经奉行政院核准在三十一年度省概算特别预备金项下拨还归垫，拟分别通知等语，应准如拟办理。

讨论事项

一、据民政厅呈，拟订广东省赌案罚金及没收财产提成支配办法，请通饬施行等情，请公决案。[①]

（决议）照秘书处签拟通过。

二、据建设厅呈缴农林局稻作改进所三十一年度二十五县良种推广暨追加良种推广经费计划书，列支二十万元，请指款办理等情，请公

---

① 秘书处签拟略。

23

决案。

（决议）照案通过，款由原拨省运动场修建费未用款项下拨支，运动场应即停筑。

三、据建设厅签呈，拟将广东省公路征收汽车养路费补充规则第三条"除拨支补充规则第五条所定摊款外"句及第五、第六两条条文删去，在各该条废止前之摊款，仍饬该处负责清拨，请核示等情，请公决案。

（决议）交方、高、刘三委员审查，由方委员召集。

四、据卫生处案呈，据卫生试验所呈缴三十年度建筑费及修缮预算书，列支四千七百五十元，款在本所三十年度节余经费项下开支，请核示等情，请公决案。

（决议）照案通过。

五、据卫生处呈，为救济医院重建院舍追加建筑工程费六千一百元零六角三分，请准改在三十年度第五次追加概算补具省立各医院及妇婴室卫生设备费三十万元项下拨支，请核示等情，请公决案。

（决议）照案通过。

六至七、（略）

八、据会计处案呈，查南雄县地方三十年度岁入岁出第一次追加概预【算】，经参照各厅意见整理后，计追加各为五万一千八百三十七元，请提会核定等情，请公决案。

（决议）照案通过。

九、据会计处案呈，查东莞县地方三十年度岁入岁出第五次追加追减概算，经参照各厅意见整理后，计岁入追加六百元，岁出追加三万一千二百五十元，追减三万零六百五十元，相抵后实际追加岁入岁出各六百元，请提会核定等情，请公决案。

（决议）照案通过。

十、据会计处案呈，查佛冈县地方三十年度岁入岁出第三次追加概算，经参照财政厅意见整理后，计追加各为一万四千九百八十六元，请提会核定等情，请公决案。

（决议）照案通过。

十一、何委员、王委员、张委员会复，审查教育厅呈缴私立执信中学三十一年度迁移临时费概算表共列一十九万零二百元一案意见，请公决案。①

（决议）建筑设备费着选定地点连同图则计划呈候核定，余照审查意见通过。

十二、张委员、方委员、黄委员会复，审查秘书处所拟各县统计室经费员额预算，并拟定一、二等县统计事业费年支二千元，三、四等县年支一千五百元，五等县年支一千元，管理局年支五百元一案意见，请公决案。②

（决议）照审查意见通过。

十三、据建设厅呈缴公路处业务课课长李鼎荐委表，请赐核委等情，请公决案。③

十四、何委员、张委员、许委员会复，审查地政局所拟三十一年度举办乐昌、仁化两县土地登记计划，计全期经临费共九十三万五千元，以各该县书状费收入拨充办理，在未有收入以前，拟暂向广东省银行借款六十三万三千零五十一元支用一案意见，请公决案。④

（决议）照审查意见通过。

十五、据本府行政效率促进委员会呈，请委林贻孙为本会专员等情，请公决案。

（决议）照派代理。

十六、刘委员、黄委员、何委员会复，审查会计处案呈，关于钦县县政府呈缴三十一年度地方总概算一案，经照各厅处意见整理后，计岁入岁出各为一百四十八万零四百八十五元一案意见，请公决案。⑤

（决议）照审查意见通过。

十七、（略）

---

① 审查意见略。
② 审查意见略。
③ 原文缺"决议"内容。
④ 审查意见略。
⑤ 审查意见略。

广东省政府第九届委员会
第三百四十次议事录

日　期　六月二十五日

地　点　曲江本府

出席者　李汉魂　郑彦棻　张导民　郑　丰　高　信　许崇清
　　　　吴遒宪　方少云　王志远　刘佐人

列席者　杜之英　黄　雯　戴振魂　巫　琦　谢群彬

主　席　李汉魂

纪　录　（秘书）谢晨光

报告事项

一、奉行政院令，发战时国家总预算编审办法，仰遵照，并饬所属一体遵照等因。饬据会计处签称，拟报告会议后分行知照等语，应准如拟办理。

二、奉第七战区司令长官司令部广东绥靖主任公署令，发各机关讲习法规办法，仰遵照，并饬属遵照等因。饬据秘书处签称，拟转饬所属遵照等语，应准如拟办理。

三、奉第七战区司令长官司令部电复，东江指挥所经准于三十一年四月底结束，其月领补助费五千元，亦经本部核准由五月份起改拨惠淡分党部继续领用，仰知照等因。饬据会计处签称，拟分别通知等语，经准如拟办理。

四、准广东全省防空司令部函，为本部情报播音队三十年度盖搭住棚工料费一千九百八十三元五角五分，除照核定在三十年六月份经费节余一千二百四十五元三角八分拨支外，计不敷七百三十八元一角七分，经由该队三十年七至十二月各月份经费节余项下拨支，请查照等由。饬据会计处签称，核尚可行，似可照办等语，应准如拟办理。

五、据卫生处呈缴第八期卫生班毕业见习费二千四百九十元，拟在本年度卫生事业临时费项下拨支等情。饬据会计处签称，拟准予照列，惟舟车费一项，应饬按照规定支报等语，应准如拟办理。

六、据卫生处呈，为本处人事股长奉派赴渝该班第四期受训，照案发给治装费二百元，此款拟在本处三十一年度经常费分配预算，俸给费节余项下开支等情。饬据会计处签称，似可准在该处本年度经费预算内旅费项下支报等语，应准如拟办理。

七、据会计处案呈，查和平县政府征工开凿公路石桥药室工程费，既经建设厅核称，所呈种种困难情形，似尚属实，且款项早经支付，拟请姑准照原列七百六十六元开支，核尚可行，似可照准，该款并拟在原垫付之三十年度建设事业临时费项下拨正开支等语，应准如拟办理。

八、据会计处案呈，关于举行连、乐、乳、宜四县联防会议费用三千元一案，既奉核定在三十一年度省概算第一预备金项下拨支，请报会补办法案等情，应准如拟办理。

九、据会计处案呈，汇列截至本年六月六日止已核定之本省三十一年度各机关补足折薪差额暨生活补助金案清表，合计月列五十万五千九百八十五元七角一分，年列六百零七万一千八百二十八元二角，请报会完成法案手续。余俟第二次汇列报会等语，应准如拟办理。

讨论事项

一、据财政厅签呈，请增加办理金库结束事务费四万五千元，款在三十年度省总概算财务支出款各科目余额项下拨支，请核示等情，请公决案。

（决议）照案通过，准先照数拨支，仍编预算呈核。

二、准广东省军管区司令部电，为三十年度本省各区保安司令部直辖自卫大队经常费、士兵主食补助费、冬服代金开办增置费合共一十六万四千一百零五元三角六分，该款拟照本部前电分别在原科目预备费及三十年度经费节余拨支，请提会核定等由，请公决案。①

（决议）照会计处签拟通过。

三、据秘书处签呈，拟修正广东省非常时期战地公务员任用暂行标准，请核示等情，请公决案。

（决议）交许、刘、方三委员审查，由许委员召集。

---

① 会计处签拟略。

四、据卫生处签呈，拟订广东省政府所属各机关及各县局暨省立或经立案学校备价领用药物暂行办法补充规定，请核定施行等情，请公决案。①

（决议）照秘书处签拟通过。

五、据省振济会呈缴儿童教养院第七分院三十年度修建及设备费预算书，列支六万八千元，请核示等情，请公决案。②

（决议）照会计处签拟通过。

六、据秘书处签呈，本府编印三十一年度施政计划及省岁出概算书印刷费共支出一万零六百零一元二角五分，请指款拨支等情，请公决案。

（决议）照案通过，款在本年度第一预备金项下拨支。

七、据会计处案呈，关于本府在重庆办事处职工请由本年四月份起每月追加生活补助费二千零三十元一案，应否准予援案办理，照数追加，请提会核定等情，请公决案。

（决议）准照追加，款在本年度调整机构补助公务员生活费项下拨支。

八、张委员函复，关于第七战区长官部电饬组设东西江船舶大队部及审查建厅呈编广东省船舶总队部暨东西江区船舶大队部编制预算一案意见，请公决案。③

（决议）所需经费，呈请行政院追加，先由本年度调整机构补助公务员生活费项下垫拨办理，余照审查意见通过。

九、据本府行政效率促进委员会呈缴专员宋衡之荐委表，请赐核委等情，请公决案。

（决议）照派代理。

十、据建设厅呈，编造省营电池、肥皂、药棉、制纸、面粉、纺纱、织造、酒精各厂三十一年度员工编制表，请核示等情，请公决案。

（决议）交刘、张、王三委员审查，由刘委员召集。

---

① 秘书处签拟略。

② 会计处签拟略。

③ 审查意见略。

十一、据教育厅呈缴代编省立文理学院三十一年度经费分配预算表，补足折薪差额预算分配表，暨生活补助金预算分配表，请核准拨支等情，请公决案。①

（决议）照会计处签拟通过。

十二、（略）

广东省政府第九届委员会
第三百四十一次议事录

日　期　六月二十九日

地　点　曲江本府

出席者　李汉魂　郑彦棻　刘佐人　胡铭藻　张导民　高　信

　　　　许崇清　方少云　王志远

列席者　杜之英　黄　雯　戴振魂　黄秉勋　魏育怀　谢群彬

主　席　李汉魂

纪　录　（秘书）谢晨光

报告事项

一、准广东省军管区司令部函复，罗信自卫第一、二两大队系于三十一年三月成立等由。饬据会计处签称，该两大队经常费似应自三月份起支。仍请报告会议备案等情，应准如拟办理。

二、据财政厅签呈，关于前保安警察故中队长翁松龄加给一倍恤金二百五十元，在前省会警察局前移交特别警费项下发给一案，查本厅二十八年账簿并无此款，无从拨支，究应如何办理，抑在省救济费抚恤金项下拨给，请核示等情。饬据会计处签称，该款拟在三十一年度省预算恤金项下拨支等语，应准如拟办理。

讨论事项

一、刘委员、何委员、张委员会复，审查粮政局呈，请令饬韶关市

---

① 会计处签拟略。

政筹备处增设粮政科以利韶关粮政之推行一案意见，请公决案。

（决议）照审查意见修正通过。

二、据财政厅签呈，省拨革命同志养老金据自本年度起照中央规定增加半数，计本年度须增拨一万二千四百八十元，款拟由恤金项下移拨，或追加预算，呈请中央增拨，请核示等情，请公决案。

（决议）准由本年度恤金项下移拨。

三、据建设厅签呈，据战时长途电话管理所呈缴架设乐西话线工程费预算书，列支三千八百三十二元，请提会核定等情，请公决案。①

（决议）照会计处签拟通过。

四、张委员、高委员、刘委员会复，审查建设厅先后签呈，据公路处呈缴总工程师暨额外技术人员三十一年度经常费及生活补助金预算书册，计经常费列支八万二千零八十元，生活补助金列支四万四千六百四十元，请准暂在养路费收入按月拨支一案意见，请公决案。

（决议）准在数额内核实开支，款由该处各项经费旬②拨。

五、（略）

六、据本府行政效率促进委员会呈缴专员杨宝燊荐委表，请赐核委等情，请公决案。

（决议）照派代理。

七、据本府行政效率促进委员会呈缴专员廖廷谔荐委表，请赐核委等情，请公决案。

（决议）照派代理。

八、据建设厅呈缴技正黄天祐荐委表，请赐核委等情，请公决案。

（决议）照派代理。

九、据民政厅呈缴秘书王仁佳荐委表，请赐核委等情，请公决案。

（决议）照派代理。

十、方委员、高委员、刘委员会复，审查建设厅签拟将广东省公路征收汽车养路费补充规则第三条"除拨支补充规则第五条所定摊款外"句，及第五、第六两条条文删去，在各该条废止前之摊款，仍饬该处负

---

① 会计处签拟略。

② 疑是"匀"字。

30

责清拨一案意见，请公决案。

（决议）照审查意见修正通过。

十一、刘委员、方委员、吴委员会复，审查秘书处所拟调整本省人事行政机构计划及其经费预算表，计共二十四万元，统请在调整机构补助公务员生活费项下拨支一案意见，请公决案。

（决议）照审查意见修正通过。

广东省政府第九届委员会
第三百四十二次议事录

日　期　七月二日

地　点　曲江本府

出席者　李汉魂　郑彦棻　刘佐人　许崇清　胡铭藻　高　信
　　　　王志远　黄麟书　张导民　吴逎宪　何　彤

列席者　杜之英　戴振魂　黄秉勋　魏育怀

主　席　李汉魂

纪　录　（秘书）谢晨光

报告事项

一、奉行政院令，嗣后凡非确属紧急处置，或重大灾变，而以电报呈请动支战时特别预备金者，一律俟计划概算呈送到院，再行核定，仰切实遵照办理等因。饬据会计处签，拟遵办手续，经通知本省各机关遵照。

二、据卫生处呈缴追加卫生及治疗支出预算分配表，列支四十万元。饬据会计处签称，核案尚无不合，惟各医院诊疗所设备费二十七万元项内，本府本年六月三日调会二普字第六七四〇六号岁计案通知单，有核定拨支防疫医院增加经临费，应由财政厅查明拨过若干，照数扣抵，如奉核准，请列报会议等语，应准如拟办理。

三、据卫生处电，请迅将未拨之疫苗费九万元发给等情。饬据会计处签称，据称现在疫疠流行，需款甚亟，可否饬财政厅续拨九万元，将来请核拨办理公共卫生人员训练所之三万元之案，如未能核准办理，则再行饬重编分配预算等语，应准如拟办理。

四、据会计处签呈，为汇列各县妇委会暨妇训会第三及第五振济区连县药库暨东陂酒壶岭牧场等机关三十年九至十二月份增加俸给费数额表，计共六千二百九十六元，请报会后分别通知等情，应准如拟办理。

讨论事项

一、据教育厅呈缴省立广州女子师范学校三十一年度经常费分配表，列支六万一千六百九十六元，补足折薪差额分配表，列支二万四千一百九十四元五角，生活补助金预算分配表，列支四万二千一百七十元，请核示等情，请公决案。①

（决议）照会计处签拟通过。

二、据建设厅呈，据农林局呈，拟请修正广东省补助垦荒事业办法，并拟订广东省垦荒贷款暨奖励补息计划纲要，广东各县推行垦荒面积贷款暨补息分配表，暨广东省垦荒贷款办法，转请核示等情，请公决案。

（决议）交张、胡、高三委员审查，由张委员召集。

三、（略）

四、据民政厅呈缴督导员詹谦益荐委表，请赐核委等情，请公决案。

（决议）照派代理。

五、据民政厅呈缴视察伦永澂荐委表，请赐核委等情，请公决案。

（决议）照派代理。

六、据教育厅呈，据省立勷勤商学院呈缴三十一年度经费预算分配表，列支一十一万一千六百六十四元，及补足折薪差额预算分配表、生活补助金预算分配表，请核示等情，请公决案。②

（决议）照会计处签拟通过。

---

① 会计处签拟略。
② 会计处签拟略。

广东省政府第九届委员会
第三百四十三次议事录

日　　期　七月六日

地　　点　曲江本府

出席者　李汉魂　黄麟书　胡铭藻　高　信　许崇清　吴遁宪
　　　　刘佐人　方少云　张导民　何　彤　郑彦棻

列席者　杜之英　戴振魂　黄　雯　魏育怀　黄秉勋

主　　席　李汉魂

纪　　录　（秘书）谢晨光

报告事项

一、据会计处签呈，陆大特六期粤籍学员萧亮开本年度八至十二月，每月补助费五十元，五个月合计二百五十元，似应照案准在本年度省第一预备金项下拨支等情，应准如拟办理。

讨论事项

一、据财政厅呈，为奉饬将本府驻韶各机关六、七月份应领经常费补助折薪差额及生活补助金提前发放一案，经向省银行借款二百万支发，该项利息二万元，拟请指定拨支科目等情，请公决案。

（决议）照案通过，款在本年度战时特别预备金项下拨支，仍呈行政院核定。

二、据财政厅呈，为本省三十年度第四次追加概算发展后方工业基金内列铁工厂基金四十万元，拟电请工矿理事会径向特种事业基金管理委员会补办贷款手续，请核示等情，请公决案。

（决议）由特种基金照数提出作为本府投资。

三、据建设厅先后呈缴长途电话所追加三十年度预算暨改编三十年度营业追加预算书，请核示等情，请公决案。①

---

① 会计处签拟略。

（决议）照会计处签拟通过。

四、据省振济会呈缴儿童教养院第六分院三十一年度修建棚舍费预算书件，列一万三千六百四十元，款在振款项下拨支，请核示等情，请公决案。

（决议）照案通过。

五、刘委员、许委员、黄委员会复，审查卫生处呈缴公共卫生人员训练所开办费及经常费预算计划书，所需经费拟将曲江、茂名两院中心卫生院补助费全部八万元及在疫苗费中拨出三万元，合共十一万元应支一案意见，请公决案。[①]

（决议）照审查意见通过。

六、据秘书处签呈，拟订广东省非常时期战地主计人员任用暂行标准，请核示等情，请公决案。

（决议）交许、方、刘三委员审查，由许委员召集。

七、何委员、张委员、高委员会复，审查建设厅所拟广东省省营工业通则一案意见，请公决案。

（决议）照审查意见修正通过。

八、据民政厅呈缴督导员任公纯荐委表，请赐核委等情，请公决案。

（决议）照派代理。

九、吴委员、张委员、刘委员会复审查民政厅呈，为加强连县治安力量，拟具计划大纲，计需款一十五万元，除拟由县拨五万元外，其余一十万元，拟请由本年度战时特别预备金拨支一案意见，请公决案。

（决议）照审查意见修正通过。

十、（略）

十一、据粮政局签呈，遵奉全国粮政会议决议案，拟具本省三十一年度征实征购及指拨军粮公粮暨调剂民食纲要，请核示等情，请公决案。

（决议）交何、高、刘、方、黄五委员审查，由何委员召集。

---

① 审查意见略。

广东省政府第九届委员会
第三百四十四次议事录

日　期　七月九日

地　点　曲江本府

出席者　李汉魂　郑彦棻　刘佐人　方少云　王志远　胡铭藻
　　　　张导民　黄麟书

列席者　杜之英　黄　雯　黄秉勋　魏育怀

主　席　李汉魂

纪　录　（秘书）谢晨光

报告事项

一、准广东全省防空司令部电送广东省会防护团暨基干防护队三十一年六至十二月份追加经费预算书，计防护团体费，月列二千四百八十四元五角，七个月共追加一万七千三百九十一元五角。饬据会计处签称，核属需要，似可仍准在该团征收防空附捐项下增拨开支。至该团所属之基干防护队经费，本府无案可稽，拟请饬查明补报，再凭核办等语，应准如拟办理。

二、据卫生处呈缴第二诊疗所修葺布置费临时预算书，列支八百七十五元，拟在三十年度第五次追加卫生及治疗支出四十万元项下拨还归垫等情。饬据会计处签称，拟予照准等语，应准如拟办理。

三、据第一区行政督察专员呈缴本年五月份行政囚犯口粮表，列支三百七十二元。饬据会计处签称，查核尚无不合，拟准在三十一年度省岁出概算行政人犯口粮项下拨支等语，应准如拟办理。

四、据会计处案呈，据和平县电，请示县动员会职员及国民教育会干事可否照县府职员待遇发给生活补助费一案，查本府前发给各县局公务员生活补助费标准（甲）、（乙）附表该两机关未有列入，依其性质，似均应列入附表（乙），为免各县请示起见，拟通饬遵照办理等情，应准如拟办理。

五、据会计处案呈，关于战时公债广东省劝募总队请拨六月份办理结束经费一千零六十六元一案，业奉批准拨助，该款拟在本年度省第一预备金项下拨支等情，应准如拟办理。

六、据会计处签呈，关于韶关市平价委员会经费额二千四百元一案，查系依照省概算所【列】广东省平价委员会经费数额编列，核数尚无不合，似可准照移拨，惟事关改变机关名称，拟请报会后呈行政院备案，暨通知有关机关等情，应准如拟办理。

七、据会计处案呈，本府战时通讯所转呈安化分台三十年度四至十二月份材料费预算书，列支三百六十元。据称该台系奉令留韶协助中枢台工作，其所需经临各费，均经奉准由省款拨支，现年度已过，该款拟饬在三十一年度省岁出概算各电讯机关战时行政通讯临时费项下补拨，由通讯所列入追加材料费案内，转请中央追加等情，应准如拟办理。

讨论事项

一、据建设厅签呈，据农林局转据稻作改进所呈拟扩大本省优良稻种表证，检同计划及经常费概算书，列支二十二万元，请核示等情，请公决案。

（决议）准先在本年度调整机构补助公务员生活费项下垫拨一十万元办理，其计划预算交张、胡、刘三委员审查，由张委员召集。

二、（略）

三、据会计处签呈，为各地物价高涨，拟将各县市局办公费从新修订，自本年七月份起施行，通饬参酌情形遵照办理，请核示等情，请公决案。

（决议）照案通过。

四、据省粮政局电，拟在连县设置第三储粮所，于本年七月一日成立，造具该所编制预算表，计月需经费一千二百六十二元，请核示等情，请公决案。①

（决议）照秘书、会计两处签拟通过。

五、何委员、高委员、刘委员、方委员、黄委员会复，审查粮政局呈，为遵奉全国粮政会议决议案，拟具本省三十一年度征实征购及指拨

---

① 秘书处签拟、会计处签拟略。

36

军粮公粮暨调剂民食纲要一案意见，请公决案。

（决议）照审查意见修正通过。（审查意见略）

六、主席提议，海康县县长邓振亚另有任用，遗缺派庞成代理，请公决案。

（决议）照案通过。

广东省政府第九届委员会
第三百四十五次议事录

日　期　七月十三日

地　点　曲江本府

出席者　郑彦棻　张导民　郑　丰　胡铭藻　黄麟书　刘佐人
　　　　方少云　王志远

列席者　杜之英　戴振魂　黄　雯　黄秉勋

主　席　李汉魂（公出　郑彦棻代）

纪　录　（秘书）谢晨光

报告事项

一、据省地政局呈，为前仁化县测量队测夫张木良积劳病故，拟援照本省战时公务员、雇员、公役在职亡故核给殓葬费暂行办法之规定，一次过给予殓葬费七十元等情。饬据秘书、会计两处签称，查核所拟依法尚无不合，似可照准，款在该局乐昌、仁化两县土地整理经费节余项下拨支等语，应准如拟办理。

二、据会计处签呈，查本府前奉行政院颁发修正国内出差旅费规则，经提付本府第三百一十四次会议决议"照案通过，自本年六月五日起实行"抄发各机关知照，并按各该机关经费状况参酌新颁标准办理在案。现奉谕，关于奉颁规则，原规定膳宿杂费日额，一律改照八成支给等因，事关变更议案，仍请报会后跟案办理等情，应准如拟办理。

三、（略）

四、据教育厅呈缴充实中等学校设备费及充实教育文化设备费预算分配表。饬据会计处签称，查充实中等学校设备费列支三十万元，分配于省立各中等学校，核案尚无不合，至充实教育文化设备费，经饬改编加强各院校及所属各机关设备费分配预算呈核在案，似应发还饬查照该案办理等语，应准如拟办理。

五、据教育厅呈缴三十一年国民教育经费分配预算，列支三十万零一千六百七十三元三角七分，及师资训练经费分配预算，列支一十八万九千九百三十五元，两共四十九万一千六百零八元三角七分。饬据会计处签称，查其来源：（一）三十年度国民教育经费结余三十四万一千六百零八元三角七分。（二）中央补助三十年度国教费一十五万元。收支适相符合，似可照准。此项以三十年度节余款为岁入来源之预算，拟将来以原科目汇列清表转呈中央核备等语，应准如拟办理。

六、据省振济会呈缴广东妇女生产工作团印制两年来工作概况印刷费预算书，列支五百五十元。饬据会计处签称，该款既经在振济基金宣传费科目拨支，且为数无多，拟准照办等语，应准如拟办理。

讨论事项

一、据教育厅先后呈缴省立越华中学、肇庆师范等十九校三十一年度各项分配预算，请核示等情，请公决案。①

（决议）照会计处签拟通过。

二、据建设厅呈缴农业实验县计划大纲草案，请核示等情，请公决案。

（决议）交刘、胡、高三委员审查，由刘委员召集。

三、（略）

四、据教育厅呈，据省立梅州中学呈缴改建教室预算，列支四万三千九百六十三元二角，请准在该校投变体育场价款项下拨支等情，请公决案。

（决议）照案通过。

五、（略）

六、据教育厅呈缴推进专科师范教育三年计划暨三十一年度经费预算书，又国民教育师资短期训练班经费预算书等，请核示等情，请公

---

① 会计处签拟略。

38

决案。

（决议）交方、王、刘三委员审查，由方委员召集。

七、据省粮政局签呈，遵经会商田赋管理处拟定本省三十一年度征购粮食每元加购一市斗各县名，连同本年度征实征购数额分配表，请核定等情，请公决案。

（决议）照案修正通过。

广东省政府第九届委员会
第三百四十六次议事录

日　　期　七月十六日
地　　点　曲江本府
出席者　李汉魂　郑彦棻　吴迺宪　高　信　张导民　黄麟书
　　　　　郑　丰　方少云　王志远　胡铭藻　何　彤　刘佐人
列席者　杜之英　戴振魂　黄秉勋　陈　文
主　　席　李汉魂
纪　　录　（秘书）谢晨光

报告事项

一、奉行政院令复，据送本年四月份动支第一预备金月报表，查内列补拨东江护侨事务所二十八年度十二月份经费一千一百六十四元，暨省立救济医院三十年度药械疏散费一千一百六十四元二角，核与前颁各省市三十年度以前收支结束通则殊有未合，应予剔除，在三十年度收支结束案内统付，余列一十八万四千三百一十二元六角，准予动支等因，应遵照转正科目，分别通知办理。

二、据会计处签呈，查本府补助中政校大学部第十期粤籍毕业生回粤实习旅费每名一百五十元，计十一员共一千六百五十元，既饬本府驻渝办事处垫发有案，该款拟在三十一年度省岁出概算第一预备金项下拨还归垫等情，应准如拟办理。

三、奉行政院令，发修正非常时期改善公务员生活办法暨施行细则，仰遵照，并转饬遵照等因。应分别函令各机关遵照。

四、奉行政院先行电复，该省所请惠阳防空通讯所移动费一千元及不敷数九百九十元四角，应在该省三十一年度预算第一预备金项下动支，并按照规定汇列月报表呈报等因。自应遵办，将原送预算书分别存转。

五、准内政部咨复，新会县政府请抚恤县属旺冲乡民陈理一案，查陈理奉命护送疏散妇孺，被敌射死，自可比照人民守土伤亡抚恤实施办法核恤等由。饬据秘书、会计两处签拟，给予一次过遗族恤金八十元，年抚金五十元，以十年为止，该项恤金及第一年年抚金共一百三十元，拟在本年度省预算恤金项下开支。至第二年以后年抚金，拟逐年在省预算恤金科目开支等语，应准如拟办理。

六、据会计处案呈，查番禺县政府转缴第七战区挺进第四纵队别动队员兵曹佳等八名抗敌伤亡请恤事实表，请予核恤一案，经秘书处签奉核定曹佳、卢威、蔡锦、龙教、龙讲、蔡成、冯瑞等七名，各给予一次过遗族恤金八十元，并各给予年抚金五十元，以十年为止，何永一名给予一次过恤金四十元，年抚金三十元，以五年为期，以上八名恤金，及第一年年抚金共九百八十元，拟在本年度省预算恤金项下开支，至第二年以后年抚金，拟逐年列入省预算恤金科目开支等语，应准如拟办理。

七、据会计处签呈，准审计处函送关于审核本省各县二十九年度以前县地方款收支计算意见四点，对于预算手续虽微有未符，然对于各联〔县〕报销上各种困难，既可解除，似可采纳照办等情，应准如拟办理。

八、据卫生处呈，为第二卫生区署三十年度疏散费共二百八十八元，拟请准在该区署经费节余项下支报等情。饬据会计处签拟予照准，饬列入三十年度经费预算内支报等语，应准如拟办理。

九、据省振济会呈缴九龙站二十九年六至九月份登记合格失业教师回韶旅费预算书册。饬据会计处签称，查所列人数核有未符，自应删减，以昭核实，计六至九月份共应列支八千六百八十元，该款拟准在振款项下拨支等语，应准如拟办理。

十、据本府战时通讯所签呈，关于奉准在三十一年度各县战时通讯补助费项下代还中山、顺德两分台开办旅费四百六十五元九角七分，请报会以正式法案通知财政厅拨付等情，应准如拟办理。

讨论事项

一、刘委员、张委员、王委员会复，审查关于建设厅编造省营电池、肥皂、药棉、制纸、面粉、纺纱、织造、酒精各厂三十一年度员工编制一案意见，请公决案。①

（决议）照审查意见通过。

二、据建设厅签呈，缴本厅三十年度追加营业预算书，请核示等情，请公决案。②

（决议）照会计处签拟通过。

三、据秘书处签呈，关于本府民政厅何厅长暨李科长等三十年度赴渝出席第三届全国内政会议旅运费七千九百三十五元二角四分一案，究应如何拨支归垫，请提会核定等情，请公决案。

（决议）仍【在】三十年度本府特别公差旅费项下拨还归垫，归入三十年度收支结束案内统筹办理。

四、秘书处签呈，拟具本府派赴中央受训人员旅费核发办法草案，请提会核定。又本处派赴人事行政班受训人员冯汉杰等八员，及干训团派赴中央训练团受训人员詹宝光等八员不敷旅费，似可酌予增发，并请核示等情，请公决案。

（决议）交张、胡、刘三委员审查，由张委员召集。

五、据财政厅呈缴本厅三十一年度各项费〔经〕临费预算分配表，暨职掌员额编制组织表，请核示等情，请公决案。

（决议）交刘、方、郑（彦棻）三委员审查，由刘委员召集。

六、据建设厅签呈，据公路处呈缴改建韶州西河桥计划及工程费预算，请将该款四十一万六千三百三十六元零七分拨发应支等情，请公决案。

（决议）照案通过，款在本年度战时特别预备金项下垫付，仍呈请军事委员会拨还归垫。

---

① 审查意见略。
② 会计处签拟略。

七、据财政厅、会计处会呈，拟订三十一年度行政院补助本省各县特别补助费三百万元分配办法，请核示等情，请公决案。

（决议）交何、刘、郑（彦棻）三委员审查，由何委员召集。

广东省政府第九届委员会
第三百四十七次议事录

日　期　七月二十日

地　点　曲江本府

出席者　李汉魂　郑彦棻　郑　丰　许崇清　黄麟书　高　信
　　　　王志远　张导民　刘佐人　吴迺宪　何　彤

列席者　杜之英　戴振魂　黄秉勋

主　席　李汉魂

纪　录　（秘书）谢晨光

报告事项

一、奉第七战区司令长官司令部电，转发修正军事征雇夫马车辆租力给与标准，及小轮驳船、民船补助金给与标准表，自七月一日起实行，前颁民夫给与标准亦同时废止，仰饬属遵照等因，遵经电饬本省驿运管理处、北江区船舶大队部、公路处、各区行政督察专员公署遵照办理。

二、据教育厅呈，编造三十一年度国民教育经费分配预算表，列支一百万元。饬据会计处签称，其岁入来源据称系奉教育部饬知核给，似可准予照列，惟关于各县民众学校补助费一项，似应俟编具分配预算再行核定拨支等语，应准如拟办理。

三、据财政厅签呈，本厅前税务委员丘斌存因公受伤损失衣物，拟酌给医药救济费等情。饬据秘书、会计两处签拟，给与一次过救济费二百元，款在本年度省预预〔算〕救济费项下拨支，至该员医药费，拟准给予二百元，款在财政厅本年度办公费项下支给等语，应准如拟办理。

四、据会计处案呈，关于新会县政府呈缴县属李菀乡长陈卓生及乡民陈奕秾、陈林氏等三名请恤事实表，请予核恤一案，既经本府秘书处签奉核定给予陈奕秾一名一次过遗族恤金八十元，年抚金五十元，以十年为止，陈卓生、陈林氏二名各给予一次过恤金六十元，年抚金三十五元，以五年为限，以上三名恤金及第一年年抚金共三百二十元，拟在本年度省预算恤金项下开支。至第二年以后年抚金，拟逐年列入省预算恤金科目开支等语，应准如拟办理。

五、据会计处案呈，本府现奉行政院电复，关于修理韶兴话线工程费，准在战时特别预备金项下动支三万二千五百六十七元，仍须补编概算呈核等因。查本案另据建厅转缴该所三十一年度营业概算，经将该项修理话线工程费作为本府投资，列入资本增减表内，拟饬财政厅照数拨付等语，应准如拟办理。

讨论事项

一、据教育厅呈缴仲元、执信两中学及仲恺农业职业学校三十一年度经费预算分配表件，请核示等情，请公决案。

（决议）照案修正通过。

二、据建设厅呈拟广东省物价调查办法、广东省工资平价及控制督率同业公会协助推行平价法令办法，请核示等情，请公决案。

（决议）交高、郑（彦棻）、刘三委员审查，由高委员召集。

三、据建设厅呈缴修正农林局畜疫防疗所组织规程，请核示等情，请公决案。

（决议）照秘书处签拟通过。（签拟略）

四、据广东省新生活运动促进会妇女工作委员会呈，为编印妇女识字课本，编具三十一年度临时费支付预算书，列支一万四千三百三十八元，请核示等情，请公决案。①

（决议）照会计处签拟通过。

五、据本府边政指导委员会呈缴秘书刘宏光荐委表，请赐核委等情，请公决案。

（决议）照派代理。

---

① 会计处签拟略。

六、据建设厅签呈，为准四行联合办事总处代电，关于本省农田水利贷款案经议决办法等由。谨将原草约修改，签请核示等情，请公决案。

（决议）交高、郑（彦棻）、刘三委员审查，由高委员召集。

七、据秘书处签呈，本府编印三十年度施政报告印刷费共约需九千九百四十一元，请指款拨支等情，请公决案。

（决议）照案通过，追加三十年度本府印刷费办理，并在三十年度省库收支结束案内统付。

八、据统计处呈缴本处开办费及经常费预算书表，请在预算未核定前，将本处一次过开办费六万二千四百五十五元，每月经常费二万五千二百五十三元，准全部在调整机构补助公务员生活费项下垫支，俟核定拨款后归垫等情，请公决案。

（决议）照案通过。

广东省政府第九届委员会
第三百四十八次议事录

日　　期　七月二十三日

地　　点　曲江本府

出席者　李汉魂　郑彦棻　高　信　刘佐人　方少云　吴逎宪
　　　　许崇清　何　彤　胡铭藻　王志远　郑　丰　张导民

列席者　杜之英　戴振魂　黄　雯　黄秉勋　谢群彬

主　　席　李汉魂

纪　　录　（秘书）谢晨光

报告事项

一、据秘书处案呈，查本府合署办公机关直属所属暨其他机关办公费一案，经本府第三四五次会议决议照审查意见修正通过在案。关于驿运管理处本部应列入表内应列何等，由原审查人照式核计列入等因。兹经送请刘、张、方三委员核定列表送回，计原额与增额合计拟月列一千零四十六元六角六分，请报会后办理等情，应准如拟办理。

二、据教育厅呈缴改编三十一年度充实教育文化设备费预算分配表，列支一百万元。饬据会计处签称，核与核定概算总数尚无不合，所列各项，亦与前饬各节尚无抵触等语，应准如拟办理。

三、据卫生处呈，拟将本处办理示范区环境卫生预算内第二项第二目疫区消毒费内之药品费剔除，拨入消毒员夫及器材费内，计该目并未超过原预算，仍为四千元等情。饬据会计处签称，拟准予照办等语，应准如拟办理。

四、据秘书处签呈，缴本府三十一年度行政区会报调训人员经费支付预算书表。饬据会计处签称，查系适应事实上之需要，似可准予照列，该款一千六百三十七元六角，拟准在三十一年度省岁出概算第一预备金项下开支等语，应准如拟办理。

五、据会计处案呈，查惠阳县政府呈缴忠孝乡自卫班列兵李玉请恤事实表，请予给恤一案，经秘书处签奉核定给与四十元之一次恤金，并给与每年三十元之年恤金，以五年为期，该项一次恤金及第一年年恤金共七十元，拟并在三十一年度省级概算恤金项下支付，第二年以后按年在各该年度恤金项下拨支等语，应准如拟办理。

讨论事项

一、张委员、胡委员、高委员会复，审查农林局所拟修正广东省补助垦荒事业办法，并拟订广东省垦荒贷款暨奖励补息计划纲要、广东各县推行垦荒面积贷款暨补息分配表，暨广东省垦荒贷款办法一案意见，请公决案。①

（决议）照审查意见通过。

二、张委员、胡委员、刘委员会复，审查农林局稻作改进所三十一年度筹办扩大全省优良稻种表证计划预算一案意见，请公决案。②

（决议）所需经费，在本年度调整机构补助公务员生活费项下拨支，饬照审查意见通过。

---

① 审查意见略。
② 审查意见略。

三、据财政厅呈，为灵山县称，筑马安岭飞机场垫支过雇工伙食费六千八百九十元七角七分，拟准在征存省款项下抵销等情，请公决案。

（决议）照案通过。

四、据教育厅呈缴省立民众教育馆三十一年度经费预算分配表，列支二万六千四百元，补足折薪差额预算分配表列支五千三百零四元，生活补助金预算分配表列支一万九千九百二十元，请核示等情，请公决案。①

（决议）照会计处签拟通过。

五、据教育厅呈，为三十年度由国民教育经费拨办之国民教育委员会暨各省立学校附设简易师范科班及小学等增薪及生活补助费共一万八千九百五十六元九角，拟在三十年度国教费节余项下拨支，请核示等情，请公决案。②

（决议）照会计处签拟通过。

六、据教育厅呈缴梅州女子师范等十校三十一年度经常费预算分配表，列支四十八万三千九百六十五元，补足折薪差额预算分配表核列支一十九万七千六百七十八元，生活补助金预算分配表列支三十五万×千八百六十八元，请核示等情，请公决案。③

（决议）照会计处签拟通过。

七、据省振济会呈缴儿童教养院暨所属各院部三十一年度经常费支付总预算书及第四六七分院实验中小学部、培德小学部经常费支付预算书，请核示等情，请公决案。④

（决议）照会计处签拟通过。

八、据省粮政局、财政厅会呈，为本省本年征实征购仓储困难，拟根据本年全国粮政会议决议尽量利用公仓民仓祠堂庙宇等以资补救等情，请公决案。

（决议）照案通过。

九、刘委员、方委员、郑委员（彦棻）会复，审查财政厅三十一

---

① 会计处签拟略。
② 会计处签拟略。
③ 会计处签拟略。
④ 会计处签拟略。

年度各项经临费预算分配表暨职掌员额编制组织表一案意见，请公决案。

（决议）照审查意见通过。（意见略）

十、主席提议，四会县长周东另有任用，遗缺派邓澂涛代理，请公决案。

（决议）照案通过。

广东省政府第九届委员会
第三百四十九次议事录

日　期　七月二十七日
地　点　曲江本府
出席者　郑彦棻　何　彤　黄麟书　郑　丰　许崇清　刘佐人
　　　　方少云　王志远
列席者　杜之英　戴振魂　黄　雯
主　席　李汉魂（公出　郑彦棻代）
纪　录　（秘书）谢晨光

报告事项

一、奉行政院令，该省概算财务支出款内列支财政特别费六万元，免予删除等因，应遵照改列，并通知各有关机关知照。

二、奉行政院电复，文昌、定安、儋县、琼山、澄迈等五县本年度无线电分台，经临费不敷数，准在本年度驻港电台经费项下移支，惟香港电台经费四万五千一百元，除移充文昌等五县电台不敷数三万八千九百七十八元外，尚余六千一百二十二元，应予保留等因，应分别通知遵办。

三、准广东省地方行政干部训练团电，为本团结业学员由第七期起，将回程旅费改为每天国币一十五元，东江各地有车可乘者，每公里发给车费六角，并将夫费增为每天四元五角，其途程在十日以上者，每五日加多一元五角，请通饬各区县嗣后须援照本团现订规程旅费数目发给来程旅费，仍在县地方款项下开支等由。饬据会计处签称，代电各节，似属可行，所增之款，既系在本年度干训团学员旅膳费预算及临时费预算第一项十目回程旅费项下统筹开支，拟予照准等语，应准如拟办理。

四、据财政厅呈，为各县未还透支广东省银行借款六万二千元，已由省库代还，开列清表，请核示等情。饬据会计处签称，拟准予备案等语，应准如拟办理。

五、（略）

六、据会计处案呈，本府现据高考初试及格受训人员崔源、谢绍荃、张定杰等三员呈请核发受训旅费各一千元，查前据高考初试及格受训人员曾杜周等十一员请发补助费一案，经本府第三三七次会议核定每员一次过发给五百元在案，本案似可援案办理，上开三员补助费共发给一千五百元，款在本年度省第一预备金项下拨支等语，应准如拟办理。

七、据会计处案呈，查顺德县政府呈报该县第二区鸽村乡长潘汝深因公殉职，请予抚恤一案。既经秘书处签奉核定酌给一次过抚恤费二百元，该款拟在本年度省预算恤金项下开支等情，应准如拟办理。

讨论事项

一、据民政厅呈，拟指定韶关市提前于本年七月一日起开始实施户籍及人事登记，请予补助等情。拟由府补助一万元，请公决案。

（决议）交刘、何、郑（彦棻）三委员审查，由刘委员召集。

二、据建设厅呈，据本省战时长途电话管理所电，请拨发广要话线器材价款六万三千八百一十三元零六分，请核示等情，请公决案。

（决议）照案通过，款在三十年度建设事业临时费项下补拨开支，归入三十年度省库收支结束案内统筹办理。

三、奉第七战区司令长官司令部令复，关于严密韶市基层组织充实警卫力量经费，应由省政府每月负担二千五百元，其开办费一万五千元，由省府筹拨等因，请公决案。

（决议）自八月份起照数在本年度实施新县制经费补助金项下拨支。

四、据教育厅呈缴省立图书馆组织章程、办事细则暨省立图书馆、国民革命博物馆、科学馆等编制表，请核示等情，请公决案。

（决议）交许委员审查。

五、（略）

六、据会计处案呈，查赤溪县地方三十一年度岁入岁出追加概算，经参照财政厅意见核编后，计追加各为七千二百元，请提会核定等情，请公决案。

（决议）照案通过。

七、据建设厅呈缴公路处技正兼翁源工务段长邝正文履历表，请赐核委等情，请公决案。

（决议）照派代理。

八、据建设厅签呈，拟具本省公有建筑限制暂行办法，请核示等情，请公决案。

（决议）交方、王、高三委员审查，由方委员召集。

九、据会计处案呈，关于疏散会编造本年度六、七月份经常费支付预算书，共列支一十七万一千四百二十六元，拟准予照拨，款在中央拨给疏散迁移费二百万元内划拨，请提会核定等情，请公决案。

（决议）交张委员审查。

十、主席提议，防城县县长谭鋆斌另候任用，遗缺派邓侠代理，请公决案。

（决议）照案通过。

十一、据会计处签呈，关于三十年度剩余款，经召集有关机关商定支配数目，除提出七百六十万元为本省特种施政及建设之用外，尚余三百五十六万八千一百二十四元二角四分，拟缴解国库，请提会核定等情，请公决案。

（决议）交何、张、黄、郑（丰）、方、刘、郑（彦棻）七委员审查，由何委员召集。

广东省政府第九届委员会
第三百五十次议事录

日　期　七月三十日

地　点　曲江本府

出席者　何　彤　刘佐人　方少云　王志远　胡铭藻　吴迺宪
　　　　许崇清　郑　丰　张导民　黄麟书

列席者　杜之英　戴振魂　黄秉勋　黄　雯

主　席　李汉魂（公出　何彤代）

纪　录　（秘书）谢晨光

报告事项

一、奉行政院令复，据呈拟该省政府发给护照办法，尚无不合，准予备案。惟文字方面，应行修改等因。应遵照指饬各点修正后，分行遵照。

二、奉行政院电复，官渡桥不敷工款八万五千零五十四元，准在三十一年度战时特别预备金项下动支，仍将该桥计划预算补编呈核等因。经饬财政厅照拨，并分别通知遵办。

三、奉行政院令复，据呈改正广东省蒸制骨粉厂三十一年度营业计划及预算书，经核大致尚无不合，所需基金，准予提前一次拨发等因。查该厂基金一十万元，原拟在三十一年度本省岁出概算营业投资及维持支出款下场制肥田料科目拨支，既奉核准拨发，应饬财政厅照拨，并分别饬知。

四、准广东省军管区司令部电送和平县办理国民兵役初次施行壮丁调查办公费及应备书簿表册等费预算书。饬据会计处签称，查书列推行壮丁调查办公费五百元，应备书簿表册等费一千二百四十八元七角五分，合共一千七百四十八元七角五分，尚无不合，拟准在三十一年度省概算经常门临时部分第十三款第一项第二第三目各原科目项下拨支等语，应准如拟办理。

五、据教育厅呈送更正省立各校校名表。饬据会计处签称，查表列各校，其经费均经列入本省三十一年度岁出拟定预算内，拟分别抄呈行政院及请审计处、财政部查照备查等语，应准如拟办理。

六、据会计处案呈，本府合署建筑委员会呈缴该会继续经费预算书表，拟将本年及三十年度之经费混合作为继续经费处理，核与规定似欠妥洽，惟该会既因应实际需要，不得不将上年度节余并入开支，似可以该会三十年度经费节余款一万七千零一十五元为岁入来源，并拟以本府合署建筑委员会经费科目追列三十一年度省岁出概算，汇列清表，将来转呈中央核备。又关于特别办公费一项，三十一年度预算分配表月列二百元，比三十年度月列一百元增加一倍，拟依照各机关主管长官特别办公费标准月额表规定，视为特殊情形，准予照列等情，经准如拟办理。

七、据第三区行政督察专员呈缴三十一年五月份行政囚粮册表，列支囚粮四元。饬据会计处签称，查核尚无不合，拟准在三十一年度省岁出概算行政人犯口粮项下拨支等语，应准如拟办理。

八、据徐闻县呈缴二十八、二十九两年度破路费支出计算书。饬据会计处签称，查二十八年度第一、二次破路费，依照本府核定原案，应列支一千六百三十元八角三分，现呈列支一千七百九十八元六角一分，与案本属不符，但该案系于二十八年间办理，核减确有困难，拟姑准照数列支。又二十九年度加强破路费一千二百零一元五角九分，列数与案相符，计先后共支三千元，该款拟在本府第七十五次会议核定由二十八年度省建设事业费项下拨付该破路费三千元项下支报等语，应准如拟办理。

讨论事项

一、奉行政院令复，据呈送三十一年度追加国民兵役调查壮丁书簿表册等概算书，核尚需要，该项增加调查壮丁书簿表册等不敷经费七万二千七百三十元四角七分，即在该省战时特别预备金项下动支，毋庸另行增拨等因，请公决案。[①]

（决议）照会计处签拟通过。

二、许委员、张委员、胡委员会复，审查秘书处所拟广东省各级行

---

① 会计处签拟略。

政机关被裁员役发给川资补助费暂行标准一案意见，请公决案。①

（决议）照审查意见通过。

三、方委员、黄委员、刘委员会复，审查教育厅呈缴推进专科师范教育三年计划暨三十一年度经费预算书，又国民教育师资短期训练班经费预算书一案意见，请公决案。②

（决议）专科师范教育本年度经费照发，款由中央增拨本省三十一年度各县市特别补助费移拨开支，第二、三两年度经费，俟各该年度编造概算时编列，余照审查意见通过。

四、刘委员、胡委员、高委员会复审查建设厅呈缴农业实验县计划大纲一案意见，请公决案。③

（决议）照审查意见通过。

五、高委员、郑委员（彦棻）、刘委员会复，审查建设厅呈缴修正中国农民银行与广东省政府洽订农田水利贷款合约草案一案意见，请公决案。④

（决议）照审查意见通过。

六、（略）

七、据卫生处电缴修正广东省卫生处卫生试验所暂行组织规程，请转咨备案等情，请公决案。

（决议）交刘委员审查。

八、据民政厅呈缴本省警察训练所组织规程及编制，请核示等情，请公决案。

（决议）交吴委员审查。

九、据省粮政局签呈，为各县粮政繁忙，拟由本年八月份起，一、二等县粮政科增设科员二人、督察员、办事员各一人，三、四等县粮政科增设科员、督察员、办事员各一人，南山、梅菉管理局各增设办事员一人，以利粮政推行等情，请公决案。

（决议）照案通过，由各县妥筹来源追加预算，至财力不足县份得

---

① 审查意见略。

② 审查意见略。

③ 审查意见略。

④ 审查意见略。

呈准在修正编制额内酌增人员。

十、（略）

十一、据会计处签呈，关于本府驻渝办事处呈请援例追加员役及家属平价米代金一案，计本年度自四月份起共应增拨三万四千三百七十一元，该款拟在本年度调整机构补助公务员生活费项下开支，请提会核定等情，请公决案。

（决议）照案通过。

十二、据财政厅、秘书处、会计处会呈，拟具本府及所属各机关迁移费二百万元分配办法，请提会核定等情，请公决案。

（决议）照案通过，其确有特殊情形者，得专案呈报核办。

十三、据会计处案呈，查安化管理局三十年度地方岁入岁出追加概算，经参照各厅处意见整理后，计追加各为四千九百九十九元，请提会核定等情，请公决案。

（决议）照案通过。

十四、据会计处案呈，查乳源县三十年度地方岁入岁出第三次追加概算，拟照各厅意见准予照列，计追加各为二万六千四百零七元，请提会核定等情，请公决案。

（决议）照案通过。

十五、据会计处案呈，查广宁县三十年度地方岁入岁出追加概算，拟照教厅意见准予照列，计追加各为八百元，请提会核定等情，请公决案。

（决议）照案通过。

十六、据会计处案呈，查防城县三十年度地方岁入岁出第二次追加概算，经参照各厅意见整理后，计追加各为一千八百四十六元，请提会核定等情，请公决案。

（决议）照案通过。

十七、（略）

十八、据统计处呈，拟本府各厅处局统计机构改组成立统计室办法，请通饬各厅处局于本年八月一日依法成立统计室等情，请公决案。

（决议）交许、张、郑（丰）三委员审查，由许委员召集。

广东省政府第九届委员会
第三百五十一次议事录

日　　期　八月三日

地　　点　曲江本府

出席者　　何　彤　许崇清　吴遒宪　王志远　黄麟书　郑　丰
　　　　　刘佐人　胡铭藻　张导民　方少云

列席者　　杜之英　戴振魂

主　　席　李汉魂　（公出　何彤代）

纪　　录　（秘书）谢晨光

报告事项

一、准广东全省保安司令部电复，台山县前警卫常备队中尉小队长林竹风二十七年份恤金三十五元，经照案在本部三十年度保安经费节余项下补拨等由。饬据会计处签称，似可照办等情，应准如拟办理。

二、据教育厅呈，为省立文理学院三十一年度生活补助金分配预算表内列月支生活补助金四十五元者八人，查实系雇员八人，原薪额四十五元折支三十五元，照核定去年文理、勷勤两学院教职员役改善待遇说明表，每人应支生活补助金六十五元，计每人每月少列二十元，八人每人每月共少列一百六十元，请准照案更正等情。饬据会计处签称，查属实在，拟准照拨，计雇员八员月共补拨一百六十元，全年一千九百二十元，此款拟准在本年度省岁出概算内调整机构补助公务员生活费项下开支等语，应准如拟办理。

三、据省振济会呈缴儿童教养院第三分院三十年度四至六月份追加儿童膳费预算书，计共列五千四百元一角四分。饬据会计处签称，核与该会各院部膳食费补助办法相符，该款既经该会核准在振款项下拨支，拟准照办等语，应准如拟办理。

四、据广东省驿运管理处呈缴连县临时办公处设备费预算书，列支六百九十一元一角，请予归垫等情。饬据会计处签称，拟准照列，款在该处营业基金拨付等语，应准如拟办理。

五、据建设厅呈，为农林局博罗县工作站指导员黄秉宪等三员因敌犯境损失财物，请予以救济等情。饬据秘书、会计两处签拟，依照本省各级行政机关员役因公损失财物救济暂行办法一次过发给黄秉宪二百元，谢伯修一百六十元，许宗林一百四十元，合共五百元，拟由本年度省预算恤金项下拨支等语，应准如拟办理。

六、据会计处案呈，关于陆大学员萧公剑因病未及参与毕业考试，奉令留第十八期继续肄业，拟准予继续拨给补助费，计由本年八月至十二月每月五十元，共二百五十元，此款拟准援案在本年度省第一预备金项下开支等情，应准如拟办理。

七、据会计处案呈，关于各机关筹设公共食堂一案，查本府及所属各机关如准另建公共食堂，则需款甚巨，似应从缓办理。至公共食堂每月所需燃料、水电、工资各费，拟饬各机关在办公费额内因应开支等情，应准如拟办理。

讨论事项

一、准广东省军管区司令部电送追加全省高中以上学校军训教官三十年度各月份经常费支付预算书，计共三万四千一百四十元，款在兵团队三十年度经费节余项下拨支等由，请公决案。

（决议）照案通过。

二、准广东高等法院函送本院收支二十六、七、八、九各年度额余囚粮总数清单，暨二十七、八、九各年度超额囚粮预算书拨支各监二十九年度增加囚粮数目表，请查照办理等由，请公决案。①

（决议）照会计处签拟通过。

三、据教育厅呈缴建筑车房及修理汽车临时费预算书，列支七千零五十元，除拟将拍卖汽车废铁所得款五千三百五十元抵支外，其余不敷款一千七百元，并拟在本厅三十一【年】度临时费项下拨足等情，请公决案。

（决议）照案通过。

四、据秘书处签呈，准本府高委员函送三十年度赴渝出席全国内政

---

① 会计处签拟略。

会议旅费报告表，列支四千二百零二元零八分，该款可否援案改在三十一年度本府特别公差旅费项下补拨归垫，请核示等情，请公决案。①

（决议）照会计处签拟通过。

五、（略）

六、据会计处案呈，查乐昌县三十年度地方岁入岁出第二次追加概算，经参照各厅处意见整理后，计追加各为九万四千二百六十一元，请提会核定等情，请公决案。

（决议）照案通过。

七、据会计处案呈，查高明县三十年下半年度地方岁入岁出第三次追加概算，经参照各厅处意见整理后，计追加各为五万四千七百二十一元，请提会核定等情，请公决案。

（决议）照案通过。

八、张委员、胡委员、刘委员会复，审查秘书处签拟本府派赴中央受训人员旅费核发办法及冯汉杰、詹宝光等不敷旅费拟酌增发一案意见，请公决案。

（决议）照审查意见通过。（意见略）

九、许委员、刘委员、方委员会复，审查秘书处所拟修正广东省非常时期战地公务员任用暂行标准一案意见，请公决案。②

（决议）照审查意见通过。

十、许委员、方委员、刘委员会复，审查秘书处所拟广东省非常时期战地主计人员任用暂行标准一案意见，请公决案。③

（决议）照审查意见通过。

十一、据本府秘书处、行政效率促进委员会呈，拟具广东省政府战时购料委员会组织章程，请核示等情，请公决案。

（决议）交郑（丰）、张、王三委员审查，由郑委员召集。

十二、据财政厅呈，为彻底整理自治财政，特拟定整理县市收入实施办法等，及增加屠宰税征率暨改革各县税捐处体制等各种办法，连同

---

① 会计处签拟略。

② 审查意见略。

③ 审查意见略。

各项章则，请核定自九月一日起实行等情，请公决案。

（决议）交刘、方、何三委员审查，由刘委员召集。

十三、据财政厅呈缴本厅三十一年度迁移设备费概算书，列支五万七千元，请核定在三十年各税务局所站经费未支配余额项下拨支等情，请公决案。①

（决议）照会计处签拟通过。

十四、吴委员函复，审查据民政厅呈缴本省警察训练所组织规程及编制，请核示一案意见，请公决案。②

（决议）照审查意见通过。

十五、刘委员提议，拟请设置动员会议，经常工作人员，并将动员委员会经费拨充动员会议经费，请公决案。③

（决议）照会计处签拟通过。

广东省政府第九届委员会
第三百五十二次议事录

日　　期　八月六日

地　　点　曲江本府

出席者　郑彦棻　郑　丰　高　信　许崇清　吴迺宪　方少云
　　　　　　刘佐人　何　彤　张导民　黄麟书　胡铭藻

列席者　杜之英　黄秉勋　云照坤　谢群彬　李文韬

主　　席　李汉魂（公出　郑彦棻代）

纪　　录　（秘书）谢晨光

报告事项

一、（略）

---

① 会计处签拟略。

② 审查意见略。

③ 会计处签拟略。

二、奉第七战区司令长官部广东绥靖主任公署令，奉国民政府军事委员会令，饬减少填造表册工作，俾各级公务员得有充裕时间从事实际工作等因，抄发原附会商纪录，仰遵照，并饬属遵照等因，应交本府行政效率促进委员会签办。

三、准广东高等法院函，为广东各监所二十九年额余囚粮及广东第一监狱暨广州看守所二十九年度寄押囚粮结存款移拨为作业基金一案，请饬财厅签开抵解支令等由。饬据会计处签称，查该案本府原决议案并未明定办理抵解手续，兹拟以二十九年度各该项囚粮结余款三万八千元为岁入来源拨支，并以广东高等法院作业基金科目追列三十一年度岁出汇列清表，将来转呈中央核备。至抵拨后余四十一元零五分，仍请返库等语，应准如拟办理。

四、据本省救护委员会先后呈拟拨发南路救护队三十年四、五、六月份一次过生活补助费及拨支修葺会舍费等，造具临时费岁入岁出预算书，请核示等情。饬据会计处签称，查预算书列修缮费八百九十元，生活补助费九百元，合共一千七百九十元，核属需要，拟准照办，所缴岁入预算书列二千三百四十元，据称由香港募来，并拟准照列，仍饬援照该会前呈三十一年度收入预算案作为特种基金处理。支出临时费，准在此项特种基金开支，余款五百五十元，据请留为制发直辖救护队服装费之用，仍应以原科目并列入支付预算内呈核等语，应准如拟办理。

五、据民政厅签呈，拟具加强连、乐、乳、宜四县基层力量切实联防方案联防会议费用计三千元，请由战时特别预备金项下开支等情。经饬由本年度第一预备金项下照数拨付。

六、奉行政院电，发各省编制三十二年度岁出概算要点科目表、编列原则、概算总表、分配总表等，仰遵照等因。遵经分别函转办理，并复请电示本省施政方针及三十二年度岁出总数暨第一预备金战时特别预备金下年应列数额及补发公务员实物补助办法。

讨论事项

一、准广东省军管区司令部电，为本部翻印兵役法规计实支工料费三万五千二百七十四元四角五分，除原预算二万一千三百九十元外，计应追加一万三千八百八十四元四角五分，款在三十年度国民兵团队经费节余项下开支，请查照核办等由，请公决案。

（决议）照案通过。

二、准广东全省保安司令部电，为本部三十年一、二月份运输费共实支四万一千四百九十六元五角五分，除经照预算之额按该一、二月份在原科目支报共二万零六百四十二元五角五分外，其余二万零八百五十四元，拟移在本部三十年度历月份保安经费节余项下开支，请查照等由，请公决案。

（决议）照案通过。

三、准广东全省保安司令部先后电，为本部购办通讯器材费用共四十八万一千三百四十元，拟在本部三十年度保安经费节余项下开支，请查照等由，请公决案。

（决议）照案通过。

四、据教育厅呈，为广东全省第十五届运动大会筹备期间购置各种用具及员工交通、膳食费等计先后垫支过五千五百四十七元五角，请准在省总概算第三款第八项第五目所列体育场七月份前未动支之经费项下如数划拨等情，请公决案。

（决议）交郑委员（彦棻）审查。

五、据建设厅签呈，公路处三十年度行车营业预算所列历年积亏三十五万元，确属实情，似可准予照旧列入，请核实等情，请公决案。

（决议）交张、刘两委员审查，由张委员召集。

六、据建设厅签呈，据公路处呈缴罗信茂公路修筑大湾渡口码头路基及渡车船工程费预算书表，该款五万九千八百二十一元六角，经在该路余款垫支，似可准照办理等情，请公决案。①

（决议）照会计处签拟通过。

七、据前广东省战时贸易管理处呈，关于代办防空器材一案，奉拨港币一十四万元，除支付防空器材款暨运输费及垫支战时通讯所通讯器材暨运旅费外，计结存伸合国币一十四万四千八百八十四元九角二分，经照数移交广东企业公司接收，请核示等情，请公决案。

（决议）交张、刘两委员审查，由张委员召集。

八、据本府边政指导委员会签呈，拟将粤北边疆施教区于本年七月

---

① 会计处签拟略。

份起裁撤，其所有各站改定名称，移归本会直接指挥仍以该区全部经费每月二千三百三十三元三角三分分配，不另追加，请核示等情，请公决案。

（决议）交黄、刘两委员审查，由黄委员召集。

九、据教育厅呈缴保送中央政治学校学生经费预算分配表，列支二万一千三百零四元，除拟在本年度暑期中等学校教员讲习会经费移拨一万零二百六十元，不敷一万一千零四十四元，请另行指款拨给等情，请公决案。

（决议）除办理考送费咨请教育部照拨外，余照案通过。移拨部分仍呈行政院核定。其余不敷经费，在本年度第一预备金项下开支。

十、据本府战时通讯所呈缴连山分台三十一年度经常费生活补助金预算分配表，计列支本年度经费六千四百五十六元，生活补助金八千零四十元，请核示等情，请公决案。①

（决议）照会计处签拟通过。

十一至二十一、（略）

二十二、据财政厅签呈，关于在合署办公建筑费内提拨二十五万元分发迁连各机关修理费案，经从新分配，列表请核示等情，请公决案。

（决议）照案修正通过。

二十三、（略）

二十四、主席提议，揭阳【县】长林先立另有任用，遗缺调饶平县长陈暑木接充，递遗缺派黄绪虞代理，请公决案。

（决议）照案通过。

二十五、主席提议，电白县长赖××有渎职嫌疑，经撤职交林专员时清法办，遗缺派李明馨代理，请追认案。

（决议）照案通过。

---

① 会计处签拟略。

广东省政府第九届委员会
第三百五十三次议事录

日　　期　八月十日

地　　点　曲江本府

出席者　郑彦棻　胡铭藻　刘佐人　方少云　吴迺宪　许崇清

　　　　高　信　何　彤　黄麟书　郑　丰　张导民

列席者　杜之英　黄秉勋　李文韬

主　　席　李汉魂（公出　郑彦棻代）

纪　　录　（秘书）谢晨光

报告事项

一、奉行政院令复，该省追加保安经费一百八十三万六千七百八十五元一案，经提奉国防最高委员会第八十六次常务会议照数核定，仰补编预算呈核等因。经饬会计处将该项追加经费编成本省三十一年度第一次追加岁出拟定单位预算书，拟呈院办理。

二、据本府行政效率促进委员会签呈，拟遵照行政院令将本府前颁修正广东省政府所属各机关暨各县市局工作考核实施细则工作核对办法暨工作进度及成绩考核标准各条文修正，分别函令遵照等情，应准如拟办理。

三、据教育厅呈缴省立艺术学院三十年修缮院舍及建筑剧场工程预算书，列支二千四百元。饬据秘书、会计两处签拟，列数尚属需要，拟准照原请在三十年度省总概算内战时教育经费项下拨支等语，应准如拟办理。

四、据广东省银行呈复与建设厅签订农田水利贷款垫头一项借款合约情形，附缴草约，请核办等情。饬据建设厅签称，本省财政收支统由中央支配，本年度省总预算业经呈奉核定，殊难变更，拟将原约第三条、第五条酌为改正，饬行与厅妥洽签订后，再呈核备等语，经准如拟办法〔理〕。

五、据粮政局先后呈缴驻湘购粮办事处运输所第一次抢运麻草包支出计算书，计列三万六千八百八十五元七角三分，及第二次抢运麻草包支付预算书，计列一万三千九百七十三元八角。饬据会计处签称，拟均准照列，款在该局三十年度营业预算损失表其他营业外支出意外损失科目开支等语，应准如拟办理。

六、奉行政院电复，关于加强小北江握要各地据点防御工事费，应准在战时特别预备金项下动支三万元，仰即连前准拟购民船阻塞小北江费款三万元补编概算呈核等因，经饬财政厅遵照办理拨付手续暨行第二区专署遵照速办。

七、奉行政院电复，关于架设广宁经石涧至四会长途话线费二十七万一千九百四十七元，准在该省战时特别预备金项下动支等因，经分别呈报长官部暨饬财政厅办理签拨手续并饬战时长途电话所迅速兴工。

八、据会计处签呈，以三十二年度省岁出概算编制要点经奉行政院本年七月十四日顺会字一三六七三号代电颁发，并报告本府第九届委员会第三五二次会议通行〔过〕在案。嗣经本年八月八日各委员厅处长会议结果，拟定增补编制办法两点如次：（一）各机关经常费内之办公费，照三十一年七月份新增办公费后之总和数额加倍编列，购置费及特别办公费照三十一年分配预算数加倍编列，照此比较现行预算增支之数，在所编预算内注明，以便稽核。（二）省政府委员会及秘书处经临费三十一年度系合并编列，但三十二年度起应由秘书处将该项经临费之属于委员会性质者代为划出，另行编列，委员俸给一律按简任二级计。又委员不兼厅处会局等职务者，得设荐任六级秘书一员，及汽车电油每月十五加仑之交通费，兼职委员改列每月七加仑半之交通费。右①两点，请报告会议备案等情，应准如拟办理。

讨论事项

一、准广东全省保安司令部电送三十年度调整保安团队开办费支付预算书，计列一万六千四百元，该款拟在本部三十年度历月份保安经费节余项下开支，请查照等由，请公决案。

（决议）照案通过。

---

① 原文竖排故称"右"。

二、准广东全省保安司令部电，为本部三十年二月间派员在湘购到乘马七匹，计支价款及旅什等费共三千二百四十五元一角五分，该款拟在本部三十年二月份保安经费节余项下开支，请查照等由，请公决案。

（决议）照案通过。

三、准广东全省保安司令部电，为本部暨直属队三十年度谍报费计月支一千七百元，年支二万零四百元，拟在本部三十年度保安经费节余项下按月支报，请查照等由，请公决案。

（决议）照案通过。

四、准广东全省保安司令部电，为本部三十年五月间公祭抗敌阵亡刘故营长秉钧等大会费，计支出三千三百一十三元六角四分，该款拟在本部三十年五月份保安经费节余项下开支，请查照等由，请公决案。

（决议）照案通过。

五、准广东省地方行政干部训练团函送第七、八、九区联合训练班三十年度经常临时费预算分配表，及三十年度俸给改订比较表，请将该班三十年度五至八月份战时加给经费一万三千七百二十八元及九至十二月战时加给经费一万七千一百六十元迅予核拨等由，请公决案。

（决议）照会计处签拟通过。（签拟略）

六、据广东省新生活运动促进会妇女工作委员会呈，为本会三十年度事业费第二款一项二目生产事业预备金全年预算一万二千元，现拟以九千六百元移作购置纺纱机等分发生产工作团应用，其余二千四百元，拨作龙川妇委会补助费之用，请核示等情，请公决案。

（决议）照案通过。

七、据广东省新生活运动促进会妇女工作委员会呈，为本会三十年度事业费第一项第四目补助纺纱事业费全年预算四千九百八十元，经将八百三十元拨作生产工作团纺纱研究班开办费，二千零七十五元拨作该班经常费，二千零七十五元拨作乐昌等八县妇委会手工业技师薪俸，请核准备案等情，请公决案。

（决议）照案通过。

八、据会计处案呈，查钦县县政府三十一年度地方岁入岁出追加概算，经参照财政厅意见核编后，计各为一十万三千二百元，请提会核定等情，请公决案。

（决议）照案通过。

九、方委员、王委员、何委员会复，审查社会处调查通讯站设置办法及工作计划暨预算一案意见，请公决案。

（决议）照审查意见通过。

十、民政厅呈缴督导员梁宗善荐委表，请赐核委等情，请公决案。

（决议）照派代理。

十一、据会计处案呈，查大埔县政府三十二年度地方岁入岁出总概算，经参照各厅处意见核编后，应各列一百八十万零三千一百二十九元，请提会核定等情，请公决案。

（决议）交张、何、黄、郑（丰）、郑（彦棻）、刘六委员审查，由张委员召集。

十二、会计处案呈，查佛冈县政府三十二年度地方岁入岁出总概算，经参照各厅处意见核编后，计拟改列各为八十八万七千六百四十七元，请提会核定等情，请公决案。①

十三、据会计处案呈，查廉江县三十二年度地方岁入岁出总概算，经参照各厅处意见核编后，应各改列二百五十二万八千零九十七元，请提会核定等情，请公决案。

（决议）交张、何、黄、郑（丰）、郑（彦棻）、刘六委员审查，由张委员召集。

十四、据会计处案呈，三水县政府三十二年度地方岁入岁出总概算，经参照各厅处意见核编后，拟各列为一百三十七万六千五百一十八元，请提会核定等情，请公决案。

（决议）交张、何、黄、郑（丰）、郑（彦棻）、刘六委员审查，由张委员召集。

十五、据地政局呈缴本局第一、二测量队本年一至六月份生活补助金名册，计共列支二十五万七千九百九十九元三角五分，请核示等情，请公决案。

（决议）照会计处签拟通过。（签拟略）

十六、据财政厅、粮政局会签，拟具本省三十一年征购粮食券款处

---

① 原文缺"决议"内容。

理暂行办法，请核定施行等情，请公决案。

（决议）交高、方、郑（丰）三委员审查，由高委员召集。

十七、据教育厅签呈，省立连州中学校长孔宪瑷呈请辞职，拟予照准，遗缺拟调省立北江简易师范学校校长钟钲声接充，递遗省立北江简易师范学校校长缺，拟以戚焕尧接充，请察核分别任免等情，请公决案。

（决议）照案通过。

十八、据本府行政效率促进委员会签呈，以遵照奉颁各省编制三十二年度岁出概算要点并参酌财政厅暨会计处会同拟编本省三十二年度概算意见将〈来〉本省三十二年度施政计划编造办法酌予修正，请核定施行等情，请公决案。

（决议）照案通过。

十九、刘委员、黄委员会复，关于审查边政指导委员会拟将粤北边疆施教区于本年七月份起裁撤，并将该区所属三施教站移归该会直接指挥，暨改定各站名称一案意见，请公决案。①

（决议）照审查意见通过。

二十、据会计处案呈，查宝安县政府三十二年度地方岁入岁出总概算，经参照各厅处意见核编后，计拟改列各为六十九万零九百九十元，请提会审定等情，请公决案。

（决议）交张、何、黄、郑（丰）、郑（彦棻）、刘六委员审查，由张委员召集。

二十一、据会计处案呈，查连平县政府三十二年度地方岁入岁出总概算，经参照各厅处意见核编后，计拟改列各为一百一十二万六千四百二十一元，请提会审定等情，请公决案。

（决议）交张、何、黄、郑（丰）、郑（彦棻）、刘六委员审查，由张委员召集。

二十二、据会计处案呈，查丰顺县政府三十二年度地方岁入岁出总概算，经参照财政厅意见核编后，计拟改列各为二百万八千八百四十六元，请提会审定等情，请公决案。

---

① 审查意见略。

（决议）交张、何、【黄】、郑（丰）、郑（彦棻）、刘六委员审查，由张委员召集。

二十三、据会计处案呈，查梅县县政府三十二年度地方岁入岁出总概算，经参照各厅处意见核编后，计拟改列各为四百三十八万九千九百六十七元，请提会审定等情，请公决案。

（决议）交张、何、黄、郑（丰）、郑（彦棻）、刘六委员审查，由张委员召集。

二十四、据财政厅、粮政局会呈，关于分区举行行政会议、委员厅处局长全体分区出巡，暨征实征购宣传三项计需八十三万九千五百元，拟即电请行政院汇拨，惟现在期间迫切，紧急需支，在未奉拨到前，拟暂在本年度调整机构补助公务员生活费项下垫支等情，请公决案。

（决议）每区应以十一人为限，所需经费，着编预算呈请行政院追加，仍核实支报，余照案通过。

二十五、据会计处签呈，本省保安部队等依照规定追加经费案在未奉中央核发前，每月需款五十一万六千三百九十九元五角，拟在本年度战时特别预备金项下垫付应支，请核示等情，请公决案。

（决议）照数在本年度调整机构补助公务员生活费项下垫拨。

广东省政府第九届委员会
第三百五十四次议事录

日　期　八月十三日
地　点　曲江本府
出席者　郑彦棻　许崇清　高　信　郑　丰　张导民　何　彤
　　　　胡铭藻　黄麟书　刘佐人　方少云
列席者　杜之英　黄　雯　戴振魂　黄秉勋
主　席　李汉魂（公出　郑彦棻代）
纪　录　（秘书）谢晨光

报告事项

一、奉行政院电知，本院第五七三次会议决议该省第一区专员兼司令李磊夫应免本兼各职，遗缺派周东继任等因。经分别呈报函行。

二、据建设厅签呈，拟将本省小工业贷款暂行办法大纲第八条第四项"广东省战时贸【易】管理处"修改为"广东企业股份有限公司"，又第十一条"人为不力抵抗"，"不力"之"力"拟改为"可"字等情，应准如拟办理。

三、据第三区行政督察专员电缴代管前进电船试航费支付预算书，列支一千五百一十七元五角。饬据会计处签称，既经本府核准有案，且本年度本府临时费亦已超支甚巨，拟在三十一年度省第一预备金项下拨发归垫等语，应准如拟办理。

四、据会计处案呈，查始兴县征购防空杉杆支出杉价及旅费一千三百五十四元，既据呈明系实支数目，似可准予照数列支，款在原奉准由本年度战时特别预备金项下拨付本案杉款二万零三百三十元额内动支，余款一万八千九百七十六元既已照数返纳，拟饬财政厅洽收归还入战时特【别】预备金科目等情，应准如拟办理。

五、据会计处案呈，关于化县县属第一区东南乡第一保故保长丘集汉与丘习汉一次过恤金各一百六十元两案，现准秘书处签复系同属一案，应将粮政局呈请之案撤销等语。似应照秘书处意见办理，叙案分别通知，并饬县将重发之恤金一百六十元返纳具报等情，应准如拟办理。

六、据会计处案呈，查阳山县小江乡副乡长陈汉模因捕匪被击毙命，请予抚恤一案，既经秘书处签奉核定给予一次过抚恤费二百元，该款拟在本年度省预算恤金项下开支等情，应准如拟办理。

讨论事项

一、（略）

二、据建设厅呈，据公路处呈报，西河木桥经以五十七万六千元判商承建，计比原预算超出一十五万九千六百六十二元九角三分，似可准予照数列支办理，请核示等情，请公决案。

（决议）工料费准改列为五十七万六千元，除运输统制局拨助二十万元外，其余不敷三十七万六千元，准在本年度战时特别预备金项下拨支，仍呈行政院核定。

三、据建设厅呈，据公路处呈缴护路官兵编制表，关于护路队三十一年度经常费二万七千一百五十八元，及生活补助费六万八千四百元，请仍准照原编预算数额核定，应否照准，请核示等情，请公决案。①

（决议）照会计处签拟通过。

四、据建设厅呈缴长途电话所改编三十年度追加预算书，请核示等情，请公决案。②

（决议）照会计处签拟通过。

五、（略）

六、准广东省军管区司令部电，据肇清师管区电，以各县三十一年度总抽签费数目太少，请照各等县规定数额追加二倍等情。请查照核办等由，请公决案。③

（决议）照会计处签拟通过。

七、据第九区行政督察专员电报，三十一年度经常费补足折薪差额及生活补助金预算分配表各数，请照核发等情，请公决案。④

（决议）照会计处签拟通过。

八、据卫生处签呈，拟订广东省战时医疗药品销售登记管理办法实施办法，请核示施行等情，请公决案。⑤

（决议）照秘书处签拟通过。

九、据秘书处案呈，查台山县城区屠场永利公司承商李圣泗、益号司理黄宏等因不服台山县政府饬令共同负担赔偿合利屠捐公司在县城屠户罢市期内所损失饷款之处分，先后提起诉愿一案，现经审查完竣，作成决定书，请提会核定等情，请公决案。

（决议）照决定书通过。

十、据会计处案呈，查三水县政府三十一年度地方岁入岁出第一次追加概算，经参照各厅意见核编后，计各为六十二万九千三百二十一元，请提会核定等情，请公决案。

---

① 会计处签拟略。
② 会计处签拟略。
③ 会计处签拟略。
④ 会计处签拟略。
⑤ 秘书处签拟略。

68

（决议）照案通过。

十一、准广东高等法院函，为各县司法囚粮拟自本年七月一日起一律改发实物，另发柴菜油盐用费；至行政囚犯应否比照办理，请查照核办等由，请公决案。①

（决议）照会计处签拟通过。

十二、据建设厅签呈，拟订广东省政府建设厅农田水利处组织章程编制预算，请核示等情，请公决案。

（决议）交张、高、方三委员审查，由张委员召集。

十三、张委员函复，审查会计处案呈，关于疏散会编造本年度六、七月经常费支付预算书，共列支一十七万一千四百二十六元，拟准予照拨，款在中央拨给疏散迁移费二百万元内划拨一案意见，请公决案。

（决议）照审查意见修正通过。

十四、据财政厅签呈，准财政部广东省田赋管理处电，请借垫经费三十四万二千元，拟在本年度调整机构补助公务员生活【费】科目垫支等情，请公决案。

（决议）照案通过。

十五、主席提议，台山县长陈灿章另候任用，遗缺调三水县长陈子和接充，递【遗】三水县长缺，派张超良代理，请公决案。

（决议）照案通过。

十六、据教育厅呈，省立高州女子师范学校校长拟以潘文芳充任，附缴履历表，请察核等情，请公决案。

（决议）照派代理。

十七、刘委员、方委员、何委员会复，审查关于财政厅呈，为彻底整理县市收入实施办法等，及增加屠宰税征率暨改革各县税捐处体制等各种办法，连同章则，请核定自九月一日起实行一案意见，请公决案。

（决议）照审查意见通过。（意见略）

十八、许委员提议，第七战区编纂委员会三十二年度概算拟请准照二十九、三十、三十一各年度补足折薪差额及三十年度补足调整差额工役工饷加给之标准编列，请公决案。

---

① 会计处签拟略。

（决议）交刘委员审查。

十九、据本府行政效率促进委员会呈，拟具广东省政务视导团三十一年度视导工作暂行办法，请核示等情，请公决案。

（决议）照案修正通过。

二十、据本府行政效率促进委员会签呈，拟请将动员委员会原有事业费移拨为本会资料室事业费等情，请公决案。

（决议）照案通过，仍呈行政院核定。

二十一、据地政局签呈，为地价申报急待开展，拟请在省款项下垫借十五万元，以便开办，俟中央核发经费汇到，即缴还归垫等情，请公决案。

（决议）照案通过，款在本年度调整机构补助公务员生活费项下垫借。

广东省政府第九届委员会
第三百五十五次议事录

日　　期　八月十七日
地　　点　曲江本府
出席者　郑彦棻　方少云　王志远　刘佐人　胡铭藻　黄麟书
　　　　　何　彤　吴逎宪　许崇清　高　信　郑　丰　张导民
列席者　杜之英　戴振魂　李文韬
主　　席　李汉魂（公出　郑彦棻代）
纪　　录　（秘书）谢晨光

报告事项

一、奉行政院令，该省省立中学校附小迁移设备等临时费不应挪用国民教育经费，此次所挪之款，姑准照支，但嗣后不得再行挪支等因，应饬教育厅知照。

二、奉行政院电复，关于本府加强连县治安力量，请准在战时特别预备金动支六万元，应准予动支，仰迅补编概算等因。遵经饬财政厅签拨，并分别通知有关机关。

三、奉行政院电复，关于罗信公路展修至零零段工款三十万元，姑准在三十一年度战时特别预备金项下动支，嗣后非经呈准，不得擅自修筑等因。遵经分别通知，并饬建设厅及公路处嗣后注意。

四、准审计处函复，准送农林局三十一年度举办农业建设人员训练班调训临时费预算书表，列支二万七千七百二十二元，款在该局三十年度增强各县农业指导工作站机构充实人员追加经费节余项下拨支一案，未便备查等由。饬据会计处签称，拟以该局三十年度增强各县农业指导工作站机构充实人员节余经费为来源拨支，分别以各该科目汇列清表呈报中央备案等语，应准如拟办理。

五、据教育厅呈缴黄岗省立小学三十年度岁出预算书表。饬据会计处签称，似可准予照列，计九至十二月每月应补拨一百八十元，四个月共七百二十元，惟原案第四项饬返纳入库之款三百二十三元，既未解库，自应以之抵拨抵解，计实应补拨三百九十七元，此款拟准在三十年度省概算内调整机构补助公务员生活费项下开支等语，应准如拟办理。

六、据第一区行政督察专员呈缴本年六月份行政囚犯口粮表册，列支三百九十五元二角。饬据会计处签称，查核尚无不合，拟准在三十一年度省拟定单位预算行政人犯口粮项下拨支等语，应准如拟办理。

七、据建设厅签呈，据公路处呈复，查明罗信茂公路追加管理费预算与原核定数目不符原因，查属实情，似可准照编列办理等情。饬据会计处签称，查原请展限之期已过，所列追加管理费二万五千七百四十八元九角三分，拟准如所请在该路工程处工程费预算内预备费七万元项下拨支等语，应准如拟办理。

讨论事项

一、方委员、王委员、高委员会复，审查建设厅所拟本省公有建筑限制暂行办法一案意见，请公决案。

（决议）照审查意见通过。（意见略）

二、张委员、刘委员会复，审查前广东省战时贸易管理处代本府战时通讯所购置防空通讯器材一案意见，请公决案。①

---

① 审查意见略。

（决议）照审查意见通过。

三、准广东全省保安司令部电送本部会计室三十一年度月份经常费预算书，列支七千七百六十四元七角二分，请追加拨款应支等由，请公决案。

（决议）交张、刘两委员审查，由张委员召集。

四、据卫生处呈缴省立医院组织章程、员额编制表、办事细则等件，请核示等情，请公决案。

（决议）交刘委员审查。

五、据第六区行政督察专员呈缴五华无线电分台三十一年度经临费预算书，列支一万三千七百七十六元，请核示等情，请公决案。

（决议）照会计处签拟通过。（签拟略）

六、据会计处案呈，关于鹤山县电请补助修复话线费五万元一案，似可转请行政院准在本年度本省岁出拟定单位预算战时特别预备金项下拨补等情，请公决案。

（决议）照案通过。

七、据卫生处呈，据省立医院呈缴更正非营业循环基金概算表及动支办法，请核示等情，请公决案。

（决议）交张委员审查。

八、准广东全省保安司令部电，为本部三十年元旦犒赏费共计五千零三十三元一角，该款拟照成案在本部三十年度元月份保安经费节余项下开支，请查照等由，请公决案。

（决议）照案通过。

九、据本府边政指导委员会呈缴研究员梁钊韬荐委表，请赐核委等情，请公决案。

（决议）照派代理。

十、高委员、方委员、郑委员（丰）会复，审查财政厅、粮政局会签，拟具本省三十一年征购粮食券款处理暂行办法，请核定施行一案意见，请公决案。

（决议）照审查意见通过，仍饬迅编预算呈转核定。（意见略）

十一、据会计处案呈，关于广东省军管区司令部编送本省保安团队国民兵团本年度校阅经费预算书，计共列支四十二万零七百八十二元一案，拟由军管区、保安两司令部分别在国民兵团队保安团队经费额内商定分担办法，抑请军事委员会拨发，请核示等情，请公决案。

（决议）准拨二十万元办理，改编预算转呈行政院核准在本年度战时特别预备金项下拨支。

十二、据会计处案呈，查阳山县三十二年度地方岁入岁出总概算，经参照各厅处意见核编后，计各为二百一十万零五百八十一元，请提会审定等情，请公决案。

（决议）交张、何、黄、郑（丰）、郑（彦棻）、刘六委员审查，由张委员召集。

十三、据会计处案呈，查翁源县三十二年度地方岁入岁出总概算，经参照各厅处意见核编后，计各为九十五万九千六百六十七元，请提会审定等情，请公决案。

（决议）交张、何、黄、郑（丰）、郑（彦棻）、刘六委员审查，由张委员召集。

十四、何委员、刘委员、郑委员（彦棻）会复，审查财政厅、会计处会呈，拟订三十一年度行政院补助本省各县特别补助费三百万元分配办法一案意见，请公决案。

（决议）照审查意见通过。（意见略）

十五、主席提议，曲江县长李英另候任用，遗缺派陈任之代理，请公决案。

（决议）照案通过。

十六、张委员、高委员、方委员会复，审查建设厅拟订广东省政府建设厅农田水利处组织章程、编制预算一案意见，请公决案。

（决议）准自九月一日起成立。成立后，应将农林局农林水利课及测量队经费移拨开支，不足之数呈行政院追加，余照审查意见通过，（意见略）

十七、许委员、张委员、郑委员（丰）会复，审查统计处呈拟本府各厅处局统计机构改组成立统计室办法，请通饬各厅处局于本年八月一日起依法成立统计室一案意见，请公决案。①

---

① 审查意见略。

（决议）照审查意见通过。

十八、据会计处案呈，查蕉岭县政府三十二年度地方岁入岁出总概算，经参照各厅处意见核编后，应各改列为一百四十五万三千七百五十五元，请提会核定等情，请公决案。

（决议）交张、何、黄、郑（丰）、郑（彦棻）、刘六委员审查，由张委员召集。

十九、据卫生处签呈，拟编本省高级护士及助产士【职】业学校暨公共卫生人员训练所计划书、经临预算分配表，请核定办理等情，请公决案。

（决议）照案修正通过。

二十、刘委员函复，审查许委员提议第七战区编纂委员会【三】十二【年】度概算，拟请照二十九、三十、三十一各年度补足折薪差额及三十年度补足调整差额工后〔役〕工饷加给之标准编列一案意见，请公决案。①

（决议）照审查意见通过。

二十一至二十二、（略）

二十三、据教育厅呈，关于本年度小学教员假期内训练经费，经在本省师资训练经费八十万元内另支，请迅核发等情，请公决案。

（决议）交许委员审查。

广东省政府第九届委员会
第三百五十六次议事录

日　期　八月二十四日
地　点　曲江本府
出席者　郑彦棻　张导民　高　信　吴迺宪　王志远　刘佐人
　　　　黄麟书　方少云　许崇清

---

① 审查意见略。

列席者　杜之英　巫　琦　李锡朋　魏育怀　李文韬
主　席　李汉魂　（公出　郑彦棻代）
纪　录　（科长）谢乐文

报告事项

一、准广东省军管区司令部电，为印制省府军训总部第二学期队员军训及格证书费四千四百三十九元，该款已在本省兵团队经费节余项下拨支等由。饬据会计处签称，该款拟在三十一年度国民兵团队经费预算内常备金项下支报等语，应准如拟办理。

二、准审计部广东省审计处函请将三十年度之支出在本年度补备法案之件迅速清理，以清年度界限等由。饬据会计处签称，拟函复，并抄知各厅处局等语，应准如拟办理。

三、据省振济会呈缴儿童教养院第四、第六分院实验小学部三十一年度儿童糖果费预算书，计列支第四院三百九十四元四角，第六院三百五十八元四角，实验小学部七十元四角，共八百二十三元二角。饬据会计处签称，既经该会核明款在各该院部三十年度经常费节余项下开支，拟准照办等语，应准如拟办理。

四、据省振济会呈缴儿童教养院第五分院三十年度添置及领运儿童服装费预算书，共列支二千四百六十三元。饬据会计处签称，既经该会核明款在该院三十年度经费节余项下开支，拟准照办等语，应准如拟办理。

五、据本省救护委员会呈缴救护队三十一年度改编经常费预算书表，共列支一万六千零二十九元。饬据会计处签称，查生活补助金与规定尚符，岁出款项除在收入二万一千七百二十元内拨支，尚有余款五千六百九十一元，据称此项余款拟拨作下年支用，查该队向以募来款项充作经费支出，迭经本府核定作为特种基金处理，此项余款，似可准列备下年支用，并缓〔援〕案饬作为特种基金处理等语，应准如拟办理。

六、据本省驿运管理处呈报，曲岐线各站三十年五月份以后支出共一千一百七十一元四角八分，此项支出拟作三十年度各站费用等情。饬据会计处签称，拟姑准照列，饬并入三十年度各该站经费内支销等语，应准如拟办理。

七、据北江区船舶大队呈，以曲江属中厂检查卡检查员陈兆祥因洪水遭受损失，调〔请〕求救济一案。饬据秘书、会计两处签称，拟酌予核给救济费二百元，依照规定由原机关经费额内匀支，但因该卡经费月定一百八十元二角，在韶关市地方款拨支，该款拟在本年度省预算救济费项下拨支等语，应准如拟办理。

八、据本府行政效率促进委员会签呈，拟具广东省政府三十一年度分区召开行政会议及委员厅处局长出巡经费支给办法，请核夺，以便分别通知等情。饬据会计处签称，似可准照所拟办法办理，但因与八折支给原案有别，仍请补报会议等语，应准如拟办理。

讨论事项

一、刘委员函复审查卫生处电缴修正广东省卫生处试验所组织规程一案意见，并另拟修正规程，请公决案。①

（决议）照审查意见通过。

二、据民政厅签呈，拟订广东省各县警察局组织规程，请颁发施行等情，请公决案。

（决议）交张委员审查。

三、据教育厅呈缴肇庆中学三十年度岁出预算书表，列支四万八千七百二十四元六角，除原核定二万七千六百八十九元及战时加给经费八千七百零四元及将该校收入八千零八十三元六角拨补外，计不敷四千二百四十八元，请准追加等情，请公决案。②

（决议）照会计处签拟通过。

四、据建设厅呈，拟订广东省战时公有建筑工程招商承办变通办法，请核示等情，请公决案。

（决议）交张、王、刘三委员审查，由张委员召集。

五、据建设厅签呈，关于罗信路展筑至□□公路工程费尾数六万元，仍请补发，款在本年度省战时特别预备金项下开支，请核示等情，请公决案。

（决议）照案通过，仍呈行政院核定。

六、据社会处呈，为本处工作人员五员参加中训团党政班二十一期

---

① 审查意见略。

② 会计处签拟略。

受训，共需旅费七千二百九十四元，请准提前发给等情，请公决案。

（决议）照案通过。款在本年度赴中央训练团受训人员旅费项下拨支。

九①、据省粮政局呈，缴东江运销处三十年度营业预算书，请核示等情，请公决案。

（决议）照会计处签拟通过。（签拟略）

十、据本府驻渝办事处处长签呈，为奉召回韶述职，共支过往返旅费四千九百四十六元六角，请发还归垫等情，请公决案。

（决议）照会计处签拟通过。（签拟略）

十一、刘委员、何委员、郑委员（彦棻）会复，审查民政厅所拟指定韶关市提前于本年七月一日起开始实施户籍及人事登记，请予补助，拟由【本】府补助一万元一案意见，请公决案。②

（决议）照审查意见通过。

十二、据省粮政局签呈，会同本省田赋管理处拟定曲、南、始、乳、连等县县级公粮，仍照每田赋一元带征一斗，以资划一，请核示等情，请公决案。

（决议）准比照未经测量登记县份征额减为每元带征县级公粮七升。

十三、据教育厅电缴省立粤秀中学校长黎杰履历表，请赐核委等情，请公决案。

（决议）照案通过。

十四、据民政厅呈缴督导员林采人荐委表，请赐核委等情，请公决案。

（决议）照派代理。

十五、据社会处呈缴视导梁劲荐委表，请赐核委等情，请公决案。

（决议）照派代理。

十六、据省粮政局签呈，拟自本年九月份起，将原设秘书室改为第四科，并将视察名额调整，薪给在原定俸给费内匀支，请核示等情，请

---

① 原文缺第七、八项。

② 审查意见略。

公决案。

（决议）交张、刘、王三委员审查，由刘委员召集。

十七、据民政厅、财政厅会呈，关于各县市局办理国民兵身份证所需计划工本费，拟饬广东省银行各分支行处借用，拟订办法，请核示等情，请公决案。

（决议）照案通过。

十八、高委员、刘委员、郑委员（彦棻）会复，审查建设厅所拟广东省物价调查办法、广东省工资平价及控制督率同业公会协助推行平价法令办法一案意见，请公决案。

（决议）照审查意见通过。（意见略）

十九、据省粮政局签呈，拟具广东省三十一年度县级公务员公粮征发办法大纲，请核示等情，请公决案。

（决议）交张、刘、王三委员审查，由张委员召集。

二十、据建设厅签呈，拟将本年度扩大冬耕种植食粮作物实施办法令发各县办理，请核示等情，请公决案。

（决议）交刘、王两委员审查，由刘委员召集。

二十一、主席提议，清远县长谢××因案撤职查办，遗缺调行政效率促进委员会委员黄开山代理，请公决案。

（决议）照案通过。

二十二、主席提议，安化管理局长廖炯然另有任用，遗缺派成宝驹代理，请公决案。

（决议）照案通过。

二十三、据卫生处呈，以省立救济医院院长刘鹏博呈请辞职，拟予照准，遗缺派李志生接充，请核示等情，请公决案。

（决议）照案通过。

二十四、刘委员函复，审查卫生处呈缴省立医院组织章程、员额编制表、办事细则等件一案意见，请公决案。

（决议）照审查意见通过。（审查意见略）

二十五、据会计处案呈，查从化县政府三十二年度地方岁入岁出总概算，经参照各厅处意见核编后，拟改列各为五十九万四千二百零五元，请提会审定等情，请公决案。

（决议）交张、何、黄、郑（丰）、郑（彦棻）、刘六委员审查，由张委员召集。

二十六、据会计处案呈，查南澳县政府三十二年度地方岁入岁出总概算，经参照各厅处意见核编后，拟各改列为八万零一百二十四元，请提会审定等情，请公决案。

（决议）交张、黄、何、郑（丰）、郑（彦棻）、刘六委员审查，由张委员召集。

二十七、据会计处案呈，查兴宁县政府三十二年度地方岁入岁出总概算，经参照各厅处意见核编后，拟各改列为三百一十五万三千三百三十一元，请提会审定等情，请公决案。

（决议）交张、何、黄、郑（丰）、郑（彦棻）、刘六委员审查，由张委员召集。

二十八、据会计处案呈，查平远县政府三十二年度地方岁入岁出总概算，经参照各厅处意见核编后，拟各改列为六十八万八千六百四十九元，请提会审定等情，请公决案。

（决议）交张、何、黄、郑（丰）、郑（彦棻）、刘六委员审查，由张委员召集。

二十九、据会计处案呈，查新兴县政府三十二年度地方岁入岁出总概算，经参照各厅处意见核编后，拟各改列为二百八十五万四千一百九十六元，请提会审定等情，请公决案。

（决议）交张、何、黄、郑（丰）、郑（彦棻）、刘六委员审查，由张委员召集。

三十、据教育厅呈，为编造省立中等学校教职员薪给表、三十一年度改善省立院校教职员待遇及提高省校员役生活补助金分配表，省立农业工业等职业学校教职员研究费分配表，请察核示遵等情，请公决案。

（决议）交张、刘两委员审查，由张委员召集。

广东省政府第九届委员会
第三百五十七次议事录

日 期 八月二十七日

地 点 曲江本府

出席者 郑彦棻 张导民 郑 丰 许崇清 吴迺宪 黄麟书
　　　　王志远 刘佐人

列席者 杜之英 巫 琦 李锡朋

主 席 李汉魂 （公出 郑彦棻代）

纪 录 （科长）谢乐文

报告事项

一、据秘书处签呈，拟将本府前拟订之发给护照办法第五条条文拟修正为"声请发给行旅护照人，须将行旅事由，起讫及经过地点，随行人员姓名、身份，携带物品细数，行旅所需时日及是否需要回程，分别详细开列，呈请省政府核发之，呈报及分行"等情，应准如拟办理。

二、据会计处签呈，编具本省三十一年度追加省单位概算书表，计岁出常临部分及岁入来源各为二百八十七万二千四百七十八元二角三分，拟分别呈咨等情，应准如拟办理。

三、据会计处案呈，关于南海县呈缴本年度五月份囚粮费预算书，列支一千二百九十四元五角，核尚需要。据请拨款归垫一节，似可准在本年度省概算行政人犯口粮项下拨支等情，应准如拟办理。

四、准广东省军管区司令部电送郁南县国民兵团三十年度壮丁调查应备书簿表册费支付预算书，列支一千二百四十八元七角五分。饬据会计处签称，核与规定相符，拟准在本年度省概算岁出经常门临时部分第十三款第一项第二目各县办理国民兵役初次调查壮丁应备书簿表册费项下拨支。

五、据教育厅签呈，本厅前派督学黄继植出发南路办理救济事宜，支出旅费五百元，请拨还归垫等情。饬据会计处签称，拟饬振济会在振

80

款项下统筹拨支等语，应准如拟办理。

讨论事项

一、准广东省司令部电送曲江县三十年度办理国民兵役壮丁调查办公费预算书，列支七百元，又应备书簿表册等费预算书，列支一千二百四十八元七角五分，请查照办理等由，请公决案。①

（决议）照会计处签拟通过。

二、据省粮政局长签呈，奉派赴渝出席全国粮政会议，计共支过旅费一万三千一百九十六元四角八分，请发还归垫等情，请公决案。②

（决议）照会计处签拟通过。

三、据建设厅签呈，农林局拟增设副局长一员，并以稻作改进所所长黄幹桥充任，仍兼稻作改进所所长，请核示等情，请公决案。

（决议）照案通过。

四、准广东省军管区司令部函，为连阳自卫总队建筑兵房材料费共八万元，此款拟由该总队额领节余经费内开支，请查照等由，请公决案。

（决议）照案通过，仍通知审计处派员验收。

六③、据卫生处呈缴各医疗防疫队、救护队、妇婴卫生实验室、各药库组织规程、办事细则，请核示等情，请公决案。

（决议）交刘、王两委员审查，由刘委员召集。

七、据社会处呈缴广东省各县市办理社会福利事业办法大纲及各地方社团办理福利事业法大纲，请核示等情，请公决案。

（决议）交张、刘、王三委员审查，由张委员召集。

八、据民政厅案呈，据安化管理局报告，请补助本局三十一年度各项经费，请核示等情，请公决案。

（决议）照会计处签拟通过。（签拟略）

九、张委员、刘委员会复，审查关于保安司令部电送本部会计室三十一年度月份经常费预算书，列支一千七百六十四元七角二分。请追加

---

① 会计处签拟略。
② 会计处签拟略。
③ 原文缺第五项。

拨款应支一案意见，请公决案。①

（决议）由成立之日起支，余照审查意见通过。

十、张委员、刘委员、郑委员（彦棻）、黄委员、何委员、郑委员（丰）会复，审查连平、三水、佛冈、宝安、丰顺、廉江、大埔、梅县、蕉岭、从化、南澳、兴宁、平远、新兴等十四县三十二年度地方岁入岁出总概算一案意见，请公决案。②

（决议）照审查意见通过。

十一、据会计处案呈，查韶关市政筹备处三十一年度地方岁入岁出总概算，经参照各厅处意见核编后，计改列各为四百六十七万三千三百零八元，请提会核定等情，请公决案。

（决议）照案通过。

十二、据会计处案呈，查五华县政府三十二年度地方岁入岁出总概算，经参照各厅处意见核编后，计各列为二百三十六万一千六百九十九元，请提会核定等情，请公决案。

（决议）交张、何、黄、郑（丰）、郑（彦棻）、刘六委员审查，由张委员召集。

广东省政府第九届委员会
第三百五十八次议事录

日　　期　八月三十一日
地　　点　曲江本府
出席者　　李汉魂　郑彦棻　张导民　郑　丰　黄麟书　刘佐人
　　　　　吴迺宪　王志远
列席者　　杜之英　巫　琦　李锡朋

---

① 审查意见略。
② 审查意见略。

主　席　李汉魂

纪　录　（科长）谢乐文

报告事项

一、奉行政院令，所有中央各主管机关直接派驻各省之一切机构，其经费依法应由各该主管机关核列预算，按期拨发，如有不敷，亦应呈请主管机关核办，不得任意向当地省市政府要求补助等因，遵经函令各机关知照。

二、奉行政院通知，该省架设南雄县至□□墟电话线经费七万三千三百六十三元，准在本年度战时特别预备金项下动支等因。查该经费除前已在该科目饬拨四万元外，其余三万三千三百六十三元，经饬财厅拨三万二千五百五十三元交广东省战时长途电话管理所，拨八百一十元交南雄县政府具领。

三、准广东全省保安司令部电，为本部三十年六月份修缮费二千八百八十一元六角四分，该款因本部额定预备费不敷支应，拟改在本部三十年度当月份保安经费节余项下开支，请查照等由。饬据会计处签称，似可照办等语，应准如拟办理。

四、准审计部广东省审计处函复，关于保安第一团营长刘秉钧等因阵亡散失公款一案，既经该管上级机关证明属实，应予备案等由。饬据会计处签称，查本案损失公款共二千一百九十元，既经核复备案，该款似可照准所请在该部三十年三月份保安经费节余项下拨支等语，应准如拟办理。

五、据教育厅呈，为省立艺术馆二十九年九月份员役米津二百零三元，尚未奉拨发，请如数补拨等情。饬据会计处签称，查核属实，似可准予如数补拨，款在三十年度省概算内调整机构补助公务员生活费项下开支等语，应准如拟办理。

六、据省地政局呈复，本局人事股长陈启辉赴渝受训旅费一千元，无从腾拨，请另行指款拨支等情。饬据会计处签拟，在三十一年度省拟定预算内赴中央干部训练团受训人员旅费项下拨发归垫等语，应准如拟办理。

七、据会计处案呈，关于惠阳县政府呈，为县民秦敏猷、吴锡槐二名，因协助我军抗敌被害，请予抚恤一案，既经秘书处签奉核定各给予其遗族一次过恤金八十元，年抚金各五十元，以十年为限，该项恤金及第一年年抚金共二百六十元，拟在本年度拟定预算内恤金项下开支。至第二年以后年抚金，拟逐年列入省预算恤金项下开支等情，应准如拟办理。

八、据民政厅案呈，关于施行国民兵身份证经再规定实施事项四项，请核示等情。查核可行，经分别函军管区及电各师管区，各专员、市、局长遵办，并抄知有关机关。

九、据省振济会呈缴技工养成所三十年度学生服装费预算书，列支二千五百二十元。饬据会计处签称，既经该会核明款在振款项下拨支，拟姑准照办等语，应准如拟办理。

十、据第三区行政督察专员电缴三十年度制发公役服装费预算书，列支八百八十元六角。饬据会计处签称，查属需要，拟准在该署三十年度用人经费节余项下拨支等语，应准如拟办理。

讨论事项

一、准广东全省保安司令部电，为本部三十年度修缮费计元月份支二万六千三百一十三元四角九分，二月份支三千六百一十七元五角四分，三月份支六千五百四十一元四角九分，该款因本部额定预备费不敷应支，拟移在本部三十年度各该月份保安经费节余项下开支，请查照等由，请公决案。

（决议）照案通过。

二、准广东全省保安司令部电，为本部及所属保安机关部队三十年五月份修缮费一万零四百九十六元一角六分，该款因本部额定预备费不敷支应，拟改在本部三十年度五月份保安经费节余项下开支，请查照等由，请公决案。

（决议）照案通过。

三、据民政厅签呈，遵照修正健全连县根据地基层组织及加强治安力量计划大纲及经费预算，并再拟具连县出入境各项章程办法，请核示等情，请公决案。

（决议）交吴、张、刘三委员审查，由吴委员召集。

四、据建设厅签呈，据佛冈县长电，请酌拨款补助修复被冲毁电话杆线，可否准予酌拨省款补助，请核示等情，请公决案。

（决议）特准照数补助，款在本年度省概算实施新县制经费补助金项下拨支。

五、据第七区行政督察专员电，拟修建办公厅室办法三项，请核示等情，请公决案。

（决议）准发修缮费一万元，款在本年度省第一预备金项下拨支，余照会计处签拟办理。

六、据会计处案呈，查揭阳县地方三十年度岁入岁出追加概算，经参照教育厅意见整理后，计各为四百五十元，请提会核定等情，请公决案。

（决议）照案通过。

七、据会计处案呈，查顺德县三十二年度地方岁入岁出总概算，经参照各厅处意见核编后，计各为一十一万一千二百五十元，请提会审定等情，请公决案。

（决议）交张、何、黄、郑（丰）、郑（彦棻）、刘六委员审查，由张委员召集。

八、据会计处案呈，查梅菉管理局三十二年度地方岁入岁出总概算，经参照各厅处意见核编后，计各为五十四万三千二百四十元，请提会审定等情，请公决案。

（决议）交张、何、黄、郑（丰）、郑（彦棻）、刘六委员审查，由张委员召集。

九、据佛冈县政府电，为加强破路约需民工伙食一万三千四百四十余元，请准由省库先行拨垫等情，请公决案。①

（决议）照会计处签拟通过。

十、据民政厅签呈，本厅选送卢守善、何世荣、陈冠雄等三员前往警察教育讲习班受训，该员等调训旅费共需四千三百三十六元五角，拟由本府调训人员旅费项下拨支，请核示等情，请公决案。②

（决议）照会计处签拟通过。

十一、据秘书处案呈，查台山县伍兆鳌、祖值理、伍荐洲等因不服

---

① 会计处签拟略。

② 会计处签拟略。

台山县政府饬将坐落山前乡尝田交由旧佃伍时相等继续耕至佃期届满处分，提起诉愿一案，经审查终结，作成决定书，请提会核定等情，请公决案。

（决议）照决定书通过。

十二、许委员函复，审查教育厅呈，关于本年度小学教员假期训练经费，经在本省师资训练经费八十万元内拨支一案意见，请公决案。①

（决议）照审查意见通过。

十三、刘委员、王委员会复，审查建设厅拟将本年度扩大冬耕种植食粮作物实施办法令发各县办理一案意见，请公决案。②

（决议）照审查意见通过。

十四、据会计处呈送本省三十二年度省岁出单位概算书，请提会核定等情，请公决案。

（决议）交张、何、黄、郑（丰）、郑（彦棻）、刘六委员审查，由张委员召集。

十五、张委员、刘委员会复，审查粮政局拟具广东省三十一年度县级公务员公粮征发办法大纲一案意见，请公决案。③

（决议）照审查意见通过。

十六、张委员、何委员、黄委员、郑委员（丰）、郑委员（彦棻）、刘委员会复，审查五华县政府三十二年度岁入岁出总概算一案意见，请公决案。④

（决议）照审查意见通过。

十七、据本府行政效率促进委员会签呈，为修正本府所属各机关三十二年度施政计划编造办法第六条条文，请提会核定后，分别函令各有关机关办理等情，请公决案。

（决议）照案通过。

十八、张委员、刘委员会复，审查据教育厅呈，为编造省立中等学校教职员薪给表、三十一年度改善省立院校教职员待遇及提高省校员役

---

① 审查意见略。
② 审查意见略。
③ 审查意见略。
④ 审查意见略。

生活补助金分配表暨省立农业工业等职业学校教职员研究费分配表，请察核示遵一案意见，请公决案。①

（决议）照审查意见通过。

十九、主席提议，派建设厅厅长郑丰兼代农田水利处处长，萧冠英、徐家锡代理副处长，请公决案。

（决议）照案通过。

二十、主席提议，派马景曾为公务人员物品供销处总经理，请公决案。

（决议）照案通过。

二十一、主席提议，派粮政局长胡铭藻兼任本省粮政局储运处处长，何治伟代理副处长，请公决案。

（决议）照案通过。

广东省政府第九届委员会
第三百五十九次议事录

日　　期　九月三日
地　　点　曲江本府
出席者　李汉魂　张导民　郑彦棻　郑　丰　王志远　刘佐人
列席者　杜之英　黄　雯　巫　琦　张乃璧　谢群彬
主　　席　李汉魂
纪　　录　（科长）谢乐文

报告事项

一、据建设厅呈，据公路处呈报驾助杨如林在职病故，请核给丧葬抚恤费等情。饬据秘书、会计两处签拟一次过发给丧葬抚恤费二百八十元，该款拟请准在该处本年度经费预算内适当科目支报等语，应准如拟办理。

---

① 审查意见略。

二、准财政【厅】电，以奉院令拨一百万元为振济战区难民之用，请洽办等由。饬据会计处签称，拟列报会议，并饬振济会拟具详细计划及预算呈府饬拨等语，应准如拟办理。

三、据建设厅签呈，以据本省长途电话所课员张启中请援照省府规定发给受训学员治装费一案，转请核示等情。饬据会计处签称，本案拟姑准照发治装费三十元，款仍在该所本年度经费项下匀支，嗣后不得援以为例，并分别通知各有关机关知照等语，应准如拟办理。

四、据第一区行政督察专员公署呈缴本年度一月份修缮费临时预算书等，计列支一千零一十一元，请核拨归垫等情。饬据秘书、会计两处签称，查属核实，该款拟准在本年度省第一预备【金】项下拨还归垫等语，应准如拟办理。

五、据省粮政局呈，以各地物价高涨，所属各业务单位办公费迭减不敷，请于本年概算未核定以前准由七月一日起照本年营业概算所列办公费数额列支，一至六月各月份如有不敷，准照数列报，但不得超过概算所列数额为限，请核示等情。饬据会计处签称，查核所请各节，系属业务需要，拟准照办等语，应准如拟办理。

六、据会计处签呈，关于本省县级机关人员出差旅费支给一案，为解决其他问题计，再规定本省本年午皓代电规定本府已铣作代电抄发自本年六月五日起实行之修正国内出差旅费膳宿什费日额应一律八成支给一案，系自各该机关奉到本府本年午皓代电之日起实行，在本年六月五日至奉到上项八成支给代电期内，仍应照本府本年已铣作代电规定办理，拟报会后叙案通行知照等情，应准如拟办理。

讨论事项

一、（略）

二、据会计处案呈，查信宜县三十二年度地方岁入岁出总概算，经参照各厅处意见核编后，计改列各为三百二十七万零二百二十七元，请提会审定等情，请公决案。

（决议）交张、何、黄、郑（丰）、郑（彦棻）、刘六委员审查，由张委员召集。

三至四、（略）

五、郑委员（彦棻）函复，审查教育厅呈，为广东全省第十五届运动大会筹备期间购置各种用具及员工交通膳食费等计先后垫支过五千五百四十七元五角，请准在省总概算所列体育场七月份前未动支之经费项下如数划拨一案意见，请公决案。①

（决议）照审查意见通过。

六、主席提议，本府战时通讯所所长李崇年辞职照准，遗缺派陈次恺代理，请公决案。

（决议）照案通过。

七、张委员、何委员、黄委员、郑委员（丰）、郑委员（彦棻）、刘委员会复，审查阳山县三十二年度地方岁入岁出总概算一案意见，请公决案。②

（决议）照审查意见通过。

八、张委员、何委员、黄委员、郑委员（丰）、郑委员（彦棻）、刘委员会复，审查翁源县三十二年度地方岁入岁出总概算一案意见，请公决案。③

（决议）照审查意见通过。

九、据会计处案呈，查新会县三十二年度地方岁入岁出总概算，经参照各厅处意见核编后，拟各改列为四百一十五万三千七百五十九元，请提会审定等情，请公决案。

（决议）交张、何、黄、郑（丰）、郑（彦棻）、刘六委员审查，由张委员召集。

十、据会计处案呈，查防城县三十二年度地方岁入岁出总概算，经参照各厅处意见核编后，拟各改列为六十七万七千八百一十四元，请提会审定等情，请公决案。

（决议）交张、何、黄、郑（丰）、郑（彦棻）、刘六委员审查，由张委员召集。

十一、据会计处案呈，查潮安县三十二年度地方岁入岁出总概算，经参照各厅处意见核编后，拟各改列为五十三万四千八百零四元，请提

---

① 审查意见略。
② 审查意见略。
③ 审查意见略。

会审定等情，请公决案。

（决议）交张、何、黄、郑（丰）、郑（彦棻）、刘六委员审查，由张委员召集。

十二、据会计处案呈，查郁南县三十二年度地方岁入岁出总概算，经参照各厅处意见核编后，拟各改列为一百一十四万三千零五十七元，请提会审定等情，请公决案。

（决议）交张、何、黄、郑（丰）、郑（彦棻）、刘六委员审查，由张委员召集。

十三、据会计处案呈，查清远县三十二年度地方岁入岁出总概算，经参照各厅处意见核编后，拟各改列为四百四十二万四千四百零九元，请提会审定等情，请公决案。

（决议）交张、何、黄、郑（丰）、郑（彦棻）、刘六委员审查，由张委员召集。

十四、据会计处案呈，查南雄县三十二年度地方岁入岁出总概算，经参照各厅处意见核编后，拟各改列为一百五十二万五千六百三十八元，请提会审定等情，请公决案。

（决议）交张、何、黄、郑（丰）、郑（彦棻）、刘六委员审查，由张委员召集。

十五、据会计处案呈，查连山县三十二年度地方岁入岁出总概算，经参照各厅处意见核编后，拟各改列为三十四万八千一百七十九元，请提会审定等情，请公决案。

（决议）交张、何、黄、郑（丰）、郑（彦棻）、刘六委员审查，由张委员召集。

十六、据会计处案呈，查开建县三十二年度地方岁入岁出总概算，经参照各厅处意见核编后，拟各改列为五十六万零五十五元，请提会审定等情，请公决案。

（决议）交张、何、黄、郑（丰）、郑（彦棻）、刘六委员审查，由张委员召集。

十七、据会计处案呈，查惠来县三十二年度地方岁入岁出总概算，经参照各厅处意见核编后，拟各改为一百四十九万八千九百六十六元，请提会审定等情，请公决案。

（决议）交张、何、黄、郑（丰）、郑（彦棻）、刘六委员审查，由张委员召集。

十八、准广东全省保安司令部电，为编送三十年度点放组点放预算书，计一次过列支一万四千五百五十元，拟在本部三十年度正月份保安经费项下开支，请查照核备等由，请公决案。

（决议）照案通过。

十九、据会计处签呈，以本年七月份省级党公教团警员役平价米代金拟仍照五、六月份发放标准暂借，请提会核定等情，请公决案。

（决议）照案通过。

二十、据秘书处案呈，关于陆军第×××军司令部函请拨款修理本府超然电船计需二千八百一十五元，请核定拨款开支等情，请公决案。

（决议）照案拨付，款在本年度第一预备金项下开支。

二十一、据教育厅呈缴省立艺术院三十一年度经费预算书，列支三万七千九百六十八元，请核示等情，请公决案。①

（决议）照会计处签拟通过。

二十二、主席提议，新派三水县长张超良辞不赴任，遗缺以陈让湖代理，请公决案。

（决议）照案通过。

二十三、刘委员、张委员、王委员会复，审查粮政局呈，拟自本年九月份起，将原设秘书改为第四科，并将视察名额调整，薪给在原定俸给费内匀支一案意见，请公决案。②

（决议）照审查意见通过。

二十四、张委员、黄委员、郑委员（丰）、郑委员（彦棻）、刘委员会复，审查顺德县三十二年度地方岁入岁出总概算一案意见，请公决案。③

（决议）照审查意见通过。

二十五、张委员、刘委员、王委员会复审查社会处呈缴广东省各县

---

① 会计处签拟略。

② 审查意见略。

③ 审查意见略。

市办理社会福利事业法大纲及各地方社团办理福利事业办法大纲一案意见，请公决案。①

（决议）照审查意见通过。

广东省政府第九届委员会
第三百六十次议事录

日　　期　九月七日
地　　点　曲江本府
出席者　李汉魂　郑彦棻　张导民　王志远　刘佐人　郑　丰
列席者　杜之英　巫　琦　谢群彬　张乃璧
主　　席　李汉魂
纪　　录　（科长）谢乐文

报告事项

一、据建设厅签呈，据公路处呈，请增发司机助手等生活补助金，似可准予由本年六月份起，除原有薪饷外，司机每名月各支生活补助费八十元，支工饷助手每名月各支生活补助费五十元，款并准在业务费项下开支等情。饬据会计处签称，核无不合，拟准照办，饬迅并编入该处本年度营业预算内业务费项下列支等语，应准如拟办理。

二、据建设厅呈，据农林局呈，为惠阳农业工作站助理员陈彩裕因敌人犯境损失财物，请予设法救济等情。饬据会计处签称，本案所发生之事实与博罗县工作站指导员黄秉宪等前案相同，拟援照酌给予该员一次过救济费三百元，款在本年度省预算救济费项下拨支等语，应准如拟办理。

讨论事项

一、（略）

二、据社会处呈，拟订广东省社会处服务总站暂行组织规程，请核

---

① 审查意见略。

示等情，请公决案。

（决议）交刘、王两委员审查，由刘委员召集。

三、据卫生处电缴广东省卫生处环境卫生实验场暂行组织规程，请核示等情，请公决案。

（决议）交刘、王两委员审查，由刘委员召集。

四、据会计处案呈，查四会县三十二年度地方岁入岁出总概算，经参照各厅处意见核编后，拟各改列为九十七万九千一百六十三元，请提会审定等情，请公决案。

（决议）交张、何、黄、郑（丰）、郑（彦棻）、刘六委员审查，由张委员召集。

五、（略）

六、据建设厅呈缴技正曾锐庭荐委表，请赐核委等情，请公决案。

（决议）照派代理。

七、（略）

八、据会计处案呈，查普宁县三十二年度地方岁入岁出总概算，经参照各厅处意见核编后，拟各改列为一百五十六万六千零七十四元，请提会审定等情，请公决案。

（决议）交张、何、黄、郑（丰）、郑（彦棻）、刘六委员审查，由张委员召集。

九、据会计处案呈，查仁化县三十二年度地方岁入岁出总概算，经参照各厅处意见核编后，拟各改列为六十万零三千一百二十六元，请提会审定等情，请公决案。

（决议）交张、何、黄、郑（丰）、郑（彦棻）、刘六委员审查，由张委员召集。

十、据会计处案呈，查阳江县三十二年度地方岁入岁出总概算，经参照各厅处意见核编后，拟各改列为二百二十六万六千四百六十四元，请提会审定等情，请公决案。

（决议）交张、何、黄、郑（丰）、郑（彦棻）、刘六委员审查，由张委员召集。

十一、据会计处案呈，查始兴县三十二年度地方岁入岁出总概算，经参照各厅处意见核编后，拟各改列为六十二万零三百一十九元，请提会审定等情，请公决案。

（决议）交张、何、黄、郑（丰）、郑（彦棻）、刘六委员审查，由张委员召集。

十二、据会计处案呈，查连县三十二年度地方岁入岁出总概算，经参照各厅处意见核编后，拟各改列为二百一十一万四千二百九十三元，请提会审定等情，请公决案。

（决议）交张、何、黄、郑（丰）、郑（彦棻）、刘六委员审查，由张委员召集。

十三、主席提议，南海县长李××因案经令第三区专署扣留查办，应予撤职，遗缺派陈逸川代理，请公决案。

（决议）照案通过。

十四、据财政厅案呈，准财政部广东省田赋管理处电送广东省战时田赋征收实物实施办法，请核定见复一案，转请核示等情，请公决案。

（决议）交刘、王、郑（彦棻）三委员审查，由刘委员召集。

十五、主席提议，派吴洪煊为本省船舶总队西江区大队大队长，请公决案。

（决议）照案通过。

广东省政府第九届委员会
第三百六十一次议事录

日　期　九月十日

地　点　曲江本府

出席者　李汉魂　张导民　郑　丰　郑彦棻　刘佐人　王志远

列席者　杜之英　巫　琦　黄　雯　谢群彬　张乃璧

主　席　李汉魂

纪　录　（科长）谢乐文

报告事项

一、奉行政院令复，该省三十一年度普通及高等考试委员会经费依法应由考试院拨发，毋庸由该省政府补助，所列数额，应予剔除等因。自应遵照转函该会请将前领过本府补助数额八千五百九十元，径向考试院请款。并先行归垫。

二、准广东全省防空司令部电，为第二、三两防空监视队哨于本年七月一日调整成立等由。饬据会计处签称，本府前呈奉行政【院】核准增拨该两防空监视队哨调整后增加经费，自应由本年七月一日起支等语，应准如拟办理。

讨论事项

一、据民政厅、财政厅会呈，拟具广东省各县市自治户捐征收章程，请核示等情，请公决案。

（决议）交刘、郑（丰）、郑（彦棻）三委员审查，由刘委员召集。

二、据本省驿运管理处电缴修正广东省驿运管理处组织规程，所属各驿运线（或区）组织通则及本处办事细则，请核示等情，请公决案。

（决议）交刘、郑（彦棻）、张三委员审查，由刘委员召集。

三、准广东全省保安司令部电，为补给本部所属各团队械弹、书籍、服装已垫发三万八千九百三十一元二角，请专案拨还垫归等由，请公决案。①

（决议）照会计处签拟通过。

四、（略）

五、据会计处案呈，查曲江县三十二年度地方岁入岁出总概算，经参照各厅处意见核编后，计各为二百六十二万一千二百九十一元，请提会审定等情，请公决案。

（决议）交张、何、黄、郑（丰）、郑（彦棻）、刘六委员审查，由张委员召集。

六、据会计处案呈，查乐昌县三十二年度地方岁入岁出总概算，经参照各厅处意见核编后，计各为九十四万七千八百二十五元，请提会审定等情，请公决案。

（决议）交张、何、黄、郑（丰）、郑（彦棻）、刘六委员审查，由张委员召集。

---

① 会计处签拟略。

七、据会计处案呈，查英德县三十二年度地方岁入岁出总概算，经参照各厅处意见核编后，计各为二百三十七万四千七百零六元，请提会审定等情，请公决案。

（决议）交张、何、黄、郑（丰）、郑（彦棻）、刘六委员审查，由张委员召集。

八、据会计处案呈，查开平县三十二年度地方岁入岁出总概算，经参照各厅处意见核编后，计各为三百一十万二千零二十六元，请提会审定等情，请公决案。

（决议）交张、何、黄、郑（丰）、郑（彦棻）、刘六委员审查，由张委员召集。

九、张委员函复，审查民政厅所拟广东省各县警察局组织规程一案意见，请公决案。①

（决议）照审查意见通过。

十、张委员、何委员、黄委员、郑委员（丰）、郑委员（彦棻）、刘委员会复，审查梅菉管理局三十二年度地方岁入岁出总概算一案意见，请公决案。②

（决议）照审查意见通过。

十一、据会计处案呈，查和平县三十二年度地方岁入岁出总概算，经参照各厅处意见核编后，拟各改列为一百一十一万六千四百九十元，请提会审定等情，请公决案。

（决议）交张、何、黄、郑（丰）、郑（彦棻）、刘六委员审查，由张委员召集。

十二、据会计处案呈，查恩平县三十二年度地方岁入岁出总概算，经参照各厅处意见核编后，拟各改列为一百一十四万五千四百九十四元，请提会审定等情，请公决案。

（决议）交张、何、黄、郑（丰）、郑（彦棻）、刘六委员审查，由张委员召集。

十三、据会计处案呈，查广宁县三十二年度地方岁入岁出总概算，

---

① 审查意见略。
② 审查意见略。

经参照各厅处意见核编后，拟各改列为七十四万一千四百六十六元，请提会审定等情，请公决案。

（决议）交张、何、黄、郑（丰）、郑（彦棻）、刘六委员审查，由张委员召集。

十四、据会计处案呈，查中山县三十二年度地方岁入岁出总概算，经参照各厅处意见核编后，拟各改列为三十五万五千七百六十元，请提会审定等情，请公决案。

（决议）交张、何、黄、郑（丰）、郑（彦棻）、刘六委员审查，由张委员召集。

十五、主席提议，花县县长江世荣身故，出缺派骆应钊代理。请公决案。

（决议）照案通过。

十六、主席提议，定安县县长罗莲峰辞职照准，遗缺调儋县县长钱开新代理，递遗儋县县长缺派王焕代理，请公决案。

（决议）照案通过。

十七、据教育厅签呈，本省滑翔分会经费拟月支一千元，由本年六月份起至十二月份止七个月共需七千元，拟在省立体育场第二期工程费项下拨支；又据广东省滑翔分会呈请每月发给经费二千五百元，及劝募事业费二万元各等情，请公决案。

（决议）交郑委员（彦棻）审查。

十八、据建设厅签呈，为本省二十五县优良稻种推广费一十一万七千元，暨扩大各县优良稻种表证经费一十七万元，两案前经提会通过，款在调整机构补助公务员生活费项下垫借，但该项无款可借，似可改由本年度省总预算实施新县制经费补助金项下先予垫拨等情，请公决案。

（决议）照案通过。

十九、据建设厅签呈，以本省兴办农田水利为粮食增产要图，前经提会议决准于九月一日成立农田水利处有案，拟请在本年度该处预算未奉中央拨发之前，将该处编制人员暂时紧缩，在救济米荒基金项下垫借开办费十万元，暨经常费预算额之一半，以资办理等情，请公决案。

（决议）开办费除营造费外，准发九万元，经常费除原有农林局水利课经费拨充外，准月发一万八千元，款在救济米荒基金项下垫借。

广东省政府第九届委员会
第三百六十二次议事录

日 期 九月十四日

地 点 曲江本府

出席者 李汉魂 郑彦棻 张导民 郑 丰 王志远 刘佐人

列席者 杜之英 黄 雯 巫 琦 张乃璧 谢群彬 戴振魂

主 席 李汉魂

纪 录 （科长）谢乐文

报告事项

一、据省粮政局呈缴修建乐昌县属第二储粮所各仓地台工程费支付预算书，列支三万一千五百元。饬据会计处签称，既经依法订约，并经该局核明款在该局本年度营业预算补充表粮仓建筑费项下开支，拟准照办等语，应准如拟办理。

二、据会计处案呈，关于南海县政府呈缴本年度六月份行政囚粮支付预算书列支一千零二十元，核尚需要，据请拨款归垫一节，似可照五月份补助办法在本年度省概算行政人犯口粮项下拨支等情，应准如拟办理。

三、据会计处案呈，查广东省北江区船舶大队呈，为少校组员钟鸣因公损失财物，请予补助一案，既奉核准发给救济费三百元，该款拟在本年度省级岁出预算救济费项下拨支等情，应准如拟办理。

四、据会计处案呈，关于本府警卫营呈请准在本营经费项下动支见习学员杨明时等四员薪俸一案，查杨明时等四员系本府派在该营见习，其俸薪每员月支七十元，似可准自本年三月十六日各该员到差日起，在该营本年度当月份额领经费内支报等情，应准如拟办理。

五、据会计处案呈，关于本府警卫营及卫士队三十一年夏冬季服装费一案，计该营冬服费超支九百三十元，拟除将夏服费节余二百八十四元四角拨支外，尚差额六百四十五元六角之款，并拟饬在该营本年度一至七月份额领经费内支报等情，应准如拟办理。

讨论事项

一、据建设厅签呈，据公路处呈复，建筑汽车防空壕工程费预算二万六千六百一十五元一角六分，拟由行车营业基金项下开支，似可照准办理，请核示等情，请公决案。①

（决议）照会计处签拟通过。

二、据卫生处呈，拟设立广东省中心妇婴卫生事务所，计需开办费一十万零九百九十元，经常费由三十一年六月一日起至十二月底止共需四万五千七百一十元，款在省岁出总概算各县卫生事业补助费内推行曲江妇婴卫生及训练妇婴卫生工作人员经费二十三万六千七百元项下拨支，请核示等情，请公决案。

（决议）照秘书、会计两处签拟通过。（签拟略）

三、据卫生处呈，为利便东江一带各县价领药品起见，拟在老隆本处第四卫生区署址内另增设药库一所，计开办费二万四千五百元，经常费由三十一年七月一日起至十二月底止共四千五百元，生活补助金二千五百二十元，总计共三万一千五百二十元，拟请准在省预备金项下拨支，请核示等情，请公决案。

（决议）照会计处签拟通过，仍请行政院核准在本年度战时特别预备金项下开支。（签拟略）

四、据会计处案呈，查饶平县三十二年度地方岁入岁出总概算，经参照各厅处意见核编后，计各为三百七十万一千四百八十一元，请提会审定等情，请公决案。

（决议）交张、何、黄、郑（丰）、郑（彦棻）、刘六委员审查，由张委员召集。

五、据会计处案呈，查澄海县三十二年度地方岁入岁出总概算，经参照各厅处意见核编后，计各为五十六万八千二百七十五元，请提会审定等情，请公决案。

（决议）交张、何、黄、郑（丰）、郑（彦棻）、刘六委员审查，由张委员召集。

---

① 会计处签拟略。

六、会计处案呈，查海丰县三十二年度地方岁入岁出总概算，经参照各厅处意见核编后，计各为一百三十七万六千八百五十六元，请提会审定等情，请公决案。

（决议）交张、何、黄、郑（丰）、郑（彦棻）、刘六委员审查，由张委员召集。

七、据会计处案呈，查封川县三十二年度地方岁入岁出总概算，经参照【各】厅处意见核编后，计各为四十二万七千七百九十四元，请提会审定等情，请公决案。

（决议）交张、何、黄、郑（丰）、郑（彦棻）、刘六委员审查，由张委员召集。

八、据会计处案呈，查南海县三十二年度地方岁入岁出总概算，经参照各厅处意见核编后，计各为一十一万六千一百一十一元，请提会审定等情，请公决案。

（决议）交张、何、黄、郑（丰）、郑（彦棻）、刘六委员审查，由张委员召集。

九、准广东省军管区司令部电送广东省各县国民兵团员兵抚恤暂行章程，请查照等由，请公决案。

（决议）交郑（丰）委员审查。

十、据教育厅签呈，省立罗定中学校长谢茂澜辞职拟予照准，遗缺拟委国立中山大学理学士李擎支接充，请核示等情，请公决案。

（决议）照案通过。

十一、据秘书处案呈，拟具广东省各县（市局）山塘土坝建筑须知，请核示等情，请公决案。

（决议）交刘委员审查。

十二、据建设厅签呈，据公路处呈复，关于本年四五月间水灾抢修各路段工程费，请照全案概算列为一百六十三万一千九百零九元六角一分，请核示等情，请公决案。①

（决议）照会计处签拟通过，在未奉行政院核定前急需抢修之工程费，准先自行借垫。

---

① 会计处签拟略。

十三、据第二区行政督察专员呈缴三十一年迁地办公迁移费支付预算书，列支一万七千九百零二元八角，又电请追加建筑费九千元，合共二万六千九百零二元八角，请核示等情，请公决案。

（决议）照会计处签拟通过。

十四、据省振济会呈缴本会儿童教养院组织规程，请核备等情，请公决案。

（决议）交刘、王、黄三委员审查，由刘委员召集。

十五、据本府合署建筑委员会呈，为建筑期内，因材料未能依时供给，致承建商人遭受损失，计应补给工人伙食四万一千六百六十元六角，应否由预备费项下拨给，请核示等情，请公决案。

（决议）准在该会预备费项下拨给。

十六、据省振济会先后呈缴妇女生产团暨技工训练班三十一年度经常费预算书及生活补助费预算书，及〔计〕妇女生产团经费月列七千六百三十元，年列九万一千五百六十元，生活补助费月列一千六百五十元，年列一万九千八百元，技工训练班经费月列二千三百七十元，年列二万八千四百四十元，款在本会振款项下拨支，请核示等情，请公决案。

（决议）照案通过。

十七、据会计处案呈，据中央警官学校第九期学生周植榆等四十三员呈请迅发津贴旅费计共六千四百五十元，该款拟在三十一年度省第一预备金项下拨支，请核示等情，请公决案。

（决议）照案通过。

十八、据教育厅签呈，为本厅调派二十二期赴渝受训人员员额及旅费似应比照荐任待遇支给，请核示等情，请公决案。①

（决议）照会计处签拟通过。

十九、郑委员（彦棻）函复，审查教育厅签呈，本省滑翔分会经费拟月支一千元，由本年六月份起至十二月份止七个月共需七千元，拟在省立体育场第二期工程费项下拨支。又据广东省滑翔分会呈，请每月

---

① 会计处签拟略。

发给经费二千五百元，及劝募事业费二万元一案意见，请公决案。①

（决议）照审查意见通过。

广东省政府第九届委员会
第三百六十三次议事录

日　　期　九月十七日

地　　点　曲江本府

出席者　李汉魂　郑彦棻　郑　丰　刘佐人　王志远

列席者　杜之英　黄　雯　巫　琦　张乃璧　何汉昌　谢群彬

主　　席　李汉魂

纪　　录　（科长）谢乐文

报告事项

一、据建设厅呈，请增设省营酒精、药棉、电池、肥皂、制纸等五厂监理各一员等情。饬据秘书处签称，核与规定尚符，似可照准，并拟予规定酒精、制纸两厂监理均比照荐任十二级至九级支薪，药棉、电池、肥皂三厂监理均比照委任五级至二级支薪等语，经准如拟办理。

二、准广东全省保安司令部电，为本部会计室筹备期间所需经费一千八百二十五元，拟在本部三十一年度节余经费项下开支，请查照等由。饬据会计处签称，似可照办，该款拟在该司令部本年度七月份额领保安经费内开支等语，应准如拟办理。

三、据财政厅签呈，关于本年度五邑民众督导处经费，现奉核定准照原定计划结束，拟于本年七月份起停发经费等情。饬据会计处签称，该处经费似应照本府第三百一十八次会议核定发至本年六月份止，自七月份起停发等语，应准如拟办理，并呈报行政院备案。

四、据财政厅呈缴三十一年度经常费、补足折薪差额及生活补助金预算分配表。饬据会计处呈签称，现呈经常费表核无不合，应准照一万

---

① 审查意见略。

二千九百零九元数额增拨补足，折薪差额预算分配表所列核与规定不符，经代更正后，计月列一万零六百九十五元，年列一十二万八千三百四十元；又生活补助金预算分配表月列支二万二千四百六十元，年列二十六万九千五百二十元，款在三十一年度省调整机构补助公务员生活费项下按月照拨。又查该编制调整后，计列员二百一十九员，役一百名，司机五名，比前列发放平价米机关人数表计增员一员，工役五名，既系编制修正后增列，似可照准更正，饬粮局遵照补发等语，应准如拟办理。

五、据建设厅签呈，据酒精厂呈，请核给故员麦肇基殓葬费一百五十元，请核示等情。饬据秘书、会计两处签称，查原呈所拟依照广东省战时公务员、雇员、公役在职亡故核给殓葬费暂行办法尚属相符，该款拟在该厂八月份薪饷节余项下开支，拟准照办等语，应准如拟办理。

六、据本省救护委员会呈缴三十一年度修缮会舍临时支出预算书，列支六百元。饬据秘书、会计两处签称，核尚需要，拟准在本年度省第一预备金项下动支等语，应准如拟办理。

七、据会计处签呈，查三十年度调整机构补助公务员生活费科目截至三十一年五月二十九日止，原有剩余一百零七万四千二百五十三元三角六分，经报会核定转账加入本年度开支。现据财政厅会计室报称，三十年度调整机构补助公务员生活费剩余已并入三十年度收支结束案办理，该科目已无余款，只有三十年度收支结束后结余二十九万一千八百二十八元八角一分，经全数拨付秘书处保管以后，如有三十年度应付未付之款，应在上项保管款开支等语。自应将该转账加入本年度开支案变更等情。应准如拟办理。

八、准第三十五集团军总司令部电送消防景华舰本年度士兵夏季服装费价单，计共需二千一百二十元，请查照等由。查该舰全部经费由省库拨支，二十九年度士兵服装亦由本府制发，本年度夏服自应仍准由本府制发，照会计处签拟在本年度省拟定单位预算第一预备金项下拨支。

九、据会计处案呈，关于本省第四、六两行政督察区交通管理联合办事【处】及各总分站三十年五、六月份改订俸给费共增一千四百九十三元，遣散费共一千六百三十八元五角，拟准照拨，款在三十年度调整机构补助公务员生活费项下拨支等情，应准如拟办理。

讨论事项

一、刘委员、王委员会复，审查卫生处所拟各医疗防疫队、救护队、妇婴卫生实验室、各药库组织规程、办事细则一案意见，请公决案。①

（决议）照审查意见通过。

二、（略）

三、据会计处案呈，查高要县三十二年度地方岁入岁出总概算，经参照各厅处意见核编后，计各为三百六十三万四千六百零八元，请提会审定等情，请公决案。

（决议）交张、何、黄、郑（丰）、郑（彦棻）、刘六委员审查，由张委员召集。

四、据会计处案呈，查化县三十二年度地方岁入岁出总概算，经参照各厅处意见核编后，计各为一百四十八万九千八百一十三元，请提会审定等情，请公决案。

（决议）交张、何、黄、郑（丰）、郑（彦棻）、刘六委员审查，由张委员召集。

五、（略）

六、据会计处案呈，查徐闻县三十二年度地方岁入岁出总概算，经参照各厅处意见核编后，计各为五十八万四千六百七十九元，请提会审定等情，请公决案。

（决议）交张、何、黄、郑（丰）、郑（彦棻）、刘六委员审查，由张委员召集。

七、张委员、黄委员、何委员、郑委员（丰）、郑委员（彦棻）、刘委员会复，审查惠来、南雄、信宜、开建、潮安、连山、清远、郁南、新会等十县三十二年度地方岁入岁出总概算一案意见，请公决案。

（决议）照审查意见通过。（意见略）

八、据会计处案呈，查惠阳县三十二年度地方岁入岁出总概算，经参照各厅处意见核编后，计各为一百九十二万六千九百七十一元，请提会审定等情，请公决案。

---

① 审查意见略。

（决议）交张、何、黄、郑（丰）、郑（彦棻）、刘六委员审查，由张委员召集。

九、据会计处案呈，查河源县三十二年度地方岁入岁出总概算，经参照各厅处意见核编后，计各为八十万零二千一百九十六元，请提会审定等情，请公决案。

（决议）交张、何、黄、郑（丰）、郑（彦棻）、刘六委员审查，由张委员召集。

十、据会计处案呈，查龙门县三十二年度地方岁入岁出总概算，经参照各厅处意见核编后，计各为一百二十万八千七百零七元，请提会审定等情，请公决案。

（决议）交张、何、黄、郑（丰）、郑（彦棻）、刘六委员审查，由张委员召集。

十一、据会计处案呈，查高明县三十二年度地方岁入岁出总概算，经参照各厅处意见核编后，计各为七十万七千八百五十二元，请提会审定等情，请公决案。

（决议）交张、何、黄、郑（丰）、郑（彦棻）、刘六委员审查，由张委员召集。

十二、据会计处案呈，查鹤山县三十二年度地方岁入岁出总概算，经参照各厅处意见核编后，计各为一百七十八万六千一百二十一元，请提会审定等情，请公决案。

（决议）交张、何、黄、郑（丰）、郑（彦棻）、刘六委员审查，由张委员召集。

十三至十六、（略）

十七、主席提议，查四邑米荒亟待救济，经饬财政厅在本年度省预算救济费项下签拨一十万元电汇第一区专员办理救济事项，请公决案。

（决议）照案通过。

广东省政府第九届委员会
第三百六十四次议事录

日　期　九月二十一日
地　点　曲江本府
出席者　李汉魂　郑彦棻　刘佐人　何　彤　郑　丰
列席者　杜之英　巫　琦　黄秉勋　何汉昌　谢群彬
主　席　李汉魂
纪　录　（科长）谢乐文

报告事项

一、据省粮政局呈缴本局业务处第一仓库区韶市分库被炸损失公物表暨员工损失物品数量表件，请予以救济等情。饬据秘书、会计两处签拟，依照修正本省公务员、雇员、工役遭受空装〔袭〕损害救济办法核给管理员欧洪昆、雇员陈仲光二名各一百二十元，仓目徐强、仓丁陈国雄二名各四十元，合共三百二十元，款在该处本年度营业预算损失表恤金项下列支等语，应准如拟办理。

二、据第一区行政督察专员呈缴三十一年七月份因犯口粮清册表，列支三百三十九元二角，请发还归垫等情。饬据会计处签称，查核尚无不合，拟在本年度省拟定预算内行【政】人犯口粮项下拨支等语，应准如拟办理。

三、据梅县县长电，对于领垦荒地面积在三亩以下者，拟由县府公告挂查给证放垦等情。饬据地政局签称，查承垦条例系经最高国防会议核定，未便遽予变更，拟准由县府发给临时承垦证书，先行开垦，同时转呈该局核发正式承垦证书，以符法定手续，并拟通饬各专署转饬各县局知照等语，应准如拟办理。

四、据南海县政府电缴该县别动队第二十六队长区赤抗敌身亡请恤事实表，请予核恤等情。饬据秘书、会计两处签拟，给予其遗族一次过恤金八十元，每年年抚金五十元，以十年为止，此项恤金及第一年年抚金共一百三十元，拟在本年度省拟定预算内恤金项下开支，至第二年以后年抚金，拟逐年列入省预算恤金科目开支等语，应准如拟办理。

讨论事项

一、据民政厅签呈，拟具本省各县市局编订门牌规则，经秘书处分别修正，请公决案。

（决议）交刘委员审查。

二、（略）

三、刘委员、王委员会复，审查社会处所拟广东省社会处服务总站暂行组织规程一案意见，缮具修正规程，请公决案。[①]

（决议）照审查意见通过。

四、刘委员、王委员会复，审查〈复〉卫生处所拟广东省卫生处环境卫生实验场暂行组织规程一案意见，并缮具修正规程，请公决案。[②]

（决议）照审查意见通过。

七[③]、据会计处案呈，查新兴县地方三十一年度岁入岁出第一次追加概算，经参照各厅处意见整理后，计各为一十八万一千元，请提会核定等情，请公决案。

（决议）照案通过。

八、据会计处案呈，查连山县地方三十一年度岁入岁出追加追减预算，经参照财、建两厅意见整理后，计岁入追加九千元，追减七千三百八十元，实增一千六百二十元，岁出追加一千六百二十元，请提会核定等情，请公决案。

（决议）照案通过。

九、据会计处案呈，查罗定县地方三十二年度岁入岁出总概算，经参照各厅处意见核编后，计各为九十四万九千四百六十元，请提会审定等情，请公决案。

（决议）交张、何、黄、郑（丰）、郑（彦棻）、刘六委员审查，由

---

① 审查意见略。
② 审查意见略。
③ 原文缺第五、六项。

张委员召集。

十、据会计处案呈，查新丰县地方三十二年度岁入岁出总概算，经参照各厅处意见核编后，计各为四十五万九千四百五十三元，请提会审定等情，请公决案。

（决议）交张、何、黄、郑（丰）、郑（彦棻）、刘六委员审查，由张委员召集。

十一、据和平县政府电，请准由本年七月份起照省机关规定发给公务员平价米代金等情，请公决案。

（决议）交何、刘、郑（彦棻）三委员审查，由何委员召集。

广东省政府第九届委员会
第三百六十五次议事录

日　　期　九月二十四日

地　　点　曲江本府

出席者　李汉魂　何　彤　郑彦棻　郑　丰　刘佐人　王志远

列席者　杜之英　黄　雯　黄秉勋　巫　琦　何汉昌　谢群彬

主　　席　李汉魂

纪　　录　（科长）谢乐文

报告事项

一、奉行政院电复，海丰县修复县城至□□□□□话线架设费四万六千元，准在该省本年战时特别预备金动支，仰补编概算呈核等因。自应遵办，分别通知，并饬县补编预算图说呈府核办。

二、刘委员函复，审查关于第七战区编纂委员会请增补足折薪差额一案。查本年度省预算内调整机构补助公务员生活费项下既已无可开支，又无其他适【当】科目可资拨付，似可照会计处签拟改由三十二年度起照标准办理，仍请报告会议等语，应准如拟办理。

三、据财政厅呈，拟将省款拨助各县分台经费分别在省概算县战时通讯补助费及驻港电台经费两项科目分别签发，开列数目表，请核示等情。饬据会计处签称，查表列补助各县分台经费数额核数相符，所请分别统为签发，亦属可行，拟予照准等语，应准如拟办理。

四、据财政厅签呈，拟将本省各县（局）队警剿匪费给与办法第四条条文修正为"参加剿匪之官佐，每员每日得津贴茶水伙食费二元，兵警一元五角"等情，应如拟修正通饬施行。

五、据建设厅签呈，省营八宝山钨矿专员办事处经于本年五月十一日移交，拟照本省各级行政机关被裁员役发给川资补助费暂行标准第一条甲项发给五月份薪津等情。饬据会计处签称，查各机关被裁撤遣散员工曾有发给恩饷一个月前例，本案未留用员工五月份薪饷及战时加给，既经该处权先借给，无法追回，似可特准作为给发恩饷一月，该款共一千五百零二元，即在该处经费节余项下开支等语，应准如拟办理。

六、据建设厅签呈，韶兴路面工程决算总表内列管理费支出一十二万零三百六十二元二角，黄前厅长出巡该路旅费一千八百五十一元四角四分，一并列入在内，自应将旅费冲销，除冲销外，实支一十一万八千五百一十元七角六分；又该路铺筑费用超出原预算一万五千二百二十五元零八分，拟在第四项预备费项下拨用等情。饬据会计处签称，似可准予照办等语，应准如拟办理。

七、据建设厅呈，据公路处呈缴改编本年度各区工务段经费预算书表规程细则等，请核示等情。饬据会计处签称，经送秘书处签复，以关于员额薪给部分，尚不超出原签意见，应饬拟具编制表呈府备案；关于组织章程办事细则与前签各点相符，至各段经常费预算书表及本处审核尚无不合，惟经费来源现未将预算编呈来府，应饬另案呈府办理；又各段生活补助金经据遵案编入三十一年度征收汽车养路费岁出概算内，应候转呈行政院核定后，再行饬知；至关于各段练习生生活费，似可准予变通即在各该工务段经费内俸给费项下匀支等语，应准如拟办理。

八、据本府战时通讯所呈缴有线电话队追加员额编制预算表，请核示等情。饬据秘书、会计两处签称，所请增加员额，核尚需要，拟予照准，该项增员俸给费月列三百零五元，增员生活费补助金月列四百九十元，拟着由本年十月份起增加，款准在三十一年度省第一预备金及调整机构补助公务员生活费项下按月分别拨发等语，应准如拟办理。

九、据会计处案呈，关于核定本省高级护士及助产士职业学校暨公共卫生人员训练所计划预算一案，对于会计人员部分：（一）原拟组织大纲第五条所附之系统表将会计部分隶属总务主任之下，系属不合，拟将会计部分独立设置会计室，以符规定。（二）原拟编制表列会计股长一人，股员一人，现拟改为会计员一人，比照委任二级至一级支薪，佐理会计员二人，比照委任六级至四级及比照委任十一级至八级支薪者各一人，书记一人比照雇员一级支薪。（三）以上会计室人员俸薪，统由核定该校所经费内支配，并在经费预算内另列主计人员经费一项等语，应准如拟办理。

讨论事项

一、准广东省军管区司令部电，为本省连阳自卫总队三十一年度士兵冬服费四十六万八千七百九十二元，请查照拨付等由，请公决案。

（决议）准在该部经管各费节余项下核实开支。

二、据教育厅签呈，拟将原日核定中小学教师工作团三十一年度五月份后经费共二万一千六百元，暨在调整机构公务员生活补助金项下拨支折薪差额及生活补助金共三万四千一百三十六元，全部分别并入本厅各该项费款使用，请核示等情，请公决案。

（决议）交刘、王、郑（彦棻）三委员审查，由刘委员召集。

三、据建设厅签呈，据农林局补缴乐昌县农村经济建设实验区经费预算及编制简表，计月列四千八百元，年列三万四千四百元，请核示等情，请公决案。①

（决议）照秘书、会计两处签拟通过。

四、据建设厅呈，据省营织造厂呈缴改编三十年度营业预算书，请核示等情，请公决案。②

（决议）照会计处签拟通过。

五、据省粮政局签呈，拟将广东省非常时期禁止粮食输运出省暂行办法予以修正，并将前颁广东省查禁粮食资敌及限制输运出省补充办法废止，连同修正暂行办法，请核示等情，请公决案。

（决议）照秘书处签拟通过。（签拟略）

---

① 秘书处签拟、会计处签拟略。

② 会计处签拟略。

六、据广东省银行呈缴省特务营三十一年六月份起至十二月份止改订给与经常费支付预算书，列支二十三万六千二百八十五元四角九分，请核示等情，请公决案。①

（决议）照会计处签拟通过。

七、刘委员、黄委员、王委员会复，审查广东省救〔振〕济会儿童教养院组织规程一案意见，并分别另行缮具修正规程，请公决案。

（决议）照审查意见修正通过。

八、据会计处案呈，查遂溪县三十一年度地方岁入岁出第一次追加概算，经参照各厅处意见核编后，计各为九十七万九千六百八十五元，请提会核定等情，请公决案。

（决议）照案通过。

九、据会计处案呈，查花县三十二年度地方岁入岁出总概算，经参照各厅处意见核编后，计各为六十六万一千一百八十四元，请提会核定等情，请公决案。

（决议）交张、何、黄、郑（丰）、郑（彦棻）、刘六委员审查，由张委员召集。

十、据会计处案呈，查德庆县三十二年度地方岁入岁出总概算，经参照各厅处意见核编后，计各为七十七万零二百五十五元，请提会审定等情，请公决案。

（决议）交张、何、黄、郑（丰）、郑（彦棻）、刘六委员审查，由张委员召集。

十一、据会计处案呈，查电白县三十二年度地方岁入岁出总概算，经参照各厅处意见核编后，计各为二百三十一万九千零二十二元，请提会审定等情，请公决案。

（决议）交张、何、黄、郑（丰）、郑（彦棻）、刘六委员审查，由张委员召集。

十二、据会计处案呈，查龙川县三十二年度地方岁入岁出总概算，经参照各厅处意见核编后，计各为一百二十六万二千一百七十元，请提会审定等情，请公决案。

---

① 会计处签拟略。

111

（决议）交张、何、黄、郑（丰）、郑（彦棻）、刘六委员审查，由张委员召集。

十三、据会计处案呈，查云浮县三十二年度地方岁入岁出总概算，经参照各厅处意见核编后，计各为一百五十六万三千四百零四元，请提会审定等情，请公决案。

（决议）交张、何、黄、郑（丰）、郑（彦棻）、刘六委员审查，由张委员召集。

十四、据会计处案呈，查海康县三十二年度地方岁入岁出总概算，经参照各厅处意见核编后，计各为一百二十四万一千八百三十四元，请提会审定等情，请公决案。

（决议）交张、何、黄、郑（丰）、郑（彦棻）、刘六委员审查，由张委员召集。

十五、据会计处案呈，查揭阳县三十二年度地方岁入岁出总概算，经参照各厅处意见核编后，计各为三百三十三万一千七百七十三元，请提会审定等情，请公决案。

（决议）交张、何、黄、郑（丰）、郑（彦棻）、刘六委员审查，由张委员召集。

十六、据会计处案呈，查增城县三十二年度地方岁入岁出总概算，经参照各厅处意见核编后，计各为三十六万一千零九十元，请提会审定等情，请公决案。

（决议）交张、何、黄、郑（丰）、郑（彦棻）、刘六委员审查，由张委员召集。

十七、据会计处案呈，查赤溪县三十二年度地方岁入岁出总概算，经参照各厅处意见核编后，计各为三十二万一千七百零四元，请提会审定等情，请公决案。

（决议）交张、何、黄、郑（丰）、郑（彦棻）、刘六委员审查，由张委员召集。

十八、据会计处案呈，查茂名县三十二年度地方岁入岁出总概算，经参照各厅处意见核编后，计各为一百八十五万八千五百九十四元，请提会审定等情，请公决案。

（决议）交张、何、黄、郑（丰）、郑（彦棻）、刘六委员审查，由张委员召集。

十九、据会计处案呈，查紫金县三十二年度地方岁入岁出总概算，经参照各厅处意见核编后，计各为七十六万八千四百四十元，请提会审定等情，请公决案。

（决议）交张、何、黄、郑（丰）、郑（彦棻）、刘六委员审查，由张委员召集。

二十、据会计处案呈，查陆丰县三十二年度地方岁入岁出总概算，经参照各厅处意见核编后，计各为二百四十六万零三百八十七元，请提会审定等情，请公决案。

（决议）交张、何、黄、郑（丰）、郑（彦棻）、刘六委员审查，由张委员召集。

二十一、据建设厅呈缴公路处业务课课长兼机械工程司〔师〕张松友荐委表，请赐核委等情，请公决案。

（决议）照派代理。

二十二、据广东省振济会电呈，据儿童教养院电，以现在物价飞涨，请先拨款二十万元赶制各部院儿童冬季被服，再补编预算，查属实情，经予照准，款在本会振济基金项下拨支，请察核备案等情，请公决案。

（决议）照案通过。仍饬补编预算呈核。

广东省政府第九届委员会
第三百六十六次议事录

日　期　九月二十八日

地　点　曲江本府

出席者　李汉魂　郑彦棻　何彤　郑丰　王志远　刘佐人

列席者　杜之英　黄雯　黄秉勋　巫琦　何汉昌　谢群彬
　　　　张希贤

主　席　李汉魂

113

纪　录　（科长）谢乐文

报告事项

一、据财政厅呈报，龙川县二十九年拆城费案经在该县所返纳之结余款三千一百八十四元四角九分及在三十年度省库收支结束案内另拨出一千八百一十五元五角一分，凑足五千元之数拨还省行，对于上述拨出之一千八百一十五元五角一分，仍请核定科目，以便办理收支结束案有所依据列账等情。饬据会计处签称，拟如所拟补发，以三十年度建设事业临时费科目开支，归入三十年度省库结束案内办理等语，应准如拟办理。

二、据会计处案呈，查教育厅呈缴关于省立水产职业学校搬迁费案内列补助教职员及战区学生损失费一目，能否适用战时各级行政机关员役因公损失财物救济办法，现无明文规定，拟请将原办法拟议修改补充等情。饬据秘书处签称，似可援用，并将原办法第六条条文改为"本省各级公立学校教职员役如有本办法第三条规定情形，致受损失者，得依本办法救济之"，并将原第六条条文改为第七条等语，应准如拟办理。

三、据省粮政局呈缴驻赣运粮办事处第十、十二、十三、十四、十五各站仓丁追加预算书。饬据会计处签称，查俸给费月支二百三十四元，生活补助费月支六百五十元，合共八百八十四元，四至十二月总共列支七千九百五十六元，查属业务需要，拟准照列，饬并编入该处本年度营业预算损失表各该站经费内开支等语，应准如拟办理。

四、据省粮政局呈，前广东省粮食管理局二十九年度十一月六日至十二月底止营业决算书，计列收六十四万零三百一十一元七角七分，列支六十三万七千八百九十二元三角一分，比对盈余二千四百一十九元四角六分。饬据会计处签称，据说明查属业务变动所致，收支且同时因应缩减，自无不合，惟所呈书表格式多与前颁规定不符，查年度已过，拟姑准不予变更等语，应准如拟办理。

五、据本府驻渝办事处电报，本省旅渝同乡召开王故监察委员斧追悼筹备会决议本府捐助会费一千元，请核示等情。饬据会计处签称，拟在本年度省第一预备金项下拨支，仍补报会等语，经准如拟办理。

114

讨论事项

一、准广东省军管区司令部电，为关于连阳自卫总队购置卫生材料一万零六百四十四元，经饬该队另目并入三十一年度月份经费计算内列报在经费节余项下流支，请查照等由，请公决案。①

（决议）照会计处签拟通过。

二、据会计处签呈，本省各军事机关部队提高待遇追加经费，本年度七个月共计增发二百二十二万五千零四十四元七角六分，请核定科目开支等情，请公决案。

（决议）准照案按月在本年度调整机构补助公务员生活费项下垫拨。

三、刘委员函复，审查秘书处所拟广东省各县（市局）山塘土坝建设须知一案意见，请公决案。②

（决议）照审查意见通过。

四、刘委员、王委员、郑委员（彦棻）会复审查广东省战时田赋征收实物实施办法一案意见，请公决案。③

（决议）照审查意见通过。

五、据会计处案呈，查佛冈县三十一年度地方岁入岁出第一次追加概算，经参照各厅处意见整理后，计各为七万七千六百五十元，请提会核定等情，请公决案。

（决议）照案通过。

六、据会计处案呈，查吴川县三十二年度地方岁入岁出总概算，经参照各厅处意见核编后，计各为九十三万七千四百三十八元，请提会审定等情，请公决案。

（决议）交张、何、黄、郑（丰）、郑（彦棻）、刘六委员审查，由张委员召集。

七、据会计处案呈，查乳源县三十二年度地方岁入岁出总概算，经参照各厅处意见核编后，计各为三十三万五千三百零二元，请提会审定

---

① 会计处签拟略。

② 审查意见略。

③ 审查意见略。

等情，请公决案。

（决议）交张、何、黄、郑（丰）、郑（彦菜）、刘六委员审查，由张委员召集。

八、据会计处案呈，查阳春县三十二年度地方岁入岁出总概算，经参照各厅处意见核编后，计各为一百三十五万六千七百一十八元，请提会审定等情，请公决案。

（决议）交张、何、黄、郑（丰）、郑（彦菜）、刘六委员审查，由张委员召集。

九、据会计处案呈，查博罗县三十二年度地方岁入岁出总概算，经参照各厅处意见核编后，计各为九十九万一千七百三十九元，请提会审定等情，请公决案。

（决议）交张、何、黄、郑（丰）、郑（彦菜）、刘六委员审查，由张委员召集。

十、据会计处案呈，查遂溪县三十二年度地方岁入岁出总概算，经参照各厅处意见核编后，计各为二百二十九万一千五百八十六元，请提会审定等情，请公决案。

（决议）交张、何、黄、郑（丰）、郑（彦菜）、刘六委员审查，由张委员召集。

十一、据会计处案呈，查台山县三十二年度地方岁入岁出总概算，经参照各厅处意见核编后，计各为七百二十四万零九百一十七元，请提会审定等情，请公决案。

（决议）交张、何、黄、郑（丰）、郑（彦菜）、刘六委员审查，由张委员召集。

十二、据会计处案呈，查东莞县三十二年度地方岁入岁出总概算，经参照各厅处意见核编后，计各为八十八万七千八百一十八元，请提会审定等情，请公决案。

（决议）交张、何、黄、郑（丰）、郑（彦菜）、刘六委员审查，由张委员召集。

十三至十四、（略）

十五、据三水县政府呈缴三十一年六月十九日至七月十日团警粮食不敷费预算书，列支二万二千零八十四元七角四分，请核拨归垫等情，

请公决案。①

（决议）照会计处签拟通过。

十六、据韶关市政筹备处先后呈缴开筑西河区马路路线图书及声叙西河区新定第三线暨更加辟各支路情形，请核示等情，请公决案。

（决议）交郑（丰）、何、郑〔彦棻〕三委员审查，由郑（丰）委员召集。

广东省政府第九届委员会
第三百六十七次议事录

日　　期　　十月一日

地　　点　　曲江本府

出席者　　李汉魂　　郑彦棻　　郑　丰　　王志远　　何　彤　　刘佐人

列席者　　杜之英　　巫　琦　　黄秉勋　　何汉昌　　谢群彬　　张希贤
　　　　　　李文韬

主　　席　　李汉魂

纪　　录　　（科长）谢乐文

报告事项

一、据财政厅呈报未能在本年度调整机构补助公务员生活费项下拨借地政局地价申报经费一十五万元缘由，请核示等情。饬据会计处签称，似可将法案注销，并饬承办府电请地政署迅将该款汇发等语，应准如拟办理。

二、据教育厅呈缴上窑社教实施区三十年度改订俸给预算书表。饬据会计处签称，查表列九至十二月每月增加俸给费七十元，四个月共二百八十元，核案尚无不合，此款拟在三十年度收支结束各项节余保管款二十九万一千八百二十八元八角一分项下拨支等语，应准如拟办理。

三、据省粮政局呈，为本处〔局〕业务处结束，移交储运处办理，在未奉粮食部储运处组织通则颁行前，拟仍照业务处营业计划及概算书实施等情。饬据会计处签称，查属可行，拟饬该局将本年度营业计划概算书迅即改编送核等语，应准如拟办理。

四、据第一区行政督察专员电复，关于前赤溪县城被敌侵扰，灾情惨重，曾代表列宪抚慰，并以钧座及省振济会及省救侨会第九救济区驻粤办事处名义，由职署各垫款一千元发县办理急振，请将上项垫款一千元发还归垫等情，该款应在本年度省救济费项下拨还。

讨论事项

一、准中国国民党广东省执行委员会函请将文化新闻周报补助经费八千一百元一次拨足等由，请公决案。

（决议）准一次过补助八千元，款在三十年度收支结存应付未付款项下开支。

二、据民政厅签呈，核议三十一年省会行政会议始兴县长提议三等县一律设助理秘书一案情形，请核示等情，请公决案。

（决议）照案通过。

三、据建设厅呈，据公路处呈缴建筑办公室及职员宿舍追加工程费预算书表，列支九千三百四十元零九角五分，查核应减列二百八十五元二角四分，减列后应为九千零五十五元七角一分，请准一并在该处三十年度节余款开支，请核示等情，请公决案。①

（决议）照会计处签拟通过，并准在该处三十年度节余款开支。

四、据建设厅呈，据公路处呈缴三十一年下半年度必需修理或改善工程概算表，列支三百万元，请核示等情，请公决案。

（决议）照案呈请行政院追加预算拨支。

五、据省振济会呈，为本会三十年六月至十一月份消耗电油不敷款九千二百七十三元二角五分，请仍准在本会三十年度经费剩余款项下开支等情，请公决案。②

（决议）照会计处签拟通过。

六、据会计处案呈，查中山县地方三十年度岁入岁出第一次追加概

---

① 会计处签拟略。

② 会计处签拟略。

118

算，经参照各厅处意见核编后，计各为九万六千五百九十六元，请提会核定等情，请公决案。

（决议）照案通过。

七、据会计处案呈，查番禺县三十二年度地方岁入岁出总概算，经参照各厅处意见核编后，计各为九万五千九百三十九元，请提会审定等情，请公决案。

（决议）交张、何、黄、郑（丰）、郑（彦棻）、刘六委员审查，由张委员召集。

八、据会计处案呈，查钦县三十二年度地方岁入岁出总概算，经参照各厅处意见核编后，计各为一百六十九万三千五百一十一元，请提会审定等情，请公决案。

（决议）交张、何、黄、郑（丰）、郑（彦棻）、刘六委员审查，由张委员召集。

九、据会计处案呈，查南山管理局三十二年度地方岁入岁出总概算，经参照各厅处意见核编后，计各为一百二十七万八千二百零八元，请提会审定等情，请公决案。

（决议）交张、何、黄、郑（丰）、郑（彦棻）、刘六委员审查，由张委员召集。

十、据会计处案呈，查灵山县三十二年度地方岁入岁出总概算，经参照各厅处意见核编后，计各为二百四十四万零八百七十四元，请提会审定等情，请公决案。

（决议）交张、何、黄、郑（丰）、郑（彦棻）、刘六委员审查，由张委员召集。

十一、据会计处案呈，查潮阳县三十一年度地方岁入岁出总概算，经参照各厅处意见核编后，计各为三百七十八万五千九百零一元，请提会审定等情，【请】公决案。

（决议）交张、何、黄、郑（丰）、郑（彦棻）、刘六委员审查，由张委员召集。

十二、据会计处案呈，查安化管理局三十二年度地方岁入岁出总概算，经参照各厅处意见核编后，计各为七万六千七百四十六元，请提会审定等情，请公决案。

（决议）交张、何、黄、郑（丰）、郑（彦棻）、刘六委员审查，由张委员召集。

十三、据秘书处呈，为本年度视导费用核计已支出二十一万五千元，除原预算一十八万元，计超出三万五千元，请准追加先行指款垫拨等情，请公决案。

（决议）超支之数，呈请行政院追加。

十四、据财政厅签呈，为办理土地陈报经费不敷，拟按亩借款以为垫发陈报不敷经费，及增用编查员工生活补助费及米代金之用，俟中央拨发归垫，请核示等情，请公决案。

（决议）交何、郑（丰）、郑（彦棻）三委员审查，由何委员召集。

十五、据会计处案呈，关于省立医院核定增加人员一案，其本年度八至十二月五个月此项人员俸给费及生活补助金共二万一千二百元，应如何拨支，请提会核定等情，请公决案。

（决议）照案通过，款在三十一年度调整机构公务员生活补助费项下开支。

十六、据秘书处签呈，关于分区举行行政会议出巡旅杂费三十三万四千五百元不敷应支，拟请增拨三十万元，暂予先行指款拨支等情，请公决案。

（决议）照前案呈请行政院追加，款在三十一年度调整机构公务员生活补助项下先行垫付。

广东省政府第九届委员会
第三百六十八次议事录

日　期　十月五日

地　点　曲江本府

出席者　李汉魂　郑彦棻　刘佐人　王志远

列席者　杜之英　黄　雯　巫　琦　李锡朋　何汉昌　谢群彬
　　　　张希贤

主　　席　李汉魂

纪　　录　（科长）谢乐文

报告事项

一、据省振济会呈缴儿童教养院实验小学部三十年十一月至三十一年【二月】份追加儿童膳食费预算书表。饬据会计处签称，查三十年十一、十二月份追加膳食费共一千七百二十四元四角一分，核无不合，似可准予照列，款援案在该会振款项下拨付，饬依照三十年成案补助办法及应行注意事项第二项之规定，并入该部各该月份原预算数内支销。又三十一年一、二月份膳食费共追加二千八百八十八元九角一分，查儿童院各院部三十一年预算书表尚未编呈到府，原有未合，惟关系儿童膳食，且经该会核准仍在振款项下拨付，拟姑准照列，并饬遵照上年办法及应行注意事项规定办理等语，应准如拟办理。

二、据省粮政局呈缴三十年度营业决算书，计列收一千三百四十四万四千七百五十五元三角四分，列支一千二百九十八万七千零六元五角一分，比对盈余四十五万七千七百四十八元八角三分，核与预算数相差太远，惟查系因战事影响，且收支同应减缩盈余，比之预算数增大，惟决算报表之种类格式亦有与前项会计制度之规定不符，为省繁赘，姑准不予改编，仍饬嗣后应遵照前发粮食事业基金会计制度之一致规定关于决算报表之规定办理等语，应准如拟办理。

三、据会计处签呈，关于省立肇庆中学增加俸给费四千二百四十八元，三十年度调整机构补助公务员生活费科目已无余款，自应改在三十年度收支后结余保管款项下拨支，饬本府秘书处照数拨付等情，应准如拟办理。

四、据会计处签呈，关于第四、六两行政区交通管理联合办事处三十年度五、六月份改订俸给费一千四百九十三元，遣散费共一千六百二十八元五角，三十年度调整机构补助公务员生活费科目已无余款，自应改在三十年度收支结束各项节余保管款二十九万余元拨支等情，应准如拟办理。

五、据会计处签呈，关于本省三十年高考司法官初试及格人员梁训礼请领赴渝受训旅费津贴一案，现接考试院电复可由原服务机关自行酌办等语，应否饬向原服务机关请求补助，抑援以前补助案一次过发给五百元，款在本年度省第一预备金项下拨支，请核示等情。饬据秘书处签拟，援案补助五百元，并以三十年度以后高考及格者为限等语，应准如拟办理。

六、据教育厅签呈，关于本省第一次保送海军生谭济民因目力不良，被学校开革，资斧缺乏，流落异乡，情殊可悯，所请汇发旅费应否照准请示等情。饬据会计处签称，所请汇发返署旅费一千五百元，核尚需要，似可准予照拨，款在本府前拨本年度改送海军学校学生经费三万元内开支等语，经准如拟办理。

七、据建设厅呈，据农林局呈缴东区林业促进指导区三十一年度员额编制表，请核示等情。饬据会计处签称，拟将该表标题之"卅一年度"四字删去，其余尚无不合，拟准予备案等语，应准如拟办理。

八、据省振济会呈，据儿童教育〔养〕院呈缴第七分院三十年度八至十二月份追加儿童膳费预算书表，计共三万二千七百九十八元八角二分。饬据会计处签称，既经该会核无不合，复核各数尚属相符，拟准照列，款在该会振款项下拨付，饬依照儿童教养院各院部膳食费用补助办法第二项规定，并入该院各该月份原预算数内支销等语，应准如拟办理。

九、据省振济会呈报，在本年度振款项下一次过特发三水县芦苞至石角段蛋民救济费五千元，请核示等情。饬据会计处签称，拟准照办等语，应准如拟办理。

十、据财政厅呈，为干训团第七、八、九区联训班三十年度战时加给费拟在三十年省预算结余款内支付等情。饬据会计处签称，查干训团第七、八、九区联训班三十年五至十二月份战时加给经费三万零八百八十八元，前案核定在三十年度省总概算调整机构补助公务员生活费项下开支，现该科目剩余款并入三十年度省库结束案办理，无从拨付，该项战时加给经费，似应改在三十年度应付未付款二十九万余元内开支，饬秘书处径拨等语，应准如拟办理。

十一、据建设厅签呈，据酒精厂呈请依照广东省战时公务员、雇员、公役在职亡故核给殓葬费暂行办法在本厂八月份薪饷节余项下核给故员梁佩雄殓葬费一百五十元等情。饬据秘书、会计两处签拟，准予在该厂本年度八月份薪饷节余项下拨支等语，应准如拟办理。

十二、准广东全省保安司令部电复，关于保×团第×大队第十中队特务长林晴桥被敌击毙，损失公款二千五百二十三元一角七分，拟改在本部三十年度历月份保安经费节余项下拨支等由。饬据会计处签称，核尚可行，似可照办等语，应准如拟办理。

十三、据本府战时通讯所签呈，为二十九年间，本府电讯组向建设厅机器制造修理厂订修石油机价款一百一十九元八角一分，可否由本所在本年度追加电讯临时费项下代为归垫，请核示等情。饬据会计处签称，该款既系在二十九年度支出，似应在三十年度省库收支结束各项目结余保管款二十九万余元内补拨归垫等语，准如拟办理。

十四、据番禺县政府呈缴三十年度行政囚粮费预算书，列支二千九百三十一元九分，请发还归垫等情。饬据会计处签称，该项囚粮既经核准在省库拨支，似可姑准在三十年度省库提出拨交秘书处保管留用之二十九万余元开支等语，应准如拟办理。

讨论事项

一、刘委员函复，审查民政厅所拟本省各县市局编订门牌规则一案意见，请公决案。①

（决议）照审查意见通过。

二、主席提议，本府前以西江围基亟待抢修，经饬由省救灾准备金保管委员会电汇抢救费五万元交由三区专署办理抢救事宜，该款拟在救灾准备金项下拨支，请公决案。

（决议）照案通过。

三、据秘书处案呈，关于郁南县民林煊为业主谢若候等捐献铺业事件不服郁南县政府通知限期搬迁出铺之处分，提起诉愿一案，现经审查完竣，作成决定书，请提会核定等情，请公决案。

（决议）照决定书通过。

四、据会计处案呈，查琼山县二十九年度地方岁入岁出追加概算，核尚适合，计各为一万五千元，请提会核定等情，请公决案。

（决议）照案通过。

五、据会计处案呈，查赤溪县三十年度地方岁入岁出第四次追加概

---

① 审查意见略。

算，核案相符，计各二千五百二十八元，请提会核定等情，请公决案。

（决议）照案通过。

六、据会计处案呈，查仁化县三十年度地方岁入岁出第四次追加概算，经参照各厅处意见核编后，计各为一万八千二百二十二元，请提会核定等情，请公决案。

（决议）照案通过。

七、据会计处案呈，查乐昌县三十一年度施行国民兵身份证岁入岁出追加概算，经参照民政厅意见核编后，计各为二千八百一十元，请提会核定等情，请公决案。

（决议）照案通过。

八、据会计处案呈，查梅县三十一年度地方岁入岁出追加概算，经参照各厅处意见核编后，计各为五十一万零七百九十六元，请提会核定等情，请公决案。

（决议）照案通过。

九、据教育厅签呈，据省立钦州师范学校呈缴三十年度预算书，共列支四万三千零三元，请核示等情，请公决案。①

（决议）照会计处签拟通过。

十、据建设厅签呈，据公路处呈，请将二十九年三、四月间抢修各路面水灾工程费一十三万三千四百九十七元三角八分，核明饬拟，请核示等情，请公决案。

（决议）交郑（彦棻）委员审查。

十一、据本府驻渝办事处呈，准广东建设研究会函，请本府自本年五月份起按月补助二千元等由，请核示等情，请公决案。②

（决议）照会计处签拟通过。

十二、据本府秘书处签呈，请派沈之敬代理本府秘书处编译室编译等情，请公决案。

（决议）照案通过。

十三、据本府秘书处签呈，请派陈辉佩代理本府秘书处编译

---

① 会计处签拟略。
② 会计处签拟略。

等情，请公决案。

（决议）照案通过。

十四、准广东省临时参议会函送，切实谋增广东省难侨较多之四邑粮食生产，引种马铃薯等作物实施计划书，请查照办理等由，请公决案。

（决议）照案通过，需款六十万元准在特种基金项下先行垫付。

十五、主席提议，芦苞一带战后灾情惨重，拟在省救济费项下及省行各拨款五万元，由第七战区长官部暨本府派员携往抚振，请公决案。

（决议）照案通过。

广东省政府第九届委员会
第三百六十九次议事录

日　　期　十月八日
地　　点　曲江本府
出席者　李汉魂　郑彦棻　郑　丰　王志远　刘佐人
列席者　杜之英　巫　琦　黄　雯　王仁佳　何汉昌　谢群彬
　　　　　张希贤
主　　席　李汉魂
纪　　录　（科长）谢乐文

报告事项

一、据教育厅呈，为筹备孔子诞辰暨教师节纪念大会，经由厅先行垫支该会经费国币一千二百八十元，请如数核拨归垫等情。饬据秘书、会计两处签称，该款可否在本年度省概算内社会事业费内相当科目开支等语，应准如拟办理。

二、据会计处案呈，以据阳江县政府呈报该县警察所雇员伍行因公被害，请予核恤一案，经由秘书处签奉核定按其最后薪资给予十四个月之一次过抚恤费。查该故员最后实支薪额四十二元，十四个月共五百八十八元，此款拟在本年度省拟定预算恤金项下开支等情，应准如拟办理。

三、据第九区行政督察专员公署呈，以据定安县呈报溪南乡甲长蔡德轩因公殉职，转请抚恤等情。饬据会计处签称，查此案经由秘书处签奉核定给予一次过抚恤费一百二十元，该款拟在本年度省拟定预算恤金项下开支等语，应准如拟办理。

四、据会计处案呈，关于广东省军管区政治部呈送该部二十九年十一、十二两月份增发官兵主食补助费预算书，列支九百九十元请核备一案，据称此款拟在二十九年度国民兵团政训室官佐特别米津节余项下开支，核尚可行，拟予照准等语，准如拟办理。

五、据南海县政府呈缴本年度四月及七月份行政囚粮支付预算书，计列四月份一千零六十二元，七月份八百六十七元，请拨款归垫等情。饬据会计处签称，核尚需要，似可援案照前补助法在本年度省概算行政人犯口粮项下拨支等语，准如拟办理。

六、据广东省振济会呈缴儿教院第一儿教团二十九年由恩平迁移南雄修仁迁移费预算书，请核备等情。饬据会计处签称，所列迁移费一千四百八十八元五角七分，既经该会核无不合，款在该团经常费节余项下拨支，似可准予照列等语，应准如拟办理。

七、据会计处案呈，本省各机关在三十一年度省岁出拟定预算调整机构补助公务员生活费项下拨支之补足折薪差额及员役生活补助金案，多已先后核定，并经将会计处等七十八个机关支出数额列表报会，分别通知在案。现查畜疫防疗所等十八个机关单位亦已先后核定，兹将核定各机关数额汇列清表，统计共八十万三千六百五十二元五角，拟请补报会议等情，应准照办。

八、据财政厅呈缴该厅办理省税人员遣散费及东江、南路票照印发所结束费、遣散费等预算书册，请察核等情。饬据会计处签称，本案关于该厅办理省税人员遣散费及东江、南路票照印发所结束遣散费等共二万八千六百二十九元八角三分，合并编列预算一节，现奉批"姑予照准"等因。查关于东江、南路两票照印发所结束遣散费，本处迭次签拟均系拟维持原核定开支科目，故拟饬照案并入各税务局所站结束费内开支。现据财政厅签明该并编入财政厅办理省税人员遣散费预算内之东江、南路票照印发所结束遣散费仍系在各税务局所站结束费内开支，亦即在三十年度省总概算调整机构补助公务员生活费项下拨付等情。是本案关于办理省税人员遣散费一万一千九百六十一元，仍照案在三十年度省总概算各税务局所站经费未支配余额项下开支，至东江、南路票照印发所结束遣散费一万六千六百六十八元八角三分，仍在前核定各税务局所站结束费内开支，既维持原核定开支科目，则应解决者纯属编造预算手续问题，如照财厅所拟，虽未尽妥适，惟既奉核定姑准照办，拟请并报会议等情，应准照办。

九、据会计处案呈，为奉核定本省三十一年度省党公教团警员役平价米发放暂行标准补充办法，请报告会议后通饬施行等情，应准如拟办理。

讨论事项

一、据秘书处签呈，为本府巡回视察旅费计超支三万五千元，请核准追加指款拨支等情，请公决案。

（决议）照案通过，款准在三十年度省库结存应付未付款项下开支。

二、据会计处案呈，查韶关市三十二年度地方岁入岁出总概算，经参照各厅处局意见核编后，计各改列为七百五十二万九千七百元，请提会审定等情，请公决案。

（决议）交张、何、黄、郑（丰）、郑（彦棻）、刘六委员审查，由张委员召集。

三、据本府战时通讯所呈缴建架通讯所总机及各线路材料费预算书，计列支一万一千零九十六元二角，请指拨专款办理等情，请公决案。

（决议）照案通过。款在本年度战时特别预备金项下拨支，仍呈请行政院核定。

四、据会计处案呈，查阳山县三十一年度地方岁入岁出追加追减概算，经参照各厅处意见核编后，计拟列岁入追加数八十四万一千七百零二元，追减数一千三百零七元，实增八十四万零三百九十五元，岁出追加数八十四万零三百九十五元，请提会核定等情，请公决案。

（决议）照案通过。

五、据建设厅签呈，转缴长途电话所架设主席办公厅话线费预算书，列支六千八百零七元四角，请拨还归垫等情，请公决案。

（决议）照案通过，款在本年度省第一预备金项下开支。

六、据财政厅呈，关于五华县无线电分台本年度不敷经费九千四百九十二元，拟改在驻港经费余款拨支八千二百九十五元零三分，其余不敷一千一百九十六元九角七分，拟在各电讯机关战时行政通讯临时费内拨支，请核示等情，请公决案。

（决议）照案通过，呈院补办流用手续。

七、据省驿运管理处呈，为拟具本处追加营业计划及概算书暨发给所属各总分段站员役米贴办法，请核示等情，请公决案。①

（决议）照会计处签拟通过。

八、据第一区行政督察专员电，以粮价高涨，本署行政囚粮拟自九月四日起比照开平县囚米额每犯每天发给一元六角，请核备等情，请公决案。②

（决议）照会计处签拟通过。

九、准广东省军管区司令部电，以连阳自卫总队所有步枪拟另行购发补充，又前准增量之轻机枪价值亦略有变更，拟从新参酌实情分别订购，预算需支五十万元，该款拟请改在二十九年度团队经费节余项下提拨，以便办理等由，请公决案。③

（决议）照会计处签拟通过。

十、据财政厅签呈，关于国税拨县市款由省统筹分配部分，谨拟具分配标准用途大纲暨附表等，请察核施行等情，请公决案。

（决议）交刘、何、郑（彦棻）三委员审查，由刘委员召集。

十一、据卫生处呈，关于防疫医院拟更易名称，及拟就组织规程，请核示等情，请公决案。

（决议）照秘书处签拟通过。（签拟略）

十二、刘委员、郑委员（丰）、郑委员（彦棻）会复，审查民政厅、财政厅会呈，拟具广东省各县市自治户捐征收章程，请核示一案意

---

① 会计处签拟略。

② 会计处签拟略。

③ 会计处签拟略。

见，请公决案。

（决议）照审查意见通过。（意见略）

广东省政府第九届委员会
第三百七十次议事录

日　期　十月十二日
地　点　曲江本府
出席者　李汉魂　郑彦棻　何　彤　郑　丰　刘佐人　王志远
　　　　高　信
列席者　杜之英　巫　琦　黄　雯　何汉昌　谢群彬　张希贤
主　席　李汉魂
纪　录　（科长）谢乐文

报告事项

一、据财政厅呈缴陆丰税务局三十年度由河田搬回县城搬运费预算书，列支四百三十二元，请准在三十年度省总概算各项目节余款项下拨还归垫等情。饬据会计处签称，既经财政厅核明尚属实在，似可准在三十年度省库收支结束各项节余保管款项下拨还归垫等语，应准如拟办理。

二、据教育厅转呈省立艺术院二十九年度连县迁移费支付预算书，计列一千八百六十九元五角二分，请察核饬拨等情。经饬据会计处签称，本案列支数既据称经审计处核明符合，并准签证等情，似可准予照数在三十年度省库收支结束各项节余保管款项下开支等语，应准如拟办理。

讨论事项

一、据民政厅签呈，为前省警总队第三大队被炸损失各物救济费共五百九十元，前经核定在前省警总队原节余经费项下支给，但是项节余经费不敷支拨，拟请改在三十一年度公务人员退休及抚恤支出项下拨给，请核示等情，请公决案。

129

（决议）照案通过。

二、准广东全省保安司令部电，为保安第六团于二十九年八月间派员被劫损失公款二万元，经准审计处核准备案，该款拟在本部三十年度保安经费节余项下拨支，请查照办理等由，请公决案。

（决议）照案通过。

三、据第七区行政督察专员林时清电，以茂电、茂春电话专线中继所拟于本年七月起每月追加经费一千二百二十四元，半年共追加七千三百四十四元，连前预算每月共支一千八百三十六元，半年共支一万一千零一十六元，请核示等情，请公决案。

（决议）照会计处签拟通过。（签拟略）

四、据会计处案呈，查梅菉管理局三十一年度地方岁入岁出追加概算，经参照各厅处意见核编后，计各为五万二千四百零二元，请提会核定等情，请公决案。

（决议）照案通过。

五、据会计处案呈，查始兴县政府三十年度地方岁入岁出第五次追加概算，计岁入岁出各为二千三百四十元，请提会核定等情，请公决案。

（决议）照案通过。

六、据会计处案呈，查郁南县政府三十一年度地方岁入岁出追加概算一案，经参照各厅意见核编后，计岁入岁出各为四十六万一千四百元，请提会核定等情，请公决案。

（决议）照案通过。

七、据秘书处签呈，拟具广东省人才总登记暂行办法，请核定施行等情，请公决案。

（决议）交刘、郑（丰）、王三委员审查，由刘委员召集。

八、准广东全省保安司令部代电，以本部暨特务第一、二两大队本年度谍报费，计司令部月列二千二百五十元，第一、二特务大队每大队月列一百五十元，请仍照原案办理等由，请公决案。

（决议）照案通过。

九、据恩平县政府呈，以本县推行新县制在在需财，县库已难因应，复因山洪潦涨电话线杆被毁，殊碍交通通讯，拟即修理，计需工料费五万八千九百七十元，请拨款开支等情，请公决案。

（决议）准补助半数，款在本年度实施新县制补助款项下开支。

十、据建设厅签呈，以据公路处呈缴编制公路图预算书表，计列支四千九百零七元四角，拟请准在本年度筑路队经费节余项下开支等语，转请察核等情，请公决案。

（决议）照案通过。

十一、据建设厅呈缴织造厂三十年度营业概算书及编制表等，请核示等情，请公决案。

（决议）照会计处签拟通过。（签拟略）

十二、据会计处案呈，关于广东省军管区司令部二十九年度代税警总团购买械弹垫支旅运费九千二百六十五元八角七分之款，似可饬由税警总团在该总团三十年十一月份以前经费节余三万四千六百五十八元九角二分额内开支，拨还军管区司令部归垫，请提会核定后饬该总团补列预算书呈府办理，并将节余经费除拨支本案旅运费外，尚余之数从速返纳等情，请公决案。

（决议）照案通过。

十三、主席提议，连阳工事经由保安第二团及连阳自卫总队分别开始构筑，所需工作器具及工作期间津贴官兵粥费各项拟在战时特别预备金拨一十万元交由连阳乳建设委员会统筹办理，请公决案。

（决议）照案通过。仍呈行政院核定，在未奉准以前暂在特种基金后方根据地建设基金项下垫借。

十四、据建设厅签呈，以本年度早造西江、南路向遭水灾，晚造各地复遭旱患，秋收大受影响，明年青黄不接之关头势必严重，为针对事实适应需要起见，拟请准在特种基金内建设生存根据地项下拨贷一百万元，发展后方工业项下垫拨一百五十万元，合共二百五十万元充作冬耕购种经费，并将本年国库拨县款由省统筹拨补各县，指定为各县公共造产公营事业部分一百五十七万七千元拨发各县，即以冬耕增产为本年度公共造产工作等情，请公决案。

（决议）照案通过。

广东省政府第九届委员会
第三百七十一次议事录

日　期　十月十五日

地　点　曲江本府

出席者　李汉魂　郑彦棻　何　彤　郑　丰　刘佐人　王志远
　　　　高　信

列席者　杜之英　巫　琦　黄　雯　何汉昌　谢群彬　张希贤
　　　　黄秉勋

主　席　李汉魂

纪　录　（科长）谢乐文

报告事项

一、据会计处案呈，关于秘书处函送本府三十一年一至六月份特别经费基金收支数目总表、单据粘存簿，请查照办理一案。查原表列收入二十三万元，支出一十八万八千二百二十七元七角八分，结存四万一千七百七十二元二角二分，各数核与本府特别经费基金处理办法第五条规定尚无不合，似可准予核销等情，应准如拟办理。

二、奉行政院申佳嘉四电，以改建韶关西河桥工款准在该省战时特别预备金动支三十七万六千元，仰补编预算呈核等因。经通知审计处，并饬本府财政厅、建设厅及公路处遵照。

三、奉行政院申支嘉四电，以据电该省台山县政府修理被敌毁坏话线费不敷一万一千四百九十二元三角四分，拟在战时特别预备金续拨一案，应准照数动支等因。经通知审计处，并饬本府财政厅、台山县政府分别遵照。

四、据建设厅签呈，据公路处呈报区间车亏折情形，拟请准将韶州至黄岗每票改收二元，韶州至五里亭每票改收一元，韶州至小黄岗每票改收一元五角，韶州至河边厂每票改收四元，并由十月一日起实行等语。查尚属实，拟除韶州至小黄岗线改为一元二角外，余准照办等情。

应准如厅拟办理，并定由十月十六日起增加。

五、据会计处签呈，关于省级党公教团警员役八月份平价米代金经依照五、六月份发放标准规定数额每市斗以三十一元计算发放，至关于九月份后发给平价米代金，前由粮政局本年九月庆款光字第七〇一及粮二经字第一九一四号签呈，经奉交由本处签具意见，奉批：交由粮政局核算如能敷支，自当照发。并经分饬遵照。

六、据地政局呈缴三十年度疏散临时费预算书，列支八百元，请核定该款应由本府拨发，抑在该局三十年度事业费项下开支等情。饬据会计处签称，查该项疏散费八百元在三十年度支出，惟未经核定法案，似可在该局三十年度事业费内开支等语，应准如拟办理。

七、据会计处案呈，关于前广东省战时贸易管理处在广东省银行香港分行存款合计国币九十二万零三百零八元五角四分，请示应否移交企业公司接收，抑解缴财政厅归库一案。经饬据省银行呈复如数饬韶行代付等语。查广东省战时贸易管理处结束后，移交广东企业股份有限公司财物资金总计二百五十八万七千五百三十八元七角六分，业经双方会呈交接清楚，并经本府令复准予备案在案。现该项转账之国币九十二万零三百零八元五角四分，原属前广东省战时贸易管理处存款，如奉核准照案一并移交企业公司接收时，计该处前后移交企业公司之财产资金合计应为三百五十万七千八百四十七元三角，因三十年度业已过去，似应饬改为本府三十一年度投入资本处理，饬将办理情形报查，并电报行政院备案等情。应准照办。

讨论事项

一、奉第七战区司令长官司令部代电，转发广东省禁运食粮资敌东西两组巡察团出差旅费预算书，计每组列支七万五千元，饬遵照核发等因，请公决案。[①]

（决议）照会计处签拟通过。

二、据民政厅签呈，拟请委派黄锦翔代理本厅户籍督导员等情，请公决案。

（决议）照派代理。

---

① 会计处签拟略。

三、（略）

四、何委员、郑委员（丰）、郑委员（彦棻）会复，审查财政厅呈，为办理土地陈报经费不敷，拟按亩借款以为垫发陈报不敷经费，及增用编查员工生活补助费及米代金之用，俟中央拨款归垫一案意见，请公决案。①

（决议）照审查意见通过。

五、主席提议，为遵奉行政院通令紧缩预算起见，拟将战时政治工作总队、边政指导委员会、东江南路护侨事务所、军民合作总站、连连阳乳建设委员会、农村调查队、广播电台、战时通讯所等机关分别调整改隶，以便指挥，并经饬据会计处签拟前来，请公决案。

（决议）照案通过。

广东省政府第九届委员会
第三百七十二次议事录

日　期　十月十九日

地　点　曲江本府

出席者　李汉魂　郑彦棻　何彤　郑丰　刘佐人　王志远
　　　　高信

列席者　杜之英　巫琦　何汉昌　谢群彬　张希贤

主　席　李汉魂

纪　录　（科长）谢乐文

报告事项

一、据建设厅签呈，据公路处呈缴修理官渡河旧渡车船预算书表，计列支四百九十一元，转请察核存转等情。饬据会计处签称，此案前据建设厅呈转预算表请指款拨支归垫前来，经本府核准在三十一年度省第一预备金项下补拨有案，兹据转报系于三十年十月二十日动工同年十月

二十九日工竣等情。查该项工料费用既系三十年度支出，似应改在三十年度收支结束各项节余保管款项下拨支，并拟准照原列四百九十一元核定在三十一年度省第一预备金项下补拨之款照数冲转，改由本府秘书处在三十年度上项保管款项下拨付等语，应准如拟办理。

二、据建设厅签呈，据公路处呈缴曲江工务段建造厕所一座支付预算书，计列支工料费六百四十元九角二分一案，经分别代予更正后，工料费总数仍为六百四十四元九角二分，该款原拟在该工务总段本年度经常费内匀支，似可准予照办等情。经饬据会计处签称，复核原表列总散各数尚无不合，拟准在该工务段本年度经费预算内办公费项下支报等语，应准如拟办理。

三、据教育厅呈缴追加统计室本年度预算书，计由九月至十二月止共列支经【费】一万零一十六元，请察核饬拨等情。经饬据会计处签称，经送准统计处核加意见，以该室所列员额十二员核与编制尚属相符等话，兹查预算内所列增加统计人员七人，薪俸月支九百六十四元，生活补助金月支五百四十元，由本年九月起至十二月止四个月合共支六千零一十六元，似可准予照列。至办公费一项，原案未有规定列支，似应全数删去。上开俸薪及生活补助金，本年共六千零一十六元，此款拟照案在本年度省拟定预算内调整机构补助公务员生活费项下开支等语，应准如拟办理。

四、据第一区行政督察专员公署呈缴该署八月份行政囚犯口粮表册，计列支一百六十元零八角，请察核拨还归垫等情。饬据会计处签称，查核尚无不合，拟准在三十一年度省拟定预算内行政人犯口粮项下拨还归垫等语，应准如拟办理。

五、据本府统计处呈请饬秘书处将本府统计事业费及绘制本省各县政治经济图、县志图费移交领支等情。饬据会计处签称，关于统计事业（经费一十四万四千元）绘制地图（经费一十五万元）事宜，前系由秘书处前统计室主办，上项经费亦由秘书处领支，兹据统计处呈以该处业于六月十六日就秘书处前统计室改组成立，所有上项各费似应移归领支，以资联系等情，似可照办等语，应准照办。

六、据振济会呈缴儿童教养院第五院三十年九至十二月份追加儿童膳费预算书表，计共支二万零七十二元五角四分，除准由本会振济基金项下照数发还归垫外，请准备案等情。经饬据会计处签称，此款既经振济会核无不合，复核各数尚属相符，拟准照列，款援案在该会振款项下拨付，饬依照上项办法第二项规定并入该院各该月份原预算数内支销等语，应准如拟办理。

七、据振济会呈缴儿童教养院第六分院本年二至六月份经常费匀支等表，请察核存转备案等情。饬据会计处签称，据转呈儿童教养院第六分院为物价高涨，儿童膳食实难维持，请自本年二月份起每童每月膳费增加一元，计二月份超支膳费四百七十三元三角五分，三月份超支膳费五百五十四由〔元〕二角，四月份超支六百一十五元三角一分，又五月十六日每童每月膳费增加二元，计超支九百零八元二角七分，均在该院各该月份原预算数额一千名每名十元，合计一万元数内匀支。又六月份实支膳费一万零一百六十四元八角，除将原预算额定一万元开支外，追加一百六十四元八角，仍在该分院经费节余项下开支等情。查增膳经费既经该会核与儿童膳食补助办法第七条之规定尚无不合，并经权准备案在案。现核总散各数亦无不合，似可准予照列存转等语，应准如拟办理。

八、据建设厅签呈，转据公路处呈，关于前奉核定修复河西木桥工程费二万零二百一十三元四角三分，应在本年度养路费支出概算内抢修工程费项下开支等因。查该项修复河西木桥工程费，前经编入本年四五月间水灾抢修工程费内，且本年养路费支出概算内所列抢修费为数无多，应付本年度抢修工程良感绌乏，拟将本案工程费仍照编入本年四五月间水灾抢修费内一案，核属可行，似可准照办，请察核等情。饬据会计处签称，本案查本府前既经核准有案，自应照准。至本府前核准该桥修理费在本年度工程分配预算开支一节，应予撤销等语，应准如拟办理。

九、据建设厅签呈，据兼东江船舶大队长罗献祥请示该大队部开办费如何开支一案，拟依照北江区船舶大队部开办费一次过一千七百元成案发给，并饬补编预算呈核等情。饬据会计处签称，核尚可行，拟予照准，至西江船舶大队开办费拟一次过发给二千五百元，本案东西两江船舶大队开办费合需四千二百元之款，拟在本年省拟定单位岁出概算第一预备金项下拨支等语，应准如拟办理。

十、据会计处案呈，关于本省三十一年度考选中央政治学校学生经费二万一千三百零四元，及保送师范学院新生经费三万四千二百元，两共五万五千五百零四元，经本府本届委员会议核定电请行政院核准在本年度暑期中等学校教员讲习会未动用经费四万五千零六十元移拨，至不敷一万零四百四十四元，已在省第一预备金项下拨支五千一百四十元，其余五千三百零四元，系属考选费，另请教育部拨还归垫，并经分别电行在案。现奉行政院电复，以考选中央政治学校暨保送师范学校新生经费，准照所拟办法移用；至考选费五千三百零四元，另准在该省战时特别预备金项下动支等因，自应遵照，请报会备案分别通知等情，应准如拟办理。

十一、据卫生处呈缴追加本处统计室新增人员经费预算分配表，请核示等情。饬据会计处签称，在预算所列增加统计人员五员，薪俸月支七百七十元，生活补助金月支三百八十元，由本年九月起至十二月止共支四千六百元，尚无不合，似可准予照列，该款拟准在本年度拟定预算内调整机构补助公务员生活费项下开支。至所需员额其应领平价米代金拟可照拨等语，应准如拟办理。

讨论事项

一、据振济会呈缴该会儿童教养院省设各院部三十一年度医药设备费预算书，每月列支三千二百四十元，共列支三万四千九百二十元，款在振济基金项下拨支，请察核等情，请公决案。

（决议）照案通过。

二、据秘书处签呈，拟定广东省政府所属各机关公役限制及登记暂行办法，请核定施行等情，请公决案。

（决议）交何、刘、高三委员审查，由何委员召集。

三、据建设厅呈，拟调省驿运管理处总务科长程仲和代理本厅视察等情，请公决案。

（决议）照案通过。

四、据秘书处签呈，拟具广东省县行政人员管理暂行办法草案，请核定施行等情，请公决案。

（决议）交何、刘、高三委员审查，由何委员召集。

五、据统计处签呈，以前委托中山大学地理系绘制本省政治经济地图及各县县志图拟增印一色，计增费用三万五千元，拟在原概算第六项印刷费项下增加，请核示等情，请公决案。

（决议）照案通过。款在本年度省概算实施新县制经费补助金项下拨支。

六、张委员（导民）、郑委员（彦棻）、何委员（彤）、郑委员（丰）、黄委员（麟书）、刘委员（佐人）会复，奉交审查本省三十二年度施政计划及省级概算一案，迭经召集审查，并已送由本府行政效率促进委员会暨会计处依照审查结果分别整理完竣，请公决案。

（决议）照案通过。

七、刘委员、何委员、郑委员（彦棻）会复，审查财政厅呈，关于国税拨县市款由省统筹分配部分，拟具分配标准用途大纲暨附表等，请核施行一案意见，请公决案。

（决议）照审查意见修正通过。

广东省政府第九届委员会
第三百七十三次议事录

日　　期　十月二十二日
地　　点　曲江本府
出席者　李汉魂　郑彦棻　何　彤　王志远　高　信　黄麟书
　　　　刘佐人
列席者　杜之英　巫　琦　黄秉勋　何汉昌　魏育怀　张希贤
　　　　李文韬
主　　席　李汉魂
纪　　录　（科长）谢乐文

报告事项

一、据财政厅签呈，据英德县政府呈请发给故民邹亚林三十年份遗族恤金国币五十元等情，自应照发。惟三十年度省总概算收支经已结束，未便支付，兹拟并在三十一年度省总概算恤金余额项下动支等情。

138

饬据会计处签称，既经财政厅核明，自应照发，该款拟准在三十年度省库收支结束各项目结存保管款项下拨支等语，应准如拟办理。

二、据财政厅签呈，据高要县政府呈请领故警邵标二十九年至三十一年第一期遗族年恤金一案。查该故警邵标经中央核定年给遗族恤金毫洋五十六元，折合国币四十五元，所有二十九年份恤金，应照粤省历办抚恤成案，以毫券七成折合国币三十九元二角拨支，由三十年起，照本省改订办法以国币发给，惟二十九年及三十年度省库收支概算早已结束，未便支出，兹拟在三十一年度省总概算恤金项下拨付，请核示等情。饬据会计处签称，查该项恤金二十九年及三十年度共国币八十四元二角，似可改在三十年度收支结束各项节余保管款项下拨支，拟请饬由本府秘书处拨付等语，应准如拟办理。

三、据第九区行政督察专员公署转据陵水县政府呈报，该县第二区新宁乡乡长温道勋因公被奸残害，请从优抚恤等情。经饬据秘书、会计处签称，查该乡乡长温道勋既因公被敌掳杀，并由该管专员证明核与战时乡镇保长暨联保主任因公伤亡给恤暂行标准第一条乙项规定相符，拟依照该标准规定酌给一次过抚恤费二百元，此款拟准在本年度省拟定预算恤金项下开支等语，应准如拟办理。

四、据驿运管理处呈，以该处江口站司事叶惠五在职病故，垫支埋葬费三百二十元九角，此款拟在该站本年度办公费节余款内开支，编具预算书，请察核示遵等情。饬据秘书、会计处签称，该处江口站司事（该站司事系委任九级至十四级）叶惠五在职病故，核与本省战时公务员、雇员、公役在职病故核给殓葬费暂行办法第二条第一项规定相符，似可照规定给予殓葬费一百五十元，援照驿运处故员陈泽民前案，款在该站本年六月以前各月经费节余开支，列入七月份报销等语，准如拟办理。

五、据财政厅呈，编具所属陆丰等十四税务局追加三十年十二月份营业税调查印刷费支付预算书，列支三千六百零二元，请核示等情。饬据会计处签称，现缴预算书列支三千六百零二元，比前核定数减少五百三十五元，据称该项未经列入本预算之各局所应支调查印刷费，系照前核定案在各该局所经费节余项下支报等情。本案前既核定为四千一百三十七元，与现编预算三千六百零二元之数减少五百三十五元，该项减支余款应即冲转，请核定后报告会议，在各该局所站经费节余项下开支。营业税调查印刷费拟仍饬迅编预算呈府核办等语，准如拟办理。

六、据第一区行政督察专员公署呈，为本年六月间联合党政军会商整理四邑金融所支出费用二千零二十六元一角五分，请拨还归垫等情。经饬据会计处签称，本案既经财政厅核明尚属需要，该款应否（一）饬在该署本年度经费预算内办公费项下支报（如办公费不敷可在其他项目流用，编具预算科目流用表呈核），抑（二）如财政厅所拟在三十一年度省拟定预算第一预备金项下拨发归垫，请示。如奉核准第二项办法，仍请报告会议饬编具预算书呈府存转等语，应准由预备金拨支。

七、据财政厅签呈，据兴宁县政府呈请发给广东省会警察局故警士刘新进三十年上、下两期及三十一年上期遗族抚金共国币一百一十一元，查核相符，自应照发，惟三十年总概算收支经已结束，未便支付，所有该年度恤金计国币七十四元，兹拟在三十一年度省总概算恤金原额项下拨支等情。饬据会计处签称，既据财政厅核明尚属相符，该款拟准在三十年度省库收支结束各项目结存保管款项下拨支等语，准如拟办理。

八、据会计处案呈，查前据本府秘书处签呈，以在节约团三十年度经费项下暂垫全国节约建国储蓄总会广东分会建筑费三千元，请改在本府捐助该会等情。当以该款原应由该分会请总会增拨，惟该项建筑费既经查明总会不再增拨，应准改作捐助，提经本府本届委员会第三四四次会议核准在三十一年度省第一预备金拨支，并经编入本年七月份本省动支第一预备金月报表，呈送行政院核备在案。现奉行政院令，以该会系四联总处主管，其经费应由该处负担，不得在省地方经费内列支，表列该会建筑会址费应予剔除等因，拟遵照通知该会径向四联总处请款返纳，饬财政厅更正科目，以暂付款处理等语，应准如拟办理。

九、据建设厅签呈，拟再改定查勘各县矿区查勘费定额，并由本年九月份起实行，检同三十一年度九月至十二月份追加勘矿旅费收入及支出预算分配表，请核备等情。饬据会计处签称，此案经由处送准财政厅核复以现列追加勘矿旅什费收入拟准照追加等语，似可准予照办。此项追列收入支出勘矿旅什费各共一千一百七十元，饬补足预算书各十份呈府，以凭转呈中央核准追加岁入预算，由财政厅另案办理等语，应准如拟办理。

十、据省振济会呈缴广东妇女生产工作团技工训练班三十一年度生活补助金分配表，月列支二十元，年列支二百四十元，款在本会振款项下拨发等情。饬据会计处签称，既经振济会核明属实，款在振款项下拨支，拟准照列等语，应准如拟办理。

十一、据省振济会呈缴该会广州湾办事处三十一年度修理处所之〔工〕料费预算书，列支三百九十五元，款在该区振款项下开支，请核备等情。饬据会计处签称，查该项修葺费既经振济会核属需要，复核各数亦无不合，似可准予照列，款在该区振款项下开支等语，应准如拟办理。

十二、准广东全省保安司令部代电，由本年九月份起，按月发给本部特别党部党务补助费八百元，款在经费节余项下列报，请查照备案等情。经饬据会计处签称，核尚需要，似可照如所拟自本年九月份起按月拨助，款在该部月领经费额内支报等语，应准如拟办理。

十三、据南海县政府呈缴三十一年八月份行政囚粮支付预算书，列支七百七十五元五角，请察核拨还归垫等情。经饬据会计处签称，尚属需要，似可援案在本年度省概算行政人犯口粮项下拨支等语，准如拟办理。

十四、据会计处案呈，本府消防队队员邓龙飞因病身故，请给医药殓葬费一案。经送准秘书处核加意见，以本省战时公务员、雇员、公役在职亡故核给殓葬费暂行办法第二条第二项规定雇员发给一百元以内，款以在服务机关原有经费内匀支为原则，但经费困难者得呈准在省款或地方款项下拨给，至医药费之发给，于法无据，该队队员邓龙飞医药殓葬等费共二百五十六元，既由该队代垫，而该队又无经费节余可以开支，该款应如何发给之处，仍请酌办等语。查医药费之发给，既于法无据，所请核给医药费一百零六元一节，拟无庸议。至殓葬费拟比照雇员在职身故拨给一百元。又此项既在该队经费内无从拨支，并拟在本年度省拟定预算内恤金项下开支等情，准如拟办理。

十五、据广东省粮政局呈，据本局东江运销处已于八月一日改组，附缴组织章程及编制预算表，请核转一案，电转察核备案等情。饬据会计处签称，查原缴编制预算表内组员、会计、佐理员各二员，各列支委任四级，核较前核定编制预算表组员、会计、佐理员各二员，各叙列委任六级至八级之规定超越，经询据该局查复，以该处改组编制预算表所列组员及佐理、会计员阶级系与前核定编制略有伸缩，其员额及俸给合计数均未超过，且该局自本年九月一日成立储运处，各运销处须移交办理改组为各区分与〔处〕为因应事实，以免变更频仍起见，故请核办等语。查尚属实，拟准照办等语，应准如拟办理。

讨论事项

一、据建设厅呈缴公路处员额编制表，请察核等情，请公决案。①

（决议）照秘书处签拟通过。

二、刘委员、郑委员（丰）、王委员会复，审查本府秘书处签呈，拟具广东省人才总登记暂行办法，请核定施行一案意见，请公决案。②

（决议）照审查意见通过。

三、据本省战时通讯所签呈，附缴该所修正组织规程，请核示等情，请公决案。

（决议）照秘书处签拟修正通过。

四、据建设厅签呈，报告该厅省营糖厂筹备主任赴惠阳调查机件经过情形，暨经支职工薪饷及出差旅费共四千二百三十九元一角一分，拟在本厅营业基金项下开支，缴同预算书等件，请察核示遵等情，请公决案。③

（决议）照会计处签拟通过。

五、准审计部广东省审计处函，以本省财政厅税警总团新兵中队民国二十九年五至十月份新兵经费支付预算书，月列九千八百七十元，五至十月份共列支五万九千二百二十元一案。此项经费既未呈请备案径行开支，实有未合，本应予以发还，现为迅速处理起见，检同原送预算书，送请依法查核见复，以便办理等由，请公决案。④

（决议）照会计处签拟通过。

---

① 秘书处签拟略。
② 审查意见略。
③ 会计处签拟略。
④ 会计处签拟略。

六、据中央政治学校本届录取粤籍学生罗展洲等九人呈请援例拨助赴校入学旅费各一千元等情，请公决案。

（决议）准每人补助八百元，款在本年度赴中央训练团取〔受〕训人员旅费项下拨支。

七、据会计处案呈，关于防城县政府呈缴三十一年度地方岁入岁出追加概算一案，经依照各厅处意见核编后，计岁入岁出数仍各为一十万元，请提会核定等情，请公决案。

（决议）照案通过。

八、据会计处案呈，关于惠来县政府呈缴三十一年度地方岁入岁出第一次追加概算一案，经依照各厅意见核编后，计岁入岁出数各为一十一万八千元，请提会核定等情，请公决案。

（决议）照案通过。

九、据卫生处签，拟请派冯永健代理本处技士等情，请公决案。

（决议）照派代理。

十一①、据建设厅签呈，以准中国农民银行函，为本省农田水利贷款利息增为月息一分二厘，请将合同草约修正一案，拟照修正签约，以利进行等情，请公决案。

（决议）照案通过。

十二、（略）

十三、据建设厅签呈，以准中国农民银行韶关分行函送办理本省农贷修正合约请签订一案，拟照签订，俾利实施，请核示等情，请公决案。

（决议）照案通过。

十四、教育厅签呈，关于内政部考选委员会咨送分省分期举行县长考试顺序表，请查照办理一案，遵经拟具三十一年特种考试本省县长考试应筹备各事项及经费支付预算书，计列支一十万元，请分别核示，并先行指款垫拨应支等情，请公决案。

（决议）（一）录取名额：暂不公布。（二）任用程序：取录后实习一年，实习完毕，考核合格者，分发任用，其成绩、经验优良者，得尽

---

① 原文缺第十项。

先录用。（三）报告地点：曲江广东省政府驻韶通讯处。（四）试务处：设在黄岗。（五）经费：准照列十万元，呈请行政院追加，在未准拨以前，在本年度实施新县制补助款项下先行垫支。（六）典试委员会：呈请考试院派员组织之。（七）将考试应行公告各事项一面公布，一面请示试期，应否仍照预定日期举行，抑就公布日起计足三个月后举行。（八）余照厅拟办理。

广东省政府第九届委员会
第三百七十四次议事录

日　　期　十月二十六日

地　　点　曲江本府

出席者　李汉魂　郑彦棻　何　彤　黄麟书　胡铭藻　刘佐人
　　　　王志远

列席者　杜之英　黄秉勋　何汉昌　魏育怀　李文韬　张希贤

主　　席　李汉魂

纪　　录　（科长）谢乐文

报告事项

一、据建设厅签呈，据公路处呈缴清发各筑路及行车公司二十九年五月至三十一年六月应得养路费摊款表，拟以三十一年度上半年养路费摊款预算所列三十五万元为核发总额，请迅赐核定，以便饬领等情。饬据会计处签称，本案既据建设厅查明，以表列摊款除二十九年至三十年一月连平、河源、翁源等县应拨摊款，前经该处列表呈府有案，现仍照原案数字列计外，其余均照应摊还数六折发给，合计三十六万五千零一十八元三角七分，而以三十一年度上半年养路费摊款预算为核发总额，尚属可行，似可准予照办，以资结束等情，拟如建设厅签拟办理等语，应准如拟办理。

二、据财政厅签呈，据连县县政府呈请核发前警卫队故队兵欧得胜二十九年份遗族恤金毫券二十四元（照新率七成折合国币一十六元八角发给），及三十年份国币二十四元，合共国币四十元八角一案，应准照发，款拟在三十一年度恤金余额项下开支等情。饬据会计处签称，本案既经财政厅核明应准照发，该款拟在三十年度省库收支结束各项目结余保管款项下拨支等语，应准如拟办理。

三、据第九区行政督察专员公署呈，转据陵水县政府呈报，该县第一区桃园乡乡长陈鸿儒被敌奸残害，请转呈优恤一案，转请察核给恤等情。饬据秘书、会计两处签称，查该乡长陈鸿儒因出发该县第一区港坡村工作，致遭敌兵击毙，自是因公死亡，核与战时乡镇保甲长暨联保主任因公伤亡给恤暂行标准第一条第二项规定相符，拟照该项规定核给该乡长一次过抚恤费国币二百元，款在本年度省拟定预算内恤金项下开支等语，应准如拟办理。

四、据建设厅签呈，据兼东江船舶大队部电报，该部于九月四日组织成立，请迅将经费汇发应支一案，请察核转饬从速拨发等情。经饬财政厅遵照将该大队月需经费一千五百零四元四角，自本年九月四日该大队成立之日起按月拨发。

五、据建设厅签呈，转缴该厅特务队本年六月至十二月份七个月共追加经费预算分配表，列支二千二百五十一元二角，拟准如数追加，并准在本省三十一年度调整机构补助公务员生活费项下拨支，请察核等情。饬据会计处签称，查本府建设厅特务队三十一年度经费原定月支一千六百九十七元八角，经编入建设厅三十一年度经费预算内列支，现据呈拟将该队给与比照本府警卫营自本年六月份起增加给与规定列支，月需追加经费三百二十一元六角，本年六至十二月份计七个月共需追加二千二百五十一元二角，核尚需要，原呈追加预算分配表所列追加各费，亦与规定相符，拟予照准，该项追加经费并拟照如所拟自六月份起按月在本年度省拟定单位预算调整机构补助公务员生活费科目项下拨支等语，应准如拟办理。

六、据财政厅呈报税警总团及缉私处经费调整匀支情形，请察核等情。饬据会计处签称，经饬据补呈该总团三十年度经常费预算分配表，月列九万六千八百五十五元，核与本府核定原案相符，除三十年度省预算原列六万五千九百二十八元四角一分及调整机构补助公务员生活费科目拨支一万七千一百四十七元五角四分外，其余差额每月一万三千七百

145

七十九元零五分，本府原饬在该总团及缉私处经费项下匀支，该款既据呈拟在该总团所领各种经费自行匀支，核属可行，似可照准等语，应准如拟办理。

七、据建设厅签呈，准经济部资源委员会钨业管理处广东分处函送原签订资源委员会、广东省政府、英德钨矿合作办法一案，除由厅函复外，缴同原合作办法，请察核等情，经准照办。

八、据三十年高考合格人员许宏达呈，请援例给发赴渝受训一次过津贴国币五百元，俾得成行等情。饬据会计处签称，关于三十年高考司法官初试及格人员梁训礼请领赴渝受训旅费津贴一案，先经本处签拟以本府经接考试院电复，可由原服务机关自行酌办等语，应否饬向原服务机关请求补助，抑援以前补助案一次过发给五百元，款在本年度省第一预备金项下拨支之处，请核示复。经秘书处签拟，援案补助五百元，并以三十年度以后高考及格者为限等语，列报本府第九届委员会第三六八次会议核定在案。兹据许宏达呈请补助赴渝受训旅费国币五百元等情。查许宏达与梁训礼均系三十年以后高考及格派赴法院学习，现奉令赴渝受训，情形一致，似可援照前案办理，一次过发给国币五百元，款在三十年度收支结束各项结余保管款项下拨支等语，应准如拟办理。

九、据教育厅呈缴三十一年度由国民教育经费拨办之各小学员役生活补助金预算分配表，计列支五万九千六百五十七元，拟在奉核准之三十年度结余转入三十一年度应用之国民教育经费三千零一十六万七千三百三十七元预算内第一款第五项准备费项下拨付，请察核等情。饬据会计处签称，查预算所列各级职员应支生活补助金数额核与本府前核定之修正省立院校教职员改善待遇明细表及三十一年广东省文职公务员俸给预算编列办法第一条乙款之规定，尚无不合，拟准予照办等语，应准如拟办理。

十、据会计处签呈，关于建设厅转缴长途电话所追加清阳、英阳话线费共九十一万七千零一十九元七角七分一案，经提付本届委员会第三六六次会议决议照案通过，呈请行政院准在本年度战时特别预备金项下拨支在案。现查本省战时特别预备金截至本届委员会第三六五次会议止，结存六十八万五千八百九十一元七角，不敷应支，该项追加数拟改为照决议案，呈请行政院核拨，报会备案等情，应准呈院核拨。

讨论事项

一、据财政厅、会计处会签，拟订三十一年县级公粮征发会计处理暂行办法及县级公粮征发月报表，请核定施行等情，请公决案。

（决议）交胡、何、刘三委员审查，由胡委员召集。

二、郑委员（丰）函复，审查广东省各县国民兵团员兵抚恤暂行办法草案意见，请公决案。①

（决议）照审查意见通过。

三、据卫生处签呈，以省立救济医院奉规定收容病人八十名，每名月仅发给膳食费三十元，实感不敷，拟请由本年十月起每月每名增至六十元，计每月追加二千四百元，本年三个月合共七千二百元，此款拟在省第一预备金项下拨支等情，请公决案。

（决议）准自十一月份起增发，款在卫生处各项节余经费开支。

四、据会计处案呈，关于阳春县政府呈缴三十一年度地方岁入岁出第一次追加概算，经依照各厅处意见核编后，计各为二十九万一千五百九十元，请提会核定等情，请公决案。

（决议）照案通过。

五、据会计处案呈，关于蕉岭县政府呈缴三十一年度地方岁入岁出第一次追加概算，经依照各厅处意见核编后，计各为二十七万五千二百八十五元，请提会核定等情，请公决案。

（决议）照案通过。

六、据会计处案呈，关于新会县政府呈缴三十一年度地方岁入岁出第一次追加概算，经依照各厅【处】意见核【编】后，计各为一十一万八千五百四十二元，请提会核定等情，请公决案。

（决议）照案通过。

七、据建设厅签呈，据农林局呈缴改编骨肥改进所三十一年度营业计划概算书，请核转一案，转请核示等情，请公决案。

（决议）照会计处签拟通过。（签拟略）

八、据建设厅签呈，转缴长途电话所架设仁化至始兴话线计划预算书，列支三十四万二千四百九十七元，查核尚无不合，连同原件，签请

---

① 审查意见略。

察核拨款办理等情，请公决案。

（决议）照案通过，呈请行政院追加预算拨支。

九、据民政厅呈，拟以曹孟强代理本厅视察，请察核办理等情，请公决案。

（决议）照案通过。

广东省政府第九届委员会
第三百七十五次议事录

日　　期　十月二十九日

地　　点　曲江本府

出席者　李汉魂　郑彦棻　高　信　王志远　刘佐人　胡铭藻
　　　　黄麟书　何　彤

列席者　杜之英　黄秉勋　李文韬　何汉昌　魏育怀　张希贤

主　　席　李汉魂

纪　　录　（科长）谢晨光

报告事项

一、据地政局呈缴乐昌县地政处主任登记员侯忠文殓葬费预算书，列支一百四十三元五角，请准在该局本年度乐昌、仁化两县土地登记经费节余项下拨支等情。饬据会计处签称，本案经本府秘书处签拟照本省战时公务员、雇员、公役在职亡故核给殓葬费暂行办法第二条第一款规定给予一百五十元，查该项殓葬费实支数既系一百四十三元五角，核与规定数额相差无多，拟准照一百四十三元五角之数在该局本年度乐昌、仁化土地登记经费节余项下拨支等语，应准如拟办理。

二、据教育厅转呈省立文理学院三十一年度附小经费预算分配表类，请核示等情。饬据会计处签称，现据原呈所称该学院附小原有学生五班，每班经费九百九十元，本学期未经缩减班额，所有教职员人数亦未减少，奉核定月支五百元，不敷开支甚巨，惟有将核定年支六千元之数分配编列一至七月等情。查该小学既由八月份起已归并连县县府接

148

办，以后经费由县负担，所请将核准本年度全年经费六千元自行调整分配于一至七月份，以资维持，既于原核定数额尚无超越，似可照准。至所列员役生活补助金一至七月每月五百八十七元，七个月共四千一百零九元，核亦适合，拟准在本府核定之三十一年度国民教育经费三十万零一千六百七十三元三角七分分配预算内准备费项下拨支等语，应准如拟办理。

三、据省振济会呈缴广东妇女生产工作团技工训练班三十年度十至十二月份经常费、开办费预算表等，请察核备案等情。饬据会计处签称，查该班三十年度十至十二月份经常费月列一千【二】百元，共计三千六百元，开办费列一千一百二十元，既经振济会核明属实，并在振款项下拨给，似可准予照办等语，应准如拟办理。

四、据社会处呈缴编造统计室本年度九至十二月份四个月增加职员俸给经费预算书，暨生活补助金预算书，请察核等情。饬据会计处签称，关于增加员额部分，经送准统计处核加意见，以该室所列员额照原列统计股人员应增荐任七级主任一员，委任一级股长一员，委任四级、八级科员各两员，核属相符等语。查原预算内所列增加人员六员，薪俸应月支九百六十元，本年九至十二月四个月应支三千八百四十元，又将原定委任七级一员追列为委任四级科员，追加薪差额月计三十元，四个月应支一百二十元，原定委任十级一员，追列为委任八级，追加薪俸差额月计一十五元，四个月共支六十元，核与原案规定之员额编制尚属符合，计以上每月共需俸给费一千零五元，四个月共支四千零二十元。又生活补助金月支四百六十元，本年四个月应支一千八百四十元，核尚相符，俸给及生活补助金本年合共五千八百六十元，此款拟准在三十一年度省拟定预算内调整机构补助公务员生活费项下开支等语，应准如拟办理。

五、据财政厅签呈，遵令将原日统计机构成立统计室，连同员额比较表呈缴察核等情。饬据会计处签称，本案秘书处附签称，查本府第九届委员会第一一〇次会议决议，财政厅统计股编制共计七人，本年第三五五次会议核定该厅统计室编制共十二人，现该厅统计股遵令改组为统计室，比前统计股应增五人，现据缴附表列增员额六人，似超额一人等语。查财政厅编制组织表经本府第九届委员会第三四八次会议修订饬遵照办理，暨分【别】通知在案。查原修订编制表列统计股主任科员一人，办事员一至二人，均委任，雇员二人，现据秘书处核该厅统计股应列七人系根据本府第九届委员会第一一〇次会议所定该厅统计股编制办理，惟该编制一再修订，已不适用，所拟超额一人，核案未符，似应仍照财政厅现呈该厅统计室员额编制比较表所列增员额六员办理。该项增员经费月列八百九十元，由十至十二月份共列二千六百七十元，又增员生活补助金月列四百六十元，由十至十二月份共列一千三百八十元。既经核定在三十一年度省拟定预算调整机构补助公务员生活费项下拨付，拟准分别拨发等语，应准如拟办理。

六、据财政厅签呈，据连县县政府请发给保安队伤兵陈昆二十九、三十年份恤伤金一案，查核相符，应准照发并拟在三十一年度恤金余额项下开支，请察核等情。饬据会计【处】签称，本案该伤兵陈昆二十九年份恤伤金国币一十四元，三十年份国币二十元，共三十四元，既经财政厅核明相符，自应照发，该款拟准在三十年度省库收支结余保管款二十九万余元项下开支等语，应准如拟办理。

七、据卫生处转据广东省立医院呈报，自三十年九月二十八日起至三十一年二月十九日止，计共收容空袭被伤军民二十一名，垫去膳、殓费八百二十八元八角，除空袭救济联合办事处转呈振济会照每日每名八角发还一部外，比对不敷三百六十九元二角，应如何归垫一案。当查所呈膳费、殓费清册系并同三十及三十一两个年度列支，经准将三十年度垫支，不敷之三百二十九元二角，饬秘书处在三十年度【收】支结束各项节余保管款二十九万余元项下拨支归垫，三十一年度不敷数四十元，饬在该院办公费项下支报。

八、据秘书处案呈，奉主席谕，饬召集各厅会局主管官拟定裁并骈枝机关办法报核一案，遵经召集各厅处局主管人员讨论，遵奉主席条示意旨，拟将教育厅、卫生处、社会处、振济会各单位之所属机关分别调整，并连同会商纪录签奉主席批"革命博物馆及科学馆不并，儿教院各工场可并入工艺院，不必设总工厂，余单〔如〕拟"等因，经由府分饬各有关机关遵照。

九、据第九区行政督察专员公署呈转乐会县互助乡长卢家熊、保长莫履和因公殒命，请核恤等情。饬据会计、秘书两处签称，该故乡长卢家熊拟给与二百元之一次过抚恤费，故保长莫履和拟给与一百六十元之一次过抚恤费，该项抚恤费计共三百六十元，并拟在本年度省拟定预算内恤金项下拨支等语，应准如拟办理。

十、据建设厅签呈，转缴东区林业促进指导区三十年度经费预算分配表及俸给改订比较表，请察核示遵等情。饬据会计处签称，查农林局东区林业促进指导区照案系列入其他公务机关一类，现呈书表查系并案编造，计该区自三十年五月份起至十二月份止，月列增俸给费五百四十元，八个月共列增四千三百二十元，又同年九月份起至十二月份止，再列增七百五十三元，四个月共列增三千零一十二元，总计三十年全年度该区列增七千三百三十二元，此款拟在三十年度收支结束各项节余保管款项下拨支等语，应准如拟办理。

十一、据第三区行政督察专员公署呈，为该署第四科长慕容清住宅被炸，致财物及一切建筑物品用具损失一空，请依例核发救济费等情。经饬据秘书、会计处签称，本案既由该主管长官查明属实，核与修正本省公务员、雇员、公役遭受空袭损害救济办法第八条第二项丙款之规定相符，拟依据该办法核给救济费一百五十元，款在该机关本年度原有经费预算内匀支，仍请列报会议等语，应准如拟办理。

讨论事项

一、（略）

二、据会计处案呈，化县县政府呈缴三十一年度地方岁入岁出追加概算一案，经依照各厅处意见核编后，计仍各为一十二万二千四百元，请提会核定等情，请公决案。

（决议）照案通过。

三、据会计处案呈，兴宁县政府呈缴三十一年度地方岁入岁出追加概算一案，经依照各厅处意见核编后，各为二十九万元，请提会核定等情，请公决案。

（决议）照案通过。

四、据会计处案呈，五华县政府呈缴三十一年度地方岁入岁出第四次追加概算，计各为二千一百九十五元，核案相符，拟予照列，仍请提会核定等情，请公决案。

（决议）照案通过。

五、据会计处案呈，连平县政府呈缴三十一年度地方岁入岁出追加概算一案，经依照各厅意见核编后，计各为一十四万九千六百三十一元，请提会核定等情，请公决案。

（决议）照案通过。

六、据财政厅呈，拟以罗韵涛代理本厅视察，请察核办理等情，请公决案。

（决议）照案通过。

七、准广东省军管区司令部代电，以三十年度本省学校军训经费自三十年四月份起，由前政治部移交本部接理，其每月不敷经费一千一百三十元，自四月份起至十二月份止，计九个月共一万零一百七十元，除以前政治部移交二十九年度学校军训教官经费节余款四千四百元零九角五分移交外，尚差五千七百六十九元零五分，拟在三十年度兵团经费节余项下拨支，请查照等由，请公决案。

（决议）照案通过。

八、（略）

九、据粮政局签呈，拟具各县（局）收纳盈余公粮加强县仓管理办法，请察核施行等情，请公决案。

（决议）交郑委员（彦棻）审查。

十、何委员、刘委员、高委员会复，审查秘书处所拟广东省政府所属各机关公役限制及登记暂行办法一案意见，请公决案。①

（决议）照审查意见通过。

十一、据东莞县政府呈，以良横乡民邓清健等七十四名，于二十八年七月四日敌人进犯时，抗拒敌人而致死亡，附缴请恤事实表件，请察核抚恤等情，请公决案。

（决议）照秘书、会计两处签拟通过。（签拟略）

十二、刘委员、王委员、郑委员（彦棻）会复，审查教育厅呈拟将原日核定中小学教师工作团三十一年度五月份后经费共二万一千六百元，暨在调整机构公务员生活补助金项下拨支折薪差额及生活补助金共三万四千一百三十六元，全部分别并入本厅各该项费款使用一案意见，

---

① 审查意见略。

152

请公决案。①

（决议）照审查意见通过。

十三、张委员、何委员、黄委员、郑委员（丰）、郑委员（彦棻）、刘委员会复，审查番禺、钦县、潮阳、灵山、南山、安化等六县局三十二年度地方岁入岁出总概算一案意见，请公决案。

（决议）照审查意见通过。（意见略）

十四、张委员、何委员、黄委员、郑委员（丰）、郑委员（彦棻）、刘委员会复，审查陆丰、龙川、紫金、茂名、海康、电白、德庆、揭阳、花县、云浮、赤溪、合浦、增城等十三县三十二年度地方岁入岁出总概算一案意见，请公决案。

（决议）照审查意见通过。（意见略）

十五、张委员、何委员、黄委员、郑委员（丰）、郑委员（彦棻）、刘委员会复，审查高要、河源、惠阳、化县、鹤山、高明、龙门、徐闻、英德、曲江、和平、广宁、恩平、开平、乐昌、罗定、新丰、普宁、连县、阳江、始兴、仁化、四会、中山等二十四县三十二年度地方岁入岁出总概算一案意见，请公决案。

（决议）照审查意见通过。（意见略）

十六、张委员、何委员、黄委员、郑委员（丰）、郑委员（彦棻）、刘委员会复，审查南海、封川、海丰、澄海、饶平等五县三十二年度地方岁入岁出总概算一案意见，请公决案。

（决议）照审查意见通过。（意见略）

十七、张委员、何委员、黄委员、郑委员（丰）、郑委员（彦棻）、刘委员会复，审查乳源、吴川、阳春、博罗、遂溪、台山、东莞等七县三十二年度地方岁入岁出总概算一案意见，请公决案。

（决议）照审查意见通过。（意见略）

---

① 审查意见略。

广东省政府第九届委员会
第三百七十六次议事录

日　期　十一月二日

地　点　曲江本府

出席者　李汉魂　刘佐人　胡铭藻　郑彦棻　高　信　黄麟书
　　　　王志远

列席者　杜之英　黄秉勋　何汉昌　魏育怀　王仁佳　李文韬

主　席　李汉魂

纪　录　（秘书）谢晨光

报告事项

一、据财政厅签呈，关于黄故主席慕松三十年度恤金八百一十六元应否并在三十一年度省总概算恤金项下动支等情。饬据会计处签称，拟准在三十年度省库收支结束各项目节余款项下拨支等语，应准如拟办理。

二、据财政厅签呈，据河源县政府呈请发给故警赖胜三十年度恤金共国币三十八元一案，查案相符，自应照发，此款可否在三十一年度省总概算恤金项下动支等情。饬据会计处签称，拟准在三十年度省库收支结束各项节余保管款项下拨支等语，应准如拟办理。

三、据省振济会呈缴广东妇女生产工作团技工训练班三十一年度四至八月份学生膳费追加预算书，计列一万零三百二十一元九角，款仍在本会振款项下拨给，请察核备案等情。经饬据会计处签称，似可准予照列，款在该会振款项下拨给，仍饬并入该团技工训练班各该月份原预算内支销等语，应准如拟办理。

四、据会计处案呈，关于本省船舶总队经费，经本府第九届委员会第三四〇次会议核定在案。现本省船舶总队既据建设厅签称已于本年九月一日成立，关于原核定该总队部办公费每月五百元，拟自本年九月份该总队成立之日起拨，仍请列报本府委员会议备案等情，应准如拟

154

办理。

五、据会计处案呈，关于老隆药库本年度开办费一万三千五百元，经常费及生活补助金共四千六百八十元，前经本府第九届委员会第三六二次会议核定电请行政院核准在省战时特别预备金项下动支，并分别通知在案，现奉电复准予动支等因，经分别通知。

六、准国民政府主计处电，以贵府杜会计长之英迭电辞职，经已照准，遗缺派毛松年代理，请查照等由。

讨论事项

一、何委员、郑委员（丰）、高委员会复，审查兴宁县民陈幼凡等因与李环杰等互争水涵水利灌荫田禾不服兴宁县政府处分，提起诉愿一案意见，请公决案。①

（决议）照审查意见通过。

二、何委员、郑委员（丰）、高委员会复，审查兴宁县民罗文光等因与毛凯强等互争石坡圳水不服兴宁县政府处分，提起诉愿一案意见，请公决案。②

（决议）各县政府处理水利纠纷办法，改用通令饬遵，余照审查意见通过。

三、据财政厅签呈，拟具广东省各县（市）地政与征收机关办理田赋推收工作联系办法及月报表式，请核定转部备案，并分饬遵行等情，请公决案。

（决议）照案通过。

四、据建设厅呈送重订省营工厂监理服务暂【行】规则，请察核等情，请公决案。

（决议）交刘、高、王三委员审查，由刘委员召集。

五、据秘书处签呈，附缴本府三十一年度编印人事法规及添置工具经费预算书，列支二万四千七百二十元，请如数拨付，以应支需等情，请公决案。③

---

① 审查意见略。
② 审查意见略。
③ 会计处签拟略。

（决议）照会计处签拟通过。

六、据会计处案呈，五华县政府呈缴三十一年度地方岁入岁出追加概算书一案，经依照各厅处意见核编后，计各为二十四万八千三百四十六元，请提会核定等情，请公决案。

（决议）照案通过。

七、据会计处案呈，陆丰县政府呈缴三十一年度地方岁入岁出追加概算书一案，经依照各厅处意见核编后，计各为三十一万六千四百一十六元，请提会核定等情，请公决案。

（决议）照案通过。

八、据会计处案呈，陆丰县政府呈缴三十一年度地方岁入岁出第二次追加概算书，计各列为三千零六十七元，核案相符，请提会核定等情，请公决案。

（决议）照案【通】过。

九、据会计处案呈，翁源县政府呈缴三十一年度地方岁入岁出追加概算书一案，经依照各厅处意见核编后，计各仍为一十四万六千二百八十元，请提会核定等情，请公决案。

（决议）照案通过。

十、准广东省军管区司令部代电，附送补助各县（市）（局）新兵征集所设置费预算书，计列支一十五万二千五百元，款由本年度地区编组节余费项下开支，不敷之数，另由各县（市）自行劝募，请查照办理等由，请公决案。

（决议）照案通过。

十一、主席提议，普宁县长丘××因案扣留，着即撤职，遗缺派朱少言代理，请公决案。

（决议）照案通过。

十二、据秘书处签呈，为编具本府黄岗建设委员会三十一年度建设费支付预算书，计列支三万元，请提会核定指款拨支等情，请公决案。

（决议）照案通过，款在本年度第一预备金项下拨支。

十三、主席提议，广东省银行副行长兼代行长云照坤着升任行长，所遗副行长缺，派杜之英接充，请公决案。

（决议）照案通过。

十四、据地政局签呈，谨拟具广东省扶植自耕农条例草案及实施细则草案，请察核等情，请公决案。

（决议）交何、胡、刘三委员审查，由何委员召集。

广东省政府第九届委员会
第三百七十七次议事录

日　期　十一月五日

地　点　曲江本府

出席者　高　信　王志远　胡铭藻　何　彤　郑彦棻

列席者　杜之英　黄秉勋　何汉昌　唐惜芬　魏育怀　李文韬
　　　　张希贤

主　席　李汉魂（公出　何彤代）

纪　录　（秘书）谢晨光

报告事项

一、据财政厅签呈，拟具本省三十一年度各县田赋征实征购应征最低限额表，请察核施行等情，应准如拟办理。

二、据建设厅呈，遵饬将原日统计机构于九月一日改组成立统计室，编具追加经费预算等表，呈缴察核拨款应支等情。饬据会计处签称，本案经费表列追加办公费四千六百元一项，应予剔除。其余除核减委任八级科员一员之薪俸及生活补助金外，本年九至十二月四个月共七千六百七十二元，拟准按月在本年度省拟定预算调整机构补助公务员生活费项下拨付等语，应准如拟办理。

三、准广东省地方行政干部训练团函送第七、八、九行政督察区联合训练班三十一年度经临等费预算分配表，请查照等由。饬据会计处签称，该班三十一年度战时加给经费预算分配表月列四千二百九十元，年列五万一千四百八十元，及三十一年度生活补助金预算分配表月列二千八百九十元，年列三万四千六百八十元，查核尚无不合，该款拟俱准在三十一年度省拟定预算调整机构补助公务员生活费项下按月照拨等语，应准如拟办理。

四、据第九区行政督察专员公署转据乐会县政府呈，以该县第三区博爱乡第六保保长王开序因抗敌惨被伪敌掳去击毙，请予抚恤等情。饬据秘书、会计两处签称，拟照战时乡镇保甲长暨联保主任因公伤亡给恤暂行标准第一条乙项规定酌给一次过抚恤费一百六十元，此款拟在本年度省拟定预算内恤金项下开支等语，应准如拟办理。

五、据和平县政府呈，该县无线电分台通讯员张秀华在职病故，除经垫付埋殓费外，请酌予给恤等情。饬据秘书、会计两处签称，关于殓葬费部分，拟依照本省战时公务员、雇员、公役在职亡故，核给殓葬费暂行办法规定，给予殓葬费一百五十元，款准在该分台本年度经费预算内支报。至请予抚恤部分，查该故员任职未满三年，似未便照准等语，应准如拟办理。

六、据会计处案呈，关于战时通讯所呈请指拨专款建架该所总机加建合署电话暨增建黄岗线路预算书，列支一万一千零九十六元二角一案，经提付本府委员会议核定"照案通过，款在本年度战时特别预备金项下拨支，仍请行政院核定"在案。查本年度省拟定预算战时特别预备金截至本届委员会第三六九次会议止，业已超支，本案拟改为"电请行政院追加预算"，业经签奉核定，电请行政院核示。

讨论事项

一、据广东省驿运管理处呈，遵令分别修正运夫征雇规则，请核示等情，请公决案。

（决议）交胡、何两委员审查，由胡委员召集。

二、据建设厅签呈，据公路处转缴曲江工务总段增建河西及曲江渡口渡车船预算书表图则，计列渡车船二只，共需二万九千六百六十五元零二分，另监理费八百八十九元九角五分，合共需三万零五百五十四元九角七分，请察核等情，请公决案。

（决议）照案通过，款在养路费项下垫支，仍呈行政院追加预算拨付。

三、据建设厅签呈，转缴省营纺纱厂改编三十一年度营业概算书及计划书等件，请察核等情，请公决案。

（决议）照会计处签拟通过。（签拟略）

四、据会计处案呈，新丰县政府三十一年度地方岁入岁出追加追减

158

概算一案，经依照各厅处意见核编后，计追加数各为二十三万八千九百五十六元，追减数各为七千九百三十二元，请提会核定等情，请公决案。

（决议）照案通过。

五、据会计处案呈，南澳县政府三十一年度地方岁入岁出追加概算一案，经依照各厅意见核编后，计各为九百三十五元，请提会核定等情。请公决案。

（决议）照案通过。

六、据会计处案呈，丰顺县政府三十一年度地方岁入岁出第一次追加概算一案，经依照各厅处意见核编后，计各为一十一万五千二百元，请提会核定等情，请公决案。

（决议）照案通过。

密七、据会计处案呈，新兴县政府三十年度地方岁入岁出第三次追加概算一案，计各为二千五百二十八元，核案相符，拟予照准，仍请提会核定等情，请公决案。

（决议）照案通过。

八、何委员、刘委员、高委员会复，审查秘书处签呈，拟具广东省县政人员管理暂行办法草案一案意见，请公决案。①

（决议）照审查意见通过。

九、据建设厅签拟，以刘仰舒代理公路处技正兼工务课工程股主任，请察核办理等情，请公决案。

（决议）照案通过。

十、据统计处签呈，为修理统计人员训练班新址，计需修理费八千零三十元，请照数核拨应支等情，请公决案。②

（决议）照会计处签拟通过。

十一、据教育厅签呈，拟具广东省各县市（局）地方教育款产整理委员会组织规程草案，及地方教育款产设立特种基金办法草案，请察核公布施行等情，请公决案。

---

① 审查意见略。
② 会计处签拟略。

（决议）交何、张、刘三委员审查，由何委员召集。

十二、据教育厅签呈，拟拨省立文理、勷勤两学院增建校舍费一十五万元，除拟拨七万元外，不敷八万元，请指款拨支等情，请公决案。①

（决议）不敷之数，准在本年度调整机构补助公务员生活费项下垫支，仍呈行政院追加预算拨付，余照会计处签拟通过。

十三、据教育厅签呈，拟具增拨黄岗小学等五校补助费办法：（一）由本府在实施新县制补助费项下划拨七万五千元，并提用本年小学教员假训班北江区节余经费二万八千五百八十元，共一十万三千五百八十元，拨为该五所小学补助费。（二）经常费均照省级小学经费标准支配，于三十二年度一月份起，由本厅在本省国民教育经费项下拨助各该市立学校经常费之半数。（三）教职员生活补助金及家属平价米代金均照省立学校例，自本年八月份起，由本府按月发给，请察核施行等情，请公决案。

（决议）照案通过。

十四、胡委员铭藻、何委员彤提议，充实县政基层组织，拟具办法两项，是否可行，请公决案。

（决议）交高、张、黄三委员审查，由高委员召集。

十五、胡委员铭藻、何委员彤提议，拟具彻底禁绝本省各地赌博办法五项，是否可行，请公决案。

（决议）交王、高、刘三委员审查，由王委员召集。

广东省政府第九届委员会
第三百七十八次议事录

日　期　十一月九日
地　点　曲江本府

---

① 会计处签拟略。

出席者 何 彤　胡铭藻　刘佐人　高 信　王志远　郑 丰

列席者 杜之英　戴振魂　黄秉勋　张尔超　唐惜分　何汉昌
　　　　　李文韬

主　席 李汉魂（公出　何彤代）

报告事项

一、据广东省粮政局呈，拟具统计室追加九月至十一月份经费预算分配表、编制表，请核准饬厅划拨等情。饬据会计处签称，以所列员额部分经送秘书、会计两处核明相符，至经费表列追加办公费二千五百四十八元八角一项，该局业于本年七月份增加办公费，此项支出拟予剔除。其余追加九至十二月四个月薪俸及生活补助金共六千七百二十元，核案核尚符，拟准照列，款在本年度省拟定预算调整机构补助公务员生活费项下按月拨付，请列报会议后电请行政院核准追加等语，应准如拟办理。

密二、据秘书处签呈，准财政厅函，以省立艺术院二十九年九月份米津经奉核定，准照补发，款在三十年度省总概算内调整机构补助公务员生活费项下开支，惟三十年度省库收支业经结束，请即在经管三十年度预算余额内支付等由。应否照支，请核示等情。饬据会计处签称，该项米津款二百零三元，拟准改由秘书处在三十年度省库收支结束各项结余保管款二十九万余元内支付等语，应准如拟办理。

密三、据财政厅签呈，据五华县政府呈请发给保安队故班长陈振纲三十年份遗族恤金国币七十元，查核尚符，自应照发，拟在三十一年度恤金余额项下开支等情。饬据会计处签称，此款拟准在三十年度省库收入结余保管款二十九万余元项下拨支等语，应准如拟办理。

四、据第三区行政督察专员公署呈缴三十一年二、三两月份行政因粮预算书件，计列支一百九十八元八角，请察核拨款归垫等情。饬据会计处签称，核无不合，此款拟在本年度省拟定预算内行政人犯口粮科目开支等语，应准如拟办理。

密五、据财政厅呈，三十年度选送海军学校学生经费计尚欠拨三万一千元，拟在三十年度省预算各科目余额保管款内拨支等情。饬据会计处签称，拟准在三十年度省库收支结束各科目节余保管款二十九万余元项下拨支等语，应准如拟办理。

六、据广东省特种事业基金管理委员会呈报，贷拨四邑粮食生产购种费经过情形，请核备等情。饬据会计处签称，查本案原核定垫借款总额六十万元，既据称电汇本案垫借款六十万元，共用去电费一百零四元四角，该项电费经会议决定照数并入垫借款计算，似可准照办理等语，应准如拟办理。

密七、据财政厅签呈，据三水县政府呈请发给故警陆澄波三十年度恤金国币四十元一案，应否在三十一年度恤金项下动支等情。饬据会计处签称，既经财政厅核明该款拟在三十年度省库收支结束各科目节余保管款二十九万余元项下拨支等语，应准如拟办理。

八、据民政厅呈，为遵令将统计股改组成立统计室，附缴经常费预算分配表件，请察核示遵等情。饬据会计处签称，所列增员薪俸及生活补助金月共一千六百九十六元，九至十二月四个月共六千七百八十四元，查核尚无不合，拟准照案在三十一年度省拟定预算调整机构补助公务员生活费项下按月分别拨发等语，应准如拟办理。

讨论事项

一、据韶关市政筹备处呈缴韶关市五里亭浮桥养桥费预算分配表，计列八月份下半月支五百四十二元，九至十二月份每月支一千零八十四元，本年度四个半月共支四千八百七十八元，请核转拨支等情，请公决案。①

（决议）照会计处签拟通过。

密二、据会计处案呈，关于合浦县集结自卫团四大队自二十八年十一月十八日成立日起至二十九年二月底改编时止，共支三万零二百七十五元四角七分之款，拟准予分别在该县保管公山、公路建筑费余款等项下作业开支，以事悬案等情，请公决案。

（决议）照案通过。

三、据广东省振济会呈缴救济总队三十年度全年经费预算分配表等，请核发该总队三十年九至十二月份应增俸给费共一万五千六百四十八元等情，请公决案。

（决议）照案通过。

---

① 会计处签拟略。

四、据粮政局呈，拟具仓库运输及经管财务人员保证暂行规则，请察核示遵等情，请公决案。

（决议）交郑委员（丰）审查。

五、据教育厅签呈，拟具广东省劝勉寺庙祠会拨捐财产充作乡（镇）中心学校及保国民学校基金办法，请察核转呈行政院核准施行等情，请公决案。

（决议）交何、张两委员审查，由何委员召集。

六、（略）

七、刘委员、郑委员（彦棻）、张委员会复，审查驿运管理处电缴修正广东省驿运管理处组织规程、所属各驿运线（或区）组织通则及本处办事细则，请核示一案意见，请公决案。①

（决议）照审查意见通过。

八、据会计处案呈，博罗县政府呈缴三十一年度地方岁入岁出追加概算一案，经参照民政、财政两厅意见【核】编后，计仍各为三万四千三百二十八元，请提会核定等情，请公决案。

（决议）照案通过。

九、据会计处签呈，四会县政府呈缴三十一年度地方岁入岁出第二次追加概算书一案，经依照各厅处意见核编后，仍各为九千五百四十元，请提会核定等情，请公决案。

（决议）照案通过。

十、（略）

十一、据民政厅签呈，关于中央警官学校正科第九期毕业生梁达人等三十五名回粤服务，分发各机关实习，共需旅费七千五百八十五元一角四分，此款拟在本年度省岁出概算第一预备金项下拨支。至分发实习期间，由被分发机关每月除照公务员生活补助费并给与实习生活费五十元外，所有生活津贴米食及眷属津贴等，均与当地公务员享受同等待遇等情，请公决案。②

（决议）照会计处签拟通过。

---

① 审查意见略。

② 会计处签拟略。

广东省政府第九届委员会
第三百七十九次议事录

日　期　十一月十三日

地　点　曲江本府

出席者　何　彤　郑　丰　高　信　刘佐人　方少云

列席者　戴振魂　巫　琦　张尔超　何汉昌　谢群彬　何启昌
　　　　蔡铁郎

主　席　李汉魂（公出　何彤代）

纪　录　（秘书）谢晨光

报告事项

一、据财政厅呈，据电白县税务局呈请发三十年十二【月】份营业税调查印刷费四百零二元六角五分一案，拟依照本厅前拟议三十年度原发各税务局所调查印刷费之半数为拨发标准，饬该局在三十年度经费节余项下准支二百五十元等语，应准如拟办理。

二、据会计处签呈，关于第三届防空节筹备会本府应负担六百元之款，拟在本年度省预算第一预备金项下拨支等情，应准如拟办理。

三、据建设厅签呈，附缴粤南蒸制骨粉厂员额编制表，请察核备案等情。饬据秘书处签称，查该厂三十一年度营业计划及预算（附员额薪级部分），经奉行政院指令核准，暨分行主计处、审计部、财政部有案，惟该厂系属公营事业机关，似不应规定官等，拟将该厂编制表任级别一栏改为最高薪额，并修正各另表等情，应准如拟办理。

四、据会计处案呈，奉行政院电复，为据呈请将本年度省概算原列债务支出移为经济建设及紧急救侨等之用，应毋庸议。惟准另案追加该项用款一百四十三万九千一百三十元等因，经由府分别饬知各有关机关。

五、据财政厅呈，请将前漏发梅县税务局结束遣散费五百四十二元，款拟在三十年度保留款内拨支等情。饬据会计处签称，该款拟准在三十年度省库收支结束科目节余保管款二十九万余元内拨支等语，应准如拟办理。

六、准广东省军管区司令部代电，附送和平、从化、郁南等县办理国民兵役初次施行壮丁调查应备书簿表册等预计算书表，计从化县列支三千七百四十六元二角五分，和平、郁南两县各列支追加数二千四百九十七元五角，请查照备案等情。饬据会计处签称，核与规定相符，拟均准在本年度省总概算岁出经常门临时部分第十三款第一项第二目各县办理国民兵役初次调查壮丁应备书簿表册费项下拨支等语，应准如拟办理。

七、据地政局代电，附送三十一年度干训团第七期地政组学员实习膳费、零用费预算书，共列一万零六十五元，请察核等情。饬据会计处签称，本案经奉核定"姑予照准，款在三十一年度土地整理事业经费第一、二测量队用人经费节余项下拨支"等因，仍请列报会议等语，应准如拟办理。

讨论事项

一、胡委员、何委员、刘委员会复，审查财政厅、会计处会签订三十一年县级公粮征发会计处理暂行办法及县级公粮征发月报表，请核定施行一案意见，请公决案。①

（决议）县级党务人员应照列入，余照审查意见通过。

密二、据本府驻香港通讯处呈，以港战特别开支各费共四万一千八百五十五元四角，拟请准予就在本处暨香港出版股本年一至三月份两项经费合计国币四万一千七百九十六元抵拨，不敷五十九元四角，拟由该处主任捐俸补足之，挪垫本府驻港电台三十一年一、二两月份经费共港币四百五十四元，并请发还归垫等情，请公决案。

（决议）照会计处签拟通过。

三、据本府行政效率促进委员会签呈，遵章拟具广东省县长考绩委员会组织规程，请核示等情，请公决案。

（决议）交何、郑（丰）、方三委员审查，由何委员召集。

---

① 审查意见略。

四、据秘书处签呈，拟议修订广东省政府建设厅农田水利处组织章程及拟具该处暂行编制表，请察核等情，请公决案。

（决议）照案通过。

五、（略）

六、据会计处案呈，恩平县政府呈缴三十一年度地方岁入岁出追加概算一案，经依照各厅意见核编后，计各为一十五万零四百五十五元，请提会核定等情，请公决案。

（决议）照案通过。

七、据会计处案呈，潮安县政府呈缴三十一年度地方岁入岁出追加概算一案，经依照各厅处意见核编后，计仍各为九千二百二十八元，请提会核定等情，请公决案。

（决议）照案通过。

八、据会计处案呈，阳江县政府呈缴三十一年度地方岁入岁出追加概算一案，经依照各厅处意见核编后，计各为五十一万五千三百零七元，请提会核定等情，请公决案。

（决议）照案通过。

九、（略）

十、据会计处案呈，南雄县政府呈缴三十一年度地方岁入岁出第二次追加概算书，经依照民政、财政两厅意见核编后，计仍各为六万一千三百八十元，请提会核定等情，请公决案。

（决议）照案通过。

十一、据秘书处签呈，附缴改编三十一年度经费及生活补助金预算分配表，内列八至十二月份月增购置费二千四百元，特别办公费六千八百元，非兼职本府委员增设秘书俸薪二千四百元，及设置编审俸薪六百元，请察核存转等情，请公决案。

（决议）照案修正通过。

十二、据本府行政效率促进委员会签呈，请派袁国维、朱遂代理本会专员，请公决案。

（决议）照案通过。

密十三、据秘书处签呈，拟具修正区县情报经费预算表及管理规则，请察核施行等情，请公决案。

（决议）照案通过，自十二月起实行。

十四、据建设厅签呈，为筹设农具制造厂，拟具计划书，请转饬特种基金委员会拨贷资金一百万元，俾利进行等情，请公决案。

（决议）照数由特种基金贷拨。

十五、何委员、胡委员、刘委员会复，审查地政局拟具广东省扶植自耕农条例草案及实施细则草案一案意见，请公决案。

（决议）照审查意见通过。（意见略）

广东省政府第九届委员会
第三百八十次议事录

日　　期　十一月十六日

地　　点　曲江本府

出席者　何　彤　郑　丰　高　信　吴逦宪　方少云　胡铭藻

列席者　戴振魂　杜之英　黄秉勋　张尔超　何汉昌　唐惜分
　　　　李文韬　何启昌

主　　席　李汉魂（公出　何彤代）

纪　　录　（秘书）谢晨光

报告事项

一、据秘书处案呈，关于本省除可到达之通商口岸外，其余各地停止外人游历一案，经电准外交部电复由三十一年十一月一日起至三十二年四月三十日止继续停止外人游历六个月等由，经由府分别呈报电行。

二、据广东省振济会呈缴该会与军民合作总站合办散伤兵收容站第一至四站本年度一至六月份收容费预算书，合共列支二千二百五十元四角，请察核备案等情。饬据会计处签称，此款既经振济会核案相符，款在该会振款项下拨支，复核亦无不合，拟准照列等情，应准如拟办理。

讨论事项

一、据民政厅签呈，依照内政部颁发县保甲户户口编查办法，拟订本省施行细则，签请核示等情，请公决案。

（决议）照案修正通过。

二、据社会处呈，拟就民众习艺所组织规程暨习艺实施办法，请核备等情，请公决案。

（决议）交郑（丰）委员审查。

三、据民政厅呈，遵照奉颁修正警长警士薪饷暂行条例改编省警队长警薪饷，附缴追加经费预算书，月列追加数一万七千二百五十三元，本年十一、十二两个月共列三万四千五百零六元，请察核指款拨支等情，请公决案。

（决议）照案通过，呈请行政院追加预算拨付。

四、准广东省保安司令部代电送保安新村第一步建设基金及租金收支预算暨管理暂行计划建设基金预算表，列支一十一万三千八百六十三元九角九分，拟照本府核定原案即在三十一年度保安机关经费节余项下开支，请查照办理等由，请公决案。

（决议）照案通过。

五、据教育厅呈缴省立黄岗小学三十一年度岁出预算书，请察核存转饬拨等情，请公决案。

（决议）照案通过，所需折薪差额及生活补助金之款在本年度调整机构补助公务员生活费项下拨支。

六、据会计处案呈，灵山县政府呈缴三十一年度地方岁入岁出追加概算一案，经依照各厅处意见核编后，计各仍为八万七千一百二十元，请提会核定等情，请公决案。

（决议）照案通过。

七、据会计处案呈，从化县政府呈缴三十一年度岁入岁出追加概算，经依照各厅处意见核编后，计各为六万元，请提会决定等情，请公决案。

（决议）照案通过。

八、（略）

九、据会计处案呈，海丰县政府呈缴三十一年度地方岁入岁出追加概算一案，经依照各厅处意见核编后，计各为三十七万八千五百一十元，请提会决定等情，请公决案。

（决议）照案通过。

十、据会计处案呈，南雄县政府呈缴三十一年度地方岁入岁出第三次追加概算一案，经依照各厅处意见核编后，计各为一万四千一百九十五元，请提会核定等情，请公决案。

（决议）照案通过。

十一、刘委员、高委员、王委员会复，审查建设厅呈送重订省营工厂监理服务暂行规则一案意见，请公决案。

（决议）照审查意见修正通过。

广东省政府第九届委员会
第三百八十一次议事录

日　期　十一月十九日

地　点　曲江本府

出席者　何　彤　王志远　郑　丰　方少云　胡铭藻

列席者　杜之英　戴振魂　黄秉勋　黄公安　何汉昌　张尔超

　　　　唐惜分　李文韬　何启昌

主　席　李汉魂（公出　何彤代）

纪　录　（秘书）谢晨光

报告事项

一、据财政厅呈，关于乳、乐、连、宜四县联防办事处保留期内经费，请补办法案下厅，俾资依据办理等情。饬据会计处签称，该联防办事处奉准保留六个月，自本年九月十六至三十二年三月十五日止，经费仍照原案拨给，每月一千元，本年九月十六日起至十二月底止，共应拨三千五百元，似可准在省第一预备金追加部分拨支。至三十二年一月一日起至三月十五日止，共应拨二千五百元，似应俟中央核定本省三十二年度概算后，再行指定科目拨支等语，应准如拟办理。

二、据教育厅呈，遵令更编三十一年度改善省立院校薪级表暨预算分配表等，请察核饬拨等情。饬据会计处签称，原列九至十二月四个月提高省立院校员役生活补助金预算分配表及改善省立院校教职员待遇经费预算分配表，合共三十八万二千三百一十二元，核无不合，此款拟照案在本年度省拟定预算内调整机构补助公务员生活费项下拨支等语，应准如拟办理。

三至五、（略）

六、据地政局签呈，遵令将原日统计股改组成立统计室，计增员经费月列五百元，生活补助金月列四百元，请准照拨等情。饬据会计处签称，增员经费月列五百元，九至十二月共二千元，尚无不合，增员生活补助金预算书内列荐任统计主任一员，月支生活补助金八十元，核与规定未符，应改列为六十元，更正后计月应列三百八十元，九至十二月共应列一千五百二十元，均准照案在本年度调整机构补助公务员生活费项下按月分别拨发等语，应准如拟办理。

七至八、（略）

九、据教育厅呈，转缴省立梅州师范学校女教员沈继璲、黄新英生产代课费预算书，列支三百六十三元六角，请察核等情。饬据会计处签称，此案既经教育厅核与规定尚无不合，报可准予照数在三十一年度省拟定预算内教育厅临时费项下拨支等语，应准如拟办理。

十、据建设厅呈，转据省营织造厂呈报工人张先知在职身故，拟照战时员役在职亡故核给殓葬费暂行办法发给殓葬费七十元，请核备一案，转请察核等情。饬据秘书、会计处签称，核与规定相符，拟准照规定发给殓葬费七十元，饬在该厂营业预算内相当科目开支等语，应准如拟办理。

讨论事项

一、郑委员（彦棻）函复，审查粮政局签呈，拟具各县局收纳盈余公粮加强县仓管理办法，请察核施行一案意见，请公决案。①

（决议）照审查意见通过。

二、据建设厅签呈，转缴省营面粉厂呈缴改编三十一年度营业概算书表及计划书等件，【请察】核等情，请公决案。

（决议）照会计处签拟通过。（签拟略）

三、据会计处案呈，清远县政府呈缴三十一年度地方岁入岁出追加

---

① 审查意见略。

170

概算一案，经依照各厅意见核编后，计各为七十二万八千七百六十元，请提会核定等情，请公决案。

（决议）照案通过。

四、据会计处案呈，南雄县政府呈缴三十一年度地方岁入岁出第三次追加概算一案，经照财政厅意见核编后，计各为二千二百五十元，请提会核定等情，请公决案。

（决议）照案通过。

五、（略）

六、据会计处案呈，惠阳县政府呈缴三十一年度地方岁入岁出追加概算一案，经依照各厅意见核编后，计各为四十七万四千五百三十一元，请提会核定等情，请公决案。

（决议）照案通过。

七、据会计处案呈，四会县政府呈缴三十一年度地方岁入岁出追加概算一案，经依照各厅处意见核编后，计各为二十四万八千三百四十七元，请提会核定等情，请公决案。

（决议）照案通过。

八、据会计处案呈，海丰县政府呈缴三十一年度地方岁入岁出第二次追加概算，计列各为五百九十二元，核案相符，拟予照准，仍请提会核定等情，请公决案。

（决议）照案通过。

九、据财政厅、教育厅会签，以会同修正保国民学校及乡镇中心学校征集田地房屋买卖佣费办法草案，请察核等情，请公决案。

（决议）交胡委员审查。

十至十二、（略）

十三、据卫生处呈，以卫生月刊从本年度起拟全年改出六期，共列支二万七千元，除拟由该处本年度卫生事业临时费尚未分配之一万三千八百二十九元全数拨支外，尚欠一万三千一百七十一元，请准在省预备金项下拨支等情，请公决案。①

（决议）照会计处签拟通过。

---

① 会计处签拟。

十四、准广东省军管区特别党部代电，以本年一月至七月份经费超支款共二万七千五百四十七元一角，请迅赐拨还归垫，以利清账等由，请公决案。①

（决议）一至七月份超支数之差额二万二千八百九十二元一角，悉在军管区司令部经费节余项下拨支，余照会计处签拟通过。

十五、据民政厅呈缴追加省警察训练所开办费预算书，计列支四万四千三百七十一元，拟即在该所本年度服装费及俸给费节余项下开支等情，请公决案。

（决议）照案通过。

十六、据粮政局签呈，请维持本局原业务处，并将该处组织规程修正，拟具办法，自十一月十六日起实行，请核示等情，请公决案。

（决议）照案通过。

广东省政府第九届委员会
第三百八十二次议事录

日　期　十一月二十三日

地　点　曲江本府

出席者　何　彤　吴逎宪　方少云　胡铭藻　郑　丰　许崇清

列席者　戴振魂　杜之英　黄秉勋　黄公安　何汉昌　张尔超
　　　　唐惜分　李文韬　何启昌

主　席　李汉魂（公出　何彤代）

纪　录　（秘书）谢晨光

报告事项

一、据财政厅签呈，前故广东高等法院检察官湛桂芬遗族请领该故员三十年份恤金国币三百八十四元，查核相符，自应照发等情。饬据会计处签称，拟准在三十年度省库收支结束各科目节余保管款二十九万余

---

① 会计处签拟略。

元内拨支等语，应准如拟办理。

二、据会计处签呈，奉行政院核定本省军事机关部队自本年六月份追加数，计：（一）保安机关部队年共追加一百三十万零八百一十七元。（二）本府警卫营年共追加三万二千四百二十六元。（三）本府卫士队年共追【加】一万零八百九十六元。（四）军事巡回审判团官佐生活补助费年共追加四千五百六十元。（五）北江船舶大队年共追加四千零八十九元等因。拟议办法，签请核示等情，应准如拟办理。

三、据卫生处呈，据省立医院呈缴本年一月一日至六月二十八日止垫支贫苦病人膳殓费一千三百七十六元，请拨还归垫，转请察核等情。饬据会计处签称，此项垫支膳殓费，拟姑准在本年度省第一预备金项下拨款归垫等语，应准如拟办理。

四、据建设厅呈转公路处办事员郭集放积劳成病，刎颈自杀，拟依照战时公务员工伤亡抚恤暂行规程第五条之规定，给予遗族一次过三个【月】薪饷一百九十五元，作为抚恤金，转请察核等情。饬据秘书、会计两处签称，核案相符，拟予照准，此款并拟准在该处原经费预算内支报等语，准如拟办理。

五、据秘书处签呈，关于派赴中央政治学校人事行政训练班第四期学员冯汉杰等五员受训旅费证件无法取足，请准予免补办手续，并请将前由本处垫补发赴训旅费共三千元拨发归垫等情。饬据会计处签称，所称不无理由，此款拟准在三十一年度省拟定预算赴中央干训团受训人员旅费项下拨支等语，准如拟办理。

六、准广东省地方行政干部训练团代电，附送分派各县学员途程天数夫车旅费一览表，拟由第八期起实行，请查照，并通饬各区县依照现订回程旅费数目发给来程旅费等由。饬据会计处签称，似属可行，所增之款，另询准复系在本年度干训团学员旅膳费预算及临时预算第一项十目回程旅费项下统筹开支，拟予照准等语，应准如拟办理。

讨论事项

一、据建设【厅】签呈，转缴战时长途电话管理所电缴修理水灾冲毁线路费预算书表，列支四万一千七百五十一元三角五分，请核示等情，请公决案。

（决议）照案通过，款在该所营业基金项下拨支。

二、据秘书处签呈，拟具广东省奖励农工矿业技术暂行办法，请核定施行等情，请公决案。

（决议）交郑（丰）、方两委员审查，由郑委员召集。

三、据地政局先后呈缴韶关市政筹备处办理地政示范区工作计划方案暨补充方案及韶关市政筹备处设置不动产物权委托服务所组织简则暨服务办法，请核示等情，请公决案。

（决议）交许、胡、吴三委员审查，由许委员召集。

四、胡委员、何委员会复，审查广东省驿运管理处呈缴修正该处所属驿运站运夫征雇规则一案意见，请公决案。

（决议）照审查意见修正通过。

五、郑委员（丰）函复，审查粮政局拟具仓库运输及经管财务人员保证暂行规则，请核示一案意见，请公决案。①

（决议）照审查意见通过。

六、据会计处案呈，惠来县政府呈缴三十一年度地方岁入岁出第二次追加概算一案，经依照民政、财政两厅意见核编后，计各为四万八千五百六十五元，请提会核定等情，请公决案。

（决议）照案通过。

七、据会计处案呈，吴川县政府呈缴三十一年度地方岁入岁出追加概算一案，经依照各厅处意见核编后，计各为一十五万四千三百一十三元，请提会核定等情，请公决案。

（决议）照案通过。

八、准广东省军管区司令部代电，拟自本年十一月份起，增设学校军训教官或助教，计本年十一、十二两月共需九千二百二十元，款在本年度学校军训额领经费项下开支，请查照核办等由，请公决案。

（决议）照案通过。

---

① 审查意见略。

174

广东省政府第九届委员会
第三百八十三次议事录

日　　期　十一月二十六日

地　　点　曲江本府

出席者　何　彤　胡铭藻　方少云　吴迺宪　许崇清

列席者　戴振魂　黄　雯　黄公安　黄秉勋　张尔超　何汉昌
　　　　魏育怀　唐惜分　蔡铁郎　何启昌

主　　席　李汉魂（公出　何彤代）

纪　　录　（秘书）谢晨光

报告事项

一、据财政厅签呈，老党员林少梅三十年度养老金六百元，经核明应准照案补发，请察核等情。饬据会计处签称，该款似可在三十年度省库款支给表各科目节余保管款二十九万余元内拨支等语，应准如拟办理。

二、据罗定县政府呈，请示县看守所员役生活补助金应如何支给等情。饬据会计处签称，查县看守所系应于本年度起设置，全部经费均由县负担，依其性质，似应列入甲表照县属各机关员役待遇办理等语，应准如拟办理。

四①、据民政厅签呈，拟将县各级警察机关办公费增加，计警察局改列六百元，警察所改列三百元，分驻所改列一百五十元，派出所改列九十元，警察队大队改列六百元，中队改列四百元，分队改列二百元，请核夺等情。饬据会计处签称，所拟尚属需要，似可如拟办理等语，应准如拟办理。

五、（略）

六、据会计处案呈，前贸易管理处补呈代办防空通讯器材预计算书

---

① 原文缺第三项。

一案，计预算编列八十二万九千八百二十二元五角，与案相符，计算书列支六十八万三千零二十四元八角九分，与本府前核定实支数虽无出入，但其中差额原定数为一万八千一百四十八元五角二分，与现报数一万九千四百七十九元三角一分之数比较，计多报一千三百三十元七角九分，此项多支数，据称大意似系当时计算错误所致，且本案支出总额既与核定原案相符，其差额部分，亦经该处长及会计主任出具证明单撤销，似可准予更正，当否，请示等情，准如拟办理。

七、据建设厅呈，以该厅特务队长呈报炊事兵吴发患病亡故，拟照本年度陆军暂行给与规则第十八章第十二表之规定，给予殓葬费四十五元，请核示等情。饬据秘书、会计两处签称，核与规定符合，款准在该厅经费预算内办公费什支项下支报等语，应准如拟办理。

讨论事项

一、（略）

二、据秘书处签呈，拟修葺本府车壕，计共需修葺费二万二千八百元，请核定指款拨支等情，请公决案。

（决议）照案通过，款在本年度第一预备金（追加部分）拨支。

三、准第七战区战时生活节约实践运动委员会函，请照案拨助开办费七千元，暨自本年十月份起，按月拨助经费二千元等由，请公决案。

（决议）照案通过，呈请行政【院】追加预算拨付。

四、据省振济会呈缴儿教院第六院三十一年度医药、设备费预算书，计列一万四千四百元，核案相符，转请察核等情，请公决案。

（决议）照案通过，款在本年度救济费项下拨支。

五、据秘书处签呈，拟修正本省县行政人员人事管理暂行办法等情，请公决案。

（决议）交方委员审查。

六、据地政局案呈，拟具广东省地政局组织章程草案，请察核，转送地政署请核定施行等情，请公决案。

（决议）交许委员审查。

七、准广东省军管区司令部代电，以各县乡镇队附调派为督练员，所需调差旅费一万二千七百六十八元，拟统在本部三十一年度常备金科目拨支，请查照办理等由，请公决案。

（决议）照案通过。

八、（略）

九、据建设厅呈，拟以余文照代理农田水利处技正兼课长，请察核等情，请公决案。

（决议）照案通过。

十、据建设厅呈，拟调派本厅视察黄展谟代理农田水利处秘书，请察核等情，请公决案。

（决议）照案通过。

十一、何委员、黄委员提议，为招锡海之妻招黄氏一胎分娩四孩，拟请拨款教养，作育成材，以表扬国家祥瑞，请公决案。

（决议）照案通过。

广东省政府第九届委员会
第三百八十四次议事录

日　　期　十一月三十日

地　　点　曲江本府

出席者　何　彤　胡铭藻　张导民　郑　丰　许崇清　吴迺宪
　　　　方少云

列席者　杜之英　戴振魂　黄　雯　张尔超　唐惜分　何启昌

主　　席　李汉魂（公出　何彤代）

纪　　录　（秘书）谢晨光

报告事项

一、据省振济会呈，请准将广东妇女生产工作团学生膳食补助柴盐油菜什费用照原案月增二元，请察核等情。饬据会计处签称，本案既经振济会核属需要，指复照准，款在该会振款项下拨发，拟准照办等语，应准如拟办理。

讨论事项

一、据建设厅签呈，据合作事业管理处呈缴见习员见习办法，转缴核示等情，请公决案。

（决议）交张委员审查。

二、（略）

三、据粮政局签呈，遵批约集各厅处代表商定县级公粮收回价款分配办法，请核示等情，请公决案。

（决议）交张、郑（丰）、吴三委员审查，由张委员召集。

四、据统计处签呈，拟购置应用图书仪器等件，计共需价款七千七百二十九元一角，请察核拨款应支等情，请公决案。[①]

（决议）照会计处签拟通过。

五、据建设厅呈缴省营制纸示范厂三十年度营业计划概算书，转请核示等情，请公决案。

（决议）照会计处签拟通过。（签拟略）

六、据财政厅案呈，关于广东省动员委员会函，以该会本年疏散赴连县及由连县回韶共用去疏散费五千一百四十三元一角，请准拨支该会一个月经费五千元，及员役生活补助金四百七十元，俾资办理一案，拟照该实支数在保留疏散费三十万元内拨付等情，请公决案。

（决议）照案通过。

七、据建设厅呈，拟以方叔度代理本厅农林局技正，请察核等情，请公决案。

（决议）照案通过。

八、据建设厅呈，拟以何立才代理本厅农林局技正，请察核等情，请公决案。

（决议）照案通过。

九、准广东省军管区司令部电送惠阳县办理国民兵役初次施行壮丁调查应备书簿表册预算，列支国币一万一千六百一十三元二角四分，请查照办理等由，请公决案。

（决议）照案通过，款在本年度各县【办】理国民兵役初次调查壮丁应备书簿表册费项下拨支，追办县地方岁入岁出预算呈核。

十、据会计处案呈，揭阳县政府呈缴三十一年度地方岁入岁出追加

---

① 会计处签拟略。

概算一案，经依照各厅处局意见核编后，计列各为三十一万一千八百八十元，请提会核定等情，请公决案。

（决议）照案通过。

十一、据会计处案呈，电白县政府呈缴三十一年度地方岁入岁出追加概算书一案，经依照各厅处意见核编后，计各为一十七万三千四百四十八元，请提会核定等情，请公决案。

（决议）照案通过。

十二、据省振济会转呈儿童教养【院】第四、六、七院三十一年度经费预算书及生活补助金分配表，实小、培小三十一年度经费预算书，请核备等情，请公决案。①

（决议）照会计处签拟通过。

广东省政府第九届委员会
第三百八十五次议事录

日　期　十二月三日

地　点　曲江本府

出席者　何　彤　胡铭藻　方少云　郑　丰　张导民　许崇清

列席者　戴振魂　黄　雯　黄公安　张尔超　谢群彬　何启昌
　　　　蔡铁郎

主　席　李汉魂（公出　何彤代）

纪　录　（秘书）谢晨光

报告事项

一、据省振济会呈，据本省儿童教养院呈请自本年九月份起每童再按级每月递增油盐柴什费二元一案，转请核备等情。饬据会计处签称，本案所称尚属实情，并经振济会核属需要，款仍在该会振款项下拨支，拟准照办等语，应准如拟办理。

----

① 会计处签拟略。

二、据财政厅签呈，据罗定县政府呈请核发故警陈海遗族三十年份下期恤金国币四十一元五角，查核尚符，自应照发等情。饬据会计处签称，拟准在三十一年度省库收支结束各项目节余保管款二十九万余元内拨支等语，应准如【拟】办理。

三、据财政厅签呈，据罗定县政府呈请核发退职警士陈计三十年下期恤金五十三元，查核尚符，自应照发等情。饬据会计处签称，拟准在三十年度省库收支结束各科目结余保管款二十九万余元内拨支等语，应准如拟办理。

四、据教育厅呈，据中央政治学校桂林区考取粤籍学生林子明、张震东、吕嘉材、刘昌岐、邝荣舟等先后呈请给助旅费前来，转请察核等情。饬据会计处签称，查林子明一员前经拨给八百元，自无庸再拨；吕嘉材一员，并非粤籍，未便援例拨助；刘昌岐、邝荣舟二员是否粤籍，应饬补具证明再夺外，张震东一员，既属粤籍，据请补助，拟援案核拨八百元，款仍在"赴中央干部训练团受训人员旅费"项下拨支等语，应准如拟办理。

五、奉行政院指令，以本省订颁各县（市局）各级卫生组织规程，核与县各级卫生组织大纲及县卫生工作实施纲领大体相同，可径行依据该大纲及纲领办理，毋庸另订规程等因，自应遵照办理。

讨论事项

一、广东省地方行政干部训练团代电，附送赴渝受训人员郑光璇等十员去程旅费预算书，共列支二万零八百元，请查照拨还归垫等情，请公决案。

（决议）照案通过，款在本年度赴中央干训团受训人员旅费项下拨支。

二、（略）

三、据会计处案呈，灵山县政府呈缴三十一年度地方岁入岁出第二次追加概算一案，经依照民政、财政两厅意见核编后，计列各为八万七千二百六十元，请提会核定等情，请公决案。

（决议）照案通过。

四、据会计处案呈，赤溪县政府呈缴三十一年度地方岁入岁出第二次追加概算一案，经依照各厅意见核编后，计列各为三万五千三百一十三元，请提会核定等情，请公决案。

（决议）照案通过。

五、（略）

六、准广东全省保安司令部特别党部代电，以本部员工战时生活补助费月需三千零四十九元四角，本年度十二个月共需三万六千五百九十元八角之款，经奉中央秘书处电知应由省府统筹拨发等因，请查照赐拨等由，请公决案。

（决议）照案通过，款在本年度战时特别预备金项下拨支。

七、据省地政局呈，本局修建防空壕洞共需一万零三百元，除奉拨补助费一千七百四十七元二角外，尚不敷八千五百六十一元八角，请予指款拨支等情，请公决案。①

（决议）照会计处签拟通过。

八、（略）

九、据建设厅呈缴修正东陂酒壶岭牧场组织章程，请察核等情，请公决案。

（决议）照案修正通过。

十、据秘书处案呈，关于李礼文、杜岳宗等不服高要县政府处分存谷，先后提起诉愿一案，经审查决定，作成决定书，请提会决定等情，请公决案，

（决议）照决定书通过。

十一、方委员函复，审查秘书处呈拟修正本省县行政人员人事管理暂行办法一案意见，请公决案。

（决议）照审查意见修正通过。

十二、据建设厅签呈，编具本厅本年度技术人员特别补助金预算分配表，计由四月至十二月共列支八千九百一十元，请指款拨支等情，请公决案。

（决议）照案通过，款在本年度调整机构补助公务员生活费项下拨支。

十三、据卫生处呈，以本处第一科科长黄春鸿呈请辞职，拟予照

---

① 会计处签拟略。

准，遗缺拟以彭超龄代理，请核示等情，请公决案。

（决议）照拟通过。

十四、据秘书处案呈，拟修理本府第一、二号防空洞及老虎坑第二洞至第三洞口，共需二万六千二百九十八元，请指款拨支等情，请公决案。

（决议）照案通过，款在本年度战时特别预备金项下拨支，仍呈行政院核定。

广东省政府第九届委员会
第三百八十六次议事录

日　期　十二月七日

地　点　曲江本府

出席者　何　彤　张导民　郑　丰　许崇清　吴迺宪　方少云
　　　　胡铭藻

列席者　杜之英　黄　雯　戴振魂　唐惜分　张尔超　何汉昌
　　　　何启昌

主　席　李汉魂（公出　何彤代）

纪　录　（秘书）谢晨光

报告事项

一、据建厅呈缴修正农林局畜疫防疗所组织规程暨畜疫防疗分区及家畜检查站防疗人员养成所等设置办法，请察核等情。经饬秘书处签拟修正前来，应准如拟修正。

二、据第三区行政督察专员公署呈，关于署址被炸所需修葺费二千九百零六元五角，奉饬在办公费搏节支报一案，查本署办公费虽奉准增加，惟仍属不敷，本案修葺费仍恳饬库拨支等情。饬据会计处签称，查属实情，此款准候本年度省第一预备金（追加部分）奉准追加，即行如数拨付等语，应准如拟办理。

三、据会计处呈缴修建掌卷股宿舍及增建卷架等支付预算书，计列支二千七百七十七元，并经送请驻审员签证，请察核捐款拨支等情。应准予如数在其他经费流用。如无其他经费可以流用，则在本年度省第一预备金奉准追加，即照拨支。

四、据财政厅呈，关于广东建设厅省营工业管理处故组长廖凯三十年及三十一年度恤金应如何拨支等情。饬据会计处签称，该故员三十年度全年恤金九十六元，拟准在三十年度省库收支结束各科目节余保管款二十九万余元内拨支，三十一年全年度恤金九十六元拟准在三十一年度省拟定预算恤金项下拨支等语，应准如拟办理。

五、据建设厅签呈，转酒精厂核给助理工程师梁雨人在职亡故殓葬费一百五十元，请察核等情。饬据秘书、会计两处签称，核与本省战时公务员、雇员、公役在职亡故核给殓葬费暂行办法第二条第一款规定相符，拟予照准，款饬在该厂九月份薪饷节余项下支销等语，应准如拟办理。

六、据省振济会呈缴广东妇女生产工作团三十年度八至十月份追加学生生活费预算书表，计共列支五千四百八十九元二角三分，请察核等情。饬据会计处签称，此案既经振济会核明款在振款项下拨给，复核亦无不合，拟准照列等语，应准如拟办理。

七、据建设厅签呈，转据农林局呈，以滑水山森林管理处主任陈干济积劳病故，计用去殓葬费一千四百八十五元，拟请准在该处经费节余项下开支等情。饬据秘书、会计两处签称，核与广东战时公务员役【在】职亡故核给殓葬费暂行办法第二条第【一】款规定不符，拟饬照规定开支一百五十元，此款并准在该处三十一年度经费节余项下拨支，列入原经费预算内报销等语，应准如拟办理。

八、据会计【处】案呈，关于前本省战时贸易管理处结束后移交广东企业股份有限公司财产资金二百三十三万七千八百四十七元三角，及前本府印刷所结束后移交该公司资金一十八万一千五百一十二元八角五分，合计二百五十一万九千三百六十元一角五分，除尾数三百六十元一角五分不足一股（每股一千元），应纳库外，余二百五十一万九千元，拟拨作本省三十一年度投入企业公司资本一案，经由府电请行政院核备。

讨论事项

一、据省地政局呈，拟订广东省租佃契约登记办法，请核示【等】情，请公决案。

（决议）交张、胡、方三委员审查，由张委员召集。

二至三、（略）

四、王委员、高委员、刘委员会复，审查彻底禁绝本省各地赌博办法一案意见，请公决案。

（决议）照审查意见修正通过。

五、胡委员函复，审查财政、教育两厅会签本省各县保国民学校及乡镇中心学校征集田赋、地、房屋买卖佣费办法草案一案意见，请公决案。①

（决议）照〈案〉审查意见通过。

六、据粮政局呈，拟以李敬五代理本局视察等情，请公决案。

（决议）照案通过。

七、据财政厅呈，拟以钟叙苍代理本厅视察等情，请公决案。

（决议）照案通过。

八、据会计处案呈，大埔县政府呈缴三十一年度地方岁入岁出追加概算一案，经依照各厅处意见核编后，计列各为六万九千七百元，请提会核定等情，请公决案。

（决议）照案通过。

九、据会计处案呈，封川县政府呈缴三十一年度地方岁入岁出追加概算一案，经依照各厅意见核编后，计列各为一十三万七千零二十元，请提会核定等情，请公决案。

（决议）照案通过。

十一②、何委员、郑委员（丰）、方委员会复，审查本府行政效率促进委员会签呈，遵章拟具广东省县长考绩委员会组织规程一案意见，请公决案。③

---

① 审查意见略。

② 原文缺第十项。

③ 审查意见略。

184

（决议）照审查意见通过。

十二、据省战时政治工作总队部呈缴迁连支过疏散各费支付预算书件，计列支一万三千一百四十六元八角，请如数拨还归垫等情，请公决案。①

（决议）照会计处签拟通过。

广东省政府第九届委员会
第三百八十七次议事录

日　期　十二月十日

地　点　曲江本府

出席者　何　彤　许崇清　郑　丰　张导民　胡铭藻

列席者　戴振魂　杜之英　黄　雯　黄公安　唐惜分　张尔超
　　　　　何启昌

主　席　李汉魂（公出　何彤代）

纪　录　（秘书）谢晨光

报告事项

密一、据会计处案呈，关于广东全省保安司令部前送三十一年度追加参战团队领米价款预算书过府。经呈奉行政院核复，一、二月份准照原列数追加一十万九千二百四十六元，三至十二月份三十九万七千二百六十元，两共追加五十万零六千五百零六元，由兵站价领现品，其保安八个大队三至十二月份，准按实有人数二千一百一十六员各追加公粮基金价格三十八万零八百八十元，由财、粮两部转账等因。业经由本府分别电报通知各有关机关。

二、据教育厅呈，转缴省立梅州女子师范学校三十一年度临时费预算书，计列支二万七千四百五十元，请核示等情。饬据会计处签称，核数尚属相符，拟准予先行存转等语，应准如拟办理。

---

① 会计处签拟略。

三、据卫生处呈，以连县机关林立，人口稠密，该地环境卫生自有改进必要，拟将前核定办理环境卫生示范经费十万元重新分配为以二万元为改善黄岗环境卫生费，以五万八千七百九十二元为改善韶关环境卫生，及归还本年度七月间扑灭韶市霍乱垫支费用，以一万一千二百零八元为改善连县环境卫生费，请核示等情。饬据会计处签称，查变更分配后，总数仍为一十万元，核无不合，似可准予照列等语，应准如拟办理。

四、奉行政院代电，略以第七战区长官部党工会报经费本年业准由省拨助三万八千四百元，兹定由七至十二月份再月增拨二千八百元，仍在该省战时特别预备金项下动支，该项经费连前准拨数并计为五万五千二百元等因。经分别电报，并通知各有关机关。

五、据教育厅呈，转缴省立老隆师范学校三十一年度附小经费及生活补助金预算分配表，计列经费六千元，员役生活补助金四千九百零八元，请察核等情。饬据会计处签称，核与原案尚无不合，似可照准，款在本年度追加国民教育经费预算内准备费项下拨支等语，应准如拟办理。

六、据南海县政府呈缴三十一年九月份囚粮费支付预算书，计列支四百四十一元，请察核拨还归垫等情。饬据会计处签称，核尚需要，拟援例仍由本年度省拟定预算行政人犯口粮项下拨付等语，应准如拟办理。

七、准广东全省防空司令部函，以省防空协会已奉令改组为广东省防空协导委员会，请将贵府原拨省防空协会之经费每月一千一百一十四元，自九月份起，改拨防空协导委员会领用等由。饬据会计处签称，拟准照办等语，应准如拟办理。

八、据地政局呈，以该局测量队计制组故助理员张斌、陈淑美殓葬费各一百元，共二百元，款拟请准在本局本年度连山、阳山两县土地测量经费节余项下拨支等情。饬据秘书、会计两处签称，核与本省战时公务员、雇员、公役在职亡故核给殓葬费暂行办法第二条第二款规定相符，似可准在上项节余经费项下拨支，列入原经费预算内支拨等语，应准如拟办理。

讨论事项

一、据财政厅签呈，拟订本省各县县地方公有财产清理办法及本省各县乡镇公有财产清理办法，请核定公布施行等情，请公决案。

（决议）交郑（丰）、何、黄三委员审查，由郑委员召集。

二、据省驿运管理处电，为援去年成例，自行筹发本处员役制服衣料，计共需款一万四千元，拟在本处本年度经费节余项下拨支，请核示等情，请公决案。①

（决议）照会计处签拟通过。

三、许委员函复审查地政局呈，拟具广东省地政局组织章程草案，请察核转送地政署转请核定施行一案意见，请公决案。②

（决议）照审查意见通过。

四、（略）

五、据民政厅签呈，拟具户籍及人事登记处理程序草案，签请核示等情，请公决案。

（决议）照秘书处签拟通过。（签拟略）

六、据建设厅签呈，转缴公路处建造车库轨道板工料费预算书，原列四千六百二十五元二角八分，经核减后，计列三千零一十九元五角，该款拟准在该处车库工程费节余项下拨支等情，请公决案。③

（决议）照会计处签拟通过。

七、何委员函复，审查粮政局签呈，拟具本省抢购第一线附近及沦陷区内粮食暨滨海县份余粮内运实施方案，请核定施行一案意见，请公决案。④

（决议）照审查意见通过。

八、郑委员（丰）、方委员会复，审查秘书处签呈，拟具广东省奖励农工矿业技术暂行办法，请核定施行一案意见，请公决案。

（决议）照审查意【见】修正通过。

---

① 会计处签拟略。
② 审查意见略。
③ 会计处签拟略。
④ 审查意见略。

九、据安化管理局呈缴员役生活补助费及增加办公费追加预算书，请察核俯准照数拨助，以资救济等情，请公决案。

（决议）照会计处签拟通过。（签拟略）

十、据会计处案呈，台山县政府呈缴三十一年度地方岁入岁出追加概算一案，经依照各厅处局意见核编后，计各列为五百一十五万八千四百九十元，请提会核定等情，请公决案。

（决议）照案通过。

密十一、据会计处案呈，新会县政府呈缴三十年度地方岁入岁出第二次追加概算一案，经依照财政厅、粮政局意见核编后，计各仍列为二千五百二十八元，请提会决定等情，请公决案。

（决议）照案通过。

十二、据民政厅呈，拟以梁松荣代理本厅督导员，请察核等情，请公决案。

（决议）照案通过。

十三、据财政厅呈，拟以钟振声代理本厅视察，请察核等情，请公决案。

（决议）照案通过。

十四、主席提议，陵水县长侯协中辞职，拟予照准，遗缺派李鼎京代理，请公决案。

（决议）照案通过。

十五、据粮政局先后签呈，附缴修正储运处组织规程，各区分处组织规程、各运输站组织简则、聚点仓库组织规程、集中仓库组织规程及各编制表等件，请察核等情，请公决案。

（决议）交张、郑（丰）、何三委员审查，由张委员召集。

十六、据民政厅签呈，为加紧健全基层组织，及增强基层干部工作效率，拟议拨款补助由县训练乡镇干部，并印制乡镇保长手册六万本，分发参考，计需补助费一十三万四千元，印刷费九万元，合共二十二万四千元，拟请统由本年度中央补助新县制项下拨支等情，请公决案。

（决议）交张委员审查。

广东省政府第九届委员会
第三百八十八次议事录

日　期　十二月十四日

地　点　曲江本府

出席者　李汉魂　张导民　郑　丰　许崇清　吴逎宪　何　彤
　　　　方少云

列席者　戴振魂　杜之英　黄秉勋　巫　琦　张尔超　唐惜分
　　　　李文韬　何启昌

主　席　李汉魂

纪　录　（秘书）谢晨光

报告事项

一、准广东省军管区司令部代电，附送印制国民兵身份证书表册等件，印刷费支付预算书，计列支五千四百二十七元五角，款拟在三十一年兵团队经费常备金项下拨支等由。饬据会计处签称，核与规定相符，拟予照办等语，应准如拟办理。

二、据广东省驿运管理处代电，以本处会计室佐理员张子贞、冯玉兰两员积劳病故，经在本处经费节余项下垫付每员殓葬费一百五十元，请察核等情。饬据会计处签称，核与规定相符，且据称已在节余经费项下垫拨，似可照准，饬列入经费预算内支报等语，应准如拟办理。

三、据广东省驿运管理处代电，呈缴该处大庾站水灾员役苏鸣钊等十四名损失财物清册，请俯赐救济等情。饬据秘书、会计两处签称，核与本省战时各级行政机关员役因公损失财物救济暂行办法相符，计共需救济费二千二百八十元，款在该处本年度营业概算意外损失科目项下开支等语，应准如拟办理。

四、准广东省军管区司令部代电，以韶关市国民兵团先后共增编二十一个保队，其经费每月共列支二千零七十九元（按照保队编制预算每队月支九十九元），由九至十二共四个月合计经费为八千三百一十六元，本部负担半数，计每月一千零三十九元五角，全年四千一百五十八元，经由本部在额领区乡镇队经费项下按月拨给，请查照等由。饬据会计处签称，拟予照办等语，应准如拟办理。

五、据本府战时通讯所呈缴第一区台因战事移动支出临时费预算书，计列三百零四元八角，请察核等情。饬据会计处签称，核与前案所列数目相符，拟准拨发归垫等语，应准在本年度第一预备金列支。

六、奉第七战区司令长官司令部指饬本府垫付工事费一案，经饬由会计处签拟办法五项前来，除第四项可饬县筹垫外，余准如拟办理，并经由府分别报告，并通知各有关机关。

七、据民政厅签呈，以据本省派赴中央警官学校警察教育讲习班第四期受训学员卢守善三员请援照成案发给治装费一案，拟比照成案并参酌目前物价每员酌助服装费三百一十四元等情。饬据会计处签称，核尚属实，拟予照准，计三员共需九百四十二元，此款拟在本年度省拟定预算赴中央训练团受训人员旅费项下拨支等语，应准如拟办理。

八、据建设厅呈报，公路处前存兴宁站第九养路队经管之小车二辆及大轸二副残缺不堪，经函请审计处委员监视公开投变，计小车二辆投得价款共国币二千五百五十元，大轸两副投得价款二千一百元，经饬将投变所得价款一并列入三十一年度行车营业预算账内出售废品盈余科目列收，请核示等情。饬据会计处签称，查尚可行。惟小车二辆及大轸二副如属以前年度购置之资产应分别将原价减除历年摊提折旧后之实数，以财产变价科目列入补充表列收，将资产之购置时间、原价、总值及各年所摊提折旧数列表详细注明，并将货产之原价减除历年已摊提折旧之实数，与变价之所得，分别抵减，如有盈余，应列入盈亏拨补表，作为"历年积盈"，如属亏损，应列作"历年积亏"处理等语，应准如拟办理。

讨论事项

一、何委员、张委员、刘委员会复，审查教育厅签拟广东省各县市（局）地方教育款产整理委员会组织规程及地方教育款产设立特种基金办法，请察核公布施行一案意见，请公决案。①

---

① 审查意见略。

（决议）照审查意见通过。

二、（略）

三、据会计处签呈，拟将本府审定之三十一年度各县局岁入岁出总概算先行分配执行，并拟具各项规定，签请核示等情，请公决案。

（决议）交张、何两委员审查，由张委员召集。

四、据会计处案呈，开建县政府呈缴三十一年度地方岁入岁出第二次追加概算一案，经依照各厅意见核编后，计各列为一十一万六千零八十元，请提会核定等情，请公决案。

（决议）照案通过。

五、据会计处案呈，增城县政府呈缴三十一年度地方岁入岁出追加概算一案，经依照民政、财政两厅意见核编后，计各列为一万八千元，请提会核定等情，请公决案。

（决议）照案通过。

六、据财政厅呈，拟以张翼圣代理本厅秘书，郭仲金代理本厅视察，请察核等情，请公决案。

（决议）照案通过。

七、据粮政局呈，拟以何国霖代理本局视察，请察核等情，请公决案。

（决议）照案通过。

八、据民政厅呈，拟以何名泽代理本厅视察，请察核等情，请公决案。

（决议）照案通过。

九、据财政厅呈，拟以凌宗汉代理本厅视察，请察核等情，请公决案。

（决议）照案通过。

十、据粮政局呈，拟以缪霖雨代理本局秘书，请察核等情，请公决案。

（决议）照案通过。

十一、据秘书处呈，拟以林启宣代理本处法制室编审，请察核等情，请公决案。

（决议）照案通过。

十二、主席提议，乐东县长王醒亚出缺，拟以该县政治科长罗以忠升充，请公决案。

（决议）照派代理。

广东省政府第九届委员会
第三百八十九次议事录

日　期　十二月十七日

地　点　曲江本府

出席者　李汉魂　许崇清　郑　丰　张导民　王志远　刘佐人
　　　　　　何　彤　吴迺宪　黄麟书

列席者　戴振魂　毛松年　巫　琦　张尔超　李文韬　何启昌

主　席　李汉魂

纪　录　（秘书）谢晨光

报告事项

一、准广东省军管区司令部函，以据本部罗信第二大队报，拟购置乘马一匹连鞍计共需二千一百五十元，款拟在该队经费节余项下拨支一案，核尚需要，似可照准，转请查照等由。饬据会计处签称，拟予照办，款在该大队三十一年度经费节余项下拨支等语，应准如拟办理。

二、据广东省战时政治工作总队部呈，以第九工作队队员潘戏明因公受伤，请察核给恤等情。饬据秘书、会计两处签称，查该员未经依法任用，自不能适用战时公务员因公受伤核给医药费暂行办法第三条规定办理，拟依照战时雇员、公役伤亡给恤暂行标准第一条甲款之规定，按其最后薪俸（月薪六十一元）给予三个月，一次过医药费一百一十三元，款准在该总队部原有经费预算内相当科目支报等语，应准如拟办理。

三、据秘书处案呈，关于本处拟议修正本省县行政人员人事管理暂行办法一案，经提付本府第九届委员会第三百八十五次会议决议"照审查意见修正通过"。修正之点：原第七条"合作指导人员由县政府呈

192

省政府委任"句，在县政府之下修正为"呈厅转请省政府加委"有案。查与法例未符。拟仍照本处修正案办理等情，该办法第七条准仍照秘书处修正案办理。

四、据本府驻渝办事处呈，恳准予在经费节余项下拨偿看守汽车工役唐松廷因公被毁衣物款三百元等情。饬据秘书、会计两处签称，拟依照本省战时各级行政机关员役因公损失财物救济暂行办法第三条第一项甲款规定，核给救济费八十元，款在该处本年度经费节余项下开支，列入原经费预算内报销等语，应准如拟办理。

讨论事项

一至四、（略）

五、准广东省军管区司令部代电，附送本部及直属队校尉官佐三十一年度夏服补助费支出预算书，计列支九千七百二十元，款拟在三十一年度国民兵团队经费节余项下拨支，请查照备案等由，请公决案。

（决议）照案通过。

六、准广东省军管区司令部代电，花县、从化两县兵团部自本年四月份起改为非战地兵团部编制，并增加督练员，计月需追加经费每县八百二十七元，两县月共一千六百五十四元，本年度共需追加一万四千八百八十六元，款经在本部按月额兵团部经费科目匀支，请查照备案等由，请公决案。

（决议）照案通过。

七、张委员函复审查建设厅呈，据合作事业管理处呈缴见习员见习办法，转缴核示一案意见，请公决案。

（决议）照审查意见通过。（意见略）

八、据建设厅案呈，关于公路处呈，拟订广东省人力兽力车辆行驶公路暂行管理规则一案，经分别拟议修正，签请核示等情，请公决案。

（决议）交许、王、吴三委员审查，由许委员召集。

九、据财政厅签呈，以未拨长途电话所架设清阳话线工程费八万四千一百一十四元，拟在前拨秘书处保管之三十年度预算各科目余款内补拨等情，请公决案。

（决议）照会计处签拟通过。（签拟略）

十、据财政厅呈，以补拨黄岗小学校三十年九至十二月份每月应增加俸给费一百八十元，四个月共七百二十元，除前核减战时加给经费应返纳而未解送入库之款二百二十三元以之抵拨外，实应补拨三百九十七元，此款请饬秘书处在保管三十年度省概算各科目结束余款二十九万余元项下拨支等情，请公决案。

（决议）照数改在本年度第一预备金项下拨支。

十一至十二、（略）

十三、准广东省县长考试试务处，改编民国三十一年广东省县长考试经费支付预算书，计共列支五万元，款仍在本省三十一年度实施新县制补助款项下移拨，请查照办理等由，请公决案。

（决议）照案通过。

十四、（略）

广东省政府第九届委员会
第三百九十次议事录

日　期　十二月二十一日
地　点　曲江本府
出席者　李汉魂　胡铭藻　黄麟书　何　彤　许崇清　张导民
　　　　郑　丰　刘佐人　王志远　吴逎宪
列席者　毛松年　黄　雯　黄公安　李　敏　张尔超
主　席　李汉魂
纪　录　（秘书）谢晨光

报告事项

一、据粮政局呈，为补发前派赴渝人事行政班受训学员谢宇融去回程不敷旅费六百元，并乞准该员领过去回程旅费免办报销手续，请核示等情。饬据会计处签称，查所称尚属实情，拟援照本府核定补拨本府秘书处赴训人员冯汉杰等旅费成案，准如所拟办理等语，应准如拟办理。

二、据建设厅呈，以合作事业管理处调驻梅县县政府合作指导员谢坦孚身故，拟依法补给殓葬费一百五十元，款在该处三十一年度旧事业节余项下开支，请察核等情。经饬据秘书、会计处签称，核与本省战时公务员、雇员、公役在职亡故核给殓葬费暂行办法第二条第一款及第四条之规定相符，拟准照规定给予殓葬费一百五十元，此款准在该处三十一年度旧事业费节余项下开支等语，应准如拟办理。

三、据财政厅签呈，关于保安第五团伤员杜若三十年度恤金国币一百七十五元，拟在三十一年度省拟定预算恤金余额项下动支等情。饬据会计处签称，该款原应在三十年度省库收支结束各科目节余保管款（二十九万余元）内拨支，惟该项保管款已开支净尽，无法拨付，兹拟该项恤款请准如财政厅所拟在三十一年度省恤金项下开支等语，应准如拟办理。

四、据省振济会呈缴广东妇女生产工作团三十年度十一、十二月份追加学生膳食费预算书表，计十一月份列六百六十五元一角三分，十二月份列六百九十五元四角二分，合共一千三百六十元五角五分，请察核等情。饬据会计处签称，此案既经振济会核明款在振款项下拨给，复核亦无不合，拟准照列等语，应准如拟办理。

五、据粮政局签呈，本局局长奉核定带员赴渝出席全国粮政会议，旅费查实应发国币一万二千八百四十七元九角八分，请迅赐拨还归垫等情。饬据会计处签称，查尚实情，拟准照列，计现应补拨一百二十元，款拟并在本府三十一年度特别公差旅费项下拨支等语，应准如拟办理。

六、据广东省救护委员会呈，请准在该会本年度收入余款项下拨助该会香港分会主任委员刘景清救济费五百元，请核示等情。饬据会计处签称，本案既奉批"姑予照准"，拟请报会后分别通知等语，应准如拟办理。

讨论事项

一、据建设厅签呈，转据农林局呈，为本局在连盖搭局址案，奉拨六万元，实不敷支，请准将本局农村经济课修缮费四百八十四元及本局暨农村经济课迁连疏散费节余一万九千零一十二元二角三分一并移用，并将原核定在本局办公费及用人经费节余拨支之四万二千一百七十四元一角，准予改在本年度各县农业指导工作站经费节余项下拨支，转请核示等情，请公决案。

（决议）照案通过。

二、（略）

三、据会计处案呈，英德县政府呈缴三十一年度地方岁入岁出追加概算一案，经依照财政厅意见核编后，计各列为三十七万四千三百二十元，请提会核定等情，请公决案。

（决议）照案通过。

四、郑委员（丰）函复审查社会处呈，拟就民众习艺所组织规程暨习艺实施办法，请核备一案意见，请公决案。①

（决议）照审查意见通过。

五、张委员、胡委员、方委员会复，审查省地政局呈拟订广东省租佃契约登记办法，请核示一案意见，请公决案。②

（决议）照审查意见通过。

六、据卫生处签呈，拟订本省理发店管理规则，请核定施行等情，请公决案。

（决议）交许委员审查。

七、据秘书处案呈，阳春县民谭之枢因校款缪辖事件不服阳春县政府二十五年八月十日所为之处分，提起诉愿一案，经审查完竣，作成决定书，呈会核定等情，请公决案。

（决议）照决定书通过。

八、张委员函复，审查民政厅签，拟拨款补助由县训练乡镇干部，并印制乡镇保长手册六万本，分发参考，计需补助费一十三万四千元，印刷费九万元，合共二十二万四千元，拟请统由本年度中央补助新县制项下拨支一案意见，请公决案。

（决议）照案通过，款俟本年度实施新县制补助费垫款归还后拨付。

九、张委员、郑委员（丰）、何委员会复，审查粮政局呈缴修正储运处组织规程、各区分处组织规程、各运输站组织简则、聚点仓库组织规程、集中仓库组织规程及各编制表，请察核一案意见，请公决案。③

①　审查意见略。
②　审查意见略。
③　审查意见略。

196

（决议）照审查意见通过。

广东省政府第九届委员会
第三百九十一次议事录

日　　期　十二月二十四日

地　　点　曲江本府

出席者　何　彤　吴迺宪　王志远　刘佐人　胡铭藻　郑　丰
　　　　　许崇清　黄麟书

列席者　毛松年　黄公安　张尔超　李　敏　李文韬

主　　席　李汉魂（公出　何彤代）

纪　　录　（秘书）谢晨光

报告事项

一、据财政厅签呈，关于国税拨县款处理办法，经奉行政院核定修正改为以百分之五十拨原县市，以百分之四十由省统筹分配，其余百分之十，由省保留俟年度结算时，视各县市临时需要，及税收短绌情形，随时核定补拨一案，未奉明定何时实施，为易于处理起见，前项修正条文，拟由本年十月份起实施，请察核等情。饬据会计处签称，所拟尚无不合，似可照办等语，应准如拟办理。

二、据财政厅签呈，革命同志李天德三十年一至十二月份养老金共国币六百元，因省库年度收支结束，无从出账，拟即在三十一年度省总概算恤金项下动支，请核示等情。饬据会计处签称，似可如厅拟办理等语，应准如拟办理。

三、据财政厅呈，为奉财政部令知，限制各机关不得滥请以紧急命令拨款补救办法：（一）各机关依照紧急命令拨款办法，呈请颁发紧急命令者，均从严审核，其有不具备该办法规定条件者，一律不予核准。（二）分期支用之款，应以第一个月或第一期需用之款为限，其余急需应用之款，一律不预发紧急拨款命令。（三）请发紧急命令之款，应将概算同时呈核，其因特殊情形不及办理者，应于请发紧急命令之日起，一个月内补送。三点除遵办外，报请察核等情。饬据会计处签称，核与公库法第十三条条文有关，既经财政厅遵照办理，拟仍请列报会议等语，应准照办。

四、据会计处签呈，关于建设厅前请将国库拟拨县由省统筹分配一百五十七万七千元之数指定作为冬耕增产原法案，因当时国库拨补县市分配数额尚未核定，致与财政厅电请国库电汇之总额一百五十五万七千元之数不符，现应根据财政厅电请汇拨之数更正等情，应准如拟办理。

五、据建设厅签呈，关于中国农民银行韶关分行函，以奉总处核示，拟请将前订本年度农贷合约分别增删更正一案，查所请在原约第一条后增注"前经另案洽订之农田水利贷款二百四十万元，不包括在内，本合约所列水贷，专办小型工程"一节，该二百四十万元农田水利贷款既另案与中农行洽订，似可照办。至第四条丁项"购置农民生产上生活上必需品及"十四字删去，亦属无碍，同条戊项"一切"二字改为"小型"，因第一条既已注明，则本项似亦应照更正，以清眉目，拟将存约分别备注删去更正，函复等语，应准如拟办理。

六、据本府边政指导委员会呈，请迅将连、连、阳三施教站员役生活补助金拨发等情。经饬据会计处签，以该三站系在本年七月起始改隶指挥，该项生活补助金应自七月起列支，原表列年度预算数系自本年一月起计算，自有未合，经代更正为七至十二月份，每月分配数为六百元，本年度预算数为三千六百元，准照更正数额在本年度省调整机构补助公务员生活费项下开支等语。经准如拟办理，并分别通知饬遵。

七、据教育厅呈，转缴省立曲江小学三十一年度临时设备费预算表，列支三千二百元，又增设民教部经费每月二百元，由七月至十二月份共一千二百元，两共四千四百元，此款拟在三十一年度中央补助国民教育经费一百万元分配预算内各公私立小学补助费五万三千四百九十五元项下拨支，请察核等情。饬据会计处签称，既经教育厅核明尚属需要，似可准予如数拨支等语，应准如拟办理。

八、据卫生处呈，拟自本年九月份起增设特警四名，所需饷项服装等项，拟在经费节余开支等情。饬据会计处签称，拟可照准，将该四名特警工饷在俸给费内匀支，服装费列入原预算内相当科目支报，编具预算科目流用表呈核。至于该特警生活补助费，仍应饬在该处三十一年度生活补助金预算内匀支，不再另行拨款等语，应准如拟办理。

讨论事项

一、据建设厅签呈，转缴省营糖厂筹备处职员编制表，请察核备案等情，请公决案。

（决议）照案通过。

二至三、（略）

四、据会计处案呈，平远县政府呈缴三十一年度地方岁入岁出追加概算一案，经依照各厅处局意见核编后，计各列为一十五万八千一百零五元，请提会核定等情，请公决案。

（决议）照案通过。

五、据省振济会呈缴救济总队本年度八至十二月份经常费预算书，计月列支一万三千六百八十元，生活补助金预算书计四个月共列支二万二千元，请核示等情，请公决案。[①]

（决议）照会计处签拟通过。

六、准广东省军管区司令部代电，附送鹤山县政府办理国民兵役初次施行壮丁调查应备书簿表册等费预算书，计列支三千七百四十六元一角五分，核尚符合，请查照办理等由，请公决案。

（决议）照案通过，款在本年度各县办理国民兵役初次调查壮丁应备书册表簿费项下拨支。

七、准广东省军管区司令部代电，附送连山县政府办理国民兵役初次施行壮丁调查办公费预算书，计列支五百元，应备书簿表册等费预算书，计列支三千七百四十六元二角五分，核尚符合，请查照办理等由，请公决案。

（决议）照案通过，款在本年度各县办理国民兵役初次调查壮丁应备书册表簿费项下拨支。

八、据会计处案呈，关于防疫医院增加三十一年度经费一案，经奉行政院电复，所请追加经常费三万一千零二十六元，可在该省省预算内统筹移出等因。兹拟将上项经费改在三十一年度省拟定预算内调整机构

---

① 会计处签拟略。

补助公务员生活费项下拨支，请核示等情，请公决案。

（决议）照案通过。

九、据粮政局签呈，拟议三十二年省级公粮征集及发放办法，请核定施行等情，请公决案。

（决议）交张、郑（丰）、黄、刘四委员审查，由张委员召集。

十、据本府行政效率促进委员会签呈，奉谕拟定本省各机关学校人员编遣办法，请核示等情，请公决案。

（决议）交胡、何、张、黄、郑（丰）、刘六委员审查，由胡委员召集。

十一、张委员、何委员会复，审查据会计处签呈，拟将本府审定之三十一年度各县局岁入岁出总概算先行分发执行，并拟具各项规定，签请核示一案意见，请公决案。①

（决议）照审查意见通过。

广东省政府第九届委员会
第三百九十二次议事录

日　　期　十二月二十八日

地　　点　曲江本府

出席者　李汉魂　胡铭藻　刘佐人　许崇清　张导民　黄麟书
　　　　　何　彤　吴迺宪　郑　丰　王志远

列席者　毛松年　戴振魂　黄　雯　黄公安　张尔超

主　　席　李汉魂

纪　　录　（秘书）谢晨光

报告事项

一、据广东省新生活运动促进会妇女工作委员会呈缴追加三十一年

---

① 审查意见略。

200

度临时费支付预算书，计列支五千七百三十六元，请察核等情。饬据会计处签称，似可准以该会三十年度经临费节余款为岁入来源拨支。至此类节余款挪支之预算，将来归列清表呈报中央校备等语，应准如拟办理。

二、据建设厅签呈，拟在本年度经费办公费什支项下拨给特务队队兵李有发殡葬费七十五元，请核示等情。饬据会计处签称，似应照三十年度陆军暂行给与规则第十八章第十表规定士兵待遇，发给殓葬费十五元，该款拟准在该厅三十一年度预算办公费什支项下支报等语，应准如拟办理。

三、（略）

四、据广东省图书杂志审查处呈缴本年度经常费追加预算书表，请察核存转等情。饬据会计处签称，该处将奉准自三十一年六月起增经费四百元，七个月共增二千八百元，改编预算分配表及追加预算呈缴前来，查列支年额四万一千八百九十二元核案不符。又表内说明增设组员三人，七月起增俸给费三百元等情；查系因兼办戏剧审查而至增设，应饬在表内补注明白，拟将预算分配表发还改编。至据缴追加预算，尚无不合，拟呈行政院核备，并分别通知等语，应准如拟办理。

五、据会计处案呈，关于广东全省保安司令部特别党部代电，以本部员工战时生活补助费月需三千零四十九元四角，本年度十二个月共需三万六千五百九十二元八角之款，请查照赐拨一案，经本府委员会第三八五次会议决议"照案通过，款在本年度战时特别预备金项下拨支"有案。查各部队增加待遇，均自本年六月份起实行，本案增加经费，自应由六月份起支，本年度应以七个月计算（即全年度共需二万一千三百四十五元八角）为合，经在通知单内分别更正请补列会议等情，应准照办。

六、据建设厅签呈，转缴公路处翁源工务段增加道班房及设置危险标志经费预算书，计列支二千八百五十二元四角，该款拟在翁源区工务段本年二月至八月份经常费节余项下拨支，请察核等情。饬据秘书、会计两处签称，尚属需要，似可照办等语，应如拟办理。

七、准广东省军管区司令部代电，附送海康、从化两县政府呈，缴各该县三十一年度办理国民兵役初次施行壮丁调查办公费预算书，计海康县列支国币六百元，从化县列支国币五百元，尚符规定，请照办理等由。饬据会计处签称，似可均准在本年度省预算岁出经常门临时部分第十三款第一项第三目各县办理国民兵役初次调查壮丁办公费项下拨支等语，应准如拟办理。

八、据建设厅签呈，缴该厅曲江营业部三十一年度营业预算书，请核示等情。饬据会计处签称，查所缴预算书列支八千二百一十元，据注明经费来源系由省营面粉、纺纱、织造、电池、肥皂、药棉、制纸、酒精八厂负担，该营业部设立系推销八厂产品，核属可行，拟准照列等语，应准如拟办理。

九、据教育厅呈，拟准司法院法官训练所函，以第九届法官训练班粤籍学员梁训礼、钱松森二员恳准核发来渝旅费各五百元等由。应否准予补发，转请核示等情。饬据会计处签称，查高考初试及格受训学员梁训礼受训旅费一次过五百元，前经核定拨支在案，本案该员请发旅费，自毋庸再议。至钱松森一员，查未领过旅费，似可援案一次过拨发该员旅费五百元，款在三十一年度赴中央干部训练团受训人员旅费项下拨支等语，应准如拟办理。

十、据财政厅签呈，据连县县政府呈请发给故兵徐国标二十九年及三十年份遗族恤金，合共国币四十元八角，应如何拨付，请核示等情。饬据会计处签称，拟准改在三十一年度省拟定预算恤金余额项下动支等语，应准如拟办理。

十一、准广东全省保安司令部代电，附缴第二期军士队野营演习费预算书，计列九百零八元六角，此款拟援案在本部三十一年度额领保安经费内支报，请查照备案等由。饬据会计处签称，核尚可行，拟予照办等语，应准如拟办理。

讨论事项

一、（略）

二、据饶平县政府呈缴办理国民兵役初次调查壮丁应备书簿表册预算书，共列支事〔一〕万七千四百二十六元四角，请核备等情，请公决案。①

---

① 会计处签拟略。

（决议）照会计处签拟通过。

三、据会计处案呈，鹤山县政府呈缴三十一年度地方岁入岁出第二次追加概算一案，经依照各厅处意见核编后，计各列为一万四千二百八十二元，请提会核定等情，请公决案。

（决议）照案通过。

四、准广东省军管区司令部代电，附送购置通讯器材预算表，计列支一万八千零四十六元，该款经由本部常备金先行垫支，请查照备案等由，请公决案。①

（决议）照会计处签拟通过。

五、据社会处先后电缴修正社会处设置暂行办法、办事细则草案，请核示等情，请公决案。

（决议）交许、吴两委员审查，由许委员召集。

六、据建设厅签呈，以据农林局电，请垫发本年度棉作繁殖场经临费一十三万四千一百三十元一案，转请察核等情，请公决案。

（决议）照案通过，款在本年度调整机构补助公务员生活费项下垫拨。

七、（略）

八、郑委员（丰）、郑委员（彦棻）、何委员会复，审查韶关市政筹备处呈缴开筑西河区马路路线图说及声叙西河区新定第三线暨更加辟各支路情形，请核示一案意见，请公决案。②

（决议）照审查意见通过。

九、胡委员、何委员、张委员、黄委员、郑委员（丰）、刘委员会复，审查行政效率促进委员会奉谕拟定本省各机关、学校编遣人员办法一案意见，请公决案。

（决议）照审查意见修正通过。

十、据粮政局签呈，拟定广东省非常时期各县市局设置镇仓及派收积谷代金暂行章程，请核定施行等情，请公决案。

（决议）交张、郑（丰）、王三委员审查，由张委员召集。

---

① 会计处签拟略。
② 审查意见略。

十一、张委员、郑委员（丰）、黄委员、刘委员会复，审查粮政局签呈，拟议三十二年省级公粮征集及发放办法，请核定施行一案意见。请公决案。

（决议）照审查意见修正通过。

十二、据本府行政效率促进委员会签呈，拟具县政府组织调整办法草案，请核示等情，请公决案。

（决议）交何、张、郑、黄四委员审查，由何委员召集。

广东省政府第九届委员会
第三百九十三次议事录

日　　期　民国三十二年一月五日

地　　点　曲江本府

出席者　李汉魂　许崇清　吴逎宪　刘佐人　胡铭藻
　　　　王志远　黄麟书　郑　丰

列席者　毛松年　黄　雯　黄公安　李锡朋　何启昌　戴振魂

主　　席　李汉魂

纪　　录　（科长）谢乐文

报告事项

一、奉行政院令，以建设厅长途电话管理所修理曲连茂及广高德高话线工程费四十四万四千三百八十六元八角，准在该省战时特别预备金项下开支等因。饬据会计处签称，拟饬财政厅遵照拨付等语。应准如拟办理。

二、据建设厅签呈，转缴中区林业促进指导区三十一年度经常费预算分配表件，请察核示遵等情。饬据会计处签称，原缴经常费预算分配表每月列支一千零八十元，年列一万二千九百六十元，拟准按月照拨。补足折薪差额预算分配表，每月列支一百九十元，年列二千二百八十元。又生活补助金预算分配表每月列支九百六十元，年列一万一千五百二十元，查核尚无不合，拟均准在三十一年度省岁出拟定预算内调整机构补助公务员生活费项下按月照拨等语。经准如拟分别通知，并令饬遵照。

三、据省战时政治工作总队签呈，以无法遵限结束，请准予展延期限，及结束期内所需各项经费，并请准在本队本年度经费节余及在十二月份经费生活补助金米代金等项下开支一案，经核定：（一）准最迟展至三十一年十二月底结束，并准将该队十二月份经常费、生活补助金及平价米代金一并核发。（二）生活补助金及米代金系属专款，除该队留办结束人员准在十二月份内按在职日依规定计发外，各该专款所有节余，应并同三十年度尚未清解之节余款专案解库，不得挪用。（三）该队三十一年度七月至十二月奉核增办公费共一万五千九百元，经准在三十一年度省拟定预算内调整机构补助公务员生活费项下垫拨，请审计处予以核签支付书。（四）该队各员以前领用之被服装具，准免予缴回。（五）该队遣散员役，应依向例只准发十二月份薪饷（生活补助金及米代金不发）一个月作为遣散费，此款应并同该队延期结束所需费用统在该队三十一年度一至十二月份经常费节余项下统筹支报，不另增拨。（六）该队送调人员毕业后，派出工作旅费，该队若能并在经常费节余项下统筹办理时，姑准编呈预算核办，并分别通知电行。

四、据本府边政指导委员会呈，以所属各站在未奉到接收决定办法前，遽难结束，请准展延结束期限，并发放本会及所属各站十二月份经费等情。经核定应准变通办理，将该会及所属连、连、阳、曲、乐、乳各站经费均各发至十二月份，所有该会及各站遣散人员之恩饷，留办结束人员之薪俸工资，及办理结束一切费用，应分别在该会或各该施教站十二月份经费内自行统筹开支，不另增拨。至生活补助金及平价米代金，并准予发至十二月份。但此款系属专有性质，除留办结束人员得按日期计算给领外，所有遣散人员，既不在职之日，概不给领，其结余数，应专案解库，不得移用为办理结束费用，并经分别通知电行。

五、据连、乐、乳、宜四县联防办事处呈，以物价高涨，原月支经费一千元，实感不敷支应，拟请在保留期内，月增经费一千元等情。应准予追加，由十一月份起，款在省第一预备金追加部【分】拨支。

六、据卫生处呈，转缴曲江药库三十一年度修缮及购置费预算表，计列支三千二百九十六元，请核示等情。饬据会计处签称，本案既经卫生处核明尚属需要，拟可准如所请，在本府前核定该处三十一年度卫生运动及环境卫生费节余项下移拨等语，应准如拟办理。

七、据南海县政府呈缴三十一年十月份囚粮费支付预算书，计列二百三十八元五角，请拨还归垫等情。饬据会计处签称，尚属需要，此款拟援案在本年度省拟定预算行政人犯口粮费下拨付等语，应准如拟办理。

讨论事项

一、据财政厅签呈，准广东省图书杂志审查处函送本省各县市图书杂志审查分处暂行编制及每月经费表，请饬各县照额拨发，并照案配发生活补助金及公粮，以利审政推行一案，拟具意见，请核示等情，请公决案。

（决议）仍照本府核定原案办理。

二、张委员、何委员、黄委员、郑委员（丰）、郑委员（彦棻）、刘委员会复，复议阳山县政府呈缴三十二年度地方岁入岁出总概算一案意见，请公决案。

（决议）照案通过。

三、据会计处案呈，始兴县政府呈缴三十一年度地方岁入岁出追加概算一案，经依照各厅处意见核编后，计各列为一十九万五千五百一十七元，请提会核定等情，请公决案。

（决议）照案通过。

四、据会计处案呈，南雄县政府呈缴三十一年度地方岁入岁出追加概算一案，经依照各厅处意见核编后，计各列为一十二万元，请提会核定等情，请公决案。

（决议）照案通过。

五、据会计处案呈，鹤山县政府呈缴三十一年度地方岁入岁出追加概算一案，经依照各厅处局意见核编后，计各列为一十万零六千一百一十元，请提会核定等情，请公决案。

（决议）照案通过。

六、据会计处案呈，鹤山县政府呈缴三十一年度地方岁入岁出第三次追加概算一案，经依照各厅处意见核编后，计各列为一万九千六百六十八元，请提会核定等情，请公决案。

（决议）照案通过。

七、张委员、何委员、黄委员、郑委员（丰）、郑委员（彦棻）、刘委员会复，审查韶关市三十二年度地方岁入岁出总概核〔算〕一案意见，请公决案。

（决议）照审查意见通过。（意见略）

八、据广东省船舶总队部签呈，附缴广东省船舶总队东江区大队部组织规程、东江区船舶大队部船舶统制管理实施细则等件，请察核等情，请公决案。

（决议）现正裁并机构，该大队应于一月底裁撤，其原有专任职员准发恩饷一月。

九、（略）

十、准广东全省保安司令部代电，附送该部附员看守所通讯兵大队部无线电第十四至十九分队干训班等，自三十一年六月份改订给与追加经费及购置通讯器材价款等预算书，请查照办理等由，请公决案。

（决议）照会计处签拟通过。（签拟略）

十一、据本府行政效率促进委员会签呈，以台山、南雄、始兴、连县、连山、阳山、乳源、乐昌、仁化、翁源、安化局、新兴、新丰、丰顺、梅县、龙川、平远、蕉岭、海丰、韶关市、恩平、罗定、饶平、佛冈、灵山、开建等二十六县市局三十二年度工作计划，经审核完竣，请察核等情，请公决案。

（决议）交张、何、黄、郑（丰）、郑（彦棻）、刘六委员审查，由张委员召集。

十二、（略）

广东省政府第九届委员会
第三百九十四次议事录

日　　期　一月七日

地　　点　曲江本府

出席者　李汉魂　何　彤　张导民　黄麟书　郑　丰　胡铭藻
　　　　　许崇清　刘佐人　王志远　吴迺宪

列席者　毛松年　戴振魂　黄　雯　黄公安　张尔超　何启昌

主　　席　李汉魂

纪　　录　（科长）谢乐文

报告事项

一、（略）

二、据建设厅转缴公路处加髹大江河车船桐油工料费预算表，计共列支一千零六十元，拟在龙川区工务段渡口经常费节余项下开支等情。饬据会计处签称，似可照办，饬列入原经费预算内报销等语，应准如拟办理。

三、（略）

四、据财政厅签呈，关于本府战时通讯所直属第四分台所需开办经临各费，前奉核定在三十一年度驻港电台经费节余项下移拨有案，惟查驻港电台节存经费，已奉准为琼山、文昌等电台生活补助金，及五华分台增加经费之一部，移支净尽，对于直属四分台经费，拟请另行指款拨支等情。饬据会计处签称，本属实情，惟查三十一年度省拟定预算各科目已无余款可资移拨，拟准改在三十一年度第一预备金追加部分俟行政院核准后拨支等语，应准如拟办理。

五、据省驿运管理处缴派驻连县看管疏散公物之公役陈卢医埋殓费预算书，计共列支三百四十七元九角，款拟准在本处三十一年度疏散迁移费项下列支，请察核等情。饬据秘书、会计两处签称，似应依照本省战时公务员、雇员、公役在职亡故核给殓葬费暂行办法第二条第三款给与殓葬费七十元，款在该处三十一年度经费节余项下开支，列入原预算内报销等语，应准如拟办理。

六、据建设厅签呈，拟议补请修正广东省奖励农工矿业技术暂行办法意见，请核前来。经饬据秘书处签称，现修正办法各条之"奖励农工矿业技术委员会"，拟改为"奖励农工矿业技术审查委员会"，以期适合。又关于审查细则，似可于审查委员会规则中定之第四条第二项，拟改为"前项审查委员会规则另定之"等语，应准如拟办理。

七、准广东省动员会议函，送广东省实施管制物价暂行办法，请查照核定公布施行，并呈报行政院备案等由，应准照办。（办法载法规栏）

讨论事项

一、（略）

二、据会计处案呈，佛冈县政府呈缴三十一年度地方岁入岁出第二次追加概算，经依照财政厅意见核编后，计列各为一万五千元，请提会核定等情，请公决案。

（决议）照案通过。

三、据会计处案呈，化县县政府呈缴三十一年度地方岁入岁出第二次追加概算一案，经依照各厅处意见核编后，计各列为二十八万五千一百六十二元，请提会核定等情，请公决案。

（决议）照案通过。

四、据会计处案呈，乐昌县政府呈缴三十一年度地方岁入岁出第二次追加概算一案，经依照各厅处意见核编后，计各列为一十五万九千一百六十九元，请提会核定等情，请公决案。

（决议）照案通过。

五、据会计处案呈，陆丰县政府呈缴三十一年度地方岁入岁出第二次追加概算一案，计各列为八千七百一十元，核案相符，拟予照准，请提会核定等情，请公决案。

（决议）照案通过。

六、据会计处案呈，罗定县政府呈缴三十一年度地方岁入岁出追加概算一案，经依照各厅处意见核编后，计各列为一十万零一千四百元，请提会核定等情，请公决案。

（决议）照案通过。

七、据会计处案呈，宝安县政府呈缴三十一年度地方岁入岁出追加追减概算书一案，经依照财政厅意见核编后，计岁入追加减仍各为七万零七百八十元，请提会核定等情，请公决案。

（决议）照案通过。

八、据会计处案呈，仁化县政府呈缴三十一年度地方岁入岁出追加概算一案，经依照各厅处意见核编后，计各列为一十七万四千九百五十元，请提会核定等情，请公决案。

（决议）照案通过。

九、据会计处案呈，开平县政府呈缴三十一年度地方岁入岁出第二次追加概算书一案，经依照各厅处意见核编后，计各列为一十万零五十二元，请提会核定等情，请公决案。

（决议）照案通过。

十、据会计处案呈，宝安县政府呈缴三十一年度地方岁入岁出第二次追加概算一案，经依照民政、财政两厅意见核编后，计各列为一万七千八百一十二元，请提会核定等情，请公决案。

（决议）照案通过。

十一、据会计处案呈，廉江县政府呈缴三十一年度地方岁入岁出追加追减概算一案，经依照各厅处意见核编后，岁入岁出追加追减比较，实追加数各列为三十一万三千九百四十七元，请提会核定等情，请公决案。

（决议）照案通过。

十二、据会计处案呈，徐闻县政府呈缴三十一年度地方岁入岁出追加追减概算一案，经依照各厅处意见核编后，岁入岁出追加追减比较，实追加数各列为三十九万一千五百八十元，请提会核定等情，请公决案。

（决议）照案通过。

十三、据省粮食增产总督导办公处代电，以在连县搭建团址费共二万元，本团无节余经费可资拨用，请照数核拨，俾资兴筑等情，请公决案。

（决议）准发给一万五千元，款在三十一年度省第一预备金追加部分开支。

十四、准广东省动员会议函送广东省动员会议组织规程，请查照等由，请公决案。（规程载法规栏）

（决议）照案通过。

十五、准广东省动员会议函送广东省各县市局动员会议组织纲要，请查照核定公布施行等由，请公决案。（纲要载法规栏）

（决议）照案修正通过。

十六、主席提议，梅菉管理局局长林树德【辞】职照准，遗缺拟派赖汉代理，请公决案。

（决议）照案通过。

广东省政府第九届委员会
第三百九十五次议事录

日　　期　　一月十一日

地　　点　　曲江本府

出席者　　李汉魂　何　彤　张导民　黄麟书　郑　丰　胡铭藻
　　　　　刘佐人　许崇清　王志远

列席者　　袁晴晖　毛松年　戴振魂　黄公安　张尔超　何启昌

主　　席　　李汉魂

纪　　录　　（科长）谢乐文

报告事项

一、奉行政院代电，以该省三十一年度七至十月份追加各项经费，经汇案伸算呈奉核定：（一）行政支出一十九万七千元。（二）教育文化支出一十二万三千二百四十元。（三）卫生支出一百六十九万八千七百二十元。（四）经济及交通支出四十二万七千四百七十六元。（五）保警支出三百四十二万六千九百五十七元。（六）第一预备金酌列半数三十五万元，合计六百二十二万三千三百九十三元，除已由院于审定该省三十二年度概算时代为分别增列各款外，仰知照等因。自应遵照办理。

二、奉行政院令，发本省三十一年度第二次追加预算书，经院照案通过，仰遵照等因。饬据会计处签拟，请列报会议后，通知审计处，并饬财政厅知照等语，应准如拟办理。

三、据建设厅签呈，关于公路处转据曲江工务段呈，以会同核议招商估价增建渡车船，因各商取价超出预算过巨，未能交判，应如何办理一案，拟准在原核定预算范围内，照现投最低价格一艘二万二千一百三十八元，就地成交先行承造。其余一般不敷工料费，则饬该处查明三十一年度各项工程费有无节余款项可供拨支，再行办理等情。饬据会计处签称，似可照准，惟关系变更法案，拟请核定列报会议，并电请行政院准予照办，迅予照案将款拨还归垫等语，应准如拟办理。

四、据省振济会呈，以据儿童教养院呈缴工艺院组织规程及经费概算一案，经酌予修正，转请备案等情。饬据会计处签称，关于工艺院三十一年度经常费预算，经本府核定分别存转。至该院三十年度十一至十二月份两个月经常费预算，亦经另案签请核示。本案关于组织规程部分，拟请照秘书处意见报会备案等语，应准如拟办理。

五、据建设厅签呈，转缴公路处修建旧修车厂工程费预算书，计共列支一万六千七百五十元，请察核准予在行车营业基金项下开支等情。饬据秘书、会计两处签称，查所列工程费尚属核实，拟准照列等语，应准如拟办理。

六、据会计处案呈，关于广东全省保安司令部建筑保安新村第一步建筑费一十一万二千八百六十三元九角九分之款，本府本届委员会第三八〇次会议原核定在三十一年度保安经费节余项下开支，理〔现〕查该项建筑费系三十年度支出，该款拟照保安司令部原拟意见，改在三十年度保安经费节余项下开支，请列报会议更正后，分别通知等情，应准如拟办理。

讨论事项

一、据省地政局签呈，拟具广东省地价税折征实物暂行标准，请察核等情，请公决案。

（决议）交张、何、胡三委员审查，由张委员召集。

二、据秘书处签呈，为因应付临时急需起见，拟具三十二年度设备

212

装载消防器具及人员车辆经常费支付预算书，计列支五万七千四百五十元，请察核指款拨支等情，请公决案。

（决议）准发一万元，款在三十二年度第一预备金项下开支。

三、据建设厅签呈，据农林局呈，以奉谕拟具广东省耕牛保险暂行办法大纲一案，转请察核等情，请公决案。

（决议）交张、何、胡三委员审查，由张委员召集。

四、准广东全省保安司令部代电，附送该部干部训练班第七期军官队学员结业回队旅费预算书，计列支三万三千四百八十三元六角，款拟援案在额领保安经费节余项下支报等由，请公决案。

（决议）照案通过。

五、据建设厅签呈，据工业试验所筹备处呈缴木炭炼铁计划书一案，计需机器及设备等费共一万九千三百元，请准拨款筹办等情，请公决案。

（决议）照案通过。款在该所三十一年度经费节余项下开支。

六、据建设厅签呈，转缴化工材料制造厂筹备处三十一年度营业概算书，请察核等情，请公决案。①

（决议）照会计处签拟通过。

七、据建设厅签呈，转缴省营药棉厂三十一年度营业计划概算书，请察核等情，请公决案。②

（决议）照会计处签拟通过。

八、据建设厅签呈，转缴省营电池厂三十一年度营业计划概算书，请察核等情，请公决案。③

（决议）照会计处签拟通过。

九、据建设厅签呈，转缴省营酒精厂三十一年度营业计划及概算书，请察核等情，请公决案。④

（决议）照会计处签拟通过。

十、据建设厅签呈，转缴省营肥皂厂三十一年度营业计划及概算

---

① 会计处签拟略。
② 会计处签拟略。
③ 会计处签拟略。
④ 会计处签拟略。

书，请察核等情，请公决案。①

（决议）照会计处签拟通过。

十一、据粮政局先后呈缴西江四邑运销处三十一年度营业计划预算书及预算科目流用表，请核示等情，请公决案。②

（决议）照会计处签拟通过。

十二、据教育厅呈缴三十一年度考选海军生预算书，计列支九万九千二百七十八元，除前奉拨三万元外，其余六万九千二百七十八元，经由厅权先垫付，请察核如数拨还归垫等情，请公决案。

（决议）照案通过，款在三十一年度省第一预备金追加部分开支。

十三、据会计处案呈，信宜县政府呈缴三十一年度地方岁入岁出追加概算一案，经依照各厅处意见核编定〔后〕，计各列为六十七万二千四百三十六元，请提会核定等情，请公决案。

（决议）照案通过。

十四、据会计处案呈，开建县政府呈缴三十一年度地方岁入岁出第一次及第三次追加概算一案，经依照各厅意见核编后，计各列为一十万四千九百九十五元，请提会核定等情，请公决案。

（决议）照案通过。

十五、据会计处案呈，连山县政府呈缴三十一年度地方岁入岁出第三次追加概算一案，经依照民政厅、财政厅、卫生处意见核编后，计各列为五万八千七百九十一元，请提会核定等情，请公决案。

（决议）照案通过。

十六、据会计处案呈，阳春县政府呈缴三十一年度地方岁入岁出第二次追加概算一案，经依照民政厅、财政厅、教育厅意见核编后，计各列为二十五万元，请提会核定等情，请公决案。

（决议）照案通过。

十七、据会计处案呈，高明县政府呈缴三十一年度地方岁入岁出追加概算一案，经依照各厅处意见核编后，计各列为二十一万零三百五十元，请提会核定等情，请公决案。

---

① 会计处签拟略。
② 会计处签拟略。

（决议）照案通过。

十八、据会计处签呈，拟议三十一年度十月至十二月份公务员生活补助费办法，请核示等情，请公决案。

（决议）交张、何、刘三委员审查，由张委员召集。

十九、据会计处签呈，拟举行三十一年度会计检讨会议，计需经费一万五千元，请察核先行垫拨应支等情，请公决案。

（决议）照案通过。

二十、据会计处签呈，以迩来物价高涨，关于本省省县机关人员出差旅费，拟请通饬照原颁旅费规则标准十足支付，请察核等情，请公决案。

（决议）照案通过。

二十一、据省地政局代电，以职员宿舍两座被敌机炸毁，请准拨款七万元重建，以资栖止等情，请公决案。

（决议）交张、何、刘三委员审查，由张委员召集。

二十二、准广东省动员会议函，拟具广东省各县市局运价评议会组织通则，工资评议会组织通则，租价评议会组织通则等件，请核定施行等由，请公决案。

（决议）照案修正通过。

二十三、准广东省动员会议函送人员编制表预算书，请查照办理等由，请公决案。

（决议）照案通过，款在三十一年度省第一预备金项下垫付。

二十四、据秘书处签呈，为适应本省现实情形起见，拟请将修正本省公务员、雇员、公役遭受空袭损害救济办法及本省战时公务员、雇员、公役在职亡故核给殓葬费暂行办法，规定救济及殓葬费照原额增给二倍或一倍，以示体恤等情，请公决案。

（决议）交张、何、刘三委员审查，由张委员召集。

二十五、何委员、张委员、郑委员（丰）、黄委会复，本府行政效率促进委员会拟具县政府组织调整办法一案意见，请公决案。

（决议）照审查意见通过。（意见略）

广东省政府第九届委员会
第三百九十六次议事录

日　期　一月十五日

地　点　曲江本府

出席者　李汉魂　何　彤　郑　丰　黄麟书　许崇清　高　信
　　　　吴迺宪　胡铭藻　刘佐人　王志远

列席者　毛松年　戴振魂　张尔超　何启昌

主　席　李汉魂

纪　录　（科长）谢乐文

报告事项

一、据第一区行政督察专员公署呈缴三十一年九月份行政囚粮清册，计列支国币二百五十五元二角，请察核拨还归垫等情。饬据会计处签称，查核总散数目尚无不合，似可准在三十一年度省拟定单位预算内行政人犯口粮项下拨发归垫等语，应准如拟办理。

二、（略）

三、据广东省立文理学院呈缴军训教官四名三十一年度九至十二月生活补助金预算书，计每月列支三百元，四个月共列一千二百元，请核发转给等情。饬据会计处签称，核案尚无不合，拟准如数在三十一年度省拟定预算内调整机构补助公务员生活费项下拨支等语，应准如拟办理。

四、据建设厅签呈，据农林局呈缴代编西区林业促进指导区三十年度经费预算分配表及俸给改订比较表一案，转请察核等情。饬据会计处签称，核案尚无不合，计三十年度九月份起至十二月份止，月应增俸给费五百三十二元，四个月共增加二千一百二十八元，此款拟准在三十一年度省拟定预算内调整机构补助公务员生活费项下补拨等语，应准如拟办理。

五、准广东全省保安司令部代电，为权自三十年十月份起修正各区

216

司令部编制，计修正编制后，不敷经费三个月共一千二百九十元三角之款，拟在三十年度保安经费节余项下支报，请查照办理等由。饬据会计处签称，似属需要，应否照办，请核示等语，应准照办。

六、据第一区行政督察专员公署呈缴三十一年十月份行政囚粮清册预计书，计共列支五百四十九元七角六分，请察核拨还归垫等情。饬据会计处签称，核无不合，此款拟在三十一年度省拟定预算内行政人犯口粮科目拨还归垫等语，应准如拟办理。

七、据建设厅签呈，缴省营酒精厂三十年度追加营业预算书，请核示等情。饬据会计处签称，查所缴营业预算补充表岁出创办建筑费二万零二百七十五元八角七分，据明细表注明除在原核定三十年度创办费预算内各科目节余匀支外，计不敷如列数。既经建设厅核明该项不敷数在该厂原有基金项下开支，拟准照办，饬并编入该厂三十年度原核定营业预算内支报等语，应准如拟办理。

八、据省立勤勤商学院呈缴军训队教官、助教生活补助金预算分配表及家属平价米代金名册等件，请察核等情。饬据会计处签称，除该院军训教官、助教平价米代金经另案核定由三十一年九月份起照教职员待遇发放在案外，至生活补助金，据列九至十二月每月二百二十元，四个月共列八百八十元，核案尚无不合，拟准予如数在三十一年度省拟定预算内调整机构补助公务员生活费项下拨支等语，应准如拟办理。

九、准广东全省保安司令部代电，以二十九年度疏散迁移费一万四千七百三十七元五角四分之款，前准通知核定在二十九年度保安经费节余项下支报有案。查二十九年保安经费节余计算业经编送，余款亦经返纳，本案二十九年度疏散费一万四千七百三十七元五角四分之款，拟改在二十九年度保安机关部队主食补助费节余项下拨支，请查照等由。饬据会计处签称，拟予照办等语，应准如拟办理。

十、据始兴县政府呈，为编造县总税册材料费不敷一千一百六十二元，请准予照数补助等情。饬据会计处签称，尚属需要，似应准在三十一年度省概算岁出经常门常时部分第十三款第三项第一目实施新县制经费补助金项下拨支等语，应准如拟办理。

十一、据中央政治学校本届取录学生彭思衍、庄文彬呈，请援例补发旅费各八百元等情。饬据会计处签称，查该生等既经由中政校证明确属粤籍，似可援例照发该两生补助旅费各八百元，计共一千六百元，此款拟仍在三十一年度赴中央干部训练团受训人员旅费项下支拨等语，应准如拟办理。

十二、据会计处案呈，关于财政厅签拟修正中央分配县市国税处理办法实行日期一案，前经核定由三十一年十月起实施有案，兹查该处理办法，经奉行政院三十一年十一月十八日顺嘉字第二三五三二号训令饬知，经报国防最高委员会备案，准由三十二年度起施行，并经本府于三十一年十二月二十三日以调财会岁字第五五三〇二号训令通饬知照在案。前核定自三十一年十月份起施行一节，自应报会注销等情，应准如拟办理。

十三、据会计处案呈，中山县政府呈缴三十一年度地方岁入岁出追加概算一案，经依照各厅意见核编后，计各列为一十万元，请报会议等情，应准如拟办理。

密十四、据会计处案呈，新兴县政府呈缴三十年度地方岁入岁出第二次追加概算一案，经依照各厅意见核编后，计各列为九万九千零四十元，请列报会议等情，应准如拟办理。

密十五、据会计处案呈，龙门县政府呈缴三十年度地方岁入岁出追加追减概算一案，经依照各厅处局意见核编后，追加追减比较实追加数各为三万一千五百三十元，请列报会议等情，应准如拟办理。

密十六、据会计处案呈，徐闻县政府呈缴三十年度地方岁入岁出第三次追加概算一案，计各列为三千五百七十九元，拟准照原编追加预算办理，仍请列报会议等情，应准如拟办理。

密十七、据会计处案呈，梅菉管理局呈缴三十年度地方岁入岁出追加概算一案，经依照各厅意见核编后，计各列为二万九千六百五十二元，请列报会议等情，应准如拟办理。

密十八、据会计处案呈，澄海县政府呈缴三十年度地方岁入岁出第二次追加概算一案，经核编后，计各列为七千六百六十六元，请列报会议等情，应准如拟办理。

密十九、据会计处案呈，中山县政府呈缴三十年度地方岁入岁出第二次追加概算一案，经核编后，计各列为五万六千零八十五元，请列报会议等情，应准如拟办理。

讨论事项

一、据建设厅签呈，以制发特务队队兵棉褛、棉胎等共需款五千六百一十二元，除一部分三千一百六十二元拟在本厅三十一年度临时费剩余项下开支外，尚不敷二千四百五十元，拟在三十一年度勘矿旅什费节余款七千六百八十六元四角三分数额内开支，请察核等情，请公决案。

（决议）照案通过。

二、据建设厅签呈，附缴省营酒精厂恢复修理费预算书，计列支三十四万六千元，请核示等情，请公决案。

（决议）照案通过，款由该厂向省银行息借，并由该厂营业盈余项下偿还。

三、据统计处呈缴三十二年度举办选县户口普查及编印本省公务员统计方案计划及概算书，请察核等情，请公决案。

（决议）交张、王、许三委员审查，由张委员召集。

四、准广东全省保安司令部代电，检送将、校官冬季服装补助费预算书，计列二万一千六百八十元，拟援案在节余经费项下支报，请查照等由，请公决案。

（决议）照案通过。

五、据会计处案呈，关于战时通讯所呈请指拨专款建架该所总机加建合署电话暨场建黄岗线路预算书，列支一万一千零九十六元二角一案，前经核定呈请行政院追加预算核拨在案。现奉核复以此项工料费为数无多，可在省预算内统筹移用，不必追加等因。查三十一年度省拟定预算各科目均无余款可拨，拟改在三十一年度省第一预备金项下拨支等情，请公决案。

（决议）照案通过。

六、据建设厅先后签呈，以三十一年度冬耕贷款三百万元，原缴合约"贷款利息"内注明月息一分，由省库负担全额，各县无须付息，此项利息计共一万八千元，请指款拨支。又省银行代汇发各县冬耕贷款支付电报费四百四十六元四角，贷款合约规定应收回电费，该款电费来源并无规定，并请核示应如何拨支等情，请公决案。

（决议）照案通过，款在三十一年度省第一预备金项下开支。

七、据省驿运管理处、企业公司、农林局会呈，遵谕拟具驴马繁殖场计划大纲、试用驴马计划大纲、试用驴马运输暂行办法、驴马市场计划纲要、奖励商人贩卖驴马应市办法等件，请核示等情，请公决案。

（决议）交高、王、吴三委员审查，由高委员召集。

八、据本府行政效率促进委员会签呈，拟具广东省各县政务督导队组织大纲、各县政务督导队督导办法、各县政务督导队督导须知等件，请察核等情，请公决案。

（决议）交何、高、郑三委员审查，由何委员召集。

九、据本府行政效率促进委员会委员胡耐安呈缴奉派赴浙江、安徽考察战时职业师范教育及政治学院旅费报告表，计共列支一万零一百六十二元二角四分，请察核拨支等情，请公决案。

（决议）照案通过。

十、据中央政治学校本届取录粤籍学生刁伟芳等十二人先后呈，请援案补助赴渝入校旅费各八百元等情，请公决案。①

（决议）照会计处签拟通过。

十一、据广东省粮食增产总督导团呈缴修正组织规程及编制表暨各区县团组织通则，请察核等情，请公决案。

（决议）交何、刘、张三委员审查，由何委员召集。

十二、据秘书处签呈，继续贸易管理处与广东省银行借款购储各机关办公用品，款项利息计由三十年六月一日起至三十一年八月十八日止利息八千一百六十二元九角二分，除由省库拨到五千八百四十七元外，尚不敷二千三百一十五元九角二分，又由三十一年八月十九日起至同年十二月底止，利息四千二百八十七元零八分，合共六千六百零三元，请指款续拨以利办理等情，请公决案。

（决议）照会计处签拟。

十三、据民政厅签呈，拟订本省安定警察人员生活及奖励服务精神实施办法，请核定施行等情，请公决案。

（决议）交张、胡、刘三委员审查，由张委员召集。

十四、据本府行政效率促进委员会签呈，审核大埔、连县、宝安、潮阳、五华、兴宁、阳江、封川、惠来、阳春、中山、广宁、澄海，南

---

① 会计处签拟略。

山、曲江、惠阳、增城、英德、河源、龙门、紫金、东莞、揭阳、徐闻、普宁、南澳、潮安等二十七县局三十二年度工作计划，请核定等情，请公决案。

（决议）交张、何、黄、郑（丰）、郑（彦棻）、刘六委员审查，由张委员召集。

十五、张委员、何委员、刘委员会复，审查会计处签呈，拟议三十一年度十至十二月份公务员生活补助费办法，请核示一案意见，请公决案。

（决议）照审查意见第二项办法通过。

十六、据会计处签送，修正三十一年度岁出单位预算书，请察核等情，请公决案。

（决议）照案通过。

十七、据会计处案呈，奉谕由本府拨付加建韶关市及近郊各地防空壕洞费三十万元等因。该款拟在三十二年度战时特别预备金项下拨支，请察核等情，请公决案。

（决议）照案通过，款先在三十二年度省第一预备金项下垫付。

十八、据民政厅签呈，关于前请拨款二十二万四千元补助由县训练乡镇干部及印制乡镇保甲长手册一案，经奉核定照案通过，俟本年（三十一）度实施新县制补助费垫款归还后拨付在案。现年度结束，此款急待使用，请准在未归还以前，另行指款应支等情，请公决案。

（决议）准在三十二年度省第一预备金项下先行垫付。

十九、据秘书处签呈，查三十一年度本府各委员、厅局长先后赴渝公干支出旅费甚巨，本府特别公差旅费预算因限于定额，不敷支应约二十万元，请核定准予如数追加拨付等情，请公决案。

（决议）照会计处签拟。

二十、准省动员会议函送督察队组织大纲、编制表、预算表，各县市检查站组织通则、编制表、预算表等，请查照办理等由，请公决案。

（决议）交刘、胡、郑（丰）三委员审查，由刘委员召集。

广东省政府第九届委员会
第三百九十七次议事录

日　　期　一月十八日

地　　点　曲江本府

出席者　李汉魂　何　彤　张导民　黄麟书　郑　丰　胡铭藻
　　　　吴迺宪　王志远　高　信　许崇清

列席者　戴振魂　毛松年　黄　雯　张尔超　何启昌

主　　席　李汉魂

纪　　录　（科长）谢乐文

报告事项

一、据省振济会呈缴妇女生产工作团二十九年度疏散费预算书，计列支一千九百二十一元一角，核尚相符，款拟在本会振款项下拨支，请核示等情。饬据会计处签称，拟准照办等语，应准如拟办理。

二、据省振济会呈缴花县义民收容所三十一年度经常费预算书分配表，计月列支三百元，年列支三千六百元，请核示等情。饬据会计处签称，既经振济会核明款在本府前拨战区十县运输救济站所三十一年度经费三万六千元项下拨支，复核总散数尚符，拟准照办等语，应准如拟办理。

三、准财政部电，以贵省三十二年一月份经费在国家总概算未奉核定前，为协济贵省支应起见，除政权行使支出已改由中央统筹及县市补助费照案删除外，余已暂照三十一年度十二月分配数饬库照拨，仍俟概算核定后，再行扣补等由，经分别通知令行。

四、据会计处案呈，关于本府战时通讯所呈缴架设连县电话通讯网计划预算书，列支九万一千三百八十六元一案，经本府核定款在三十一年度战时特别预备金项下拨支，并电请行政院核示在案。现奉准指复准予备案示〔等〕因，经分别通知饬遵。

五、据建设厅签呈，据农林局呈，关于三十一年度追加粮食增产经

222

费一百二十万元一案，奉饬知应俟中央核定始能拨款办理，拟请准予移作下年度办理之用一案，转请核示等情。经准如所请办理，并分别通知。

六、据建设厅呈，转农林局转缴三十一年度北区农林业促进指导区经常费暨补足折薪差额及生活补助费预算分配表等，请核示前来。计经常费预算月列三千六百五十六元六角六分，年列四万三千八百七十六元，核无不合，应准按月照拨。至补足折薪差额预管〔算〕月列三百零三元，年列三千六百三十六元，生活补助金预算月列三千二百七十元，年列三万九千二百四十元，查核尚无不合，准在三十一年度省岁出概算内调整机构补助公务员生活费项下按月照拨，并经各〔分〕别通知遵照。

七、据会计处案呈，关于军管区司令都暨所属国民兵团队三十一年六月份起提高给与追加经费一案，经转呈行攻院核办，并提付本府本届委员会第三百六十六次会议核定按月暂在调整机构补助公务员生活费项下垫拨七万六千三百八十六元四角应支有案，现奉指复：查国民兵团已确定为新县制之体制，其经费来源本应以县为筹给主体，不得全赖中央之补助，该省国民兵团前已核准追加经费一百八十三万六千七百八十三元，为数颇巨，所需提高官兵待遇经费，准在上项追加数内移拨二十万元，其余不敷之数可由县预备金项下动支等因。拟通知军管区司令部查照办理。关于不敷数，如须由县预备金项下动支，请将每县应负担若干，列表送府，以便办理。至本府前核定自三十一年六月份起，每月在调整机构补助公务员生活费科目垫付本案提高待遇经费七万六千三百八十六元四角之款，应请军管区司令部照数拨还本府归垫等语。经准如拟办理，分别通知。

密八、据省振济会呈缴儿童教养院各儿教团二十九年十一月至三十年一月份儿童膳费不敷款支付预算书，计二十九年十一月份列二千六百八十九元五角，十二月份列一千七百一十七元六角，三十年一月份列五百三十三元二角六分，共计四千九百四十元三角六分，款在各该儿童教养团二十九年度经常费节余款项下开支，请察核等情。饬据会计处签称，似可照准等语，应准如拟办理。

密九、据财政厅签呈，前广东省会公安局故课员黎介持二十七年十

223

月至三十年份恤金合共国币二百一十一元一角四分，查案相符，应准照发，拟在三十一年度恤金余额项下开支等情。饬据会计处签称，拟准如财政厅签拟办理等语，应准如拟办理。

密十、据会计处案呈，南雄县政府呈缴二十九年度地方岁入岁出追加概算一案，经依照民政、财政两厅意见核编后，计各列为二千九百六十六元，请列报会议等情，应准如拟办理。

十一、据省振济长〔会〕呈缴培德小学部三十一年度修建费概算书，计列支二千六百六十八元，请核示等情。饬据秘书、会计两处签称，所缴建筑单价尚不甚昂，是经振济会核明款在该部三十一年度五、六月份经费节余项下开支，拟准照办等语，应准如拟办理。

十二、据省特种事业基金管理委员会呈缴三十一年度岁出岁入预算书，请核示等情。饬据会计处签称，查该会三十一年度经常费前经本府令饬月支一千七百六十元，由三十一年三月十六日起，至同年十二月底止，六个半月共支一万六千七百二十元，现据呈预算月列二千一百八十元，九个半月共列二万零七百一十元，除俸给部分每月应减去工资二十六元，九个半月共减去一百九十元外，余每月实支二千一百六十元，九个半月实共支二万零五百二十元，计比原令饬月列数额多列四百元，该项多列之数，查系办公及特别费支出，经向财政厅查明事实，确需支出，拟准照上述更正后数额列支，款由该会三十一年度基金利息收入项下拨付。至基金利息全年收入，计六十一万八千三百五十元，除开支上项经常费二万零五百二十元外，尚余五十九万七千八百三十元，似可准予并入原基金累积管理等语，应准如拟办理。

讨论事项

一、据会计处签呈，关于本府驻渝办事处电请拨还垫借发给中训团第二十二期粤籍学员三十员旅费，每员一千二百元，总计三万六千元一案，似确有必需，该项垫借款可否先在三十一年省拟定预算赴中央干训团受训人员旅费项下先行拨发归垫，俟预算核定后，分别扣拨，请【核】示等情，请公决案。

（决议）照案通过，款在三十一年度省第一预备金项下垫拨。

二、据财政厅呈，前本厅税警总团垫付过谍探队二十九年七至九月份经费共一万零五百元，拟准在该团二十九年度经临费节余项下援支，

224

请察核等情，请公决案。

（决议）照案通过。

三、秘书处、财政厅、教育厅会签，以恩平县民梁启勋等因尝产料〔纠〕纷事件不服恩平县政府所为拨归公产之处分，提起诉愿一案，前经决定撤销原处分，作成决定书，提奉本府委员会议撤回，发交会商签核等因。遵经会商，谨将会商结果，签请核示等情，请公决案。

（决议）照会签通过。（会签略）

四、据建设厅签呈，转据农林局呈缴高要农场经营指导员办事处组织章程、员额编制表，请察核等情，请公决案。

（决议）照秘书处签拟修正通过。

五、张委员、郑委员（丰）、王委员会复，审查粮政局签呈，拨〔拟〕具广东省非常时期各县市局设置镇仓及派收积谷代金暂行章程，请核定施行一案意见，请公决案。①

（决议）照审查意见通过。

六、（略）

七、据建设厅签呈，转据农田水利处先后呈缴印制山塘土坝建筑须知及图表预算书，计共列支一万六千五百元，请察核指款拨还归垫等情，请公决案。

（决议）照案通过，款在三十一年度第一预备金项下开支。

八、据省粮政局呈，转缴南路运销处三十一年度业务计划及预算书，请察核等情，请公决案。

（决议）照秘书、会计两处签拟通过。（签拟略）

九、许委员函复审查卫生处签呈，拟订本省理发店管理规则，请核定施行一案意见，请公决案。②

（决议）照审查意见通过。

十、据会计处案呈，廉江县政府呈缴三十一年度地方岁入岁出第二次追加概算一案，经依照民政、财政、教育各厅意见核编后，计各列为一十四万元，请提会核定等情，请公决案。

---

① 审查意见略。

② 审查意见略。

（决议）照案通过。

十一、据会计处案呈，新会县政府呈缴三十一年度地方岁入岁出第二次追加概算一案，经依照民政、财政两厅意见核编后，计各列为三万三千四百五十八元，请提会核定等情，请公决案。

（决议）照案通过。

十二、主席提议，保亭县长王槐森另候任用，遗缺以李汉仪代理，请公决案。

（决议）照案通过。

十三、主席提议，本府驻渝办事处副处长兼代处长职务梁春霆辞职照准，所遗处长缺，派社会处秘书李敏接充，请公决案。

（决议）照案通过。

密十四、据社会处呈，拟以范曾滢代理本处秘书，请察核等情，请公决案。

（决议）照派代理。

十五、据财攻厅、会计处签呈，关于本处前拟将本府审定之三十二年度各县局地方岁入岁出总概算先行分发执行，拟具各项规定一案，经提付本府委员会议决议照审查意见通过，饬本厅处会商改编办法呈核等因在案。兹谨拟具办法两项，请察核等情，请公决案。

（决议）照案通过。

十六、刘委员、胡委员、郑委员（丰）会复，审查省动员会议函送督察队组织大纲、编制表、预算表一案意见，请公决案。

（决议）照审查意见通过。（意见略）

广东省政府第九届委员会
第三百九十八次议事录

日　期　一月二十一日

地　点　曲江本府

出席者　李汉魂　何　彤　郑　丰　黄麟书　刘佐人　许崇清

高　信　吴逦宪　王志远
列席者 戴振魂　张尔超　秦庆钧　何启昌　梁寿祺
主　席 李汉魂
纪　录 （科长）谢乐文

报告事项

一、据广东省立医院呈，遵编施赠留医贫苦病人膳殓费支付预算书，计自三十一年七月份起至十一月底止实支一千七百二十三元，请察核指款发院归垫等情。饬据会计处签称，此款似可准在三十一年度省第一预备金追加部分项下拨支等语，应准如拟办理。

二、据省振济会先后呈转儿童教养院第四、第六两分院三十一年度追加膳食费预算书，计第四分院由一月至八月共追加二十一万八千八百三十五元六角七分，第六分院由一月至四月共追加三万七千零五十六元七角三分，请察核等情。饬据会计处签称，上两项追加数既经振济会核明款在振款项下拨支，拟准照办，饬并入原预算内支销等语，应准如拟办理。

三、据省振济会呈缴儿童教养院、培德小学部三十一年度生活补助金预算分配表，月列支五百三十元，年共列六千三百六十元，请察核等情。饬据会计处签称，核数尚符，既经振济会核明款在本府三十年度省库结余款内分拨该会振款一百万元内开支，拟准照办等语，应准如拟办理。

四、准广东省动员会议函，以广东省实施管制物价暂行办法第五条除乙项仍照旧外，拟将甲项条文修正为"甲、须受限制运价之种类如次：（子）船舶；（丑）人力车；（寅）肩舆；（卯）夫力；（辰）脚踏车"，请查照办理等由，应准照办。

讨论事项

一、据建设厅签呈，转缴省营农具制造厂筹备处员额编制表，请察核备案，请公决策。

（决议）照案通过。

二、据会计处案呈，遂溪县政府呈缴三十一年度地方岁入第二次追加追减概算一案，经依照财政厅意见核编后，计岁入追加追减各为二十七万九千三百三十元，请提会核定等情，请公决案。

（决议）照案通过。

三、据会计处案呈，阳江县政府呈缴三十一年度地方岁入岁出第二次追加概算一案，经依照民政、财政、建设各厅意见核编后，计各列为一万零四百一十元，请提会核定等情，请公决案。

（决议）照案通过。

四、据会计处案呈，合浦县政府呈缴三十一年度地方岁入岁出第一次追加概算一案，经依照各厅局意见核编后，计各列为一百一十三万六千五百四十元，请提会核定等情，请公决案。

（决议）照案通过。

五、据会计处案呈，关于广东省生产自给运动委员会于三十一年九月底结束，据迭电请将借垫经费二万零一百元零五角二分拨还，以清账目一案，查该会虽系民运团体，前据请拨各费，本府未经核定，借垫各费，似难自行筹偿，可否准在三十一年度省第一预备金如数拨还，抑仍送回各委员审查，请核示等情，请公决案。

（决议）准在三十一年度省第一预备金项下如数发还。

六、据建设厅呈，为本厅曲江营业部改组更名为省营工厂产品经销处，连同组织规程、编制表、系统表及修正省营工业通则等件，请核备等情，请公决案。

（决议）交刘、张、高三委员审查，由刘委员召集。

七、准广东省动员会议函送修正动员会议组织规程条文，请查照办理等由，请公决案。

（决议）照案通过。

八、许委员、吴委员会复，审查社会处先后电缴修正社会处设置暂行办法，办事细则，请核示一案意见，请公决案。①

（决议）照审查意见通过。

九、据会计处案呈，关于本府南路护侨事务所呈请准展期至三十一年十二月底始行结束一案，拟予照准，谨拟具办法三项，请核示等情。经准如拟办理，补请追认案。

（决议）照案追认。（办法附后）

_____

① 审查意见略。

十、准广东省文化运动委员会函，以组织文化考察团赴湘、桂、赣三省考察，请准补助该团经费一万元，俾卓观厥成等由，请公决案。

（决议）准在三十二年度省第一预备金项下补助五千元。

十一、据民政厅签呈，关于本省警察队不敷服装费一十一万余元，拟在该队三十一年度生活补助金及主食费节余项下拨支，以资因应，请察核等情，请公决案。

（决议）照案通过。

十二、据民政厅签呈，拟改建本厅各科室办公房舍十二座，共九十五井，总计共需改建费三万四千二百元，款拟在本省警察队三十一年度生活补助金、主食费节余项下开支，请察核等情，请公决案。

（决议）照案通过。

十三、准广东省动员会议函送三十二年度临时费预算书，请查照办理等由，请公决案。

（决议）照会计处签拟通过。（签拟略）

十四、据民政厅签呈，拟具县长考试取录人员见习办法，请核示等情，请公决案。

（决议）照案修正通过。

广东省政府第九届委员会
第三百九十九次议事录

日　期　一月二十五日
地　点　曲江本府
出席者　李汉魂　何彤　张导民　黄麟书　郑丰　胡铭藻
　　　　许崇清　刘佐人　吴迺宪
列席者　毛松年　黄雯　张尔超　何启昌
主　席　李汉魂
纪　录　（科长）谢乐文

报告事项

一、据省振济会先后呈缴儿童教养院三十一年一至八月份追加儿童膳食费预算书，计合共追加一十万零一千四百四十六元五角三分，请察核等情。饬据会计处签称，此案既经振济会核明款在振款项下开支，拟准照办等语，应准如拟办理。

二、据秘书处案呈，关于黄岗消防队签呈，请拨款八百元定制喉车乙架，以利事功等情。饬据会计处签称，查所请尚属需要，款拟准在三十二年度省第一预备金项下拨支等语，应准如拟办理。

三、据教育厅呈缴肇罗中学教育研究会开会临时费预算书，计列支六百五十五元三角，请察核等情。饬据会计处签称，核尚需要，拟准在三十一年度教育厅临时费项下拨支等语，应准如拟办理。

四、据教育厅呈，请准在体育场三十一年九、十两月份经费一千六百六十六元六角六分项下拨为体育节体育活动经费等情。饬据会计处签称，查该厅在体育节日所负担体育活动各项经费，共计一千六百六十元，核属需要，拟准在三十一年度体育场九、十两月份经费项下移拨，呈请行政院备案等语，应准如拟办理。

五、据省地政局呈，为资送科员梁佐衡前赴中国地政研究所研究，编具旅什费、文具费预算书，计共列支三千六百四十七元四角，款拟在本局本年度土地整理经费节余项下开支，请察核等情。饬据会计处签称，核尚需要，似可照办等语，应准如拟办理。

密六、据会计处案呈，鹤山县政府呈缴三十年度地方岁入岁出第六次追加概算一案，经依照各厅处局意见核编后，各为六千七百九十八元，请列报会议等情，应准如拟办理。

密七、据秘书处签呈，关于本府南路行署垫支电话器材费二百九十六元二角三分及该署所属通讯机关补充器材费追加预算数一千六百五十八元三角三分，请察核等情。饬据会计处签称，该署已奉令结束，上列二项追加款共一千九百五十四元五角六分，既经在二十九年度该署特别备用金项下开支，现年度已过去，该款似可准在该署二十九年度特别备用金为岁入来源拨支，此类以前年度费款挪支之预算，拟以补拨南路行署三十一年度临时费科目汇列清表，将来呈报中央核备等语，应准如拟办理。

八、准广东省军管区司令部函，以据连阳自卫总队呈，拟购置竹箩一百五十二担，以备运输之用，共计价款二千五百二十元一案，核尚需要，准予购用，所需价款在该总队三十一年度经费节余项下列支，请查照备案等由。饬据会计处签称，似可照办等语，应准如拟办理。

九、据会计处签呈，关于本府消防景华舰三十一年度经费，前经本届委员会核定月支一千零四十六元，除三十一年度省概【算】原列五百八十元外，余款在三十一年度调整机构补助公务员生活费项下开支。嗣由三十一年六月份起，依照军委会令颁之修正陆军暂行给与规则，暨委座三十年戌哿政良代电，及军政部规定各战（省）区食米部队及军事学校自三十一年二月份起，增加大米定量额增代金标准规定，追加经费及主食代金等款，先后电请行政院核办。现奉指复，以本省业已拨有公粮，原列官兵每名十八元，主食费已足敷购领公粮之用，所列主食代金二千四百九十九元，应予剔除，不再追加。至调整官兵给与等共二千三百六十六元，核尚需要，准在三十一年度战时特别预备金项下动支等因。自应遵办。拟饬照拨等情，应准如拟办理。

十、据民政厅呈缴警训所于三十一年六月间奉令疏散，搬运公物下船待命出发赴连，旋奉命中止，计支出费用二千一百六十九元，该款拟准在该所三十一年度迁连修理费二千八百四十三元项下拨支，请核示等情。饬据会计处签称，所支各费核尚需要，似可照准拨支等语，应准如拟办理。

十一、据本府驻渝办事处呈缴三十一年十一月份购置临时费预计算书类，计列支二千五百八十九元，请察核拨款归垫等情。饬据会计处签称，似可照准，款拟在三十一年度省第一预备金追加部分项下支拨等语，应准如拟办理。

讨论事项

一、据建设厅签呈，关于农田水利处三十二年一月份经常费及生话补助费共三万四千二百四十元，拟请指款垫拨，俾应支需等情，请公决案。

（决议）准在本年度第一预备金项下如数垫付。

二、据教育厅签呈，关于私立仲恺、仲元、执信三校三十一年一至六月份经费数，恳准照三十年十二月份数额分别增发补助，计仲恺农校月增一千五百九十九元五角，执信中学月增二千零三十九元五角，仲元中学月增一千二百零一元，请核示等情，请公决案。

（决议）照会计处签拟通过。

三、据建设厅签呈，缴本省三十二年度广植玉蜀黍计划及预算分配表，列支六十八万九千六百元，请拨款办理等情，请公决案。

（决议）交胡、张两委员审查，由胡委员召集。

四、许委员、胡委员、吴委员会复审查地政局先后呈，缴韶关市政筹备处办理地政示范区工作计划方案，暨补充方案，及韶关市政筹备处设置不动产权委托服务所组织简则暨服务办法，请核示一案意见，请公决案。

（决议）照审查意见通过。（意见略）

五、许委员、王委员、吴委员会复，审查建设厅呈，关于公路处呈，拟订广东省人力、兽力车辆行驶公路暂行管理规则，经拟议修正，请核示一案意见，请公决案。

（决议）照审查意见修正通过。

六、据民政厅签呈，拟定修正广东省各乡镇自卫班编组办法、广东省各乡镇自卫班服务细则等件，请核定公布施行等情，请公决案。

（决议）交张、胡、吴三委员审查，由张委员召集。

七、准广东全省保安司令部代电，编送三十一年度修理及新搭干训班棚舍费预算书，计列支二万二千三百二十七元零七分，款拟在本部三十一年度额领保安经费节余项下支报，请查照办理等由，请公决案。

（决议）照案通过。

八、会计处案呈，惠来县政府呈缴三十一年度地方岁入岁出第三次追加概算一案，经依照财政厅意见核编后，计各列为九万一千二百三十七元，请提会核定等情，请公决案。

（决议）照案通过。

九、据会计处案呈，连县县政府呈缴三十一年度地方岁入岁出第一次追加概算一案，经依照民政厅、财政厅意见核编后，计各列为五十万六千元，请提会核定等情，请公决案。

（决议）照案通过。

十、据会计处案呈，花县县政府呈缴三十一年度地方岁入岁出第一次追加概算一案，经依照财政厅、建设厅意见核编后，计各列为一十万四千元，请提会核定等情，请公决案。

（决议）照案通过。

十一、据会计处案呈，梅菉管理局呈缴三十一年度地方岁入岁出追加追减概算一案，经依照各厅意见核编后，计比较实追加追减各数列为三千四百八十八元，请提会核定等情，请公决案。

（决议）照案通过。

十二、刘委员、胡委员、郑委员（丰）会复，审查省动员会议拟订各县市局动员会议检查组织通则、编制表及经费预算表一案意见，请公决案。

（决议）照案修正通过。

十三、主席提议，韶关市此次被炸，损失殊重，经即垫款二十万元办理急振，该款在三十一年度振款经费余款开支，不敷之数，由本年同项内拨支，请追认案。

（决议）照案追认。

广东省政府第九届委员会
第四百次议事录

日　　期　一月二十九日

地　　点　曲江本府

出席者　李汉魂　张导民　郑　丰　黄麟书　胡铭藻　许崇清
　　　　　高　信　吴迺宪

列席者　戴振魂　毛松年　黄　雯　李锡朋　何启昌

主　　席　李汉魂

纪　　录　（科长）谢乐文

报告事项

一、据教育厅签呈，关于中央政治学校粤籍学生吴耀亚请援例补发旅费补助费八百元，请察核等情。饬据会计处签称，既据中央政治学校证明该生确属粤籍，似可援例一次过补给八百元，此款据〔拟〕仍在三十一年度"赴中央干部训练团受训人员旅费"项下支拨等语，应准如拟办理。

二、据广东省驿运管理处呈，以三十年曾调集各驿运站站长、司事到处受训，计有三十七人，每人经酌予津贴三十元，合共一千一百一十元，经在三十年度经费存款户内提支垫拨，以暂付款出账，兹拟以应付款科目在三十年十月份作正列支转账注销等情。饬据会计处签称，似可照准等语，应准如拟办理。

三、据秘书处签呈，关于前奉饬垫借广东邮电检查所及广东新闻检查处迁移费各二千元，请拨还归垫等情。饬据会计处签称，该款共计四千元，似可即在三十一年奉拨疏散迁连费二百万元分配表内列备用金三十五万余元项下拨还归垫等语，应准如拟办理。

四、据教育厅呈缴省立梅州女子师范学校教员萧淑谨养老年金八百一十元一案，经奉核定照准有案，惟查三十一年度养老金预算未有编列该员名额，兹拟该款在省拟定预算经常门常时部分三款一项四目本厅临时费项下拨支等情。饬据会计处签称，查属实情，拟准照办等语，应准如拟办理。

五、据教育厅转呈省立梅州师范学校建筑教职员厨房费支付预算书件，计例〔列〕支一千五百五十七元九角，核尚需要，该款拟准在该校三十年度附设国民教育师资进修班结余经费一千一百九十元及师范生公费结余三百六十七元九角项下拨支，请察核等情。饬据会计处签称，似可准如所请等语，应准如拟办理。

六、据建设厅呈，以自三十一年七月份起先后增雇夫匠四名，该项额外夫役工饷无从归垫，除自三十二年一月起，依照规定裁减外，计由三十一年七月份起，月支四百二十二元，六个月共计二千五百三十二元，请仍准在三十一年度薪俸节余项下开支，请核示等情。饬据会计处签称，拟准予所请办理等语，应准如拟办理。

七、据教育厅呈缴三十一年度先后核定补助秀山补习学校等十校预算分配表，计列支三万五千一百四十元，拟在三十一年度国民教育经费一百万元预算内公私立小学补助费五万三千四百九十五元项下拨支，请察核等情。饬据会计处签称，核尚需要，拟准照办等语，应准如拟办理。

八、据教育厅呈缴省立图书馆三十一年度经常费等预算分配表，请察核等情。计原缴经常费预算分配表年列四万元，核无不合，应准分别存转，补足折薪差额预算分配表年列三千三百八十四元，又生活补助金预算分配表年列支九千一百二十元，核尚无不合，应准在三十一年度省岁出概算内调整机构补助公务员生活费项下按月照拨，并经分别通知饬遵。

讨论事项

一、据秘书处案呈，以本处前会商各厅、处、局拟订本府及所属各厅、处、局办事通则草案，提付本府本届委员会议决议保留有案，现奉行政院电限本月底呈核等因。可否将原案再提会核定呈院核办，请示等情，请公决案。

（决议）交许、何、胡三委员审查，由许委员召集。

二、据秘书处案呈，丰顺县民蔡俊兴为湖洲坝荒地争执事件不服第五区行政督察专员公署确认系争地为官荒分别划为公耕地及拨给罗、黄两姓领管之处分，提起诉愿一案，经审查完竣，作成决定书，请提会核定等情，请公决案。

（决议）照决定书通过。

三、据秘书处案呈，梅县县民朱寿南因承领荒地造林事件不服梅县县政府维持承领权之处分，教〔提〕起诉愿一案，经审查完竣，作成决定书，请提会核定等情，请公决案。

（决议）交高委员审查。

四、据财政厅签呈，拟将本省各县营业牌照税征收章程第六条增订第五款："及其他应取缔之营业，凡水果、豆腐、酱园、理发、香烛、纸宝、冥镪等营业属之。"请提会核定等情，请公决案。

（决议）照案通过。

五、准广东省地方行政干部训练委员会函送该会三十一年度举行粤北各县训练所教育长会报经费支付预算书，计列支五千五百二十七元，款拟在三十一年度本会补助各县训练所经费节余项下拨支，请查照办理等由，请公决案。

（决议）照案通过。

六、准广东省军管区司令部电送该部特务大队三十一年度服装费支付预算书，计列支一十五万二千一百一十九元五角，款拟在三十一年度兵团队额领经费项下列支等由，请公决案。

（决议）照案通过。

七、准广东省军管区司令部电，拟补制本部特务大队被焚服装，估计约需款六万五千五百元，拟在本部三十一年度追加区乡镇保队经费节余项下开支，请查照办理等由，请公决案。

（决议）照案通过，款在该部经管三十一年度团队经费节余项下开支。

八、据秘书处签呈，遵经参照审查意见及有关法令，酌行修订本省战时情报人员伤亡给恤暂行标准，请核定施行等情，请公决案。

（决议）交张委员审查。

九、据会计处案呈，曲江县政府呈缴三十一年度地方岁入岁出第一次追加概算，经依照各厅意见核编后，计各列为三十七万一千四百一十二元，请提会核定等情，请公决案。

（决议）照案通过。

十、据粮政局呈，拟以沈毓兰代理本局第一科科长，请察核等情，请公决案。

（决议）照案通过。

十一、（略）

十二、张委员、何委员、刘委员会复，审查秘书处签拟请将修正本省公务员、雇员、公役遭受空袭损害救济办法，及本省战时公务员、雇员、公役在职亡故核给殓葬费暂行办法，所定救济及殓葬费照原额增给二倍或一倍一案意见，请公决案。①

（决议）照审查意见通过，自本年度起实施。

十三、据省振济会代电，以救济总队奉令减缩经费，重新调整，编具该队员役遣散费预算书，计列一万七千一百八十元，请察核等情，请公决案。

（决议）照案通过，款在本年度省第一预备金项下开支。

---

① 审查意见略。

十四、准广东省军管区司令部代电，拟在本部附近设立征属子弟学校，所需建筑设备费拟请准在本部省款节余项下拨助二万元，以为倡导等由，请公决案。

（决议）照案通过。

十五、准广东省动员会议函送督察人员训练班训练经费预算表，列支九千七百二十元，请查照办理等由，请公决案。①

（决议）照会计处签拟通过。

十六、张委员、何委员、胡委员会复，审查建设厅签呈，据农林局呈，以奉谕拟具广东省耕牛保险暂行办法大纲一案意见，请公决案。

（决议）照审查意见通过。（意见略）

十七、据教育厅签呈，为私立仲凯〔恺〕农业职业学校情形特殊，经费拮据，拟改为省立仲凯〔恺〕农业职业学校，请核示等情，请公决案。

（决议）照案通过。

十八、准广东省动员会议函，为对各限价县市之督导工作甚形繁重，因应事实之需要，拟增加督导四员，编送三十二年度一至十二月份追加是项人员薪俸支付预算书，列支三万三千三百六十元，请在省第一预备金项下垫支等由，请公决案。

（决议）照案通过。

十九、据粮政局、行政效率促进委员会会同拟具广东省各县（市局）公粮发给办法，请核定等情，请公决案。

（决议）交张、何、黄三委员审查，由张委员召集。

广东省政府第九届委员会
第四百零一次议事录

日　期　二月一日

---

① 会计处签拟略。

地　点　曲江本府

出席者　李汉魂　张导民　郑　丰　黄麟书　胡铭藻　许崇清
　　　　吴遁宪　高　信

列席者　张尔超　蔡铁郎　王仁佳　何启昌

主　席　李汉魂

纪　录　（科长）谢乐文

报告事项

一、据教育厅呈缴省立广雅中学三十一年度修葺教职员宿舍工料费支付预算书，计列八百九十七元四角，款拟在本厅临时费项下拨还归垫，请核示等情。饬据会计处签称，核属需要，拟准照办等语，应准如拟办理。

二、据教育厅呈转流动学校二十九年十至十二月份教员米津预算表，计列支一百六十五元，款拟准由流动学校指导委员会二十九年度各月份经费节余项下拨支，请核示等情。饬据会计处签称，拟在该校二十九年度各月份经费节余项下拨支等语，应准如拟办理。

三、据建设厅呈送公路处派员踏勘信容公路旅费预算书，计列一千五百零五元，拟准在该处三十一年度各项经费节余项下匀支，请察核等情。饬据会计处签称，既经建设厅查核属实，似可照办等语，应准如拟办理。

四、据建设厅签呈，转报农林局东区林业促进指导区三十一年度预算员役名额不符原因，请仍准将前缴该区预算表存转等情。经核饬：（一）前送经常费预算分配表年列四万一千一百六十九元，拟予按月照拨。（二）补足折薪差额预算分配表应更正为年列三千五百一十六元。又生活补助金预算分配表应改为年列三万五千八百八十元，以上两项核减后，应为全年三万九千三百九十六元，拟准在三十一年度省调整机构补助公务员生活费项下先行按月照拨，并已分别通知饬遵。

五、据教育厅呈，拟将山排奖学金存款二千九百四十元移作编印社教法令印刷费，请察核等情。饬据会计处签称，似可准作移用案办理等语，应准如拟办理。

六、据教育厅呈，拟订购新儿童半月刊分发本省各县市局中心小学、民教馆、图书馆，借供儿童读览，计需款五千四百元，请准在三十一年度追加国教费预算内准备费一十三万一千八百一十九元三角七分内拨支等情。核尚需要，经予照准，并分别通知。

七、据会计处签呈，关于拨发军管区特别党部三十一年七至十二月份员工生活补助费一案，拟暂先照该党部三十一年度西铣复兴勇字第三八六号代电列送附表内所列之（六）、（七）两月份每月实支数一千一百二十二元，除该党部经常费预算内每月已列支一百一十元外，计每月实应增发一千零一十二元数额，自三十一年六月份起，照数补发，年计（六至十二月）七个月共需补发七千零八十四元，该款拟即照院令在三十一年度省战时特别预备金项下开支等情，经准如拟办理。

八、据统计处呈报，故办事员林世泰殓葬费二百七十元，请准在本处经费项下支报等情。饬据秘书、会计处签称，应依照本省战时公务员、公役在职亡故核给殓葬费暂行办法第二条第一款规定，核给殓葬费一百五十元，款饬在该处三十一年度经费节余项下开支等语，应准如拟办理。

九、据会计处签呈，三十一年度省保安团队国民兵团总校阅费，前经本届委员会决议准拨二十万元，办理改编预算呈行政院，请核准在三十一年度战时特别预备金项下拨支，嗣准省保安司令部编送本案校阅费预算书一次过列支一十六万八千三百五十一元二角，又准校阅委员会白主任委员电知，各省校阅经费可由军管区司令部径向军政部支报，经本府核定将原送预算转请军政部核办，并饬财政厅照数暂在三十一年度战时特别预备金项下垫付在案。事关变更提会核定原案，拟请报告会议更正后，分别通知等语，应准如拟办理。

十、据建设厅缴农林局西区林业促进指导区三十一年度经常费暨补足折薪差额及生活补助金预算分配表，请察核等情。经核定：（一）经常费年列二万八千四百五十四元，尚无不合，准按月照拨。（二）补足折薪差额年列三千六百二十四元，生活补助金年列二万二千八百元，核无不合，准在三十一年度省调整机构补助公务员生活费项下按月照拨，并经分别通知饬遵。

十一、据省地政局呈，转据乐昌地政处呈报该处第一分处垫支主任登记员黄维钧病故殓葬费预算书，计列支一百五十元，此款拟在本局本年度乐昌、仁化两县土地登记经费节余项下拨支，请察核等情。饬据秘书、会计两处签呈，核尚相符，拟准照办，饬列入原预算内报销等语，应准如拟办理。

十二、据广东船舶总队部签呈，北江区船舶大队河西尾检查卡办公处原由该大队与广东直接税局韶关分局、韶关市政筹备处、税捐征收处三机关合建，兹由直接税局韶关分局垫支一千五百六十二元五角三分，重行建筑，该款由三个机关平均负担，计该大队应占五百二十元八角三分，请拨发归垫等情。饬据会计处签称，该款似可在三十一年度省第一预备金项下拨支等语，应准如拟办理。

十三、据中央政治学校粤籍学生吴伟浩、周家任呈，请援例补发旅费补助费等情。饬据会计处签称，既经中正校证明均系粤籍，似可准援案补发每员八百元，合共一千六百元，款拟准在三十一年度省第一预备金项下支拨等语，应准如拟办理。

十四、据省驿运管理处呈，以该处股长莫子愿住所被敌机炸焚，衣物尽毁，请予救济一案，核属实情，经遵照现行办法先核给救济费二百元，款拟在本年度一月份经费节余项下支报等情。饬据秘书、会计两处签称，本案依照修正本省公务员、雇员、公役遭受空袭损害救济办法第八条第二项乙款之规定尚符，似应一次过核给救济费一百五十元，款饬在该处三十一年度经费节余项下开支，列入原预算内报销等语，应准如拟办理。

十五、据第七区行政督察专员公署呈，缴更正架设平石专线预算书表，请察核等情。饬据会计处签称，本案既经建设厅核明所列各数尚属适合，该款一万五千八百六十七元，拟准照数在该署保管茂东化遂专线余款一万七千一百七十五元七角项下移拨等语，应准如拟办理。

讨论事项

一、据建设厅呈，拟修正本省荒地承领造林暂行规程第十四条条文，请察核等情，请公决案。

（决议）照案修正通过。

二至三、（略）

四、准三民主义青年团广东支团筹备处函，以定三十二年二月在韶举行全省代表大会，并选派代表赴培都参加全国代表大会，请予特别补助二万元等由，请公决案。

240

（决议）照案通过。款在本年度第一预备金项下开支。

五、（略）

六、据秘书处签呈，关于本府三十一年度派赴中央训练团党政班第二十一期受训人员陈观上、丘耀渠两员旅费支付预算书，计共列五千九百八十七元，请察核等情，请公决案。

（决议）照会计处签拟通过。（签拟略）

七、据粮政局呈缴该局派赴中央训练团受训学员胡灼棠等赴训旅费预算书，计共列支六千五百一十八元二角四分，请察核等情，请公决案。

（决议）照案通过，款在三十一年度省第一预备金项下开支。

八、据民政厅呈，编造派员前往查勘粤、桂、闽、湘省界旅杂费预算书，计列支三万五千元，请察核，并准先行全数拨发，以便办理等情，请公决案。

（决议）照案通过，款在本年度省第一预备金项下开支。

九、据中央警官学校正科第十期粤籍学生孔宪志等十四员，请增拨回粤服务旅费等情，请公决案。

（决议）仍照原定额补助，款在本年度第一预备金项下开支。

十、据民政厅签呈，拟具本省各县乡镇造产委员会组织章程及本省乡镇造产办法实施细则，请核定施行等情，请公决案。

（决议）交张、郑（丰）、黄三委员审查，由张委员召集。

十一、据会计处签呈，关于各区行政督察专员公署情报股经费应如何发给，请核示等情，请公决案。

（决议）自本月十五日起，第二、第六两区各改设情报员二员，其余各区各改设三员，遣散费照裁员案办理。

十二、胡委员、张委员会复，审查建设厅呈缴本省三十二年度广种玉蜀黍计划及预算分配表，列支六十八万九千六百元，请拨款办理一案意见，请公决案。

（决议）准在本年度救济米荒基金项下拨款十五万元，由建设厅统筹办理，仍另编预算呈核。

广东省政府第九届委员会
第四百零二次议事录

日　期　二月四日

地　点　曲江本府

出席者　李汉魂　何　彤　张导民　黄麟书　郑　丰　胡铭藻
　　　　许崇清　高　信　刘佐人

列席者　毛松年　何启昌　戴振魂

主　席　李汉魂

纪　录　（科长）谢乐文

报告事项

一、奉行政院电，以该府电请追加公路处曲江区工务段增建河西及曲江渡口车船工程费三万零五百五十四元九角七分应作移用案办理，不予另行追加等因。自应遵照将该项工程费改在三十一年度追加征收汽车养路费岁出概算三百五十六万三千一百元内抢修费项下拨支，并经呈报分别通知饬遵。

二、据省振济会呈缴第三振济区三十年度经常费暨补足折薪差额及生活补助金预算分配表，请察核等情。经核定经常费预算年列三千六百元，准按月照拨补足，折薪差额年列二千三百六十四元，生活补助金年列二千零四十元，查核尚无不合，均准在三十一年度省调整机构补助公务员生活费项下按月照拨，并经分别通知饬遵。

三、据建设厅呈转三十一年度征收汽车养路费岁入岁出概算及抢修费预算，请察核等情。查养路费岁入岁出各列三百五十六万三千一百元，收支平衡，与原案核定用途尚无不合，养路费岁出概算内第七款韶兴路植树费列支一万五千四百七十七元七角七分，与原案核定数额不符外，其余各款，核案尚无不合，均准予照列。各路抢修费分配预算列支四十七万四千三百零一元三角六分，与养路费岁出概算所列该科目数额尚属符合，经转呈暨分别通知饬遵。

四、据财政厅呈，关于各机关献金救侨一案，社会处多献三千九百四十元，连连阳乳建设委员会多献一百八十元，本府桂林通讯处多献三百八十元，东江护侨事务所多献五百四十元，共五千零四十元，既经在三十年度省调整机构补助公务员生活费项下代献，即在该科目作正开支，并经分别通知饬遵。

讨论事项

一、据建设厅签呈，修正广东省垦荒贷款暨奖励补息计划纲要补助垦荒事业办法、垦荒贷款办法、推行垦荒面积贷款暨补息分配表等件，请察核等情，请公决案。

（决议）交何、张、高三委员审查，由何委员召集。

二、据建设厅、地政局、侨资垦殖委员会会呈，遵令拟订广东省战时强制荒地垦殖实施办法，请察核等情，请公决案。

（决议）交何、张、胡三委员审查，由何委员召集。

三、据建设厅签呈，据揭阳糖厂保管员呈，以该厂码头一部塌坏，拟将存放该处之起重机件拆迁，计需款六千元一案，核尚实情，款拟在三十二年度省第一预备金项下拨支等情，请公决案。

（决议）照案通过。

四、据财政厅呈，拟以骆维骥代理本厅视察，请察核等情，请公决案。

（决议）照案通过。

五、据民政厅呈，拟以李景戴代理本厅视察，请察核等情，请公决案。

（决议）照案通过。

六、据建设厅呈，拟以杨元熙代理公路处技正兼工务课课长，请察核等情，请公决案。

（决议）照案通过。

七、据建设厅呈，合作事业管理处秘书杨善桢因病辞职，拟予照准，遗缺拟调该处总务课长林昌宗代理，请察核等情，请公决案。

（决议）照案通过。

八、据财政厅呈，拟以陈岳麟、唐戒已代理本厅视察，请察核等情，请公决案。

（决议）照案，陈照派代理，应准予试用。

九、据会计处案呈，钦县县政府呈缴三十一年度地方岁入岁出第二、三次追加概算一案，经依照各厅处意见核编后，计各为一十六万五千一百一十五元，请提会核定等情，请公决案。

（决议）照案通过。

十、据会计处案呈，饶平县政府呈缴三十一年度地方岁入岁出第一次追加追减概算一案，经依照各厅处意见核编后，计实追加数各为二十二万三千三百二十元，请提会核定等情，请公决案。

（决议）照案通过。

·十一、刘委员、张委员、高委员会复，审查建设厅呈，拟将曲江营业部改组更名为省营工厂产品经销处，连同组织规程及修正省营工业通则等，请核备一案意见，请公决案。①

（决议）照审查意见通过。

十二、主席提议，白沙县县长黎卓仁呈请辞职，应予照准，遗缺派曾祥训代理，请公决案。

（决议）照案通过。

十三、主席提议，省立勷勤商学院院长陆嗣曾呈请辞职，去志坚决，拟予照准，遗缺以省立文理学院院长黄希声暂行兼任，请公决案。

（决议）照案通过。

十四、据教育厅签呈，私立仲恺农业职业学校奉核准改为省立，校长一职，拟以原任校长陈颂硕充任，请察核等情，请公决案。

（决议）照案通过。

十五、（略）

十六、主席提议，公路处处长陈文另有任用，遗缺派颜泽滋代理，请公决案。

（决议）照案通过。

---

① 审查意见略。

244

广东省政府第九届委员会
第四百零三次议事录

日　期　二月十日

地　点　曲江本府

出席者　李汉魂　何　彤　张导民　郑　丰　黄麟书　胡铭藻

　　　　许崇清　吴遄宪　高　信　王志远

列席者　毛松年　戴振魂　黄　雯　张尔超　何启昌

主　席　李汉魂

纪　录　（科长）谢乐文

报告事项

一、据秘书处签呈，以书记何璧川住所被敌机炸毁，损失财物，请予救济一案，经所在地保长证明属实，拟依照修正本省公务员、雇员、公役遭受空袭损害救济办法第八条第二项乙款规定，给予一次过救济费一百八十元，请察核等情。饬据会计处签称，款拟准在三十二年度省岁出概算救济费项下拨支等语，应准如拟办理。

二、据财政厅签呈，据新会县政府请领故乡长利闾津三十及三十一年份抚金共一百元，可否即在三十一年度恤金项下支付等情。饬据会计处签，似可照财政厅签在三十一年度省拟定预算恤金余额项下动支等语，应准如拟办理。

三、据财政厅签呈，故警陈永耀生前应领未领之二十七年七月至二十九年一月止，恤金共三百三十二元五角，可否改在三十一年度省总概算恤金余额项下拨支，请示等情。饬据会计处签称，似可如财政厅签，该款改在三十一年度省拟定预算恤金余额项下拨支等语，应准如拟办理。

四、据教育厅转缴韶关市立黄岗乡中心学校三十一年度经常费预算书分配表，计列九至十二月共六千零二十元，生活补助金预算分配表九至十二月共列三千九百二十元，请察核等语。饬据会计处签称，查经常

245

费预算分配表经教育厅核明所列总散数目相符，惟所列工饷较省立小学工役工饷月计二人共多八十元，拟将此数每月八十元至十二月份止准予流用为该校办公费之用，该校工役月饷即以二十元为限，似可如厅拟办理，代为更正，至生活补助金所列数额，核无不合，拟准如数在三十一年度省拟定预算内调整机构补助公务员生活费项下拨支等语，应准如拟办理。

五、据省振济会呈，请准由三十一年七月份起，每月照案增加生产组办公费一千一百零二元，七至十二月六个月共增六千六百一十二元，款在振款项下拨付等情。饬据会计处签称，应否姑准照办，请核示等语，以前姑准，以后应加限制。

六至八、（略）

九、据清远县政府呈报，镇平乡保长潘国辉、副保长潘湛辉因公伤亡，请予给恤等情。饬据秘书、会计两处签称，该保长、副保长系属在办公场所被敌围攻虏获殉职，似应依照战时乡镇保甲长暨联保主任因公伤亡给恤暂行标准第一条乙项酌给一次过之抚恤费各一百六十元，计共三百二十元，款拟准在三十一年度省拟定预算内恤金项下拨支等语，应准如拟办理。

十、据卫生处呈，本处三十一年度不敷印刷费一万三千一百七十一元，拟由本处三十一年度卫生及治疗支出节余一万三千一百七十一元拨支，请核示等情。饬据会计处签称，似可准作移用案办理，电请行政院核示等语，应准如拟办理。

十一、据建设厅签呈，遵令编呈三十一年一至九月份技术人员特别生活补助费表，请察核备案等情。饬据会计处签称，计共列支三千六百三十七元五角，款拟准援案在该厅三十一年度各该月份节余经费项下列支等语，应准如拟办理。

十二、据会计处案呈，罗定县政府呈缴二十九年度地方岁入岁出追加概算一案，计各列为一千七百五十元，核案相符，拟予照准，请列报会议等情，应准如拟办理。

十三、据会计处案呈，清远县政府呈缴三十年度地方岁入岁出第三次追加概算一案，计各列为一千八百元，核案相符，拟予照准，请列报会议等情，应准如拟办理。

讨论事项

一、张委员函复，审查秘书处签呈，修订本省战时情报人员伤亡给恤暂行标准，请核定施行一案意见，请公决案。①

（决议）照审查意见通过。

二、（略）

三、据会计处签呈，本省三十一年度各区专署及四、五等县局、战地县份配属无线电台，追加经费三十五万四千七百二十七元五角一案，奉行政院电复，应在省预算内统筹移用等因。拟议办法两项，请察核等情，请公决案。

（决议）交张委员审查。

四、据民政厅呈，省警训所遭受敌机空袭，损毁公物房舍，拟分别购置修建，计需款五万六千五百九十八元，请察核拨款办理等情，请公决案。②

（决议）照会计处签拟通过。

五、据会计处案呈，揭阳县政府呈缴三十一年地方岁入岁出第二次追加概算一案，经依照各厅意见核编后，计各为一十八万九千三百元，请提会核定等情，请公决案。

（决议）照案通过。

六、据会计处案呈，英德县政府呈缴三十一年度地方岁入岁出追加概算一案，计各列为二万元，核案相符，岁出列为预备金，亦无不合，拟予照准，请提会核定等情，请公决案。

（决议）照案通过。

七、据会计处案呈，仁化县政府呈缴三十一年度地方岁入岁出第二次追加概算一案，经依照各厅意见核编后，计各列为六万五千一百九十二元，请提会核定等情，请公决案。

（决议）照案通过。

八、据会计处签呈，本省第一次会计会议，决议三十一年度省单位决算编造办法两项，请核定通饬遵行等情，请公决案。

---

① 审查意见略。

② 会计处签拟略。

（决议）照案通过。

九、据建设厅转呈，公路处副处长伍泽元、技士梁继乾赴渝受训回去程实支旅费合共五千九百零八元，请察核拨还归垫等情，请公决案。

（决议）照案通过。款在三十一年度省第一预备金项下开支。

十、据建设厅签呈，本厅科长叶汉予赴渝受训回去程旅费实支二千九百九十九元三角，请察核拨还归垫等情，请公决案。

（决议）照案通过。款在三十一年度省第一预备金项下开支。

十一、据建设厅签呈，饬据公路处呈报，翁源区工务段购置单车二辆及购置沿线路工班工人班棉衣五百一十件，合共需支二万七千五百元一案，拟准如拟在该段三十一年度经费节余项下开支，请察核等情，请公决案。[1]

（决议）照会计处签拟通过。

十二、据社会处呈，拟将本处事业费膳食节余一万五千元，拨作救济院收容贫民购置棉衣服装之用，以宏救济，请核示等情，请公决案。

（决议）照案通过。

十三、据建设厅签呈，转缴省营农具厂筹备处三十一年度营业计划、营业概算暨三十二年度筹备概算，请核示等情，请公决案。

（决议）照案通过。

十四、据教育厅呈，为收容侨生，增校增班一案，从新拟具分配预算，并拟由三十二年起，将该项增班经费并入原校经费内，作增班计算，其生活补助金、平价米代金，恳照通案，另款拨发，请核示等情，请公决案。

（决议）交张、许、王三委员审查，由张委员召集。

十五、据建设厅呈，拟以黄广志代理战时长途电话管理所业务课长，请察核等情，请公决案。

（决议）照案通过。

十六、据财政厅签呈，以奉发下行政院令饬整理自治财政一案，饬遵办等因。拟具意见，及办法大纲、规程、进展表等件，请核定施行等情，请公决案。

---

① 会计处签拟略。

（决议）交何、黄、郑（丰）三委员审查，由何委员召集。

十七、据会计处签呈，拟议本省各区专员兼保安司令公署三十二年度官兵依照陆军新订给与增加待遇所需之款处理办法，请核定施行等情，请公决案。

（决议）交何、胡、吴三委员审查，由何委员召集。

十八、据民政厅签呈，拟议改订安化管理局编制经费预算表，自本年一月份起实施，请核示等情，请公决案。

（决议）照案通过，款在三十二年度国税拨县款由省统筹部分开支。

广东省政府第九届委员会
第四百零四次议事录

日　期　二月十五日
地　点　曲江本府
出席者　李汉魂　何　彤　张导民　黄麟书　郑　丰　胡铭藻
　　　　许崇清　高　信　吴遒宪　刘佐人　王志远
列席者　毛松年　黄　雯　戴振魂　张尔超　何启昌
主　席　李汉魂
纪　录　（科长）谢乐文

报告事项

一、据省振济会呈缴儿童教养院实验小学部三十一年度生活补助金分配预算书，计月列四百九十元，年列五千八百八十元，请察核等情。饬据会计处签称，既经振济会核明，款在三十年度省库结余款拨作该会救济费一百万元预算内其他支出科目项下开支，拟准照办等语，应准如拟办理。

二、据第四区行政督察专员公署呈缴三十一年八月寄押河源县政府未决人犯囚粮支付预算书，计列一十元八角，请察核拨还归垫等情。饬据会计处签称，核无不合，款拟准在三十一年度省岁出概算内行政人犯口粮项下拨支归垫等语，应准如拟办理。

三、据省振济会先后呈缴儿童教养院第四、六两院三十一年度各月份追加儿童膳食费预算书，计第四院九至十一月共追加一十三万六千八百四十八元四角一分，第六院五至七月份共追加七万零二百一十九元三角，请核示等情。饬据会计处签称，既经振济会核明除第四院九至十一月份追加膳食费，在行政院拨发该会救济战区难民款一百万元预算内救济妇女难童项下拨支外，其余追加数均在振款项下拨支，拟准照办等语，应准如拟办理。

四、据建设厅呈转农林局西江蚕桑改良场三十一年度搭建该场上簇室临时费预算书，列支五千五百元，款拟准在该场三十一年度蚕桑推广事业临时费节余项下开支，请核示等情。饬据秘书、会计两处签称，本案既经建设厅核明，尚无不合，似可准如所请办理等语，应准如拟办理。

五、据建设厅签呈，转缴公路处更换忠信至兴宁段桥涵轨板预算书，计列支一十万零八百四十四元四角八分，核尚适当，款拟在三十一年度养路费收入项下拨支等情。饬据会计处签呈，似可在三十一年度养路费收入项下拨支为抢修各路工程费预算内相当科目开支等语。应准如拟办理。

六、据社会处呈，以广东省方便善院办理已具规模，亟应拨款奖助，以宏救济，拟将本处三十一年度事业费补助各县救济费项下结存款八千元拨给补助该院业务费之用，请核示等情。饬据会计处签称，似属实情，拟准如所请办理等语，应准如拟办理。

七、据教育厅呈缴重编三十一年度国民教育师资训练费八十万元分配预算，请察核等情。饬据会计处签称，核与原案第三项核定分配办法尚无不合，拟饬各县照分配数目分别追加岁入岁出预算，并饬财政厅遵照查案拨付等语，应准如拟办理。

八、奉行政院令知，关于本省警察队三十一年十一、十二两月份增加薪饷追加经费共三万四千五百零六元一案，查三十一年度行将终了，该警察队增加薪饷应自三十二年度起实行，所请追加应毋庸议等因，自应遵办注销法案。

九、据省图书杂志审查处代电，以秘书张振鹏赴渝受训旅费请准援案免办填报手续，并补发旅费二百五十元等情。应予照准，款由预备【费】项下拨支。

十、据社会处呈，以省干训团第七期社会班结业学员经干训团依照规定发给旅费分派各县服务，惟原规定旅费不足应支，经权先将结业学员照团规定旅费数额，再补助百分之二十五，共计补助支出三千九百二十五元二角九分，款拟列入本处三十一年度社会事业费内社会行政干部训练班经费项下列支，请核备等情。饬据会计处签称，似可准予所请等语，应准如拟办理。

十一、据教育厅呈缴代编省高州女子师范学校三十一年度经常费、补足折薪差额、生活补助金、开办费预算分配表，请察核前来。查原列八至十二月份经常费共六千一百六十五元，开办费四万九千八百三十五元，两共五万六千元，核案尚无不合，应准分别照拨。八至十二月份补足折薪差额共列二千二百八十二元五角，生活补助金共列四千九百一十五元，查核尚无不合，应准在三十一年度调整机构补助公务员生活费项下按月照拨，并经分别通知饬遵。

十二、据教育厅呈缴代编省立兴宁工业职业学校三十一年度经常费及生活补助金预算分配表，请察核前来。查八至十二月经常费共列支三万二千四百元，尚无不合，应准按月照拨。生活补助金共列八千八百零八元，核无不合，应准在三十一年度调整机构补助公务员生活费项下按月照拨，并经分别通知饬遵。

十三、据会计处案呈，本在第一次会计会议决议，关于拟订各县市局三十二年度总预算岁入岁出各数如与实际不尽适合时补救办法四项，请察核通饬各县市局遵办等情，经准照通饬遵办。

十四、据教育厅呈缴代编省立国民革命博物馆暨省立科学馆三十一年度经费预算、补足折薪差额预算、生活补助金预算分配表，请察核前来。查省立科学馆经常费年列二万四千元，省立国民革命博物馆经常费年列二万四千元，核尚相符，应准予分别存转。省立科学馆补足折薪差额年列四千四百二十八元，生活补助金年列一万零四百四十四元，省立国民革命博物馆补足折薪差额年列三千零九十六元，生活补助金年列六千三百六十元，均核尚无不合，应准在三十一年度省调整机构补助公务员生活费项下按月分别照拨，并经分别通知饬遵。

十五、据秘书处签呈，拟请将本省县长考试合格人员分赴各机关实习次序改为建设厅列于本府行政效率促进委员会之后，秘书处列于建设厅之后，俾便办理等情，应准如拟办理。

十六、奉行政院令，关于番禺县政府架设接从化县属电话线所需架设费一万一千八百二十三元六角，准在该省三十一年度战时特别预备金项下动支一万一千八百二十三元等因。饬据会计处签拟分别通知，饬财政厅办理签拨手续等语，应准如拟办理。

讨论事项

一、（略）

二、据教育厅呈缴省立广州女子师范学校附属小学开办设备费预算书，计列支一万八千八百九十五元，款拟由该校三十一年度未办幼稚师范科附属小学结存经费拨支，请察核等情，请公决案。

（决议）照案通过。

三、据教育厅呈，省立文理学院三十一年度迁建、设备费一次过追加款，除前奉准拨支二万元外，尚不敷一万三千零八十六元六角五分，拟准在该院三十一年度经费节余款项下拨支，请察核等情，请公决案。

（决议）照案通过。

四、据建设厅呈转战时长途电话管理所改编三十一年度营业计划及预算书件，请核示等情，请公决案。

（决议）资本增减表照会计处签拟办理，余照案通过。

五、据统计处呈缴三十一年度开办费预算书、经常费预算分配表、追加事业费预算分配表等件，请察核存转，并请将追加事业费暨未奉发给开办费半数赐拨等情，请公决案。①

（决议）照会计处签拟通过。

六、据卫生处呈，拟具本省各中心卫生院组织暂行通则、管辖区域表、编制表等件，请核定施行等情，请公决案。

（决议）交张、何、刘三委员审查，由张委员召集。

七、据会计处案呈，国立中山大学筹建医院建筑费不敷，请本府再加捐助三万元一案，为奖励筹设起见，似可照办，款拟在三十二年度第

---

① 会计处签拟略。

一预备金项下开支，请核示等情，请公决案。

（决议）照案通过。

八、据会计处案呈，钦县县政府呈缴三十一年度岁入岁出第三次追加预算一案，经照财政厅意见核编后，计各列为一万二千二百四十元，请提会核定等情，请公决案。

（决议）照案通过。

九、据建设厅呈，转缴合作事业管理处赴渝受训人员胡坚等四员旅费预算书件，计共列支一万一千二百零四元一角，请察核如数拨还归垫等情，请公决案。

（决议）照案通过，款在本年度赴中央干部训练团受训人员旅费项下开支。

十、据建设厅签呈，转缴农林局赴渝受训人员简浩然、刘伯玑两员回去程旅费表件，计实支六千零九十三元，请察核拨还归垫等情，请公决案。

（决议）照案通过，款在本年度赴中央干部训练团受训人员旅费项下开支。

十一、张委员、郑委员（丰）、黄委员会复，审查民政厅签，拟具本省各乡镇造产委员会组织章程及本省乡镇造产办法实施细则一案意见，请公决案。①

（决议）照审查意见通过。

十二、何委员、刘委员、张委员会复，审查广东省粮食增产总督导团呈缴修正组织规程及编制表暨各区县团组织通则一案意见，请公决案。②

（决议）照审查意见通过。

十三、张委员、胡委员、刘委员会复，审查民政厅签，拟订本省安定警察人员生活及奖励服务精神实施办法一案意见，请公决案。③

（决议）照审查意见通过。

---

① 审查意见略。
② 审查意见略。
③ 审查意见略。

十四、主席提议，崖县县长李尚菜病故，遗缺派陈昌期代理，请公决案。

（决议）照案通过。

十五、何委员、张委员、黄委员、郑委员（丰）提议，招锡海夫妇一胎四孩案，在国府未核发养费前，拟由本府自三十二年一月份月给生活补助费国币一千元，请公决案。

（决议）照案通过，款在本年度第一预备金项下开支。

十六、准广东省动员会议函，编送督察人员训练班开办预算书，计列支二千元，请查照办理等由，请公决案。

（决议）照案通过，款在本年度省第一预备金项下垫支。

十七、准广东省动员会议函，以拟具加强韶关市人民团体组织办法、加强本省实施限价县份人民团体组织办法，请查照核定施行等由，请公决案。

（决议）交许、王、吴三委员审查，由许委员召集。

十八、据秘书处、行政效率促进委员会会呈，拟具修正广东省县政府组织规程及修正广东省各等县县政府编制表，请察核等情，请公决案。

（决议）交何、张、黄、郑（丰）、胡五委员审查，由何委员召集。

十九、何委员、黄委员、郑委员（丰）会复，审查财政厅所拟整理自治财政案办法大纲、规程、进度表等件一案意见，请公决案。①

（决议）照审查意见通过，督导经费呈请行政院追加。

广东省政府第九届委员会
第四百零五次议事录

日　期　二月十九日

地　点　曲江本府

---

① 审查意见略。

出席者　李汉魂　郑彦棻　张导民　郑　丰　高　信　吴迺宪
　　　　何　彤　黄麟书　胡铭藻　王志远　刘佐人　许崇清
列席者　毛松年　黄　雯　戴振魂
主　席　李汉魂
纪　录　（科长）谢乐文

报告事项

一、据秘书处签呈，以本处科员汤曜墀寓所遭受空袭损失，请求救济一案。查该员居住韶关市内道后街，并非职务上必须居留之地，此次遭受敌机空袭损失，应认为过失，依照修正广东省公务员、雇员、公役遭受空袭损害救济办法第二条但书得减给或不给各项救济费，本案应否酌给救济费，请示等情。应照额减半核发一次过救济费五十元，款在三十二年度省岁出概算救济费项下开支。

二、据会计处案呈，关于中央政治学校粤籍学生彭思衍、庄文彬、吴耀亚等三员请援例补发旅费各八百元一案，经核定准予照拨，款在三十一年度赴中央干部训练团受训人员旅费项下支拨在案，惟该科目款因经将三十一年度省岁出概算一案修正，故已无款可拨，拟改在三十一年度修正省岁出概算内省第一预备金项下支拨，请核示等情，应准如拟办理。

三、据教育厅呈转韶关市立小黄岗小学三十一年度员役生活补助费预算书、员役家属平价米代金名册等件，请察核前来。查生活补助金预算八至十二月五个月共列支四千二百五十元，准在三十一年度省调整机构补助公务员生活费项下照发，平价米代金，八至十二月五个月共六千三百五十元，准在省级公粮项下拨支，并经分别通知饬遵。

四、奉行政院令知，关于本府呈送省防空司令部所属各单位三十一年度经常费追加预算书一案，应准追加六万七千六百七十三元等因。饬据会计处签称，拟饬财政厅遵照办理，至本府前核饬财政厅在三十一年度调整机构补助公务员生活费科目项下垫拨本案追加经费之款，拟由财政厅向省防空司令部清算扣回归还该科目等语，经准如拟办理。

五、据会计处案呈，连阳防空指挥所三十一年度经费月支一万五千八百八十九元，前经本府核定款在三十一年度战时特别预备金项下拨支，先在本府迁连费备用金项下垫拨，并呈报中央核示，迄未奉复，三十二年度业已开始，该所三十二年一月份经常费一万五千八百八十九元，拟仍在三十一年度本府迁连费备用金余款三万四千三百九十七元四角二分项下垫拨应支等语，经准如拟办理。

六、据会计处案呈，关于韶关市加强防空壕洞需费三十万元，款拟在三十二年度战时特别预备金项下拨支一案，经呈报行政院核示有案，现奉电复准二十万元为支用范围，饬补编概算呈核等因。拟饬秘书处依照核定数额编具概算及计划呈府核转，并分别通知有关机关等语，经准如拟办理。

七、据社会处代电，以派视导谈□□赴渝受训，请准照章核发旅费二千七百八十元等情。饬据会计处签称，拟准暂先拨发二千五百元，在三十二年度派赴中训团受训人员旅费项下垫拨，俟将来据将旅费支出凭证缴呈到府，再行核定实支数目，在原垫支科目拨支等语，应准如拟办理。

讨论事项

一、据粮政局呈缴东江运销处三十一年度营业计划预算书，请察核等情，请公决案。

（决议）照会计处签拟通过。（签拟略）

二、据会计处案呈，安化管理局呈缴三十一年度地方岁入岁出追加概算一案，计各列为二万一千一百七十六元，核案相符，似可照准，请提会核定等情，请公决案。

（决议）照案通过。

三、准广东全省保安司令部代电，为领运军米所用草包使用日久，破漏不堪，拟购置三千五百个应用，计需款二万六千二百五十元，并拟在三十一年度保安经费节余项下支报，请查照等由，请公决案。

（决议）照案通过。

四、据卫生处呈，以本省高级护士助产学校公共卫生人员训练所，拟在学员学生伙食费及奖学金节余项下拨发学员学生棉褛，共需款二万四千一百五十元，转请察核等情，请公决案。①

（决议）照会计处签拟通过。

---

① 会计处签拟略。

五、据统计处签呈，拟将广东省各县区乡镇公所调查统计办法分别修订，并改为广东省各县乡（镇）公所及保办公处调查统计办法，以符实际，请察核等情，请公决案。

（决议）照案通过。

六、据粮政局呈，拟以曾伯英代理本局视察，请察核等情，请公决案。

（决议）照案通过。

七、据秘书处签呈，综合建设厅意见，拟具广东省奖励工矿业技术暂行办法实施细则，奖励农工矿业技术审查委员会组织规则，请核定施行等情，请公决案。

（决议）照案通过。

八、张委员、王委员、许委员会复，审查统计处呈缴三十二年度举办□县户口普查及编印本省公务统计方案计划及概算书一案意见，请公决案。①

（决议）照审查意见通过。

九、张委员函复，审查会计处签拟三十一年各区专署四、五等县局战地县份配属无线电台追加经费一案意见，请公决案。

（决议）照审查意见通过。（意见略）

十、张委员、何委员、黄委员会复，审查粮政局、行政效率促进委员会拟具广东省各县市局公粮发给办法一案意见，请公决案。

（决议）照审查意见通过。（意见略）

十一、据教育厅签，拟具三十二年度考选海军学生经费预算书，计共列支二十□万□千八百六十□元，请察核等情，请公决案。

（决议）交张、高、许三委员审查，由张委员召集。

十二、据会计处签呈，为本省各县国民兵团三十二年度经费，谨拟具调整意见四项，请核定等情，请公决案。

（决议）交张、高、许三委员审查，由张委员召集。

十三、据会计处签呈，为各县机构调整后，谨依据裁并各机关原有办公费数目，拟具增加县府办公费标准六项，请核定等情，请公决案。

---

① 审查意见略。

（决议）交何、张两委员审查，由何委员召集。

十四、据会计处签呈，为拟具三十二年度各县市局地方总预算编审原则十五项，请核定等情，请公决案。

（决议）交郑（彦棻）、张、何三委员审查，由郑委员召集。

广东省政府第九届委员会
第四百零六次议事录

日　期　二月二十二日

地　点　曲江本府

出席者　李汉魂　胡铭藻　郑彦棻　刘佐人　何　彤　黄麟书
　　　　王志远　张导民　高　信　许崇清　吴迺宪　郑　丰

列席者　史延程　黄　雯　戴振魂　毛松年

主　席　李汉魂

纪　录　（科长）谢乐文

报告事项

一、准广东全省保安司令部代电，以南路特务大队三十年度训育补助费一次过列支一千元一案，经贵府核定款在该大队三十年度经费节余项下开支，惟查该大队三十年八至十二月份经费收支比对不敷本案训育费，拟并入该大队三十年十二月份经费计算常备金科目支报等由。饬据会计处签称，似可照办等语，应准如拟办理。

二、据省卫生处呈，转省立救济医院三十一年度增建病室及医疗器械、家私被服等购置费预算书，请察核等情。饬据会计处签称，计共列支一十万八千九百一十四元八角七分，拟准如所请在三十年度第五次追加省概算充实卫生设备及治疗支出项下分配各医院诊所设备费二十七万元内，由卫生处划拨该院之一十一万九千二百一十四元八角七分项内拨支。至于建筑费，如确属不敷，应在本案核定预算总额一十一万八千九百一十四元八角七分内统筹匀支，不得再请增加等语，应准如拟办理。

三、据财政厅签呈，关于补发先烈陈敬岳三十一年份祭费二百元，及惠来县政府先后呈，请给领故员吴应光等十二员三十年度三十一年份抚恤金，合共国币二千九百六十七元八角，应如何拨支等情。饬据会计处签称，似可统在三十一年度恤金余额项下开支等语，应准如拟办理。

四、据财政厅呈，关于南海县三十一年一至三月份行政囚粮共二千一百零六元一角，原奉核定在三十一年度省拟定预算接近战区战时工作经费科目项下拨支，惟该科目已无余款可拨，是项囚粮费拟改在三十一年度省拟定预【算】行政人犯口粮科目开支等情。饬据会计处签称，所拟尚无不合，似可如该厅意见办理等语，应准如拟办理。

五、据秘书处案呈，本府储油库策动工人及村民扑救该库附近火烧草茅垫支煮粥费八十五元，请核拨归垫等情。饬据会计处签称，似属需要，拟准照数在本年度省第一预备金项下拨支归垫等语，应准如拟办理。

六、准广东全省保安司令部代电，以干训班停训期间支过临时费一千一百四十二元，及军官队第七期学员结业典礼费一千五百八十四元，两共二千七百二十六元，拟在该班三十一年度经费节余项下支报，请查照等由。饬据会计处签称，该款既经支出，似可照办等语，应准如拟办理。

七、据教育厅呈转省教育会三十年度及三十一年度经费预算暨生活补助金预算分配表，请察核等情。饬据会计处签称，查该会三十年度改编预算前未据呈府，迄至现在始补编呈核，因之三十年度九至十二月份应增加俸给每月七十五元，四个月共三百元，尚未核拨，现年度早经过去，无从补发，拟饬就原已拨支三十年度该机关经费内自行统筹办理，不予另行追加，至三十一年度经费年列六千二百四十元，除原核定该会经费四千零八十元外，其余生活补助金列支二千一百六十元，拟准在三十一年度省岁出概算内调整机构补助公务员生活费项下开支等语，应准如拟办理。

密八、据开建县长韩继中电，以奉令派员会同检查广州市政府存贮花石岩案卷共支过往返旅费二百八十七元，请拨还归垫等情。饬据会计处签称，本案如奉核定似可在三十一年度省第一预备金项下拨支等语，应准由省款拨还。

九、据本府驻渝办事处呈送三十一年度十月份购置家具临时费预计算书类，计列支二千五百元，请察核拨还归垫等情。饬据会计处签称，似属需要，拟准予在三十二年度省第一预备金项下拨还归垫等语，应准如拟办理。

十、据建设厅签呈，转据长途电话管理所呈，重建职员宿舍四座，共支工料费七千七百四十元，款拟准在该所营业基金项下拨付，追加三十一年度预算，请察核等情。饬据会计处签称，查年度已过，该款亦已支出，为免办理追加手续，拟准将原预算存转等语，应准如拟办理。

十一、据财政厅签呈，据罗定县政府呈请核发故警陈海三十一年份恤金，共国币八十三元一案，查属相符，拟在三十一年恤金余额项下开支等情。饬据会计处签称，拟准如财政厅签拟办理等语，应准如拟办理。

十二、据省军民合作总站呈，以干事林舜评住所遭受空袭损失，请予救济等情。饬据秘书、会计两处签称，该员居住韶关市内道后街，并非职务上必须居留之地，此次遭受空袭损失，似应认为过失，拟依照本省公务员、雇员、公役遭受空袭损害暂行救济办法第六条之规定减半发给救济费三百元，在三十二年度省岁出概算救济费项下开支等语，应准如拟办理。

十三、据战时通讯所呈，为调所服务之第七区台技士黄志章住所遭受空袭损失，请予救济等情。饬据秘书、会计两处签称，该员居住韶关市内道后街，并非职务上必须居留之地，此次遭受敌机空袭损失，似应认为过失，拟依照修正本省公务员、雇员、公役遭受空袭损害暂行救济办法第六条之规定减半发给救济费三百元，款在三十二年度省岁出概算救济费项下开支等语，应准如拟办理。

十四、据卫生处呈转省立医院曲江门诊部药剂生黄若梦，事务员吴国彬，工役徐镜、林庚顺等遭受空袭损失，请予救济等情。饬据秘书、会计两处签称，拟依照修正本省公务员、雇员、公役遭受空袭损害暂行救济办法第八条第一项乙款规定给予吴国彬救济费一百二十元，黄若梦救济费一百元，工役林庚顺给救济费四十元，徐镜给救济费二十元，合共二百八十元，款在三十二年度该机关原有经费内匀支等语，应准如拟办理。

十五、据省新运会妇女工作委员会呈，拟在五里亭小黄岗筹设托儿所一所，计需开办费二万七千八百四十元，拟在本会三十一年度事业费内托儿所经费节余项下开支等情。饬据会计处签称，似属需要，拟准照办，列入原经费预算内报销等语，应准如拟办理。

十六、据建设厅签呈，转缴抢修罗信茂公路古篷至□隆段各项工程预算书，共列七万三千二百三十元，请察核等情。饬据会计处签称，本案经秘书处核明工程单价大致尚合，至管理费内所列各项及员工生活补助金，核亦需要，拟准照数在罗茂公路工程费节余项下开支等语，应准如拟办理。

十七、据会计处签呈，本省三十二年度岁出单位概算，业奉行政院核定，岁出总额为一亿九千五百六十七万八千三百九十三元，较本省原拟概算数二亿四千六百五十二万八千九百六十一元，计核减五千零八十五万零五百六十八元，兹拟将奉减部分及本府委员会核定增设机关及裁减机关之经费拟具调整意见八项，请察核等情。除保安团队预备费应先行尽数转拨，仍一面由该部列请中央追加，饬准如拟办理。

讨论事项

一、准广东省地方行政干部训练团电送三十一年度派送谢松培一员赴中央训练团受训旅费预算书，计去程共列二千元，请拨还归垫等由，请公决案。

（决议）照案通过，款在本年度赴中央训练团受训人员旅费项下开支。

二、（略）

三、据民政厅呈，拟具本省第二行政督察区十五县行政囚犯劳作生产补助粮食暂行办法，请核定施行等情，请公决案。①

（决议）照秘书处签拟通过。

四、据会计处案呈，茂名县政府呈缴三十一年度岁入岁出第一次追加概算一案，经依照各厅处意见核编后，计各列为八十三万七千九百七十一元，请提会核定等情，请公决案。

（决议）照案通过。

五、据教育厅长黄麟书呈，请准辞去省立民众教育馆长兼职，遗缺

---

① 秘书处签拟略。

并拟以霍广河接充等情，请公决案。

（决议）照案通过。

六、何委员、张委员、黄委员、郑委员（丰）、胡委员会复，审查秘书处、行政效率促进委员会呈，拟具修正广东省县政府组织规程及修正广东省各等县政府编制表一案意见，请公决案。

（决议）照审查意见修正通过。

七、高委员函复，审查秘书处案呈，梅县县民朱寿南因承领荒地造林事件不服梅县县政府维持承领权之处分，提起诉愿一案，经审查完竣，作成决定书，请核定一案意见，请公决案。①

（决议）照审查意见通过。

八、准广东省动员会议检送广东省各县（市局）动员会议编制表，请核定等由，请公决案。

（决议）照案修正通过。

九、张委员、何委员、刘委员会复，审查卫生处拟具本省各中心卫生院组织暂行通则、管辖区域表、编制表等件一案意见，请公决案。

（决议）照审查意见修正通过。

十、张委员函复，关于建设厅转据公路处呈请将二十九年三、四月间抢修各路面水灾工程费一十三万三千四百九十七元二角八分，请核拨一案。拟定该款拨支科目，请公决案。

（决议）修正通过。

十一、据教育厅签呈，省立越华中学校校长郑达容另有任用，遗缺拟派关元藻代理等情，请公决案。

（决议）照案通过。

十二、据卫生处签呈，在存连县药库提出五十万元药品百分之二十运韶分发一案，计需运费一万二千元，在三十二年度本省概算卫生事业费未奉核定前，此款拟请准权先在存处购药余款项下暂付，并函审计处签发等情，请公决案。②

（决议）照会计处签拟通过。

---

① 审查意见略。
② 会计处签报略。

十三、（略）

十四、据会计处签呈，拟具三十二年度省级公务员生活补助费发给办法，请核示等情，请公决案。

（决议）交张、郑（彦棻）、何三委员审查，由张委员召集。

广东省政府第九届委员会
第四百零七次议事录

日　　期　二月二十五日

地　　点　曲江本府

出席者　李汉魂　王志远　胡铭藻　黄麟书　许崇清　郑　丰
　　　　　何　彤　高　信　郑彦棻　刘佐人

列席者　毛松年　戴振魂　何汉昌　李文韬

主　　席　李汉魂

纪　　录　（科长）谢乐文

报告事项

一、据建设厅签呈，附缴再修正农业工作中心县份计划大纲，并拟指定龙川、茂名、连县三县为推广农业工作中心县份，请察核等情，应准如拟办理。

二、据卫生处呈，以省立救济医院三十一年度增加病人膳食费一案，前奉核定准自十一月份起每月增拨二千四百元，款在卫生处各项节余经费开支有案，惟驻审员以于法无据，不予签证拨发，请示办理前来。经饬据会计处签称，拟先行电请行政院准作移用案办理等语，经准如拟办理。

三、奉行政院电，该省会计业务检讨会会议经费，准予照数追加一万五千元等因，经分别通知。

四、据化县县政府呈缴第五次破路费预计算书类，计实支二千二百四十八元等情。饬据会计处签称，既经建设厅核明所列工程部分与支出各费尚属适合，似可准照列支，该款拟在该县结存破路费余款七千四百

263

二十元五角五分额内动支等语，应准如拟办理。

五、据省振济会呈，南路振济区广州湾办事处址被风吹倒，拟重行建筑，计需款四千二百九十元，请察核等情。饬据会计处签称，经送准秘书处核覆单价尚合，且本案既经振济会核属急需，似可准予照列，款饬在振款内发给等语，照准如拟办理。

六、据建设厅呈，以该厅特务队士兵叶振初殓葬费八十五元，拟列入本年经费什支项下支报，请核示等情。饬据会计处签称，拟予照准等语，应准如拟办理。

七、奉行政院电知，该府驻港电台经费余额五千零一十元零三分，准予移在五华县无线电监理台经费等因。饬据会计处签称，拟分别通知等语，应准如拟办理。

八、据省振济会转缴第五振济区三十一年度经常费等预算分配表，请察核前来。查原列经常费年支三千元，尚无不合，应准按月照拨，补足折薪差额年列二千零一十六元，生活补助金年列三百二十元，核无不合，应准在三十一年度省岁出概算内调整机构补助公务员生活费项下照拨，并经分别通知饬遵。

九、据社会处签呈，拟将奉拨用国粤字第一○七七号汽车重行修理，改制酒精车使用，计需修理费六千元，并一次过储备酒精五罐，计需四千元，共计一万元，款拟在本处三十一年度经费用人节余项下拨支等情。饬据会计处签称，似可准予在该处三十一年度经费预算内流用，与经常费合并支报等语，经准如拟办理。

十、奉行政院电知，连阳防空指挥所应颁发编制，改称连阳防空指挥部，其余情报分所等，准照所请办理，惟三十一年度业经终了，预备金亦已动支无余，不便追加，该指挥部及情报分所等应在三十二年一月一日成立，开办、装具、旅运费、经常费等均准照开列数字核列，统计各费共二十六万九千八百八十二元，即在该省三十二年度战时特别预备金项下动支等因。饬据会计处签拟办法三项前来，应准如拟办理。

十一、奉行政院电知，该省第二区行政督察专员公署策动民众抗敌防线工作，用费一千九百二十四元，应准在省三十一年度战时特别预备金项下动支等因。饬据会计处签称，拟分别通知等语，应准如拟办理。

十二、据会计处案呈，关于省保安司令部八个大队及机炮教导大队三十一年度追加主食费，计共列支七十七万零四百一十八元，前经核定款在三十一年度调整机构补助公务员生活费科目项下暂行拨支，俟中央增拨代金发到归垫有案，现查中央增拨代金仍未发到，应否拨正开支等情，应拨正开支。

十三、据教育厅转缴粤北边疆施教区三十年度、三十一年度一至六月份经常费支付预算书表，请察核饬拨等情。饬据会计处签拟办法甲、乙两项前来。甲项应准如拟，乙项应予照准。

讨论事项

一、张委员、何委员、胡委员会复，审查地政局签，拟具广东省地价税折征实物暂行标准一案意见，请公决案。

（决议）照审查意见修正通过。

二、据秘书处，拟具广东省政府及所属各机关档案保存办法，请察核等情，请公决案。

（决议）交何、张、黄、郑（丰）、刘五委员审查，由何委员召集。

三、据财政厅签呈，曲江、乳源两县田赋征率，前核准在征限期满前每元税额先缴征实一斗，征购一斗三升，县级公粮五升，现三十一年度田赋征限已满，该两县田赋征实征购定率如何决定，请核示等情，请公决案。

（决议）照第一案规定标准办理。

四、据社会处呈，拟具婚姻介绍章程，请察核备案施行等情，请公决案。

（决议）交何、许、高三委员审查，由何委员召集。

五、据会计处签呈，奉行政院电复，该省呈请追加三十一年度各电讯机关战时行政通讯临时费三万四千零八十元，应在三十一年度省预算内统筹移用一案，拟议办法，请核示等情，请公决案。

（决议）照案通过。

六、据建设厅案呈，转缴长途电话管理所修缮仁长、城长、仁城话线预算书，计列九万零二百一十七元五角，请察核等情，请公决案。

（决议）照案通过，款在本年度战时特别预备金项下开支。

七、据会计处签呈，关于审计处通知罗信自卫第一、二大队建设费共四十四万九千八百八十二元八角八分，系三十年度预算内拨款，三十一年度支出于法未协一案意见，请察核等情，请公决案。

（决议）照案通过。

八、张委员、许委员、王委员会复，审查教育厅呈，为收容侨生增校增班一案，从新拟具分配预算，并拟由三十二年起将该项增班费并入原校经费内，作增班计算，其生活补助金、平价米代金、恳照通案另款拨发一案意见，请公决案。

（决议）照审查意见修正通过。

九、张委员、何委员、黄委员、郑委员（丰）、郑委员（彦棻）、刘委员会复，审查行政效率促进委员会呈台山、南雄、始兴等二十六县局及大埔、连平、宝安等二十七县局三十二年度工作计划一案意见，请公决案。

（决议）照审查意见通过。（意见略）

十、张委员、高委员、许委员会复，审查教育厅签拟，三十二年度考选海军学生经费预算书一案意见，请公决案。

（决议）照审查意见通过。（意见略）

十一、张委员、胡委员、吴委员会复，审查民政厅签拟修正广东省各乡镇自卫班编组办法广东省各乡镇自卫班服务细则一案意见，请公决案。

（决议）照审查意见修正通过。（意见略）

十二、准广东省动员会议函，拟具广东省加强实施限价县份工会管制办法，请查照施行等由，请公决案。

（决议）交许、王、吴三委员审查，由许委员召集。

十三、据粮政局签呈，拟具第一期实施物价管制各县办理供应韶关市米粮奖惩暂行办法，请核定施行等情，请公决案。

（决议）照秘书处签拟修正通过。

十四、张委员、郑委员（彦棻）、何委员会复，审查会计处签呈，拟具三十二年度省级公务员生活补助费发给办法一案意见，请公决案。①

（决议）照审查意见通过。

十五、据会计处案呈，关于统计处三十一年度追加经临各费共一十

---

① 审查意见略。

万六千四百一十四元一案，拟议办法，请察核等情，请公决案。

（决议）准拨七万二千元，款在三十一年度调整机构补助公务员生活费项下开支。

十六、据教育厅签呈，省立韩山师范学校校长李育藩辞职，拟予照准，遗缺拟派该校教务主任陈传文暂行代理，请察核等情，请公决案。

（决议）照案通过。

十七、郑委员（彦棻）、张委员、何委员会复，审查会计处签拟三十三年度各县市局地方总预算编审原则十五项一案意见，请公决案。

（决议）照审查意见通过。（意见略）

十八、据会计、统计两处会签，拟具普通考试县各级干部人员考试广东省三十二年度第一次会计、统计人员考试办法，请察核等情，请公决案。

（决议）交刘、黄、许三委员审查，由刘委员召集。

十九、准三民主义青年团广东支团部筹备处函，以派代表赴渝出席全国团员代表大会，旅费不敷，请予补助等由，请公决案。

（决议）准补助二万元，款在本年度第一预备金项下开支。

二十、据财政厅签呈，为拟具赤溪等十四县暨各乡镇学校裁撤苛杂后拨补数额表，请核示等情，请公决案。

（决议）交黄、何、郑（丰）、郑（彦棻）四委员审查，由黄委员召集。

广东省政府第九届委员会
第四百零八次议事录

日　期　三月一日
地　点　曲江本府
出席者　李汉魂　王志远　胡铭藻　黄麟书　吴迺宪　许崇清
　　　　高　信　郑　丰　郑彦棻　何　彤
列席者　毛松年　黄　雯　戴振魂　何汉昌

主　席　李汉魂

纪　录　（科长）谢乐文

报告事项

一、据建设厅签呈，以省营面粉、纺纱两厂自成立以来，业务未能如期发展，省营肥皂厂成立后，业务日渐发展，拟将上列各该厂编制员额酌予调整，计面粉厂裁减员额后，尚应有员额三十三员，纺纱厂裁减员额外，尚应有员额三十七员，肥皂厂增员后，实有员额一十四员，附缴各改订职员编制表，请核示等情。饬据秘书处签称，查属可行，所拟各厂增减员额亦属适当，拟予照准等语，应准如拟办理。

二、据第一区行政督察专员公署呈缴三十一年十二月份行政囚粮预算书，计列四千五百五十六元七角二分，请核拨归垫等情。饬据会计处签称，查核尚无不合，拟准在三十一年度省拟定预算内行政人犯口粮项下拨还归垫等语，应准如拟办理。

三、奉行政院令，该省防空司令部选派人员张维亚等三员赴渝受训治装旅费一案，应准在该省三十一年度战时特别预备金项下动支一万五千元等因。饬据会计处签称，拟分别通知等语，应准如拟办理。

四、据会计处案呈，据第四区专署呈拟集体督导区属各县县政计划预算表，共列支一万七千一百六十元，除在专署三十一年下半年六个月内专员出巡旅费等项开支外，仍不敷一万零二百三十元之款，在前任移交黄洪就烟土案款及该署会同区保安司令部演戏筹得款下支销一案，应否准照前拟办理。至经费部分，仍饬据另拟呈核，款仍在第四区各县自卫队班长训练班缓办经费及该区保安司令部缉获黄洪就烟土案另由该部署联合演戏筹款为岁入来源拨支，仍以第四区行政督察专员公署三十二年度督导区属各县出巡旅费科目追列三十二年度岁出汇列清表呈报中央核定等语。应予照准，将该项经费移拨本年支用。

五、据省振济会呈转儿童教养院请改订配发儿童副食费标准一案，核尚属需要，请准俯赐备案等情。饬据会计处签称，儿教院儿童副食费不敷支配，尚属实情，所拟标准并自本年一月起实行一节，既经振济会核属需要，似可准予照办，款仍在振款项下拨支等语，应准如拟办理。

六、据财政厅呈，以东江护侨所迁回河源办公迁移费一千九百三十元，因三十年度省库结束，已无从拨还等情。饬据会计处签称，查属实情，复查该所三十年度迁移费既系实支一千七百五十元，而节余尚未退纳经临各费尚有一千八百七十元九角五分，足资抵拨，为顾全事实起见，拟将前案撤销，饬抵拨了案。至抵拨后结余，仍饬返库等语，应准如拟办理。

七、准省干训团电送三十一年度派赴中央训练团第十九期受训人员补发旅费支付预算书，计列一千元，请查照准免缴证件拨发等由。饬据会计处签称，所称无法取具证件一节，似属实情，似可援照同期调各厅处赴渝受训之人事行政人员免报销之例，姑准免予取具凭证报销，该款拟在三十一年度省第一预备金项下拨支等语，应准如拟办理。

八、据省地政局呈，以该局第二测量队组长方芳荣因公被劫狙毙，暨事务员廖海龙、曾振光、公役张海同时被劫，编具殓葬费预算书，计列支一百五十元，损失财物救济费预算书计列九百元，款均拟在该局三十一年度连山、阳山两县土地测量经费节余项下拨支，请察核等情。饬据秘书、会计两处签称，核与规定尚符，拟准照办等语，应准如拟办理。

九、据卫生处呈，以本处技正黎树仁住宅遭受敌机炸毁，损失财物，请予救济一案，经饬据秘书、会计两处签称，拟依照（本年度修正）修正本省公务员、雇员、公役遭受空袭损害暂行救济办法第六条、第八条之规定，酌给救济费五百元，款在三十二年度省岁出概算内救济费项下拨支等语，应准如拟办理。

十、据教育厅呈，转据中央政治学校学生黄银泰请援例发给补助入校旅费等情。饬据会计处签称，似应照案一次过拨发八百元，款在三十二年度省岁出概算内赴中央干部训练团受训旅费项下开支等语，应准如拟办理。

十一、据第一区行政督察专员公署呈缴三十一年十一月份行政囚粮清册预计算书，计列支国币一千零四十一元九角，请核发归垫等情。饬据会计处签称，核案尚无不合，拟准在三十一年度省拟定预算行政人犯口粮项下拨还归垫等语，应准如拟办理。

十二、据会计处案呈，钦县县政府呈缴三十年度地方岁入岁出第三次追加预算，计各为一万一千六百零八元，核无不合，请报会核定等情，应准如拟办理。

讨论事项

一、据建设厅签呈，转缴省营纺纱厂三十一年度营业计划预算书，请察核等情，请公决案。

（决议）照会计处签拟通过。（签拟略）

二至三、（略）

四、据第三区行政督察专员公署呈，缴三十一年度抢救各县基围费支付预算书，计列支五万元，请察核等情。经饬在救灾准备金项下拨支，请追认案。

（决议）照案追认。

五、据本府秘书处呈缴黄岗消防队拟修葺队部棚舍，计需修葺费三千九百五十元，请察核等情，请公决案。①

（决议）照会计处签拟通过。

六、据会计处案呈，新兴县政府呈缴三十一年度地方岁入岁出第二次追加概算一案，经依照各厅意见核编后，计各列为五十九万八千八百二十六元，请提会核定等情，请公决案。

（决议）照案通过。

七、据会计处案呈，潮阳县政府呈缴三十一年度地方岁入岁出追加追减概算书一案，经依照各厅处意见核编后，计追加数各列为三十五万一千九百三十五元，请提会核定等情，请公决案。

（决议）照案通过。

八、据会计处案呈，龙川县政府呈缴三十一年度地方岁入岁出追减概算一案，经依照各厅意见核编后，计仍各列为四万一千六百三十二元，请提会核定等情，请公决案。

（决议）照案通过。

九、据会计处案呈，梅县县政府呈缴三十一年度地方岁入岁出第二次追加概算一案，经依照各厅处意见核编后，计仍各列为一万七千九百元，请提会核定等情，请公决案。

（决议）照案通过。

十、据会计处案呈，龙川县政府呈缴三十一年度地方岁入岁出追加

---

① 会计处签拟略。

概算一案，经依照各厅处意见核编后，计各列为三十四万八千零一十三元，请提会核定等情，请公决案。

（决议）照案通过。

十一、高委员、王委员、胡委员会复，审查驿运管理处、企业公司、农林局会呈，遵谕拟具驴马繁殖场计划大纲、试用驴马计划大纲、试用驴马运输暂行办法、驴马市场计划纲要、奖励商人贩卖驴马应市办法一案意见，请公决案。①

（决议）照审查意见通过。

十二至十三、（略）

广东省政府第九届委员会
第四百零九次议事录

日　　期　　三月四日

地　　点　　曲江本府

出席者　　李汉魂　　高　信　　郑彦棻　　黄麟书　　刘佐人　　胡铭藻
　　　　　　王志远　　郑　丰　　许崇清　　何　彤

列席者　　毛松年　　黄　雯　　戴振魂　　何汉昌

主　　席　　李汉魂

纪　　录　　（科长）谢乐文

报告事项

一、据教育厅呈，中央空军军官学校取录粤籍留美军官生张海盛请发赴渝报到之韶关至衡阳段旅费二百五十元一案，拟准援照本府核发中央政治学校粤籍学生旅费案办理等情。饬据会计处签称，似属可行，该款二百五十元，拟在三十二年度省级概算内赴中央干训团受训旅费项下拨支等语，应准如拟办理。

二、据财政厅签呈，据阳山县政府呈，请核发保安队故员陈锐志三

---

① 审查意见略。

十一年份遗族恤金国币三十元零四角，核案相符，惟三十一年度省拟定预算漏将该遗族恤款注列，拟在三十一年度恤金余额项下开支等情。饬据会计处签称，拟如厅拟办理等语，应准如拟办理。

三、据教育厅呈转中央政治学校粤籍学生刘昌岐、邝荣舟二人肄【业】证明书，请察核援案发给补助旅费等情。饬据会计处签称，该生等既属粤籍生，似应援案各发八百元，共一千六百元，款在三十一年度省岁出概算内赴中央干部训练团受训旅费项下拨支等语。应准如拟办理。

讨论事项

一、何委员、张委员会复，审查会计处签呈，拟具增加县政府办公费标准六项一案意见，请公决案。①

（决议）照审查意见通过。

二、（略）

三、据秘书处案呈，台山县民余伟庆等因不服台山县政府解散荻海余氏族务委员会，并将该会尝产、公物移交八乡联防会接管之处分，提起诉愿一案，经审查完竣，作成决定书，请提会核定等情，请公决案。

（决议）照决定书通过。

四、据建设厅电缴农田水利处组织编制预算等件，请察核等情，请公决案。

（决议）统计人员设一人至二人，在该处员额内分配，余照会计处签拟通过。（签拟略）

五、据会计处案呈，云浮县政府呈缴三十一年度地方岁入岁出第二次追加预算一案，经依照各厅意见核编后，计各列为三万五千元，请提会核定等情，请公决案。

（决议）照案通过。

六、许委员、王委员、吴委员会复，审查省动员会议拟具加强韶关市人民团体组织办法，加强本省实施限价县份人民团体组织办法及广东省加强实施限价县份工会管制办法两案意见，请公决案。②

---

① 审查意见略。
② 审查意见略。

（决议）指导员必要时得设置，日期由省动员会议及社会处订定，余照审查意见通过。

七、据会计处签呈，省概算第一预备金科目年列一百四十万元，截至本府第九届委员会第四〇六次会议止，该科目已奉核定动支或垫支净尽，拟具办法六项，请核示等情，请公决案。

（决议）原办法甲项第二款应在本年度调整机构公务员生活补助费项下统筹支配，余照案通过。

八、据会计处签呈，请准将杜前任移交垫付修理葵棚暨修理汽车等超支款共八千五百四十七元在三十一年度省第一预备金项下拨还归垫等情，请公决案。

（决议）照案通过。

九、据建设厅呈，转农田水利工程监理队组织规程编制表预算表，请察核等情，请公决案。

（决议）照秘书、会计两处签拟通过。（签拟略）

十、据秘书处案呈，拟议再修正本省公务员、雇员、公役遭受空袭损害暂行救济办法，请核示等情，请公决案。

（决议）交张、刘、许三委员审查，由张委员召集。

十一、据建设厅签呈，转缴农田水利处三十一年九至十二月份员役生活补助费清册，计共应领二万一千二百七十元，请察核垫拨等情，请公决案。

（决议）交张委员审查。

十二、何委员、胡委员、吴委员会复，审查会计处拟议本省各区专员兼保安司令公署三十二年度官兵依照陆军新订给与增加待遇所需之款处理办法一案意见，请公决案。

（决议）照审查意见通过。（意见略）

十三、何委员、高委员、张委员会复，审查建设厅拟修正广东省垦荒贷款暨奖励补息计划纲要、补助垦荒事业办法、垦荒贷款办法、推行垦荒面积贷款补息分配表一案意见，请公决案。①

（决议）照审查意见通过。

---

① 审查意见略。

十四、主席提议，始兴县长刘尚需另候任用，遗缺派江锦兴代理；吴川县长何迺英辞职照准，遗缺派詹式邦代理；澄海县长李少如另候任用，遗缺派林沛然代理，请公决案。

（决议）照案通过。

十五、何委员提议，拟由省府拨款补助各县设置招待所，以便中央及省级机关督学人员下县有适当地方旅居及办公，以利督导，而增行政效率，请公决案。

（决议）交郑（彦棻）、张、刘三委员审查，由郑委员召集。

广东省政府第九届委员会
第四百一十次议事录

日　期　三月八日

地　点　曲江本府

出席者　王志远　胡铭藻　郑彦棻　张导民　吴迺宪　刘佐人
　　　　郑　丰　许崇清

列席者　李锡朋　戴振魂　毛松年　黄　雯

主　席　李汉魂（公出　郑彦棻代）

纪　录　（科长）谢乐文

报告事项

一、据会计处签，以三十一年度高普检定考试委员会经费八千五百九十元，原在三十一年度第一预备金拨支。嗣奉行政院令不准，故改以垫付款处理，不列入修正三十一年度省预算第一预备金科目内。该项经费，现行政院令知准在本省三十一年度预算内【统】筹移用等因。拟即在三十一年度第一预备金项下开支等情，应准如拟办理。

二、据财政厅呈，奉饬在三十一年度拟定预算内调整机【构】补助公务员生活费项下垫拨农林局三十一年度棉作物繁殖场筹备费九万零二百六十元，经费四万三千八百七十元一案，驻审人员未允核签，当时无从垫拨，现该项追加款已奉中央划拨到省，经即另再签拨，请察核等情。饬据会计处签称，拟请报会后通知有关机关等语，应准如拟办理。

三、据三十一年度第一次高等普通考试曲江区取录粤籍合格人员黄德鸿、李柏钧、何家英等呈，请每员暂借赴渝受训来回程旅费五千元等情。饬据会计处签称，拟援照补助赴中央政治学校肄业学员成例，一次过拨助每员国币八百元，共二千四百元，款由三十一年度赴中央干部训练团受训旅费项下拨支等语，应准如拟办理。

四、据建设厅签呈，合作事业管理处故合作指导员谢坦孚生前支过调差旅费及薪津共九百八十七元一角，请准在该处三十一年度旧事业费节余项下拨支等情。饬据会计处签称，本案既经建设厅查属实在，为兼顾事实起见，该项借支之款八百元，拟准在该处三十一年度事业费节余项下拨支，除作为补发该员三十一年九月起至十月九日止薪津一百八十七元一角外，其余六百一十二元九角，并准作定额旅费支报【等】语，应准如拟办理。

五、据第三区行政督察专员公署呈报，该署技士冼泮瑶、科员冼立功住所遭受敌机空袭损失，请准依照规定各发给救济费一百五十元等情。饬据秘书、会计两处签称，拟各给救济一百元，款在该署三十一年度原经费项下拨支，列入原预算内支报等语，应准如拟办理。

六、据省图书杂志审查处签呈，附该处组长冯少杜赴渝受训旅费预算书，计列支二千二百九十四元，请察核照数发给等情。饬据会计处签称，此款拟准在三十二年度赴中央干部训练团受训人员旅费项下先行垫支，仍饬将来检具凭证依法按实报府，以凭核定在原科目拨支等语，应准如拟办理。

七、据教育厅呈，以本厅职员黄瑞洲、卫士黄展辉遭受敌机空袭毙命，请准援例发给黄瑞洲丧葬费一千元，卫士黄展辉比照公役发给丧葬费五百元等情。饬据秘书、会计两处签称，似可照准，该款一千五百元拟在三十二年度省岁出概算救济费项下拨支等语，应准如拟办理。

八、据教育厅呈，以本厅庶务股长振鹤文、科员麦启明寓所遭受敌机空袭损失财物，拟请准依法各给予救济费九百元，又卫士黄展辉之妻遭受敌机空袭重伤，拟依法给予医药费二百元等情。饬据秘书、会计两处签称，此案计共需救济费二千元，拟准在三十二年度省岁出概算内救济费项下拨支等语，应准如拟办理。

九、据教育厅呈，以本厅卫士黄展辉寓所遭受敌机空袭失损财物，拟请准予依法（拟照公役办法）发给救济费四百五十元等情。饬据秘书、会计两处签称，此款拟准在三十二年度省概算救济费项下一次过拨给等语，应准如拟办理。

十、据教育厅呈，以本厅股长丘震南因公被焚损失财物，拟请准援照空袭损害救济办法第六条规定，拟给救济费九百元等情。饬据秘书、会计两处签称，拟依照本省战时各级行政机关员役因公损失财物救济暂行办法第三条第二款丙规定，一次过给予救济费四百元，款在三十二年度省拟定预算救济费项下拨支等语，应准如拟办理。

十一、据财政厅签呈，据惠来县政府呈请核发故警翁林三十年五月至十二月份恤金共国币六十六元六角六分，核属相符，自应照发，该款可否在三十一年度恤金余额项下开支等情。饬据会计处签称，拟准如财政厅所拟办理等语，应准如拟办理。

十二、据秘书处案呈，奉交下广东省救济归侨事业筹备处组织规程，并奉批派王志远为主任，戴振魂、张天爵、麦蕴瑜、卓振雄为筹备员等因。遵经由府分别令派，并颁发规程，饬速即着手办理。

十三、据秘书处签呈，拟将司机加成生活费一律定为每月三十五元，俾与法令事实两相兼顾，请核定通饬遵行等情，应准如拟办理。

讨论事项

一、准广东省军管区司令部代电，拟换制连阳自卫总队三十二年度官长士兵胸臂章，计共需六千六百一十五元，款拟在该队经费节余项下支报，请察核等由，请公决案。

（决议）照案通过。

二、准广东省临时参议会函送三十二年度驻会参议长员特别办公费追加预算书，计列支三万三千八百四十元，请查照指款拨支等由，请公决案。①

（决议）照会计处签拟通过。

三、据会计处案呈，防城县政府呈缴三十一年度地方岁入岁出第二次追加预算一案，经依照各厅意见核编后，计仍各列为三万二千一百六

---

① 会计处签拟略。

十六元，请提会核定等情，请公决案。

（决议）照案通过。

四、据会计处案呈，东莞县政府呈缴三十一年度地方岁入岁出追加概算一案，经依照各厅局意见核编后，计各列为一十三万六千四百五十二元，请提会核定等情，请公决案。

（决议）照案通过。

五、据会计处案呈，连山县政府呈缴三十一年度地方岁入岁出第四次追加追减概算一案，经依照各厅意见核编后，计列追加数为八千四百一十三元，追减数为八千六百七十五元，及岁出追加七万五千五百三十七元，请提会核定等情，请公决案。

（决议）照案通过。

六、据会计处案呈，云浮县政府呈缴三十一年度地方岁入岁出第一次追加概算一案，经依照各厅意见核编后，计各列为八万三千七百元，请提会核定等情，请公决案。

（决议）照案通过。

七、据会计处签呈，拟具各区行政督察专员公署情报组前奉核增经费及三十二年度二月裁员后经费开支办法，请核示等情，请公决案。

（决议）三十一年度经费部分，照会计处签拟科目开支，三十二年度经费，并同区专署保部合并案调整支配，其不敷数在第一预备金项下开支，至公费活动费在专署办公费额内酌拨，公粮照发。

八、刘委员、黄委员、许委员会复，审查会计处、统计处会呈，拟具普通考试、县各级干部人员考试、广东省三十二年度第一次会计、统计人员考试办法一案意见，请公决案。

（决议）本省普通考试、县各级干部人员考试仍统一办理，但会计、统计人员考试，准提前于本年四月十日举行。

九、张委员、许委员、许委员①会复，审查会计处签呈，拟具本省各县国民兵团三十二年度经费调整意见四项一案意见，请公决案。

（决议）照审查意见通过。（意见略）

十、据会计处签呈，本府广播电台三十二年度柴机油类费拟电请行

---

① 疑有误。

政院核准在本年度战时特别预备金垫拨三十万元，交企业公司购储，由该台按月价领，请核示等情，请公决案。

（决议）照案通过。

十一、黄委员、何委员、郑委员（丰）、郑委员（彦棻）会复，审查财政厅签，拟具赤溪等十四县暨各乡镇学校裁撤苛杂后拨补数额表一案意见，请公决案。①

（决议）照审查意见通过。

广东省政府第九届委员会
第四百一十一次议事录

日　期　三月十一日

地　点　曲江本府

出席者　郑彦棻　许崇清　高　信　张导民　郑　丰　刘佐人
　　　　胡铭藻

列席者　戴振魂　李锡朋　黄　雯　毛松年　唐惜分

主　席　李汉魂（公出　郑彦棻代）

纪　录　（科长）谢乐文

报告事项

一、据会计处案呈，本府卫士队呈，以三十一年度官佐冬季服装费合共国币五百八十元，业经在三十一年度经费节余项下垫支，请核备一案，拟予照准等情，应准如拟办理。

二、据建设厅签呈，请准将积存花县飞鼠岩石灰变卖价款四千七百四十三元拨厅营业基金户，以备划拨省营各厂扩充之用等情。伤据会计处签称，经送财政厅同意，拟指复准予拨归建设厅营业基金户，以备划拨省营各厂之用等语，应准如拟办理。

三、据财政厅签呈，饶平县国民兵役初次调查壮丁应备书簿表册费

---

① 审查意见略。

一万七千四百二十六元四角，前奉核定在三十一年度省级概算各县办理国民兵役初次调查壮丁应备书簿表册科目拨支在案。在该科目现仅存一万六千二百五十四元六角，不敷拨支，请核示等情。饬据会计处签称，该县书簿表册费除动支原科目余额外，不敷一千一百七十一元八角，似可在三十一年度国税拨县由省统筹分配节余项下拨支等语，应准如拟办理。

四、据会计处签呈，本省三十一年度追加省单位概算书一案，奉行政院核复与规定不符等因。查本案由经费节余抵拨各费总共三百一十五万八千一百九十六元四角七分之款，经已动支，拟声复行政院请准照办等情，应准如拟办理。

讨论事项

一至二、（略）

三、据会计处签呈，奉行政院，饬在核准三十年度省库剩款为岁入来源追加三十一年度省岁出概算八百四十一万八千一百二十四元统筹匀支保安司令部装具费及美麦运汇费一案，应如何办理，请核示等情，请公决案。

（决议）（乙）项（三）仍照原额（十二）拨出五十万元为保安追加费。（丙）（一）、（二）不足之数，加入（乙）项余额内比例分配。

四、据民政厅签呈，拟具广东省户籍及人事登记强制声请暂行办法，请核定施行等情，请公决案。

（决议）交许、刘、王三委员审查，由许委员召集。

五、据会计处呈，乐昌县政府呈缴三十一年度地方岁入岁出第三次追加概算一案，经依照各厅意见核编后，计各列为三千八百元，请提会核定等情，请公决案。

（决议）照案通过。

六、郑委员（丰）、何委员、黄委员会复，审查财政厅签呈，拟订本省各县地方公有财产清理办法及本省各乡镇公有财产清理办法一案意见，请公决案。①

（决议）照审查意见通过。

---

① 审查意见略。

七、主席提议，潮安县长练秉彝另候任用，遗缺派李振东代理，请公决案。

（决议）照案通过。

广东省政府第九届委员会
第四百一十二次议事录

日　期　三月十五日

地　点　曲江本府

出席者　郑彦棻　许崇清　吴迺宪　刘佐人　胡铭藻　王志远
　　　　张导民

列席者　黄雯　戴振魂　黄公安　王仁佳　蔡铁郎　陈家骥

主　席　李汉魂（公出　郑彦棻代）

纪　录　（科长）谢乐文

报告事项

一、奉行政院饬知，以本省架设仁化至始兴话线工程费三十四万二千四百九十七元，准在三十二年度省战时特别预备金项下动支等因。饬据会计处签称，拟报会后饬财政厅遵照拨付等语，应准如拟办理。

二、奉行政院饬知，该省行政视导经费不敷数三万五千元，准在三十一年度战时特别预备金项下动支等因。饬据会计处签称，拟分别通知等语，应准如拟办理。

三、据会计处案呈，本府驻广州湾通讯处呈，为签发八国通行证明书每月约需费用二百五十元，编具预算，请指款拨支一案。饬据会计处签称，本案奉批证明书仅限于湾内学生商民人等，范围缩小，似可照原拟预算酌减半数，并拟准在本年度第一预备金项下拨支等语，经准如拟办理。

四、据财政厅呈，奉饬在三十一年度本省拟定预算体育场管理费科目未动支数二千七百八十七元，悉数移拨补助建筑青年球场费一案，查该项目已无余款拨付，请察夺等情。饬据会计处签称，拟改在三十一年度省拟定预算第一预备金项下补拨等语，应准如拟办理。

五、据高考初试及格受训人员刘荣业呈请发给赴渝受训补助旅费等情。饬据会计处签称，可否援案一次过发给五百元，款在三十二年度第一预备金科目拨支等语，应准如拟办理。

六、据建设厅呈转，合作事业管理处办事员林天生遭受敌机空袭损失财物，请予救济等情。饬据秘书、会计两处签称，拟发给救济费三百元，款准在三十二年度省岁出概算救济费项下拨支等语，应准如拟办理。

七、据财政厅签呈，罗定县政府呈请发给故员车卓轩三十年、三十一年份恤金合共国币一百一十五元五角，核尚相符，自应照发，款可否并在三十一年度省总概算恤金余额项下动支等情。饬据会计处签称，似准如财政厅签拟并在三十一年度省拟定预算恤金余额项下拨支等语，应准如拟办理。

八、（略）

讨论事项

一、据本府员工日用品供销处董事会呈缴供销处组织规程暨员役薪饷津食表等件，请核定施行等情，请公决案。

（决议）交张、王、吴三委员审查，由张委员召集。

二、据财政厅、教育厅、建设厅、地政局会签，拟拨助韶关市立小黄岗小学五万元，黄岗小学三万元，省立曲江小学二万元为修葺校舍，扩充班额之用，以宏作育而树楷模等情，请公决案。

（决议）照案通过。款在本年度各县市局教育补助费项下开支。

三、据教育厅签呈，拟订广东省自费肄业国内专科以上学校战区粤籍学生特种贷金章程，请察核等情，请公决案。①

（决议）照会计处签拟通过。

四、据会计处案呈，三水县政府呈缴三十一年度地方岁入岁出第二次追加概算一案，经依照各厅意见核编后，计各列为一十一万七千五百一十一元，请提会核定等情，请公决案。

（决议）照案通过。

---

① 会计处签拟略。

五、据会计处案呈，五华县政府呈缴三十一年度地方岁入岁出第二次追加概算一案，经依照各厅局意见核编后，计各列为二万七千零四十元，请提会核定等情，请公决案。

（决议）照案通过。

六、据省地政局呈，拟具测量队组织规则，请察核准予转咨备案等情，请公决案。

（决议）交刘、胡、张三委员审查，由刘委员召集。

七、据省地政局呈，拟具三十二年度举办各区城镇地籍整理计划，请核示等情，请公决案。

（决议）交张、胡、刘三委员审查，由张委员召集。

八、据财政厅签呈，革命同志养老金应否由三十二年度起照原额加倍发给，并如何拨支，请核示等情，请公决案。

（决议）照案通过。

九、（略）

十、张委员、刘委员、许委员会复审查秘书处拟议，再修正本省公务员、雇员、公役遭受空袭损害暂行救济办法一案意见，请公决案。①

（决议）照审查意见通过。

十一、张委员函复审查建设厅签呈，转缴农田水利处三十一年九月至十二月份员役生活补助费清册，计共应领二万一千二百七十元，请照拨一案意见，请公决案。

（决议）（一）该处生活补助费准在三十一年度调整机构补助公务员生活费项下开支。（二）该处开办费及经常费共一十六万二千元，准在三十一年度救济米荒基金项下冲正开支。

十二、据省振济会电缴救济总队三十二年度预算编制，请察核等情，请公决案。

（决议）交刘、张、胡三委员审查，由刘委员召集。

十三、主席提议，紫金县县长李蔚另有任用，遗缺派黎超骏代理，请公决案。

（决议）照案通过。

---

① 审查意见略。

广东省政府第九届委员会
第四百一十三次议事录

日　期　三月十八日

地　点　曲江本府

出席者　郑彦棻　胡铭藻　黄麟书　刘佐人　王志远　何　彤
　　　　张导民　郑　丰　许崇清　吴迺宪

列席者　毛松年　黄　雯　张希贤　李如汉　颜泽滋

主　席　李汉魂（公出　郑彦棻代）

纪　录　（科长）谢乐文

报告事项

一、据财政厅呈，以省库前垫各县粮仓修建费划拨为已未参战团队米食差价一案，谨拟议三项，请察核等情。饬据会计处签称，本案各县粮库修筑费余额四十三万元，既据财政厅签称在三十年度省库收支结束时列入应收款内，呈报财政部有案，现三十年度过去已久，依照规定无法追列预算，拟如财政厅所拟，咨请财政部转正科目开支等语，应准如拟办理。

二、奉行政院电，以该省负担肃清桂西桂南匪帮经费五万元，准在三十二年度战时特别预备金项下动支等因，饬据会计处签称，拟即遵照在三十二年度战时特别预备金项下动支等语，应准如拟办理。

三、奉行政院电，关于补拨省立黄岗小学三十年九至十二月份改善员役待遇应增俸给费在三十一年度第一预备金及省预算相当科目内拨支一节，事前未备法案手续，应毋庸议等因。饬据会计处签称，自应遵办，该校三十一年九至十二月应补拨款三百九十七元，拟改在三十一年度省库收支结束各科目节余保管款二十九万余元项下，饬由本府秘书处拨支等语，应准如拟办理。

四、据财政厅签呈，据台山县政府呈，请发给故警黄国荣恤金共国币四百零八元，应如何拨支等情。饬据会计处签称，该款拟并在三十二年度省级概算恤金项下补拨等语，应准如拟办理。

五、据建设厅签呈，省营酒精厂发生火警，员工损失衣物，拟准依照本省公务员损失财物救济办法规定，分别核给救济费，款在该厂三十一年度管理费及总务费内节余项下开支等情。饬据秘书、会计两处签称，核与规定相符，拟准照办，款计共一千四百六十元，准在该厂三十一年度营业预算损失表内恤养费科目一千二百四十五元项下开支，不敷之二百一十五元，准一并列入决算内报销等语，应准如拟办理。

六、据秘书处签呈，本处科员陈叔良住所遭受敌机空袭损失，拟准依法酌给救济费四百元等情。饬据会计处签称，款拟准在三十二年度省岁出概算救济费项下拨支等语，应准如拟办理。

七、（略）

八、据第五区行政督察专员公署呈缴三十一年十一、十二月拘押人犯囚粮预算书，计共支一千一百三十元零四分，请拨还归垫等情。饬据会计处签称，查核总散尚无不合，拟准在三十二年度省级概算行政人犯口粮项下拨补归垫等情，应准如拟办理。

九、据教育厅呈，转省立编印局三十一年度保管费预算分配表及生活补助金分配表，请察核等情。饬据会计处签称，该局经常费年列一千二百元，拟准按月照拨，生活补助金全年度共二千一百六十元，查核尚合，拟准在三十一年度调整机构补助公务员生活费项下拨支等语，经准如拟办理。

十、奉行政院饬知，该省第三防空指挥部抢修被水冲毁话线费国币九千二百七十元，准予动支等因。饬据会计处签称，现奉核准数与本府原请追加数比对少拨一百元，拟照本府原核定数（九千三百七十元）即遵在三十一年度战时特别预备金项下动支，电行政院更正等语，应准如拟办理。

十一、据省振济会呈缴妇女生产工作团技工班三十一年度九月份学生膳食追加预算书，计列支三千五百零六元六角五分，款仍在本会三十一年度振款项下拨发，请察核等情。饬据会计处签称，拟准如所请办理等语，应准如拟办理。

十二、奉行政院电，该省忠烈祠建筑费二十五万元，准在该省三十二年度战时特别预备金项下动支等因。饬据会计处签称，拟分别通知等语，经准如拟办理。

讨论事项

一、据连、乐、乳、宜四县联防办事处代电，请将本年度一、二、三等月经费拨付，俾应急需等情，请公决案。

（决议）照案通过。款在本年度战时特别预备金项下拨支。

二、（略）

三、据财政厅呈，为提增各县屠场租征率，拟订征收规则，请察核等情，请公决案。

（决议）交何委员审查。

四、（略）

五、据会计处案呈，关于省立医院呈裁员情形，并请迅赐转饬粮政局按照裁员后实有员役人数按月发领公粮一案，应否准照现呈名册所列入人数办理，请核示等情，请公决案。

（决议）特准照现呈名册发给。

六、据本府行政效率促进委员会签呈，审核清远、花县等二十八县局三十二年度工作计划意见，请察核等情，请公决案。

（决议）照案通过。

七、据秘书处案呈，奉交下前拟本府及所属各厅处局分层负责办事通则及许、何、胡三委员审查意见，饬遵照修订一案，经分别修订完竣，请核示等情，请公决案。

（决议）照案修正通过。（修正点载在原案内）

八、据会计处签呈，拟具各区专员公署与保安司令部合并后被裁人员遣散费拨支办法，请察核等情，请公决案。

（决议）照案通过。

九、据财政厅呈，奉饬向广东省银行透支借款支付各机关被裁员役薪饷川资一案，经照透借，兹将办理情形及拟议各点报请察核等情，请公决案。

（决议）照会计处签拟通过。

十、据会计处签呈，关于广州市政府保管处经费拟议办法两项，请察核等情，请公决案。

（决议）照案通过。

十一、据本府行政效率促进委员会、秘书处、会计处会签,奉交下各机关裁减员额及请求发给公粮各案,饬会同审核等因,谨将审核情形,签复察核等情,请公决案。

（决议）附件（一）照案修正通过,附件（二）另案并办。

十二、据会计处签呈,拟具本省赴中央受训人员旅费核发数额,请核定施行等情,请公决案。

（决议）交刘委员审查。

十三、据会计处签呈,拟具本年度新兴事业费分配办法,请鉴核等情。请公决案。

（决议）交何、张、黄、郑（丰）四委员审查,由何委员召集。

十四、主席提议,遂溪县长王辉另候任用,遗缺派黄兆昌代理,请公决案。

（决议）照案通过。

十五、据秘书处、会计处会签,以本省县各级干部人员考试亟须组织委员会办理,约需经费十万元,请指款拨支等情,请公决案。

（决议）照案通过。款在本年度省第一预备金项下开支。

广东省政府第九届委员会
第四百一十四次议事录

日　　期　三月二十二日
地　　点　曲江本府
出席者　王志远　胡铭藻　许崇清　张导民　何　彤　吴逎宪
　　　　郑　丰　高　信　黄麟书
列席者　毛松年　黄　雯　陈　文　张希贤
主　　席　李汉魂（公出　何彤代）
纪　　录　（科长）谢乐文
报告事项
一、准广东全省保安司令部代电,以前托贸易管理处购置通讯器材价运费共四十八万一千三百四十元，前准通知核定款在三十年度保安经费节余项下拨支，查三十年节余经费不敷本案价运费，拟改在三十一年度保安经费节余项下拨支等由。饬据会计处签称，拟予照办等语，应准如拟办理。

二、据省振济会呈，转第三振济区平民宿舍及留医所开办费、经常费预算书，计开办费列支五千元，经常费每月二百五十元，请察核等情。饬据会计处签称，本案开办费五千元，既经由该会在中央拨本省救济水灾费一百万元项下汇拨，经常费又经该会核明准在该区存振款项下拨支，拟予照准等语，应准如拟办理。

三、准广东省动员会议函送本省第二期实施管制物价工作纲要，请查照通饬遵行，并分函呈报等由，经准照办。

四、据第五区行政督察专员公署呈缴该署本年度一月份囚粮预算书，计列支二百六十六元八角，请核拨还归垫等情。饬据会计处签称，核数尚无不合，款拟准在三十二年度省岁出概算行政人犯口粮项下拨支等语，应准如拟办理。

五、据南海县政府呈缴三十一年度十一月份行政囚粮预算书，计列一百二十六元，请察核等情。饬据会计处签称，核尚需要，该款拟在三十二年度省概算行政囚犯口粮科目项下补拨开支等语，应准如拟办理。

六、据省船舶总队部签呈，缴东江区船舶大队部遣散官兵恩饷支出计算书，计列八百九十二元，请察核拨还归垫等情。饬据会计处签称，该大队三十二年度经费全年共一万八千零五十二元，经列入三十二年度省岁出概算船舶队部经费年共七万九千二百八十八元额内，呈奉行政院核准，本案该大队官兵遣散费拟在上开科目拨支，又本府原核定在三十二年度省第一预备金项下垫拨该大队一月份经费一千五百零四元四角，并拟在上开科目拨正等语，应准如拟办理。

七、据粮政局呈西江四邑米粮运储委员会及西江四邑运销处二十九、三十年度营业计划概算书，请核前来。饬据会计处签拟办法前来，应准如拟办理。附抄会计处签。

讨论事项

一、据社会处呈缴广东省救济院组织简则，请察核等情，请公决案。

287

（决议）交何委员审查。

二、据省船舶总队部签呈，转据东江船舶大队部电，以奉令裁撤，各项经费恩饷，请迅予拨发一案，转请核示等情。经饬据会计处核签办法前来，经准该队经费在本年度第一预备金垫拨，余如拟办理，补请追认案。

（决议）照案追认。

三、据会计处签呈，韶关新住宅区建设委员会呈缴二十九、三十、三十一年建设基金经费预算书一案，拟议办法，请核示等情，请公决案。

（决议）交张委员审查。

四、据卫生处签呈，请准在三十二年度卫生事业临时费项下拨款六万元为搬运张蕴忠先生捐赠医学书籍，请核示等情。经准在该临时费项下先行开支，补请追认案。

（决议）照案追认。

五、据财政厅呈缴三十一年度向广东省银行透支借款发放各机关经费利息概算书，计列支一万元，请核明改在三十一年度第一预备金开支等情，请公决案。

（决议）改在本年度概算借款利息未分配余额内拨支。

六、据教育厅呈，以前呈奉核在三十一年度本厅临时费项下垫付购储电油费一万九千八百元，饬在本厅三十一年度办公费项下拨还一案，因办公费不敷甚巨，请准仍在三十一年度本厅临时费项下开支等情，请公决案。

（决议）照案通过。

七、准广东省动员会议检送督察队本年度应领公粮名册，请查照配发等由。请公决案。

（决议）并第四一三次会议第十三案交何、张、黄、郑（丰）四委员审查，由何委员召集。

八、据会计处签呈，南路特务大队经费服装费及财政厅本年多垫拨该部经费，应如何办理，统请核示等情，请公决案。

（决议）交张、郑（丰）、胡三委员审查，由张委员召集。

九、刘委员函复审查会计处签，拟具本省赴中央受训人员旅费核发数额请核定施行一案意见，请公决案。①

（决议）照审查意见通过。

十、据教育厅呈，奉教育部电知，三十二年度补助各县团教费应在中央划拨县市国税内列一案，请察核通饬遵办等情，请公决案。

（决议）交张、何、许三委员审查，由张委员召集。

十一、据统计处签呈，据将搜集整理分析所得各项资料，编印统计下的广东一书，计价运费共需一十八万二千七百元，请察核等情，请公决案。

（决议）照案通过，款并第十二案办理。

十二、据会计处签呈，奉行政院，饬在核准三十年度省库剩余款为岁入来源追加三十一年度省岁出概算内八百四十一万八千一百二十四元内统筹匀支保安司令部装具费及美麦运汇费一案，谨遵批示及上次会议核定原则，分别调整列表，请核示等情，请公决案。

（决议）照案修正通过。

十三、据本府行政效率促进委员会签呈，拟具广东省三十二年度各县施政工作竞赛暂行办法，请核定施行等情。请公决案。

（决议）交许、何、张、黄、郑（丰）五委员审查，由许委员召集。

十四、主席提议，五华县长凌×工作不力，应即撤职，遗缺派紫金县长李蔚代理，请公决案。

（决议）照案通过。

广东省政府第九届委员会
第四百一十五次议事录

日　期　三月二十五日
地　点　曲江本府

---

① 审查意见略。

出席者 许崇清 郑　丰 张导民 何　彤 王志远 刘佐人
　　　　 胡铭藻 黄麟书
列席者 毛松年 黄　雯 张尔超 李如汉
主　席 李汉魂（公出　何彤代）
纪　录 （科长）谢乐文

报告事项

一、据秘书处案呈，据本府东江护侨事务所呈缴奉令结束遣散员役旅费预算书，计列支一千二百三十一元，请拨发应支一案，转请察核等情。应准照数核发，款在三十一年度调整机构补助公务员生活费项下拨支。

二、据本府行政效率促进委员会签呈，以修订本省县政府组织规程及编制办法，原定在一、二、三、四等县编制内增设科员一人，隶属秘书室，专办情报业务在案。惟战地及接近战地各县份情形特殊，为因应实际需求起见，对该项情报人员，应酌予增加，以利工作，兹再拟订办法五项，请察核施行等情，应准如拟办理。

三、据秘书处签呈，黄岗消防队前请拨款定制喉车一案，经奉核定准拨八百元，款在三十二年度第一预备金项下开支，惟以前核定估价单逾时二月，工价比前超出数倍，商人无法照造，兹再缴估价单，计需工料二千元一案，核属需要，请核示等情。饬据会计处签称，该费二千元内除去前已核定八百元外，尚应拨一千二百元，拟在本年度省岁出概算书经常门临时部分消防队临时费三万四千五百六十元内拨支等语，应准如拟办理。

四、准广东省动员会议检送广东省管制财政金融施行细则，请查照办理等由，经准照分饬遵办。

五、据建设厅签呈，转缴公路处呈缴三十一年度改善忠定路工程费预算书，请察核等情。饬据会计处签称，查整个工程共列支三十万元，拟准照列，惟据列固定旅费一项，仍应饬依照规定支报等语，应准如拟办理。

六、据会计处签呈，以财政厅前拟阳春等七县裁撤苛杂后抵补不敷数额表及赤溪等十四县裁撤苛杂后收入减少暨各乡镇学校裁撤苛杂拨补数额表一案，再拟议意见两点，请核夺等情。查何、黄、郑（丰）三委员审查意见，业经包括阳春等七县在内，经准如拟办理。

讨论事项

一、据建设厅呈，以据省营糖厂筹备处电，以原编制人数不敷分配，请增加员额一案，转请核示等情，请公决案。[①]

（决议）照效率会签拟通过。

二、据会计处案呈，台山县政府呈缴三十一年度地方岁入岁出第一次追加预算一案，经依照各厅意见核编后，计各列为八万九千九百零一元，请提会核定等情，请公决案。

（决议）照案通过。

三、据会计处案呈，佛冈县政府呈缴三十一年度地方岁入岁出第三次追加追减概算一案，经依照各厅局意见核编后，计列岁入追加二十二万二千三百九十七元，追减二万四千五百五十元，岁出追加二十万五千二百一十元，追减七千三百六十三元，请提会核定等情，请公决案。

（决议）照案通过。

四、据会计处案呈，南雄县政府呈缴三十一年度地方岁入岁出第四次追加概算一案，计各列六千七百七十八元，经送社会处核复尚属相符，拟准予照列，请提会核定等情，请公决案。

（决议）照案通过。

五、据会计处案呈，翁源县政府呈缴三十一年度地方岁入岁出第二次追加追减概算一案，经依照各厅处意见核编后，计各列为四万一千二百七十七元，请提会核定等情，请公决案。

（决议）照案通过。

六、据会计处案呈，防城县政府呈缴三十一年度地方岁入岁出第三次追加概算一案，经依照各厅局意见核编后，计各列为五万一千二百元，请提会核定等情，请公决案。

（决议）照案通过。

七、据会计处案呈，钦县县政府呈缴三十一年度地方岁入岁出第四次追加追减概算书一案，经照财政厅意见核编后，计追加数各为九万四千七百元，请提会核定等情，请公决案。

---

① 效率会签拟略。

（决议）照案通过。

八、据会计处案呈，连平县政府呈缴三十一年度地方岁入岁出第二次追加概算书一案，经依照各厅意见核编后，计各列为一十一万七千九百零五元，请提会核定等情，请公决案。

（决议）照案通过。

九、据会计处签呈，紫金县政府呈缴三十一年度地方岁入岁出追加概算书一案，经依照各厅意见核编后，计各列为三十四万六千八百七十元，请提会核定等情，请公决案。

（决议）照案通过。

十、据会计处案呈，鹤山县政府呈缴三十一年度地方岁入岁出第四次追加概算书一案，经依照各厅意见核编后，计各列为七万五千七百八十二元，请提会核定等情，请公决案。

（决议）照案通过。

十一、据饶平县政府呈缴三十一年度国民兵役调查壮丁书簿表册费追加概算书，计列支一万七千四百二十六元四角，请察核等情，请公决案。①

（决议）照会计处签拟通过。

十二、据建设厅签呈，转缴公路处呈，以护路队实有官兵一百一十一名，请察核转请拨发公粮一案，转请察核等情，请公决案。

（决议）交刘、胡两委员审查，由刘委员召集。

十三、据省地政局呈，拟具各区地籍整理处组织规则，请察核等情，请公决案。

（决议）转请行政院核定。

十四、准两广地质调查所函送调查本省地质矿产三十二年度野外工作计划及预算书，计列支旅费及印刷费共五万零一百元，请由府负担半数，计二万五千零五十元等由，请公决案。②

（决议）照会计处签拟通过。

十五、据卫生处代电，以遵将所属各药厂、环境卫生实验场、医疗

---

① 会计处签拟略。

② 会计处签拟略。

队、卫生工程队等归并，并拟修正本处组织规程等件，请察核等情，请公决案。

（决议）照秘书处、效率委员会签拟修正通过。

十六、张委员、王委员、吴委员会复，审查本府员工日用品供销处董事会呈缴供销处组织规程暨员役薪饷津食表等件，请核定施行一案意见，请公决案。①

（决议）照审查意见通过。

十七、据粮政局签呈，拟具凭证定量供应韶关市民食计划及供应暂行办法等件，请察核等情，请公决案。

（决议）交何、刘、张、郑（丰）四委员审查，由何委员召集。

十八、据教育厅呈，为奉核定三十二年度教育文化费数额不敷分配，列请增拨，以赴事功等情，请公决案。

（决议）教厅原呈第一、二、五项缓办，第三、四、六项交何、张、黄、郑（丰）四委员并同新兴事业费案审查，由何委员召集。

十九、主席提议，增城县长陈殿杰因案经予扣留究办，遗缺派李友庄代理，请公决案。

（决议）照案通过。

二十至二十一、（略）

二十二、据省振济会呈缴三十一年度迁连修缮费暨建筑费预算书，计修缮费实支三千八百九十八元七角，建筑费实支二万一千六百元四角。除奉拨三千四百四十八元外，请将超支款二万二千零五十一元一角拨发等情，请公决案。

（决议）着由该会三十一年度经费节余自行匀支。

二十三、据会计处案呈，建国储蓄劝储委员会广东分会会址建筑费三千元，前经通知以此款奉院令饬不能在省地方款拨支，应由该会径向四联总处请款归垫一案，现该会以无从返纳等由，请核示等情，请公决案。

（决议）仍应由劝储会归还。

二十四、据会计处签呈，奉行政院电发本省三十一年度动支战时特

① 审查意见略。

别预备金清表一案，拟议办法，请示等情，请公决案。

（决议）交张委员审查。

二十五、据建设厅签呈，据农林局电，以前拟向粮食增产总督导团在购种周转金项下垫支五万元，以便预购木薯一案，现粮食增产总督导【团】购种周转金项下无款垫借，请核示等情，请公决案。①

（决议）照会计处签拟通过。

二十六、据粮政局签呈，为适应韶关市粮食限额，关于运费及押运费，因粮部规定所限，办事困难，拟具变通办法，呈请察核等情，请公决案。

（决议）照案通过。

广东省政府第九届委员会
第四百一十六次议事录

日　　期　四月一日

地　　点　曲江本府

出席者　许崇清　王志远　胡铭藻　黄麟书　吴遒宪　何　彤
　　　　　张导民　郑　丰

列席者　黄　雯　张尔超　蔡铁郎　李如汉　何启昌　张希贤

主　　席　李汉魂（公出　何彤代）

纪　　录　（科长）谢乐文

报告事项

一、据粮政局签呈，为改善指挥系统调整驻湘购运机构与人事起见，拟具办法三项，请察核备案等情，应准备案。

二、据社会处代电，据省战时政治工作队编送三十一年度十至十二月员役薪俸加成生活费预算，计列支四千六百九十二元，请察核赐准支发等情。饬据会计处签称，既据呈明款在前政工总队三十一年度生活补

---

① 会计处签拟略。

294

助费存款户内剩余项下颁发，拟予照准等语，经准如拟办理。

三、据会计处签呈，拟将本处第一期会计人员训练班专业训练期间延长一个月，所需经费拟照原核定办法继续在本处三十二年度岁计会计事业费项下拨支，请察核等情，应准如拟办理。

四、据南海县政府呈缴三十一年十二月份行政因粮支付预算书，计列支一百元零五角，请察核拨款归垫等情。饬据会计处签称，似可在三十二年度省概算行政人犯口粮科目补拨等语，应准如拟办理。

五、据会计处案呈，前据第七区行政督察专员公署电，以时局紧张，移动公物购备包装器材，及各项军火费用，请拨款应支一案。经饬由财政厅在三十二年度省第一预备金项下垫发三万元，并电呈行政院核示在案。现奉电复准在三十二年度战时特别预备金项下拨支，拟饬财政厅即行冲转清账，分别通知等语，应准如拟办理。

六、据教育厅呈缴省立梅州女子师范学校三十一年度追加师范生膳费预算书，请察核等情。饬据会计处签称，现该校三十一年度实有师范生年共应支四万二千八百六十八元，比对原核定三十一年度师范生膳费预算共不敷一千三百四十四元，既经教育厅核无不合，似可准在原案（二）、（三）两项之追加战区生膳费预算节余项下拨支等语，应准如拟办理。

七、据建设厅签呈，转缴公路处呈缴始兴征收站开办费预算书，计列支一千一百七十七元，拟准在该站三十一年三月至七月份未成立时期之经费拨支等情。饬据会计处签称，核尚可行，似可照准等语，应准如拟办理。

八、据会计处案呈，南山管理局呈缴三十年度岁入岁出追加概算一案，计各列五千二百八十元，核案相符，拟准照列等情，应准如拟办理。

九、据省振济会呈缴儿童教养院暨实验中学部补助费预算书，请核示等情。饬据会计处签称，查所缴儿教院实验中学三十一年一月份经常费预算书列一万一千一百六十五元，儿教院补助力行中学三十一年二至十二月份经常费预算列一十五万二千五百七十五元，合共一十六万三千七百四十元，既经振济会核明款在本府前拨救济费一百五十万元内拨支，拟准照办等语，应准如拟办理。

十、据会计处签呈，关于体育节活动费一千六百六十元，前经核准在三十一年度体育场管理费九、十两月份经费项下移拨，并奉行政院核准，嗣财政厅以该项经费经于改编三十一年度分配预算时追减，无从拨付，经由府发交教育厅签复，该款拟在教师团并入该厅之生活补助金及补足折薪差额节余项下拨支等情。查生活补助金及补足折薪差额，系属专款，如有节余，应返纳库，不能移用，该款拟改在三十一年度省拟定预算岁出经常门常时部分第三款第七项第一目战区退出学生补助膳费（教育厅领存）项下拨支等情，应准如拟办理。

十一、据会计处签呈，拟具三十一年度省预算各项款内流用及预备金支出经费清表，拟分别通知表列各领款机关遵照领款单暂存，候指示用途，方得动支等情，应准如拟办理。

十二、据会计处签呈，关于第七区行政督察专员电请援助探报联络及其他特别费用款二万元一案，现奉行政院电知准在本省三十二年度战时特别预备金项下照数动支等因。拟分别通知，并饬财政厅遵照办理签拨手续等情，应准如拟办理。

讨论事项

一、据秘书处签呈，为斟酌事实需要，拟请将本省战时公务员、雇员、公役在职亡故核给殓葬费暂行办法第二条各款所定殓葬费增给二倍，请察核等情，请公决案。

（决议）照原额增给三倍。

二、据建设厅签呈，转缴省营工厂产品经销处三十二年度经常费预算书，列支一十四万零七百三十六元，请察核等情，请公决案。①

（决议）照会计处签拟通过。

三、据建设厅签呈，转缴公路处护路队三十一年度服装费预算书，计列支一万八千三百九十元，请准在三十一年度征收养路费岁出概算第一款经常费及第二款生活补助金节余项下开支等情，请公决案。

（决议）照案通过。

四、据会计处案呈，南澳县政府呈缴三十一年度地方岁入岁出第二次追加概算一案，计核编后，岁出追加数仍为七千八百元，请提会核定

---

① 会计处签拟略。

等情，请公决案。

（决议）照案通过。

五、据会计处案呈，丰顺县政府呈缴三十一年度地方岁入岁出追加追减概算一案，经依照各厅意见核编后，计各列一十三万七千五百四十元，请提会核定等情，请公决案。

（决议）照案通过。

六、据会计处案呈，阳江县政府呈缴三十一年度地方岁入岁出第三次追加概算一案，经依照各厅处会局意见核编后，计各列为六十四万九千四百零四元，请提会核定等情，请公决案。

（决议）照案通过。

七、据教育厅签呈，拟具本省高中毕业生服务管理委员会章程，请察核等情，请公决案。

（决议）交张、胡、许三委员审查，由张委员召集。

八、（略）

九、据会计处签呈，本府派员会同第七战区司令长官司令部人员携款抚赈芦苞一带灾黎计共支出一十万零三千六百一十二元，除前拨一十万元外，实超支三千六百一十二元，拟在三十二年度省预算救济费项下拨缴长官部归垫等情，请公决案。

（决议）照案通过。

十、据秘书处案呈，据战时通讯所签呈，请拨款应付材料费之不敷，及补充通讯器材一案，转请核示等情，请公决案。

（决议）交郑（丰）、张、吴三委员审查，由郑委员召集。

十一、据社会处呈缴该处主任秘书李敏等五员赴中央干训团受训旅费预算书，列支一万四千五百八十八元，请察核拨给归垫等情，请公决案。①

（决议）照会计处签拟通过。

十二、据教育厅呈缴本省县市局国民体育委员会组织章程、办事细则，请核示等情，请公决案。

（决议）照案通过。

---

① 会计处签拟略。

十三、据本府行政效率促进委员会签呈，以三水、南海、防城、海康四县三十二年度工作计划经分别审查完毕，请察核等情，请公决案。

（决议）照案通过。

十四、据教育厅呈，转缴省立北江简易师范学校三十一年度八至十二月份追加师范生膳费预算书，计列一万一千二百五十六元，请察核等情，请公决案。

（决议）照案通过。

十五、据卫生处呈，以广东省立医院呈缴连县分院三十一年度开办费暨经常费预算书，计共列支三十九万五千四百六十九元，请在本处卫生事业费存款项下指款拨支一案，无从拨支，请察核等情，请公决案。

（决议）缓办。

十六、据会计处签呈，据审计处通知，关于本府裁散员役发给薪饷生活费及川资办法一案，请呈行政院核准后通知一案，拟议办法，请核示等情，请公决案。

（决议）照案通过。

十七、（略）

十八、据建设厅签呈，据公路处呈，以经征养路费各种收入系专供本省养路之用，非列入国库收入预算内，似无须编报应解国库旬月报表，请核示等情，请公决案。

（决议）养路费收入预算呈院更正，养路费工人公粮部分另案办理。

十九、据财政厅呈，以第三区行政督察专员公署修筑区属各围基及购办防汛器材工料费五万元一案垫付情形，及拟议两项，请核示等情，请公决案。

（决议）仍呈院拨还。

二十、据教育厅呈报，遵将本厅所属机关调整情形及拟行变更之点附缴电化教育服务处章则，请核示等情，请公决案。

（决议）照秘书处签拟通过。（签拟附后）

二十一、据会计处签呈，关于建设厅农田水利处三十一年九至十二月份经临费共二十八万六千九百六十元，除已核定外，尚不敷预算数七万八千四百零六元一案，拟议办法，请核示等情，请公决案。

（决议）照案通过。

二十二、高委员、张委员、黄委员会复，覆审充实县政基层组织拨给乡镇保长公粮办法一案意见，请公决案。

（决议）照审查意见修正通过。

二十三、何委员、刘委员会签，拟定第二期实施限价县份准在预备金项下一次过拨支管制物价宣传费数额，请察核等情，请公决案。

（决议）交张委员审查。

二十四、郑委员（彦棻）、张委员、刘委员会复，审查关于拟由省府拨款补助各县设置招待所，以便中央及省级机关督导人员下县有适当地方旅居及办公，以利督导，而增行政效率一案意见，请公决案。

（决议）照审查意见修正通过。

二十五、据会计处签呈，奉行政院饬知，准在该省三十二年度省概算战时特别预备金科目拨支三十万元补助内迁侨校，及私立各侨校经费一案，请提会核定分配用途等情，请公决案。

（决议）交教育厅妥拟分配办法呈核。

二十六、（略）

二十七、准广东省军管区司令部代电，附送拟请改编各单位经费表，请查照办理等由，请公决案。

（决议）照案通过。

二十八、主席提议，合浦县长苏萍生辞职照准，遗缺派丘桂馨代理，请公决案。

（决议）照案通过。

二十九、主席提议，大埔县长李善馀另候任用，遗缺派罗博平代理，请公决案。

（决议）照案通过。

广东省政府第九届委员会
第四百一十七次议事录

日　期　四月九日

地　点　曲江本府

出席者　许崇清　吴迺宪　张导民　郑　丰　何　彤　黄麟书
　　　　　　王志远　刘佐人

列席者　毛松年　戴振魂　巫　琦　黄　雯　张尔超　何启昌
　　　　　　李如汉　颜泽滋

主　席　李汉魂（公出　何彤代）

纪　录　（科长）谢乐文

报告事项

一、准广东全省保安司令部代电，以本部保安新村第一步建设费列支一十一万三千八百六十三元九角九分之款，原拟在本部三十年度历月份保安经费节余项下拨支一案，拟改在本部三十一年度历月份保安经费节余项下拨支等情。饬据会计处签称，拟予照办等语，应准如拟办理。

二、据卫生处签呈，省立救济院建筑病人厕所及将全院房屋加油防空色素，计共需款一万零三百元，款拟在设备费一十一万九千二百一十四元八角七分项下拨支等情。饬据会计处签称，本案经秘书处核明以尚属需要，拟准照所拟办理等语，应准如拟办理。

三、据会计处案呈，南雄县政府呈缴三十一年度地方岁入岁出第三次追加概算，计列【支】二万二千三百元零五角，业奉核定，拟请列报会议等情，应准如拟办理。

四、据建设厅签呈，据公路处呈，拟照最低价增建河西及曲江渡口车船两艘，共需款四万四千二百七十六元，比原核定数超过一万三千七百二十一元零三分，拟由三十一年度养路费收入项下拨支一案，应否照准，请示等情。饬据会计处签称，该项超支款拟并准在三十一年度养路费岁出概算三百五十六万三千一百元内抢修费项下拨支等语，应准如拟办理。

五、奉行政院电，关于花县三十一年一一一七战役犒赏费一千五百元，准在该省三十二年度战时特别预备金项下动支等因。饬据会计处签称，拟即遵在三十二年度省战时特别预备金项下动支等语，应准如拟办理。

六、据教育厅签呈，转缴省立女子师范三十一年一至七月份追加师范生补助膳费预算分配表，计实超支膳费一万零二十四元，请察核等情。饬据会计处签称，本案既经教育厅核无不合，并经在原案（二）、（三）两项之追加战区生膳费节余项下拨发，仍请照准等语，应准如拟办理。

讨论事项

一、据财政厅签呈，拟修订各县税捐征收处组织规程，请核定施行等情，请公决案。①

（决议）照秘书处签拟通过。

二、据建设厅签呈，转缴公路处呈，以星坪公路未能收回工具及透支工款二千七百二十六元七角七分，请准核销一案，拟准将该透支数在该工程处工程费项下报销，请察核等情，请公决案。

（决议）透支款准照报销，损失工具仍应追回。

三、据会计处呈，河源县政府呈缴三十一年度地方岁入岁出第三次追加概算一案，经依照各厅处局审查意见核编后，计各列为四十五万一千九百六十一元，请提会核定等情，请公决案。

（决议）照案通过。

四、据会计处案呈，潮阳县政府呈缴三十一年度地方岁入岁出第二三次追加追减概算书一案，经依照各厅审查意见核编后，计各列为七万五千四百四十七元，请提会核定等情，请公决案。

（决议）交黄委员审查。

五、据会计处案呈，揭阳县政府呈缴三十一年度地方岁入岁出第三次追加概算一案，经依照各厅处意见核编后，计各列为六万三千八百二十八元，请提会核定等情，请公决案。

---

① 秘书处签拟略。

（决议）照案通过。

六、据会计处案呈，电白县政府呈缴三十一年度地方岁入岁出第二次追加概算一案，核编后计各列为七万三千零七十一元，请提会核定等情，请公决案。

（决议）照案通过。

七、据会计处案呈，广宁县政府呈缴三十一年度地方岁入岁出第一次追加概算一案，经依照各厅意见核编后，计各列为一十八万二千六百三十八元，请提会核定等情，请公决案。

（决议）照案通过。

八、据会计处案呈，饶平县政府呈缴三十一年度地方岁入岁出第二次追加概算一案，经照财政厅意见核编后，计各列为二万二千二百一十二元，请提会核定等情，请公决案。

（决议）照案通过。

九、据会计处签呈，关于本府捐助浙江灾情救济款一万元一案，拟改在本年度省岁出概算救济费项下拨支归垫等情，请公决案。

（决议）照案通过。

十、据本府驻渝办事处电，经代本府捐助浙灾款三千元，请察核赐拨归垫等情，请公决案。

（决议）照案通过，款在本年度救济费项下开支。

十一、据本府驻渝办事处电，以处址房租原定每月一千元，现据该业主请求月增一千五百元，共二千五百元，核尚需要，请予照准等情，请公决案。①

（决议）照会计处签拟通过。

十二、据民政厅案呈，坪石建设委员会呈缴组织章程草案办法预算等，并请拨发开办费二千元一案，拟请一次过发给一千元，请察核等情，请公决案。②

（决议）款由乐昌县预备金项下拨支二千元，余照民政厅签拟通过。

----

① 会计处签拟略。
② 民政厅签拟略。

302

十三、（略）

十四、准广东全省防空司令部代电，请由本年度一月份起，按月拨发防空协导委员会补助费二千元等由，请公决案。

（决议）呈院在本年度战时特别预备金项下拨支。

十九[1]、据秘书处呈缴三十一年度拟将省岁出概算临时部分二款一项五、六、七、九各目剩余移用为同项一目临时费，及将六目剩余之一部移用为三目巡回视察旅费数目表一案，请核示等情，请公决案。[2]

（决议）照会计处签拟通过。

二十、据秘书处案呈，据本府警卫第一营呈缴三十二年度收支预算书，计列支二十九万六千九百五十六元四角一案，转请察核等情，请公决案。[3]

（决议）照会计处签拟通过。

二十一、准广东全省保安司令部代电，附送该部会计室三十一年度经常费及开办费预算书，计共列支七万七千二百四十四元二角二分，款在该部三十一年度保安经费节余项下拨支等由，请公决案。

（决议）照案通过。

二十二、据卫生处呈缴三十一年度价领药物收入及购置药物支出预算，暨购贮药物价领溢价处理办法，请察核等情，请公决案。

（决议）照会计处签拟通过。（签拟略）

二十三、准省动员会议检送各县（市局）筹集日用品供销处资金办法，请查照核定施行等由，请公决案。

（决议）照案通过。

二十四、据民政厅签呈，拟具广东省各县（市局）施行国民工役三十二年应办事项，请察核等情，请公决案。

（决议）交许、吴两委员审查，由许委员召集。

二十五、何委员函复审查财政厅呈，为提增各县屠场租征率拟订征收规则一案意见，请公决案。[4]

---

① 原文缺第十五至十八项。

② 会计处签拟略。

③ 会计处签拟略。

④ 审查意见略。

（决议）照审查意见通过。

二十六、据建设厅呈，据公路处呈，拟改善该处机构，附缴改订组织规程，暨三十二年度预算一案，转请核示等情，请公决案。

（决议）交张、刘、黄三委员审查，由张委员召集。

二十七、据会计处签呈，本年度革命同志养老金经核定照原额加倍发给，预算全年共需五万三千五百二十元，除省概算第八款□项三目原列年额四万一千元外，计不敷一万二千五百二十元，拟在同款一项一目公务员部分照数划拨，请察核等情，请公决案。

（决议）照案通过。

二十八、据会计处案呈，以奉主席电谕，南路敌情紧张，各县电讯关系重要，经着由茂名省行垫拨三万元，交林专员统筹购买电线补助各县架修电线，该款如何指拨归还，着即签核一案，签请核示等情，请公决案。①

（决议）照会计处签拟通过。

广东省政府第九届委员会
第四百一十八次议事录

日　　期　四月十二日
地　　点　曲江本府
出席者　许崇清　黄麟书　吴迺宪　郑　丰　何　彤
列席者　毛松年　黄　雯　巫　琦　张尔超　何启昌　李如汉
主　　席　李汉魂（公出　何彤代）
纪　　录　（科长）谢乐文
报告事项

一、据建设厅签呈，转据公路处呈，以龙川工务段练习生生活费二万三千七百三十四元，拟在工夫生活补助费项下拨支一案，请察核等

---

① 会计处签拟略。

情。饬据会计处签称，似可姑准，仍饬嗣后不得援例请求等语，应准如拟办理。

二、奉行政院令知，军训人员与眷属平价米拨给标准：（一）军训人员本人应领之军粮，仍由军粮内发给。（二）其眷属应领之公粮应视其本人之年龄决定应领数额，除本人已领之军粮外，就其差额补足之两项。饬据会计处签称，拟分别通知军区司令部、粮政局、审计处及秘书处、统计处等语。经准如拟办理。

三、据省驿运管理处电，送南路驿运区属所麻石、大信、信罗各段本年度第一期价运价表。请核示等情。经准由该处公布施行，并分别咨电令行。

讨论事项

一、准广东省地方行政干部训练团电送派赴中央训练团党政训练班第二十五期受训人员阮子平等四员去程旅费预算书，计共列支九千零七十六元八角，请拨还归垫等情，请公决案。

（决议）照案通过，款在本年度赴中央干部训练团受训人员旅费项下开支。

二、据建设厅签呈，会商社会处，拟具广东省工厂托儿所组织通则，请察核等情，请公决案。①

（决议）照秘书处签拟通过。

三、秘书处案呈，转缴本府卫士队三十二年度经常费预算书，计年列一十三万六千一百九十九元四角，请察核等情，请公决案。

（决议）照会计处签拟通过。（签拟略）

四、据秘书处案呈，转缴黄岗电灯厂三十二年度岁入岁出预算表、编制表、三十一年度收支数目表，请察核等情，请公决案。

（决议）公粮特准在省级公粮发给，余照会计处签拟通过。（签拟略）

五、据会计处案呈，南海县政府呈缴三十一年度地方岁入岁出第二次追减概算一案，经依照各厅意见核编后，计各列追减数为二千四百三十七元，请提会核定等情，请公决案。

---

① 秘书处签拟略。

（决议）照案通过。

六、据会计处案呈，从化县政府呈缴三十一年度地方岁入岁出追加概算书一案，经依照各厅意见核编后，计各仍列五万二千六百四十一元，请提会核定等情，请公决案。

（决议）照案通过。

七、据会计处案呈，阳江县政府呈缴三十一年度地方岁入岁出第四次追加概算一案，经依照财政厅意见核编后，计各列为一万五千八百元，请提会核定等情，请公决案。

（决议）照案通过。

八、据会计处案呈，平远县政府呈缴三十一年度地方岁入岁出第二次追加概算一案，经依照民、财两厅意见核编后，计各列为九万三千一百九十九元，请提会核定等情，请公决案。

（决议）照案通过。

九、据会计处案呈，茂名县政府呈缴三十一年度地方岁入岁出第二次追加概算一案，经依照财政、教育两厅意见核编后，计各列为一万三千四百三十二元，请提会核定等情，请公决案。

（决议）照案通过。

十、据民政厅案呈，三十一年县长考试及格人员实习期间支给薪俸生活补助费，薪俸加三成支给暨公粮旅费等项数目，请核示一案，经核定薪俸、生活补助费，薪俸加三成支给，旅费各项准如数在三十二年度省第一预备金开支，公粮准在省级公粮项下发给，补请追认案。

（决议）照案追认。

十一、据省地政局呈，拟修正本省各县市土地复丈暂行办法，请察核等情，请公决案。

（决议）交郑委员（丰）审查。

十二、据省地政局呈，以三十一年度土地整理事业经费七月份实增员役各缘由，连同生活补助金表册，请察核存转拨发等情，请公决案。

（决议）照会计处签拟通过。（签拟略）

十三、据财政厅、教育厅会签，拟具广东省复兴奖学金办法及预算书等件，请察核等情，请公决案。

（决议）交许委员审查。

十四、据本府行政效率促进委员会签呈，拟具三十三年度各县市局工作计划编造办法，请察核施行等情，请公决案。

（决议）照案通过。

十五、据建设厅签呈，转缴改善各机关合作社办法，并拟具意见，请察核等情，请公决案。

（决议）照秘书、会计两处签拟通过。（签拟略）

十六、据韶关市政筹备处呈缴征收车辆养路队费办案〔法〕，请核备等情，请公决案。

（决议）交郑委员（丰）审查。

十七、据财政厅案呈，拟改订本省各县（市局）营业牌照税征收章程，请察核等情，请公决案。

（决议）交黄、吴、何三委员审查，由黄委员召集。

十八、张委员函复，审查本省第二期实施限价县份准在县预备金项下一次拨支管制物价宣传费数额一案意见，请公决案。

（决议）各县限价宣传费核定为一次过一千元至五千元，由县斟酌财力在县预备金拨支。

十九、刘委员、张委员、胡委员会复审查振济会电，缴救济总队三十二年度预算编制一案意见，请公决案。

（决议）准月列三千元。

二十、准广东省动员会议检送本省实施限价县（市局）动员会议开办费、办公费、旅费标准，请查照办理等由，请公决案。

（决议）照案通过。

二十一、据教育厅先后呈，拟将私立执信女子中学改为省立，以资维持等情，请公决案。

（决议）准改为省立，该校员役生活补助金及公粮照教育厅第六九一号呈人数，自本年四月份起发给。

二十三①、据社会处签呈，奉谕在曲江设立旅客咨询处，经积极推行筹设，拟请照额增拨该处干事公役生活补助金及公粮等情，请公决案。

---

① 原文缺第二十二项。

（决议）照案通过。

二十四、据会计处签呈，奉谕由省救济款项下拨一十万元办理救济粤省民众移垦江西一案，款拟在三十二年度省岁出概算内救济费科目拨发，请核示等情，请公决案。

（决议）照案通过。

二十五、主席提议，南山管理局长曾也石辞职照准，遗缺派王乃勋代理，请公决案。

（决议）照案通过。

广东省政府第九届委员会
第四百一十九次议事录

日　　期　　四月十五日

地　　点　　曲江本府

出席者　　郑　丰　许崇清　何　彤　黄麟书　王志远

列席者　　毛松年　黄　雯　巫　琦　戴振魂　何汉昌　张尔超
　　　　　李如汉　何启昌　李文韬

主　　席　　李汉魂（公出　何彤代）

纪　　录　　（科长）谢乐文

报告事项

一、据建设厅呈转农林局开平县农业指导工作站职员三十年九月二十日敌犯四邑驻地沦陷损失财物清表，请予救济一案。经饬据秘书、会计两处签称，拟依本省战时各级行政机关员役因公损失财物救济暂行办法第三条第一项乙款规定，陈凤樑、李培光各给救济费一百五十元，又依同条项丙款规定，周兆安给救济费八十元，款在三十二年度省级概算内救济费项下开支等语，应准如拟办理。

二、据社会处代电，本处主任秘书李敏经奉调任本府驻渝办事处处长，所遗主任秘书缺，拟以秘书范曾升充，遗秘书缺，拟调第一科科长张希贤递补，请察核等情，经准如拟办理。

三、据第三区行政督察专员公署呈缴三十二年一月份行政囚粮支付预算书，计列支一百零四元四角，请发还归垫等情。饬据会计处签称，查核尚无不合，拟准在三十二年度省岁出概算行政人犯口粮项下拨支等语，应准如拟办理。

四、据清远县政府呈，以县属合兴乡前乡长谭文标因公殉职，请察核从优抚恤等情。饬据秘书、会计两处签称，拟依照战时乡镇保甲长暨联保主任因公伤亡给恤暂行标准第一条乙项酌给一次过抚恤费二百元，款在三十二年度省概算恤金项下拨发等语，应准如拟办理。

五、据建设厅呈转农林局东区林业促进指导区三十一年度经常费预算分配表等件，请察核等情。饬据会计处签称，经常费预算分配表年列四万一千一百五十九元，尚无不合，拟准按月照拨补足，折薪差额预算分配表年列四千零二十元，生活补助金预算分配年列三万五千八百八十元，查核均无不合，拟准在三十一年度省岁出概算内调整机构补助公务员生活费项下按月照拨等语，经准如拟办理。

六、奉行政院电知，该省卫生处救护队集韶训练旅费三千三百四十一元二角一案，该项训练并未在三十一年月内举办，不得移用三十一年度省预算内剩余款，该项学员旅费应在该省三十二年度第一预备金项下动支等因。饬据会计处签称，拟分别通知等语，应准如拟办理。

七、据教育厅呈，关于三十一年度主任、秘书赴渝出席教育部教育会议旅费四千六百元，拟请仍准由国教费准备费内拨支等情。饬据会计处签称，查国民教育经费不准挪用，前奉行政院令饬遵照有案，该项旅费，拟仍饬该厅在三十一年度经费预算内相当科目开支，倘有不敷，得依法流用等语。经核定改由经核准之三十一年度追加战区生膳费剩余项下拨支。

八、奉行政院电知，关于补助韶关市水陆检查所经费每月二千五百元，全年三万元，准在三十二年度战时特别预备金项下动支等因。饬据会计处签称，拟分别通知等语，经准如拟办理。

九、本府统计处呈，以农村调查队第二队队员陈永铨、公役张南寓所遭受空袭损失，经依法核给陈永铨救济费一百八十元，张南救济费六十元，请拨还归垫等情。饬据秘书、会计两处签称，核无不合，款拟准在三十二年度省岁出概算内救济费项下拨支等语，应准如拟办理。

十、奉行政院令知，本省三十一年度国家普通岁出第三次追加预算书，业奉核定追加岁出一千七百零五万一千八百六十五元，检发预算书，仰遵照等因。饬据会计处签拟，通知审计处及本府财政厅等语，应准如拟办理。

十一、据会计处签呈，本府行政效率促进委员会呈，以三十一年度两次增员追加经费暨按俸加成生活费及动员委员会裁撤后，原有经费事业费准作移用案办理两案，签拟四项，请核示等情，经准如拟办理。

讨论事项

一、据秘书处案呈，转缴本府警卫第二营三十二年度经费预算书，计年共列支三十八万九千八百四十六元七角六分，请察核等情，请公决案。①

（决议）照会计处签拟通过。

二、据会计处案呈，阳春县政府呈缴三十一年度地方岁入岁出第三次追加概算一案，依照各厅意见核编后，计各列为五万四千九百六十四元，请指〔提〕会核定等情，请公决案。

（决议）照案通过。

三、据会计处案呈，蕉岭县政府呈缴三十一年度地方岁入岁出第二次追加概算一案，经依照各厅局意见核编后，计各列为一十一万二千六百二十五元，请提会核定等情，请公决案。

（决议）照案通过。

四、据会计处案呈，郁南县政府呈缴三十一年度地方岁入岁出第二次追加概算一案，经依照各厅局意见核编后，计各列为一十六万一千二百九十八元，请提会核定等情，请公决案。

（决议）照案通过。

五、据会计处案呈，阳山县政府呈缴三十一年度地方岁入岁出第二次追加追减概算一案，经依照各厅处局意见核编后计岁入追加三十九万二千五百五十九元，追减五万零五百七十一元，岁出追加三十四万一千九百八十八元，请提会核定等情，请公决案。

（决议）照案通过。

---

① 会计处签拟略。

六、据建设厅签呈，转缴公路处拟改善仁犁公路工程计划及经费预算，计列支八十九万五千三百二十元，请俯赐迅予核转拨款应支等情，请公决案。

（决议）经费预算改列为六十万元，由养路费拨四十万元，本年度战时特别金项下预备拨二十万元。

七、据建设厅签呈，转缴公路处建筑老隆车站车房工程费预算书，计列支二万七千三百五十三元八角五分，款准在行车营业基金项下拨支，请察核等情，请公决案。①

（决议）照会计处签拟通过。

八、据省粮政局签呈，以三十一年度奉令成立统计室增员经费经垫支二千零三十五元，该款拟在局内同年度业务预算项下列支，抑应如何拨抵，请核示等情，请公决案。

（决议）在该局三十一年度业务费节余项下开支。

九、据陆大第十九期粤籍学员唐丙峰等十一员呈，以奉命赴黔实习，驻地无定，请预发本年一至七月份补助费等情，请公决案。

（决议）照案通过，款在本年度赴中央干部训练团受训人员旅费项下拨支。

十、据教育厅案呈，据省建教合作委员会签呈，拟具广东省建教合作委员专门技术人员登记办法，请察核公布施行等情，请公决案。②

（决议）照秘书处签拟通过。

十一、（略）

十二、据会计处签呈，关于救济总队裁减员役遣散费一万一千七百八十元，前经核定在三十二年度第一预备金拨支有案，现查该款财政厅复以"该项遣散费业在三十一年度省第一预备金项下拨支"等语。拟即将原核定法案变更等情，请公决案。

（决议）照案通过。

十三、据卫生处呈，拟左耀明代理广东省立医院齿科主任医师，请察核等情，请公决案。

---

① 会计处签拟略。
② 秘书处签拟略。

（决议）照派代理。

十四、（略）

十五、据建设厅签呈，转缴农林局东、中、西各区肥料厂三十一年度营业预算书，请察核等情，请公决案。

（决议）照会计处签拟通过。（签拟略）

十七①、据秘书处案呈，转据本府黄岗消防队三十二年度长员夫役服装支付预算书，计共列支一万一千七百一十四元五角，请迅指款拨支一案，请核示等情，请公决案。②

（决议）照会计处签拟通过。

十八、据建设厅签呈，转缴农林局骨肥改进所办事细则及购销办法、推销处章则，请察核等情，请公决案。

（决议）照秘书处签拟通过。（签拟略）

十九、据教育厅签呈，拟请委林宝权为省立执信如〔女〕子中学校校长等情，请公决案。

（决议）照案通过。

二十、据教育厅签呈，拟具省立体育场组织章程及编制表，请核备等情，请公决案。

（决议）照秘书处签拟修正通过。

二十一、何委员、许委员、高委员会复，审查社会处呈，拟具婚姻介绍章程，请察核施行一案意见，请公决案。

（决议）照审查意见通过。

二十二、主席提议，接王委员自江西来电，请拨发赣县广东会管〔馆〕救济费五千元，以资办理移民赴赣之用等由。拟在本年度省概算救济费项下照数拨支，请公决案。

（决议）照案通过。

---

① 原文缺第十六项。
② 会计处签拟略。

312

广东省政府第九届委员会
第四百二十次议事录

日　期　四月十九日

地　点　曲江本府

出席者　许崇清　刘佐人　吴遒宪　郑　丰　何　彤　张导民
　　　　王志远

列席者　巫　琦　毛松年　戴振魂　黄　雯　张尔超　谢群彬
　　　　何启昌

主　席　李汉魂（公出　何彤代）

纪　录　（科长）谢乐文

报告事项

一、据建设厅呈，转据农林局呈，拟以本局荐任九级技士李蔚霞提升为技正，晋支荐任八级薪一案，请察核等情。饬据秘书处签称，拟准照调升等语，应准如拟办理。

二、据第三区行政督察专员公署代电，以署址右侧后座遭受敌机空袭中弹焚毁，经招商修葺，计共需修葺费二千六百四十二元，请发还归垫等情。饬据会计处签称，查三十二年度省第一预备金业经拨支及垫支完罄，应否俟该垫款科目归账后，再行拨发等语，应准如拟办理。

三、据财政厅呈，为将前饬在三十一年度调整机构补助公务员生活费项下垫拨各费款开列，拟请注销等情。饬据会计处签称，现三十一年度业已结束，表列未经签书之垫款法案，拟如财政厅拟一并注销等语，应准如拟办理。

四、据建设厅呈，转缴农林局徐闻垦殖场员额编制表、组织规程，请察核等情。饬据秘书处签称，本案经商得农林局刘局长同意，该场设场荐任一员，技佐一员，会计员一员，办事员一员，机匠一员，原规程二条拟照此原则删改第六条，"撰拟"二字拟易为"办理"，第八条拟删，第九条改为第八条，以下各条依次照改等语，应准如拟办理。

五、据建设厅、会计处等会签，为农田水利处经费支绌，补助测夫膳食费颇巨，无款应支，请予核发一千六百一十元，款在三十二年度农田水利临时费三万六千元内开支等情，经准如拟办理。

六、据财政厅呈，以奉准拨支省粮政局驻桂购粮办事处故会计员刘经武一次恤金二百六十元，遗族年恤金一百五十六元，由三十年九月起支，指定在省预算内抚恤项下发给一案，系新近奉核定，所有三十年及三十一年度省总概算收支，均已结束，未便出账，三十二年度省总概算，亦因奉文较迟，未有列入，应如何拨支，请示等情。饬据会计处签称，该员一次过恤金及三十年九月份起至三十二年度遗族恤金，本案共恤金六百二十四元，款拟在本年度省概算恤金科目开支等语，应准如拟办理。

七、据教育厅签呈，转缴省立琼崖中学粤北分校侨生班三十一年七月份补课教员薪给预算，列支一千二百六十八元，请察核等情。饬据会计处签称，似可准在三十一年度教育厅领存之侨生班经费项下拨支等语，应准如拟办理。

八、（略）

九、据财政厅签呈，关于发给本府黄故主席慕松三十一年份遗族恤金八百一十六元，因三十一年度省总概算收支业经结束，该项恤金应如何拨给，请核示等情。饬据会计处签称，拟改在三十二年度省岁出概算恤金项下补拨等语，应准如拟办理。

十、据驿运管理处代电，以奉交通部驿运总管理处电，以管理费业经院会决定四月一日起取消，饬遵照一案。经通饬遵照办理，请核备等情，应准备案。

十一、据教育厅呈，转缴韶关市立西厢乡第一保国民学校三十一年度经常费、设备费、生活补助金、平价米代金预算等，请察核等情。饬据会计处签称，本案除经临费前经本府核拨外，计生活补助金合共增加一千五百零九元，核无不合，拟准予如数在三十一年度省拟定预算内调整机构补助公务员生活费项下拨支。至平价米代金部分，拟由粮政局核拨等语，经准如拟办理。

十二、据省粮政局呈，请发给本局视察何惠培，股长萧永光、王义大等住所遭受敌机空袭损失财物救济费算〔等〕情。饬据秘书、会计

314

两处签称，拟依法酌给何惠培救济费三百元、萧永光救济费六百元、王义大救济费四百元，合共一千三百元，款准在三十二年度省岁出概算救济费项下开支等语，应准如拟办理。

十三、据财政厅签呈，奉交准财政部函复，关于琼崖守备司令、第九区行政督察专员电陈改善琼崖财政及代征国税办法一案，附送代征暂行办法，请转饬遵办等由。拟具当前应办事五项，请核示等情。除印制运盐执照费应由厅自行设法筹垫，余准如拟办理。

十四、据建设厅呈，转缴农林局中区林业促进指导区组织章程及员额编制表，请察核等情。饬据秘书处签称，拟将组织章程分别修正等语，应准如拟办理。

讨论事项

一、据秘书处案呈，本府黄岗消防队呈，以救火机日久失修，亟应修理，计共需款三千七百九十元，请察核指款拨支一案，转请察核等情，请公决案。①

（决议）照会计处签拟通过。

二、据教育厅签呈，拟订本省中等学校校长考成办法，请察核施行等情，请公决案。

（决议）交许、刘两委员审查，由许委员召集。

三、准广东省地方行政干部训练委员会电送三十一年度派赴中央训练团第二十二期党政班受训人员杨振棠、梁崇仁等九员去程旅费预算书，共计列支三万零九百四十五元九角，请查照拨还归垫等由，请公决案。②

（决议）照会计处签拟通过。

四、据安化管理局电请核发该局本年度经费等情，请公决案。

（决议）该局经费，暂先照去年十二月份预算数额加二按月在分配县市国税款由省统筹部分垫支，生活补助费暂照该局去年十二月份人数，每员月共发一百元，在本年度分配县市国税款由省统筹部分开支。

五、据会计处案呈，南山管理局呈，缴三十一年度地方岁入岁出追

---

① 会计处签拟略。

② 会计处签拟略。

加预算书一案，计各列为六万三千三百元，核无不合，请提会核定等情，请公决案。

（决议）照案通过。

六、据建设厅呈，拟以黄林翔代理农田水利处技士，请察核等情，请公决案。

（决议）照派代理，支荐任十一级薪。

七、据建设厅呈，拟以黎献勇代理农田水利处技正兼督导，请誉〔察〕核等情，请公决案。

（决议）照派代理。

八、准广东省军管区司令部需〔电〕送三十一年度九月份购置汽车购置费支付预算书，计列支一十万零七千一百六十四元四角，款拟在三十一年度各项兵团队额领经费项下拨支，请查照办理等由，请公决案。

（决议）照案通过。

九、据会计处案呈，关于建设大龙山所需保队附经费，月支四万五千二百一十元，全年度共五十四万二千五百二十元一案，经民政厅核议可从三月份起支，将已奉核准三十一年度追加之保卫补助费，现列五十一万九千九百一十元，改拨统筹匀支，足敷支应。核尚可行，似可照办，请提会核定等情，请公决案。

（决议）交张、何两委员审查，由张委员召集。

十、何委员函复，审查社会处呈缴广东省救济院组织简则一案意见，请公决案。

（决议）照审查意见修正通过。

十一、许委员、何委员、张委员、黄委员、郑委员（丰）会复，审查本府行政效率促进委员会签，拟具广东省三十二年度各县施政工作竞赛暂行办法，请核定施行一案意见，请公决案。①

（决议）照审查意见通过。

十二、张委员函复，审查秘书处呈转战时通讯所呈请核定三十二年度汕头、安化、连山、五华、琼山、定安、文昌、儋县、澄迈九个县分

---

① 审查意见略。

316

台经费来源，并先行拨款维持一案意见，请公决案。

（决议）照审查意见修正通过。

十三、刘委员、张委员、胡委员会复，审查地政局呈，拟具测量队组织规则，请察核转咨备案一案意见，请公决案。①

（决议）照审查意见通过，仍转报地政署备案。

十四、本府行政效率促进委员会签呈，请将本会前移动员会议经费年额一万二千一百六十八元，仍拨为本会本年度经费等情，请公决案。

（决议）照案通过。

广东省政府第九届委员会
第四百二十一次议事录

日　　期　　四月二十二日

地　　点　　曲江本府

出席者　　王志远　吴逎宪　郑　丰　张导民　许崇清　何　彤
　　　　　黄麟书

列席者　　毛松年　戴振魂　张仲新　张尔超　李如汉　何启昌

主　　席　　李汉魂（公出　何彤代）

纪　　录　　（科长）谢乐文

报告事项

一、准广东省军管区司令部函，以据连阳自卫总队呈报，上年六月间，赴英德接收新兵，临时购买雨帽费一千八百四十元一案，款拟在该总队三十一年度经费节余项下开支，请查照等由。饬据会计处签称，似可照办等语，应准如拟办理。

二、据建设厅呈，转缴农林局东陂酒壶岭牧场员额编制表，请察核等情。饬据秘书处签称，查原表漏列总务股长一人，拟规定为委任六级至三级，并代补列入该编制内，其余表列各员等级，大致尚属适当，拟

---

① 审查意见略。

准备查等语，应准如拟办理。

三、据卫生处呈转第五诊疗所呈，以本年一月五日敌机空袭，投弹炸毁办公地点一部，拟招商修葺，计需款二千七百九十元一案，拟请准在本年度省预备金拨支等情。饬据会计处签称，审核尚属适合，该款二千七百九十元，省第一预备金无款可拨，拟在三十二年度省级概算卫生事业临时费项下拨支等语，应准如拟办理。

四、据建设厅签呈，拟将广东省垦荒贷款利息补助办法第二条再修正为"凡依照广东省垦荒贷款办法之规定贷款，而垦荒面积每段在三十亩以上者，得申请补助垦荒贷款利息。前项规定各段面积距离在三华里以内者，得并作一段计算"；第三条原文"呈由县政府会同建设厅派驻该县农业工作站……认可签证后"改为"呈请县政府核准"，请察核等情，应准如拟办理。

五、据财政厅呈，为奉财政部训令，契税附加不得超过正税百分之二十五一案，拟遵照办理，并规定各县契税附加自文到五日后改照正税百分之二十五征收，布告周知，仍拨入县库为乡镇财政收入等语，经准如拟办理。

六、（略）

讨论事项

一、（略）

二、据省地政局签呈，拟议修正广东省租佃契约登记办法，请核示等情，请公决案。

（决议）交张、郑（丰）两委员审查，由张委员召集。

三、据粮政局签呈，拟停止适用本省粮食管理办法关于存粮登记部分，及修正各县市局大户存粮调查竞赛办法，暨拟定各县列报存粮数量大户标准，请察核等情，请公决案。①

（决议）照秘书处签拟通过。

四、（略）

五、据省银行呈缴三十一年度预算书及营业计划书，请察核等情，

---

① 秘书处签拟略。

318

请公决案。①

（决议）照财政厅签拟通过。

六、据民政厅、教育厅会签，拟具广东省通志馆组织规程及编制、经费简表，请察核等情，请公决案。

（决议）交许委员审查。

七、（略）

八、据会计处案呈，五华县政府呈缴三十一年度地方岁入岁出第三次追加概算一案，计各列二万六千二百元，核案相符，拟准照列，仍请提会核定等情，请公决案。

（决议）照案通过。

九、据会计处案呈，电白县政府呈缴三十一年度地方岁入岁出第三次追加概算书一案，经照民政厅、财政厅意见核编后，计仍各列为一万七千三百元，请提会核定等情，请公决案。

（决议）照案通过。

十、许委员、吴委员会复，审查民政厅签，拟具广东省各县（市局）施行国民工役三十二年应办事项一案意见，请公决案。②

（决议）照审查意见通过。

十一、张委员函复，审查会计处签韶关新住宅区建设委员会呈缴二十九、三十、三十一等年建设基金经费预算书案，拟议办法，请核示一案意见，请公决案。③

（决议）照审查意见通过。

十二、据教育厅签呈，通令重拟补助内迁侨校及向赖侨款维持私立中上学校补助费分配数额表，请核示等情，请公决案。

（决议）照案修正通过。

十三、据教育厅签呈，转据省立曲江小学呈，以本年度成立幼稚园，所有增加人员，拟请准予援照省级公务员待遇提发生活补助费及公粮一案，转请核示等情，请公决案。

---

① 财政厅签拟略。

② 审查意见略。

③ 审查意见略。

（决议）准增发职教员三员生活补助费及公粮。

十四、据本府行政效率促进委员会签呈，汇编本省三十三年度各县市局工作计划纲要情形，连同计划纲要，请提会核定等情，请公决案。

（决议）交何、张、黄、郑（丰）、刘五委员审查，由何委员召集。

十五、张委员、胡委员、许委员会复，审查教育厅签呈拟具本省高中毕农〔业〕生服务管理委员会章程一案意见，请公决案。

（决议）照审查意见修正通过。

广东省政府第九届委员会
第四百二十二次议事录

日　　期　四月二十六日

地　　点　曲江本府

出席者　李汉魂　许崇清　王志远　刘佐人　黄麟书　何　彤
　　　　　郑　丰　张导民　吴迺宪

列席者　巫　琦　戴振魂　张尔超　李如汉　蔡铁郎　何启昌
　　　　　李文韬

主　　席　李汉魂

纪　　录　（科长）谢乐文

报告事项

一、据秘书处案呈，转据本府储油库呈，以库房日久失修，瓦面漏雨，为避免油类受湿损坏，经雇工修理，计支过修理费一千四百五十元，款在本库三十一年度疏散费项下垫支，请核发归垫等情。饬据会计处签称，该案修理费事前未经呈准即行支出，原有未合，惟既经秘书处派员勘查尚属需要，为兼顾事实起见，拟在三十年度省库收支结束各项节余保管款二十九万余元项下拨支等语，应准如拟办理。

二、据建设厅呈缴省营面粉厂延长筹备费预算书，计列支六万五千二百九十元，请察核等情。饬据会计处签称，本案既经建设厅核明款在该厂营业基金项下开支，似可准予照办等语。应准如拟办理。

三、奉行政院令，发省市单位预算执行办法，饬遵照等因，饬据会计处签具意见前来，应准如拟办理。

四、据番禺县政府呈缴三十一年一至六月份行政囚粮支计表册，计共列支一千六百五十六元，请拨还归垫等情。饬据会计处签称，拟在三十二年度省拟定预算行政人犯口粮项下拨付等语，应准如拟办理。

五、据卫生处呈，关于人事股长陈銮翔赴渝受训旅费及治装费共一千零三十元，经改在本处三十一年度经费报支，请察核等情。饬据会计处签称，关于旅费部分，原系核准在三十年度经费节余项下开支，拟改在三十一年度经费办公费报支，关系变更法案，拟请核定列报会议；至治装费部分，与核定原案并无变更，应毋庸注销原案等语，应准如拟办理。

讨论事项

一、据会计处案呈，阳春县政府呈缴三十一年度地方岁入岁出第四次追加预算书，计各列一万四千九百元一案，核数相符，拟准照列，仍饬补具计划呈府核准后，方得动支，请提会核定等情，请公决案。

（决议）照案通过。

二、据会计处案呈，恩平县政府呈缴三十一年度地方岁入岁出第二次追加追减概算，经依照各厅处局意见核编后，计岁入追加为一十九万七千七百五十八元，追减为六万二千零七十八元，岁出追加一十三万五千六百八十元，请提会核定等情，请公决案。

（决议）照案通过。

三、据会计处签呈，高要县政府呈缴三十一年度地方岁入岁出第一次追加概算书一案，经依照财政厅意见核编后，计各列为四十六万七千三百三十四元，请提会核定等情，请公决案。

（决议）照案通过。

四、据卫生处签呈，请拨发防疫专款一十万元，俾使办理夏令防疫业务等情。经准在三十二年度省级概算防疫专款二十万元项下现在中央已拨到之一至四月份数额内先拨六万元，补请追认案。

（决议）照案追认。

五、据秘书处案呈，本省前颁之广东省私有荒山强制造林暂行规程、广东省各县乡村林营造办法与农林部最近颁订强制造林办法规定，不无出入，似应明令废止等情，请公决案。

（决议）交许委员审查。

六、据建设厅呈，拟调第一科长钟俊修接充省营工厂产品经销处主任，所遗科长缺，以视察曾兆鹏升充；并拟调第四科长莫炯焜为视察，所遗科长缺，以视察李秀然升充，请赐予照准等情，请公决案。[1]

（决议）照秘书处签拟通过。

七、据卫生处呈缴拟更正本处及所属单位三十二年各项经临费一览表，请察核等情，请公决案。

（决议）交张、何、黄三委员审查，由张委员召集。

八、据民政厅签呈，拟具修正乡镇公所及保办公处编制及经费标准表，请核示等情，请公决案。

（决议）交刘、吴、王三委员审查，由刘委员召集。

九、张委员、刘委员、黄委员会复审查建设厅呈据公路处呈拟改善该处机构附缴改订组织规程暨三十二年度预算，请察核一案意见。请公决案。

（决议）照审查意见通过。[2]

广东省政府第九届委员会
第四百二十三次议事录

日　期　四月二十九日

地　点　曲江本府

出席者　李汉魂　许崇清　黄麟书　胡铭藻　王志远　吴遒宪
　　　　高　信　郑　丰　张导民

列席者　戴振魂　毛松年　李锡朋　张尔超　李文韬　何启昌
　　　　颜泽滋

---

①　秘书处签拟略。

②　原审查意见附后，现略。

主　席　李汉魂

纪　录　（科长）谢乐文

报告事项

一、据第五区行政督察专员公署呈缴三十二年度二月份囚粮支付预算书，计列支四百九十二元，请察核发还归垫等情。饬据会计处签称，核无不合，拟准在三十二年度省概算内行政人犯口粮项下拨支等语，应准如拟办理。

二、据财政厅签呈，九区专员电请发给乐会县属故保长王开序一次过抚恤金一百六十元，核案相符，应如何拨支，请核示等情。饬据会计处签称，拟改在三十二年度省岁出概算恤金项下拨支等语，应准如拟办理。

三、奉行政院电，以连、乐、乳、宜四县联防办事处本年两个半月经费五千元，准照在本年度战时特别预备金项下动支等因。饬据会计处签称，拟饬财政厅签发，拟交秘书处核收归垫，并饬连、乐、乳、宜四县联防办事处迅编本年度经费预算呈核，暨分别通知有关机关等语，经准如拟办理。

四、据建设厅签呈，转缴农田水利处呈缴制图材料费及补助职员制服费预算书，计列制图材料费一万元，补助职员制服费一万零二百零六元一案，拟并在该处三十一年度节余经费项下支报，似属可行，请核示等情。饬据会计处签称，制图材料费拟准列入原经费预算内相当科目支报，倘有不敷，应依法编具预算科目流用表呈核，补助职员制服除三十二年度到差十四员制服费不能在三十年度经费节余开支拟予剔除外，其余八千八百八十三元，似可援案在该处三十一年预算俸给经费节余项下拨支补助等语，应准如拟办理。

五、奉行政院电，以该省驿运管理处建筑办公厅工程费四万六千四百四十六元，拟在该处三十二年度营业盈余项下开支等因。饬据会计处签称，拟饬知该处将该项工程费并入本年度营业预算盈亏拨补表岁出各项拨用及补充表岁入岁出增建及改良资产科目编列等语，应准如拟办理。

六、据建设厅呈，转缴农林局畜疫防疗所第一分所员额编制表，请核备等情。饬据秘书处签称，编制表列员额等级尚无不合，拟准备查，组织规程第十条、十一条"本章程"之"章程"二字，系"规程"之误应饬更正，余尚无不合等语，应准如拟办理。

七、据省驿运管理处代电，拟修正本处及所属各区段站人员保证办法，请核备等情。饬据秘书处签称，惟原办法第二条但书应饬删去，及第三条第一款"中校"拟饬改为"校官"等语，应准如拟办理。

讨论事项

一、据会计处案呈，奉行政院令，发修正国内出差旅费规则，饬遵照，转饬遵办等因。应于何时起遵照修正数额办理，请核示等情，请公决案。

（决议）自五月份起遵照施行。

二、据会计处案呈，赤溪县政府呈缴三十一年度地方岁入岁出第三次追加追减概算书一案，经依照各厅处意见核编后，计岁入追加六万二千三百七十元，追减四千一百零四元，岁出追加六万一千一百零六元，追减二千八百四十元，请提会核定等情，请公决案。

（决议）照案通过。

三、据会计处案呈，大埔县政府呈缴三十一年度地方岁入岁出第二次追加概算，经依照各厅意见核编后，计各列为一十一万八千一百二十二元，请提会核定等情，请公决案。

（决议）照案通过。

四、据建设厅呈，转缴合作事业管理处拟设置合作实验区计划、组织规程、预算等件，请察核等情，请公决案。

（决议）交张、胡、刘三委员审查，由张委员召集。

五、许委员函复审查民政厅、教育厅会签，拟具广东省通志馆组织规程及编制、经费简表一案意见，请公决案。①

（决议）照审查意见通过，经费、公粮另编预算呈院追加。

六、准广东全省保安司令部电送三十二年度核定概算调整分配表，请查照等由，请公决案。

（决议）照案通过。

七、据财政厅案呈，为曲江、乳源两县三十二年度第一期及三十二

---

① 审查意见略。

年度第二期田赋征收标准，拟确定为每元税额征实一斗，征购一斗三升，县级公粮五升，请察核决定等情，请公决案。

（决议）照案通过。

八、据会计处案呈，第七战区司令长官司令部副官处函请本府负担韶关市新生活运动检查队经费半数，计需四千九百五十元一案，拟议办法两项，请核示等情，请公决案。

（决议）款在本府特别公差旅费项下拨支。

九、主席提议，梅县县长李世安免职，遗缺派平远县长缪任仁调充，递遗平远县长缺派秦庆钧代理；和平县长曾枢辞职照准，遗缺派谢月峰代理，请公决案。

（决议）照案通过。

十、据粮政局签呈，拟具广东省各县发放公粮、民粮办法大纲暨发放民粮统筹救济实施办法，请察核等情，请公决案。

（决议）交张、刘、王、许、郑（丰）五委员审查，由张委员召集。

广东省政府第九届委员会
第四百二十四次议事录

日　期　五月三日
地　点　曲江本府
出席者　李汉魂　张导民　吴迺宪　许崇清　王志远　何　彤
　　　　高　信　郑　丰　胡铭藻　刘佐人
列席者　毛松年　黄　雯　张尔超
主　席　李汉魂
纪　录　（科长）谢乐文

报告事项

一、据会计处案呈，关于三十一年度各机关所裁送训人员受训期间支俸给期限，及应如何支拨，裁员办法未有明文规定，迩来迭由各机关请示办理到府，兹拟规定：凡上项被裁送训人员，其应领之八拆〔折〕薪俸及生活补助费（照三十一年九月份所领额），应由原送训机关列入其相当月份经费内支报（生活补助金部分得列入本年度生活补助费清表内请拨），仍以不得超过五个月为限，请核定通饬遵照等情，经准如拟办理。

二、据韶关市政筹备处，转呈韶关市警察局管理买卖及卖旧货业规则暨实施办法，请核备等情。经由秘书处签拟分别修正前来，应准如拟办理。

讨论事项

一、据会计处案呈，防城县政府呈缴三十一年度地方岁入岁出第四次追加概算一案，经依照各厅意见核编后，计各列为六万一千四百五十元，请提会核定等情，请公决案。

（决议）照案通过。

二、据会计处案呈，新兴县政府呈缴三十一年度地方岁入岁出第二次追加概算一案，经照各厅意见核编后，计各列为四万六千零一十元，请提会核定等情，请公决案。

（决议）照案通过。

三、据建设厅呈，拟以何享荣代理农林业局技正，请察核等情，请公决案。

（决议）照案通过。

四、据建设厅先后呈，拟调升县林业局天蚕试验场技士兼主任王贵儒及总务课长陈应沂为该局技正等情，请公决案。①

（决议）照秘书处签拟通过。

五、据第一区行政督察专员公署呈缴三十二年一月份行政因粮支付预算书，计列支一万一千五百零四元，请察核发还归垫等情，请公决案。②

（决议）照会计处签拟通过。

六、据民政厅签呈，拟具修正优待出征抗敌军人家属条例广东施行

---

① 秘书处签拟略。
② 会计处签拟略。

326

细则、广东省各县（市局）征收出征抗敌军人家属优待金谷物品实施办法、广东省各县（市局）优待出征抗敌军人家属义务代耕实施办法，请察核等情，请公决案。

（决议）交吴、许、高三委员审查，由吴委员召集。

七、黄委员函复，审查会计处核编潮阳县政府呈缴三十一年度地方岁入岁出第二三次追加追减概算书一案意见，请公决案。

（决议）（一）原呈追减岁出预算教育文化支出款内部中学校一目删去，该项经费仍应照发。（二）原呈追加岁出预算行政支出款内户籍及人事登记簿书表册费应就此次追减教育文化支出第一、二目及追加预备金之数统筹办理。（三）余照会计处签拟办理。

八、张委员、郑委员（丰）会复，审查省地政局拟议，修正广东省租佃契约登记办法一案意见，请公决案。

（决议）照审查意见通过。（意见略）

九、张委员函复审查会计处签，奉行政院电，发本省三十一年度动支战时特别预备金清表案，拟议办法请核示一案意见，请公决案。

（决议）照审查意见通过。（意见略）

十、张委员、刘委员、王委员、许委员、郑委员（丰）会复审查粮政局签，拟具广东省各县发放公粮民粮办法大纲暨发放民粮统筹救济实施办法一案意见，请公决案。

（决议）照审查意见修正通过。

十一、主席提议，赤溪县长刘定原办〔辞〕职照准，遗缺派麦匡代理；惠阳县长李鼎谋免职，遗缺派罗隆代理，请公决案。

（决议）照案通过。

广东省政府第九届委员会
第四百二十五次议事录

日　期　五月六日
地　点　曲江本府

出席者 李汉魂　许崇清　王志远　黄麟书　胡铭藻　何　彤
　　　　　张导民　郑　丰　吴迺宪
列席者 毛松年　戴振魂　黄　雯　李如汉　陈　文　何启昌
主　席 李汉魂
纪　录 （科长）谢乐文

报告事项

一、据财政厅签呈，据黎细辉请发故员黎介持遗族三十一年份年恤金国币八十二元一案，查核尚符，请示如何拨发等情。饬据会计处签称，该款拟改在三十二年度省岁出概算恤金项下补拨开支等语，应准如拟办理。

二、据统计处签呈，请援案增加本处及农村调查队暨南、始两县土地统计工作人员办公费、薪工等情。饬据会计处签称，查本省各机关增加购置费、特别办公费一案前经汇编追加预算呈奉行政院核复未便照准，并分行在案。据请增加，似可饬知厅照通案，着无庸议。至请援案增加办公费，本府统计事业费内列整理南、始两县土地统计工作人员薪工各科目所列分配数，补列至去年四月底止，而办公费之增加，系去年七月起实施，似无根据准予增列，拟剔出不计。至农村调查队三十一年预算列俸给费年额二千三百一十元，办公费二千七百八十元，匀算月额之比率，为拟援案办理，可增月额百分之百，即月增二百三十一元六角，三十一年七至十二月六个月可增拨一千三百八十九元六角，似可特准在三十一年度省第一预备金项下补拨等语，经准如拟办理。

三、准省地方行政干部训练团代电，附送谢松培赴渝受训旅费报告表，请查照办理等由。饬据会计处签称，原列去程旅费膳宿什费各项计二十七天共列支八百一十元，似有未合，依照规定，应核列为四百八十元，连同舟车费一项合共二千一百一十九元三角，内除前核给二千元外，应补给一百一十九元，该款拟援前案在三十二年度省岁出概算赴中央干部训练团受训人员旅费项下拨支，回程旅费规定系由中训团发给，似无须由省款补拨等语，应准如拟办理。

四、据财政厅签，据杨心素呈，请发给三水第二区署故区长陈梦熊三十年及三十一年份遗族恤金合共国币一百六十八元一案，查核相符，请示如何拨支等情。饬据会计处签称，该款拟改在三十二年度省岁出概算恤金项下补拨等语，应准如拟办理。

五、（略）

六、据省振济会呈转第三振济区三十一年度附加难船救济费收支预算书，计各列一十二万元，请核备等情。饬据会计处签称，既经振济会核明准予照列，饬以其他收入科目并编该区三十一年度收入预算书呈核。又支出预算书内注明该项收入救济费系按月拨作振款收入，查此项收入既经依来源列编入，该区振款收入预算自无另编此项支出预算必要，倘有开支，则可并列该区振款支出预算内处理。至该区义民医社因无适当地点，迄未成立，着于成立时，再行报府等语，应准如拟办理。

七、据会计处签呈，秘书处函送本府三十一年七月至十二月份特别经费基金收支数目总表，计列收入数四万一千七百七十二元二角二分，支出数列一十九万一千一百一十六元三角一案，所列各数核与本府特别经费基金处理办法第五条规定尚无不合，似可准予核销等情，应准如拟办理。

八、据会计处签呈，关于清远县政府前缴湛江区集结抗战团队伙食补助费预算书表，列支八万二千一百七十元，请发还归垫一案，前经本府核定款在三十一年度本省战时特别预备金拨还归垫，并饬该县政府补编预算呈府转呈行政院核办，惟迄今仍未据清远县政府将该项预算补呈到府，现三十一年度国库收支业经结束，未便再予转呈核拨，查本案经费既经该县由各乡按照该乡团队数目筹款垫发，拟饬由该县转饬作正开支等情，应准如拟办理。

讨论事项

一、据教育厅签呈，关于谢故团长晋元遗孤教养费支给办法，请核示等情，请公决案。

（决议）准发给五万元，分两年拨付，本年度发二万五千元，款在省概算救济费项下开支。

二、据建设厅签呈，转缴农林局北区棉作繁殖场三十二年度临时费预算书及组织规程，请察核等情，请公决案。

（决议）官等照列，余照秘书、会计两处签拟通过。（签拟略）

三、据会计处案呈，海丰县政府呈缴三十一年度地方岁入岁出第三次追加概算书一案，经依照各厅意见核编后，计各列为二十万零七千七百三十元，请提会核定等情，请公决案。

（决议）照案通过。

四、据会计处案呈，和平县政府呈缴三十一年度地方岁入岁出第一次追加概算书一案，经依照各厅意见核编后，计各列为三十二万三千八百二十七元，请提会核定等情，请公决案。

（决议）照案通过。

五、据教育厅先后电呈，以乳源施教站经费无着，恳迅拨曲、乐、乳三施教站三十二年度经费，以维边教等情，饬据会计处签拟前来，经准如拟办理，补请追认案。

（决议）照案追认，其公粮在县级公粮项下开支。

六、许委员、刘委员会复，审查教育厅签呈，拟订本省中等学校校长考成办法一案意见，请公决案。①

（决议）照审查意见通过。

七、据本府行政效率促进委员会签呈，拟具广东省政府暨所属各机关、各县市局设计考核委员会设置办法、广东省政府设计考核委员会组织规程及编制表，请察核等情，请公决案。

（决议）交许、何、张三委员审查，由许委员召集。

八、据秘书处签呈，以本处三十一年九至十二月份超支办公购置特别等费九万九千四百三十三元四角三分，拟请在三十年度省库收支结束余款项下拨还归垫等情，请公决案。

（决议）照案通过。

九、何委员、张委员、黄委员、郑委员（丰）、刘委员会复，审查本府行政效率促进委员会汇编本省三十三年度各县市局工作计划纲【要】情形连同计划纲要一案意见，请公决案。

（决议）照审查意见通过。（意见略）

---

① 审查意见略。

广东省政府第九届委员会
第四百二十六次议事录

日　期　五月十日

地　点　曲江本府

出席者　李汉魂　张导民　吴迺宪　许崇清　郑　丰　何　彤
　　　　高　信　胡铭藻

列席者　毛松年　黄　雯　戴振魂　卓振雄　何启昌　谢群彬
　　　　颜泽滋

主　席　李汉魂

纪　录　（科长）谢乐文

报告事项

一、据建设厅签呈，转据公路处呈缴三十二年度各区工务段抢修费分配表，请察核等情。饬据会计处签称，本案据呈以时值雨季，各路段抢修工程日多，为使抢修工程得款开支起见，拟暂定抢修费总额为二百万元，并在征收养路费内拨支，核似需要，拟准备案，将来仍编入征收养路费岁出概算内支配等语，应准如拟办理。

二、据教育厅呈转省立肇庆中学故教员梁焕乾一次过恤金一千零八十元，请察核等情。饬据秘书、会计两处签称，拟予照准，款在三十二年度省概算恤金项下拨支等语，应准如拟办理。

三、奉行政院电，该省节约实践运动委员会经常及开办费一万三千元，准在该省三十二年度战时特别预备金项下动支等因。饬据会计处签称，拟饬财政厅遵令在该科目拨回韶关市政筹备处清账等语，应准如拟办理。

四、据第三区行政督察专员公署呈缴三十二年二月份囚粮费支付预算书，计列支五十七元五角二分，请察核拨还归垫等情。饬据会计处签称，该款五十七元核无不合，拟准在三十二年度省岁出概算行政人犯口粮项下拨支等语，应准如拟办理。

331

五、据本府秘书处科员汤唯墀签呈，以三十二年一月五日遭受敌机空袭损失，经奉准核给救济费五十元，请准依照三十二年度修正救济办法规定，予以补给等情。饬据会计处签称，本案既奉核定照新办法减半发给补给二百五十元，此款拟准在三十二年度省概算救济费项下拨支等语，应准如拟办理。

讨论事项

二①、据建设厅签呈，转缴公路处呈送修理大江桥未建部分等工程预算书件，计列支五十九万九千八百零六元六角，请察核等情，请公决案。

（决议）照会计处签拟通过。（签拟略）

三、据省企业公司、驿运管理处、农林局会呈，遵令会商修订曲江驴马市场及试用驴马运输暂行办法、奖励商人输入驴马暂行办法各件，请察核等情，请公决案。

（决议）照案通过，所需款项呈请行政院追加预算。

四、据会计处案呈，中山县政府呈缴三十一年度地【方】岁入岁出第二次追加概算书一案，经核编后，各仍为三万零三百元，请提会核定等情，请公决案。

（决议）照案通过。

五、据建设厅呈，拟调农田水利处秘书黄展谟代理本厅视察，请察核等情，请公决案。

（决议）照案通过。

六、据建设厅呈，拟以赵维钦代理本厅合作管理处总务课长，请察核等情，请公决案。

（决议）照案通过，支荐任十级薪。

七、据教育厅呈，拟以叶光疃代理本厅督学，请察核等情，请公决案。

（决议）照案通过。

八、建设厅呈，为拟具本厅省营各工厂工作考核暂行办法暨考核表，请核定转饬遵行等情，请公决案。

---

① 原文缺第一项。

（决议）照秘书处签拟通过。（签拟附后）

九、张委员、胡委员、刘委员会复，审查建设厅呈缴合作事业管理处拟设置合作实验区计划、组织规程、预算等件一案意见，请公决案。①

（决议）照审查意见通过。

十、何委员、张委员、郑委员（丰）、黄委员会复，审查会计处拟具本年度新兴事业费分配办法暨教育厅呈为奉核定三十二年度教育文化费数额不敷分配列请增拨以赴事功两案意见，请公决案。②

（决议）照审查意见通过。

十一、据会计处签呈，关于在新兴事业费项下新增××员其生活补助金及公粮除已核定者外，拟请在分配所得之新兴事业费内统筹发给，请察核等情，请公决案。

（决议）生活补助费除动员会议在省概算生活补助费项下照发外，余应在经费内统筹开支（督察队生活补助费在经费内开支），公粮部分，动员会议及督察队暨度政人员均准在省级公粮项下发给，余应在经费内统筹。

十二、据省振济会呈缴本会各振济区三十二年度经常费在省岁出概算内未奉核列各数目表，计有第三、五、九及南路各区，全年共列支一万五千六百八十四元，请核拨等情，请公决案。③

（决议）照会计处签拟通过。

广东省政府第九届委员会
第四百二十七次议事录

日　期　五月十三日

---

① 审查意见略。

② 审查意见略。

③ 会计处签拟略。

地　点　曲江本府

出席者　李汉魂　张导民　吴迺宪　许崇清　高　信　何　彤

列席者　巫　琦　谢群彬　魏育怀　戴振魂　毛松年

主　席　李汉魂

纪　录　（科长）谢乐文

报告事项

一、据第二区行政督察专员公署呈，以本署三十年度公役服装费计实际由公款节余项下开支八百九十六元五角二分，请准将原缴预算更正存转等情。饬据会计处签称，拟准照办，并准予分别在该署三十年度用人经费及经常费等节余项下拨正开支等语，应准如拟办理。

二、据会计处案呈，前据潮安县政府代电，奉命征交预备第六师及挺进第一纵队构筑工事所需木材请先拨款一万五千元济用一案，经本府核定请准行政院后，在三十一年度战时特别预备金项下照数垫拨，仍请军政部拨还，现查此项费用本府尚未拨付。又奉第七战区司令长官司令部电复已饬香总司令编报，以便转请军事委员会发还价款等因。拟请注销法案后，分别通知等情，应准如拟办理。

三、据财政厅签呈，以罗定县故警陈海三十一年份遗族年抚金，故员车卓轩三十年、三十一年份年抚金；阳山县保安队故员陈锐志三十一年份抚金；惠来县故警翁林三十年五月至十二月份恤金等共二百九十四元，奉文时三十一年度收支经已结束，无从拨付，请示如何支拨等情。饬据会计处签称，拟并改在三十二年度省岁出概算恤金项下开支等语，应准如拟办理。

四、据三十一年第一次粤籍高等考试及格人员关劲魁呈，请援照前案发给补助赴渝受训旅费，并声叙目前车费增加物价递涨请补助二千元等情，应准援案发五百元，款在三十二年度派赴中训团受训旅费项下开支。

五、据会计处签呈，本府卫士队三十一年度额外中尉训育员及少尉见习官经费年共一千七百二十一元，前经本府核定饬先自筹垫，俟经费节余款确定后，报府办理法案手续，现据呈缴三十一年度十一至十二月经费节余数目册前来，拟饬将上项三十一年度额外人员经费即在该节余项下开支等情，应准如拟办理。

334

六、据教育厅呈转省立连州中学三十一年度十至十二月员役按薪俸加成生活费不敷数预算书，请核拨归垫等情。饬据会计处签称，现缴预算书列支一万一千七百五十一元，未据将各员役月支俸级列明，无以审核，惟为迅速办理起见，既据声明并无生活补助金暨补足折薪差额剩余，拟准照原列数在三十一年度调整机构补助公务员生活费项下拨给等语，经准如拟办理。

七、据秘书处签呈，本省除可到达之通商口岸外，其余各地停止外人游历，截至本年四月底期满，现经电准外交部核复由本年五月一日起继续停止外人游历六个月一案，拟分别呈报电行等情，经准如拟办理。

讨论事项

一、准新生活运动促进总会函，请设法增加粤省新运会经费，及新运九周年纪念大会补助费，暨修建被炸会址修建费等由，请公决案。①

（决议）修建费饬韶关市空袭紧急救济会酌拨，余照会计处签拟通过，款在本年度第一预备金项下开支。

二、准广东省军管区司令部函送三十一年度配赋本部直属部队兵额征招费预算书，计列一万零二百元，款拟在三十一年度兵团队额领经费项下拨付，请查照办理等由，请公决案。

（决议）照案通过。

三、（略）

四、据会计处案呈，普宁县政府呈缴三十一年度地方岁入岁出第一次追加追减概算书一案，经依据各厅处意见核编后，计岁入追加四十七万五千五百七十八元，岁出追加六十六万一千六百八十二元，追减一十八万六千一百零四元，比较实追加四十七万五千五百七十八元，请提会核定等情，请公决案。

（决议）照案通过。

五、据会计处案呈，新会县政府呈缴三十一年度地方岁入岁出第四次追加概算书一案，经核编后，计各为三万五千元，请提会核定等情，请公决案。

（决议）照案通过。

---

① 会计处签拟略。

六、据会计处案呈，德庆县政府呈缴三十一年度地方岁入岁出第二次追加概算书一案，经核编后，计各为三万元，请提会核定等情，请公决案。

（决议）照案通过。

七、据会计处案呈，龙川县政府呈缴三十一年度地方岁入岁出第二次追加概算书一案，经依照民政、财政两厅意见核编后，计各列为一十三万六千零三十一元，请提会核定等情，请公决案。

（决议）照案通过。

八、据会计处案呈，惠阳县政府呈缴三十一年度地方岁入岁出第二次追加概算书一案，经依照各厅意见核编后，计各列为一十二万九千一百一十四元，请提会核定等情，请公决案。

（决议）照案通过。

九、据会计处案呈，据连县县政府呈缴三十一年度地方岁入追加概算一案，计列一万二千六百元，全数拨为公共造产基金，核案相符，拟予照准，并请提会核定等情，请公决案。

（决议）照案通过。

十至十二、（略）

十三、据花县县政府呈，请准照战地县份拨给全部经费补助，以利施政等情，请公决案。

（决议）交张、何、刘三委员审查，由张委员召集。

十四、据会计处呈，拟具县属机关分配预算分配标准，并以规定原应呈府备查之县属机关分配预算自本年度起暂免编送，请察核等情，请公决案。

（决议）交张、何、刘三委员审查，由张委员召集。

十五、据会计处案呈，钦县县政府电请增加军民合作站经费一案，为统筹增加，以应需要起见，拟以新订定各县站月支数额五项，请察核等情，请公决案。

（决议）交张、何、刘三委员审查，由张委员召集。

十六、许委员、刘委员、王委员会复，审查民政厅签，拟具广东省户籍及人事登记强制声请暂行办法一案意见，请公决案。[1]

---

[1] 审查意见略。

（决议）照审查意见通过。

十七、何委员、高委员、郑委员（丰）会复，审查本府行政效率促进委员会签拟广东省各县政务督导队组织大纲、各县政务督导队督导办法、各县政务督导须知一案意见，请公决案。

（决议）照审查意见通过。（意见略）

十八、张委员、何委员、黄委员会复，审查卫生处呈，拟更正本处及所属单位三十二年各项经临费一览表一案意见，请公决案。

（决议）照审查意见通过。（意见略）

十九、何委员、张委员、黄委员、郑委员（丰）会复，审查省动员会议检送督察队本年度应领公粮名册，请查照配发一案意见，请公决案。①

（决议）照审查意见通过。

广东省政府第九届委员会
第四百二十八次议事录

日　期　五月十七日

地　点　曲江本府

出席者　李汉魂　高　信　张导民　胡铭藻　何　彤　许崇清
　　　　吴廼宪

列席者　毛松年　黄　雯　范曾莹　谢群彬

主　席　李汉魂

纪　录　（科长）谢乐文

报告事项

一、据财政厅签呈，据博罗县政府呈，请核发故民陈亚来遗族三十一及三十二年份恤金每年国币五拾元，查核相符，款拟并在三十二年度恤金项下开支等情。饬据会计处签称，似可如拟办理等语，应准如拟

---

① 审查意见略。

办理。

二、奉广东绥靖主任公署训令，转饬嗣后对于主管业务所拟颁布或经核准之法规草案，均应先交军事委员会法制委员会审查等因。

三、奉行政院电，以本省三十一年度保安团队国民兵团总校阅经费除常备金一项共一万二千元应予删除外，其余计一十五万六千三百五十一元二角准在该省本年度战时特别预备金项下动支等因。饬据会计处签称，拟即遵在本年度战时特别预备金项下动支，饬财政厅办理冲转手续，并将多付之款追回归垫等语，应准如拟办理。

四、据教育厅呈，转省立艺术专科学校重编三十一年度专科师范科经常费、师范生增班设备费预算书表，请察核等情。饬据会计处签称，重编预算所列设备费、经常费、膳费补助费三项合计二万六千元，核与原核定总额尚无不合，惟属变更法案，请核定后存转等语，经准如拟办理。

五、据建设厅签呈，据公路处呈缴追加三十一年度养路费岁入岁出预算书表，请察核等情。饬据会计处签称，似可准予照列，转呈行政院核示，至岁入部分，应饬财政厅办理等情，经准如拟办理。

讨论事项

一、据秘书处案呈，转据黄岗消防队三十二年度经费支付预算书及三十一年度与三十二年度经费比较表、薪给比较表册等件，请核示等情，请公决案。

（决议）交张委员审查。

二、据第五区行政督察专员兼保安司令公署呈，拟以刘复生代理本署视察等情，请公决案。

（决议）照案通过。

三、据会计处案呈，韶关市政筹备处呈缴三十一年度地方岁入岁出第一次追加概算一案，经依照民政、财政、建设各厅意见核编后，计各为八十万三千七百六十四元，请提会核定等情，请公决案。

（决议）照案通过。

四、据会计处案呈，连县县政府呈遵将三十一年度国税拨款统筹特别补助费一万元，编造成岁入岁出追加概算书一案，核案尚合，拟予照准等情，请公决案。

338

（决议）照案通过。

五、据会计处案呈，三水县政府呈缴三十一年度地方岁入岁出第三次追加概算一案，经依照民政、财政两厅意见核编后，计各列为一十一万二千六百九十六元，请提会核定等情，请公决案。

（决议）照案通过。

六、据会计处案呈，始兴县政府呈缴三十一年度地方岁入岁出第二次追加第一次追减概算一案，经依照各厅处局意见核编后，计岁入追加二十八万四千三百九十元，追减五千二百九十元，岁出追加二十七万九千一百元，请提会核定等情，请公决案。

（决议）照案通过。

七、据卫生处签呈，请将先后在连县等地设立之十个妇婴实验室本年度经费增加一倍，合共七万三千五百六十元发给等情，请公决案。

（决议）照案通过。自本年七月份起，款在卫生事业费项下开支。

八、据教育厅签呈，拟在大埔县设立省立高陂陶瓷科职业学校，请派丘启明、张若愚、赵子达、丘太白、李愚恍、饶沙鸥、何季威、郭衍宾、郑作阳、陈天民为该校筹备会委员，并以丘启明为主任委员等情，请公决案。

（决议）照案通过。

九、许委员函复审查秘书处案呈，本省前颁之广东省私有荒山强制造林暂行规程、广东省各县乡村林营造办法与农林部最近颁订强制造林办法规定不无出入，似应明令废止一案意见，请公决案。

（决议）照审查意见通过。（意见略）

十、何委员、刘委员、张委员、郑委员（丰）会复审查粮政局呈，拟具凭证定量供应韶关市民食计划及供应暂行办法一案意见，请公决案。①

（决议）照审查意见通过。

十一、主席提议，化县县长何××撤职查办，遗缺调海康县长庞成接充，递遗海康县长缺，派王光汉代理；乐昌县长梁汉耀另有任用，遗缺派薛仰宗代理，请公决案。

---

① 审查意见略。

（决议）照案通过。

广东省政府第九届委员会
第四百二十九次议事录

日　期　五月二十日

地　点　曲江本府

出席者　李汉魂　王志远　吴遒宪　高　信　刘佐人　何　彤
　　　　　　许崇清　张导民　胡铭藻

列席者　毛松年　黄　雯　谢群彬　魏育怀　戴振魂

主　席　李汉魂

纪　录　（科长）谢乐文

报告事项

一、据省驿运管理处电缴修订商运管理办法，请察核备案等情。饬据秘书处签称，该项办法经由该处依照规定程序呈奉交通部驿运总管理处核准施行，拟准予备案等语，应准如拟办理。

二、奉行政院电，该省东江护侨事务所于三十一年度结束，员役遣散费一千二百三十一元，准在该省本年度第一预备金项下动支等因。饬据会计处签称，拟遵照在三十二年度省第一预备金项下拨支等语，应准如拟办理。

三、据会计处签呈，建设厅签呈，转据农田水利处呈缴三十一年度经常费暨生活补助金预算分配表一案，据称：（一）农林局拨农田水利课经费及生活补助金原核定二万五千二百八十四元，但实际收到二万五千三百九十六元，现已依实际收款数目连同省拨之七万二千元，编列经常费预算。（二）在编制内多用委任二级课员一人，其薪俸在薪俸项下支报等情。关于（一）项拟准照办，（二）项该超额二级课员一人薪给卅一年度姑准照列，但三十二年度起，应照核定编制办理等语，应准如拟办理。

四、据财政厅呈，关于三十一年度各厅处局成立统计室增加人员俸给及生活补助金案，经呈奉行政院核复不准有案，请将粮政局、地政局、建设厅三十一年度增加统计人员经费法案注销等情。饬据会计处签称，拟准照所请办理等语，应准如拟办理。

五、准经济部咨，以准咨送广东省小工业贷款暂行办法等章则一案，经呈奉行政院指复，各省地方银行办理小工业贷款，本院前已颁行地方金融机关办理小工业贷款通则可资遵循，该省原订小工业贷款暂行办法大纲暨根据该项办法大纲所定之各种章则，均应一律废止，以免纷歧等因。转请查照等由。饬据建设厅签称，拟通令废止，并饬省银行遵照院颁通则参酌以往办理该项贷款情形，拟订贷款办法及契约格式呈府核转财政部核定施行，暨函复财政、经济两部等语，应准如拟办理。

讨论事项

一、（略）

二、据会计处案呈，合浦县政府呈缴三十一年度地方岁入岁出第二次追加概算一案，经依照各厅局意见核编后，计各列为二十一万四千六百七十七元，请提会核定等情，请公决案。

（决议）照案通过。

三、郑委员（丰）函复，审查地政局呈，拟修正本省各县市土地复丈暂行办法一案意见，请公决案。①

（决议）照审查意见通过。

四、据会计处签呈，本省北江区船舶大队部三十一年度奉准追加经费未有编入概算，其本年度全年共需九千五百八十二元，拟照数准在东江区船舶大队部经费余额项下划拨，请察核等情，请公决案。

（决议）照案通过。

五、张委员函复，审查省立医院呈缴更正非营业循环基金概算表及动支办法一案意见，请公决案。②

（决议）照审查意见通过。

六、许委员、何委员、张委员会复，审查本府行政效率促进委员会签呈，拟具广东省政府暨所属机关、各县市局设计考核委员会设置办

---

① 审查意见略。

② 审查意见略。

法、广东省政府设计考核委员会组织规程及编制表一案意见，请公决案。

（决议）照审查意见修正通过。

七至八、（略）

广东省政府第九届委员会
第四百三十次议事录

日　　期　　五月二十四日

地　　点　　曲江本府

出席者　　张导民　许崇清　胡铭藻　高　信　王志远　何　彤

列席者　　毛松年　戴振魂　谢群彬　魏育怀　李文韬

主　　席　　李汉魂（公出　何彤代）

纪　　录　　（科长）谢乐文

报告事项

一、据省救济会，转呈儿童教养院、农艺院三十一年一至四月份追加学生膳食费预算书，共列二千零八十七元六角，核无不合，款拟在三十一年度振款其他支出科目开支，请察核等情。饬据会计处签称，拟准照办等语，应准如拟办理。

二、据会计处案呈，财政厅电，为前垫拨过效率会增员追加经费及生活补助费暨效率会呈三十一年十至十二月份员役薪俸加成生活费名册及不敷数预算书，请更正应返纳款数目两案，经拟具办法，签奉核定分别通知饬遵有案。现财政厅呈复本案办理情形三项，拟请准予备案等情，应准如拟办理。

三、据粮政局呈，以本局统计室股长钟君翼积劳病故，拟请依章给予殓葬费六百元等情。饬据秘书、会计两处签称，核与修正本省公务员、雇员、公役在职亡故核给殓葬费暂行办法第二条第一款规定数目相符，款拟准在三十二年度省岁出概算抚恤费项下公务人员部分拨支等语，应准如拟办理。

四、据财政厅签呈，关于整理韶关市容经费，准由省银行在应解库款内拨七十万元，企业公司在应解库款内拨三十万元一案，应否改由该省行及企业公司补助或饬向省行匀借支应，俟依法向所修路面之两傍受益店户及往来车辆征收特赋抵偿等情。饬据会计处签称，似可如财政厅所拟改在省银行及企业公司三十一年度账内补助等语，经准如拟办理。

五、据会计处案呈，省立医院呈报，曲江县门诊部遭受敌机炸毁，员役损失财物，经由太平镇公所证明属实，业由本院垫发救济费共一千五百元，请发还归垫一案，经由秘书处核明与修正本省公务员、雇员、公役遭受空袭损失救济暂行办法第六条一、二两项规定相符，此款拟准在本年度省概算内救济费项下拨支等情，经准如拟办理。

讨论事项

一、据会计处案呈，开建县政府呈缴三十一年度地方岁入岁出第四次追加概算一案，经依照各厅局意见核编后，计各列为八万一千六百四十九元，请提会核定等情，请公决案。

（决议）照案通过。

二、据会计处案呈，四会县政府呈缴三十一年度地方岁入岁出第三次追加概算一案，经依照各厅处局意见核编后，计各列为二十八万五千四百七十元，请提会核定等情，请公决案。

（决议）照案通过。

三、据建设厅呈，以省营纺纱厂厂长李钜扬经权调代理本厅技正，所遗厂长缺，拟调本厅技正田居静接充，请察核等情，请公决案。

（决议）照案通过。

四、据建设厅呈，拟以郑炯湖代理本厅视察，请察核等情，请公决案。

（决议）照案通过。

五、据建设厅呈，拟以张炜文代理公路处管理课课长，请察核等情，请公决案。

（决议）照案通过。

六、据财政厅签呈，拟具各县税捐征收处巡察员服务规则，请核定施行等情，请公决案。

（决议）照案通过。

七、黄委员、吴委员、何委员会复，审查财政厅案呈拟改订本省各县市（管理局）营业牌照税征收章程一案意见，请公决案。

（决议）照审查意见通过。（意见略）

八、张委员函复，审查黄岗消防队三十二年度经费支付预算书及三十一年度与三十二年度经费比较表、薪给比较表册，请分别增给一案意见，请公决案。①

（决议）照审查意见通过。

九、张委员、何委员会复，审查会计处案呈，关于建设大龙山所需保队附经费年共五十四万二千五百二十元，经民政厅核拟可从三月份起支，将已奉核准三十一年度追加之保卫补助费现列五十一万九千九百一十元改拨统筹匀支，请核示一案意见，请公决案。

（决议）照审查意见通过。（意见略）

十、张委员、刘委员会复，审查会计处签呈，拟具县属机关分配预算标准，并拟将规定原应呈府备查之县属机关分配预算自本年度起暂免送一案意见，请公决案。

（决议）照审查意见通过。（意见略）

十一、张委员、何委员、刘委员会复，审查会计处案呈，为统筹增加各县军民合作站月支经费数额办法五项，以应需要一案意见，请公决案。

（决议）照审查意见通过。（意见略）

十二、据会计处签呈，拟重订本省派赴渝受训人员旅费数额，请核定施行等情，请公决案。

（决议）照案通过。

十三、据民政厅签呈，缴广东省东区移民垦殖救济办事处组织规程及编制经费简表，请核示等情，请公决案。

（决议）交王委员审查。

---

① 审查意见略。

广东省政府第九届委员会
第四百三十一次议事录

日　期　五月二十七日

地　点　曲江本府

出席者　李汉魂　刘佐人　王志远　胡铭藻　高　信　何　彤
　　　　许崇清

列席者　毛松年　何汉昌　谢群彬　何启昌

主　席　李汉魂

纪　录　（科长）谢乐文

报告事项

一、据第一区行政督察专员公署呈缴三十二年二月份行政囚粮支付预算书，计列六千三百一十二元，请发还归垫等情。饬据会计处签称，核无不合，拟照案在三十二年度省概算列行政人犯口粮项下拨支等语，应准如拟办理。

二、据会计处签呈，以职员倪希明等五员住所于本年一月五日遭受敌机空袭损失财物，请求救济一案，经由秘书处核明拟依照修正本省公务员、雇员、公役遭受空袭损害暂行救济办法第六条及第八条给予救济费共计三千九百元，款拟在本年度省岁出单位概算救济费项下拨支等情，应准如拟办理。

三、据粮食增产督导团呈送在连县建搭团址章程图则，请察核前来。饬据会计处签称，据称物价高涨，原核定搭建团址费一万五千元不敷支用，拟将修理费二千一百一十八元及该团三十一年度追加办公费节余四千二百一十元二角三分一并保留为搭建团址之用，经商准驻团审计员同意等情，拟准如拟办理等语，应准如拟办理。

四、据省振济会呈，转缴第一振济区恩平县属大人山、新会义民移垦区计划书暨三十一年五月至十月份经常、临时费预算书，计经常费列支一万一千九百一十元，临时费列支一万零九十元，请核示等情。饬据

345

会计处签称，本案既据振济会核明与该垦区整理大纲及计划尚符，款在该会振济基金华侨指捐六邑振款项下拨支，复核亦无不合，拟准照办等语，应准如拟办理。

五、据省振济会呈，转缴儿童教养院实验小学部二十九年及三十年度修建房舍支付概算书，计二十九年度列支七百九十七元三角一分，三十年度列支一千四百二十三元六角九分，款在该部各该年度经费节余项下开支，请察核等情。饬据会计处签称，案经秘书处技术室核明所列修建费大致尚合，拟准照办等语，应准如拟办理。

六、据会计处案呈，省救济委员会编送三十二年度职员生活补助费清表一案，原表附注由五月一日起裁员一节，原与规定不符，惟据称奉文过迟，核情不无可原，可否准予照办，请核定，如奉核准，则一至四月份生活补助费各列支一千一百零六元，五至七月份各列支一千零三十四元，八至十二月份各列支九百五十四元，全年共支一万二千二百九十六元，款在三十二年度省级预算内生活补助费项下开支等语，应准如拟办理。

讨论事项

一、（略）

二、据会计处案呈，博罗县政府呈缴三十一年度地方岁入岁出第二次追加概算一案，经依照各厅局意见核编后，计各仍为二十六万五千八百八十元，请提会核定等情，请公决案。

（决议）照案通过。

三、据会计处签呈，拟具本省垦荒贷款补助利息意见三项，请审核等情，请公决案。

（决议）照案通过。

四、据粮政局签呈，各训练机关借拨学员食米处理办法两项，请察核等情，请公决案。

（决议）（一）三十一年度借拨部分准在省级公粮项下拨正列支，如有不敷，并准在三十二年度拨补，三十二年度应照实扣足训练日数，并按照各该原训练机关以前预算人数核实在省级公粮项下拨给。（二）以后新成立之训练机关，须先呈奉核定办理。

五、主席提议，南海县长陈逸川辞职照准，遗缺派黄俊民代理，请

346

公决案。

（决议）照案通过。

六、据本府行政效率促进委员会签呈，拟具本省战时三年建设计划大纲修正要点，请察核等情，请公决案。

（决议）交许委员审查。

广东省政府第九届委员会
第四百三十二次议事录

日　期　五月三十一日

地　点　曲江本府

出席者　李汉魂　高　信　吴迺宪　王志远　郑彦棻　胡铭藻
　　　　刘佐人　许崇清

列席者　毛松年　戴振魂　黄　雯　何汉昌　魏育怀　李锡朋
　　　　谢群彬

主　席　李汉魂

纪　录　（科长）谢乐文

报告事项

一、据省振济会呈缴儿童教养院第四分院三十一年十二月份追加儿童膳费预算书，计列九万一千六百八十六元四角七分，请核备等情。饬据会计处签称，本案经振济会核明款在该会三十一年度振款支出教育费内救济妇女难童费项下拨付，核无不合，拟准照办等语，应准如拟办理。

二、据省振济会呈缴儿童教养院第七分院三十一年九月份追加儿童膳费预算书，计列二万三千七百三十五元七角八分，请核备等情。饬据会计处签称，本案经振济会核明与案相符，款在该会三十一年度振款支出教育费内救济妇女难童费项下拨付，复核尚无不合，拟准照办等语，应准如拟办理。

三、据省振济会呈缴儿童教养院实验小学部三十一年三、四月份追加儿童膳费预算书，计共列二千三百八十元零九分，请核备等情。饬据会计处签称，本案既经振济会核明款在该会三十一年度振款支出救济妇女难童费项下拨付，核无不合，拟准照办等语，应准如拟办理。

四、准省防空司令部电，以防空协导委员会三十一年度建搭官兵寝室所需材料费八百七十元，款拟在防空总监部拨给该会三十一年十月至十二月份补助经费□□二千元数额节余项下拨支等由。饬据会计处签称，本案既经防空总监部核复准备查，拟分别通知，并将原送预算书存转等语，应准如拟办理。

五、准广东全省保安司令部代电，编送三十一年一至六月份节余拨支数目表，请查照补发各款预算及追加预算法案等由。饬据会计处签称，查三十一年度过去已久，本府先后核定该部在三十一年度保安经费内先自筹垫各项经费全年共为九十四万零一百八十三元六角，现送数目表列四十五万四千九百六十三元，尚无超越，复准称该部三十一年度经费计至六月份止已有节余八十三万九千七百二十九元三角六分，足供拨用，拟准在三十一年度保安经费节余项下开支等语，应准如拟办理。

六、据秘书处签呈，本处职员倪鸿楷奉派检查邮电，因工作关系，寄居东河坝，嗣因东河坝火灾波及被焚损失，请予救济等情。饬据秘书、会计两处签称，似可依照本省战时各级行政机关员役因公损失财物救济暂行办法第三条第一项乙款姑予酌给救济费二百元，款在三十二年度省岁出概算救济费项下开支等语，应准如拟办理。

七、奉行政院令，据呈该省防空司令部补派一人受训治装旅费预算书，请拨款归垫一案，所发给治装旅费仍以五千元为限，准在该省三十二年度战时特别预备金项下动支等因，饬据会计处签称，拟遵令办理，分别通知有关机关等语，经准如拟办理。

八、据秘书处呈缴南路行署三十一年度购备电话费支付预算书，请察核等情。饬据会计处签称，查原案核定以南路行署二十九年度特别备用金为岁入来源，补发该署三十一年度临时费为一千九百五十四元五角六分，现据呈明内有一千六百五十八元三角五分前已核定拨支科目，是本案以南路行署二十九年度特别预备用金为岁入来源补拨该署三十一年度临时费实应为二百九十六元二角三分，系属变更法案，拟分别通知，并补报会议备案等语，应准如拟办理。

九、奉行政院电，该省防空司令部应归并全省保安司令部内，防空协导委员会应即裁撤，经费照核定概算数发至五月份止，不另拨补等因。饬据会计处签称，拟遵照分别电令通知裁并，并分别函饬有关机关等语，经准如拟办理。

讨论事项

一、据会计处案呈，本省滑翔分会三十一年度经常费一万七千五百元，奉行政院饬在三十二年度战时特别预备金项下动支，惟查该款既已在三十一年度教育文化设备费内滑翔机模型制运费项下垫支，拟拨正开支。至事业费二万元，拟遵令由该会在募得捐款项下拨还教育厅归垫等情，请公决案。

（决议）照案通过。

二、据建设厅签呈，转缴公路处三十二年度改善工程费分配表，计列三百万元，抢修工程费分配表计列二百万元，拟均在本年度征收养路费拨支，请察核等情，请公决案。

（决议）交张、高、王三委员审查，由张委员召集。

三、准广东省地方行政干部训练团电，以本团第十期民政佐治班及会计班学员每员月需零用费二十元，全期合计三千六百元，此款请由贵府划拨补助等由，请公决案。①

（决议）照会计处签拟通过。

四、据省粮食增产总督导团呈，拟以窦瑚清代理本团第七区粮食增产督导团副督导，请察核等情，请公决案。

（决议）准予试用。

五、据省粮食增产总督导团呈，拟以徐家鼎、朱荣坤、高沾志代理本团专业督导，请察核等情，请公决案。②

（决议）照秘书处签拟通过。

六、据民政厅呈，以本厅厅长奉派会同黄厅长，巫副局长前往兴宁召集第四、五、六区粮食保卫限价等会议，及往江西接洽盐粮互换事宜，计实支用八万八千九百六十四元，请拨还归垫等情，请公决案。

---

① 会计处签拟略。
② 秘书处签拟略。

（决议）照案通过，款在本年度本府委员会临时费项下开支。

七、据教育厅、省行政干部训练委员会等学员郑光璇等为奉派赴中央训练团第二十二期受训人员旅费奉饬改编一案，拟请免予追溯，仍照原编预算数额核定等情，请公决案。

（决议）照会计处签拟通过。（签拟略）

八、何委员、张委员、胡委员会复审查建设厅、地政局、侨资垦殖委员会会同拟订广东省战时强制荒地垦殖实施办法一案意见，请公决案。

（决议）照审查意见修正通过。

九、（略）

十、据秘书处签呈，拟将本府小车十辆、大车四辆分别修理及配换机件，计共需款三十八万八千七百一十元，请察核指款拨支等情，请公决案。

（决议）准拨十万元，款在本年度省第一预备金项下开支。

广东省政府第九届委员会
第四百三十三次议事录

日　期　六月三日

地　点　曲江本府

出席者　李汉魂　高　信　吴迺宪　许崇清　郑彦棻　王志远
　　　　刘佐人　胡铭藻

列席者　毛松年　戴振魂　陈　文　李锡朋　何汉昌　谢群彬
　　　　魏育怀　卓振雄

主　席　李汉魂

纪　录　（科长）谢乐文

报告事项

一、据建设厅呈缴农林局北区棉作繁殖场员额编制表，请察核等情。饬据秘书处签称，核尚适合等语，应准如拟办理。

二、据建设厅呈，以准交通部公路总局代电，运货汽车无论自用或营业，自本年四月一日起，一律增加征收养路费二角改为每公吨每公里一元一案，经饬据公路处呈报，业经转饬各站遵办，由本年五月一日起实行，转请察核等情，应准备查。

三、据省振济会呈转儿童教养院补助力行中学三十一年度上学期增班开办费预算书，计列八万元，核属相符，款准在三十一年度救济妇女难童费项下如数拨支，请察核等情。饬据会计处签称，核案相符，拟准照列等语，应准如拟办理。

四、奉行政院电复，三十一年度体育节活动费一千六百六十元准改在该省三十二年度第一预备金项下动支等因。饬据会计处签称，拟遵照办理，分别通知等语，经准如拟办理。

五、奉行政院训令，以本省三十二年度高普检定考试费用计为一万二千元，除由考选委员会列支六千元外，其余六千元，应在三十二年度省第一预备金项下动支等因。饬据会计处签称，拟遵办，并分别通知等语，经准如拟办理。

讨论事项

一、据建设厅案呈，仁化县呈缴县营制纸厂三十二年度营业计划概算书一案，附具审核意见，请察核等情，请公决案。

（决议）准再贷十五万元，余照会计处签拟办理。

二、据会计处案呈，开建县政府呈缴三十一年度地方岁入岁出第五次追加概算一案，原各列七万四千八百五十元，核列各数尚无不合，拟准照列，仍请提会核定等情，请公决案。

（决议）照案通过。

三、据会计处案呈，东莞县政府呈缴三十一年度地方岁入岁出第二次追加预算一案，计核编后，各为九千三百零五元，请提会核定等情，请公决案。

（决议）照案通过。

四、据省振济会呈转儿童教养院接收美红十字会捐赠布匹支过旅运费概算书，计列四万四千四百九十八元八角四分，核属需要，该款应否准在本会振款三十一年度预算其他支出科目项下拨付，请核示等情，请公决案。

（决议）照案通过，款准在该会三十一年度预算其他支出科目项下拨付。

五、据会计处签呈，韶关新住宅区建设委员会先后呈，缴二十九、三十、三十一各年度预算一案，拟具办法两项，请核定等情，请公决案。

（决议）照案通过。

六、据建设厅呈，拟以谭锡鸿代理本厅农林局技正兼推广课课长，请察核等情，请公决案。

（决议）照案通过。

七、据驿运管理处签呈，拟具推进广东省驿运工作实施办法，请察核等情，请公决案。

（决议）交刘、胡、何三委员审查，由刘委员召集。

八、据教育厅呈，据省立文理学院兼勷勤商学院签，以该两院增建校舍费十五万元，其中八万元系在三十一年度调整机构补助公务员生活费项下垫支，请予照案饬拨，或予保留一案。转请核示等情，请公决案。①

（决议）照会计处签拟通过。

九、（略）

十、据省驿运管理处签呈，关于在桂林举行四省限政会议时与盐务当局洽商拟定由粤东盐务管理局垫借五百万元交由本处修造驿路车船一案拟议办法，请察核等情，请公决案。

（决议）交高、胡、刘三委员审查，由高委员召集。

十一、主席提议，清远县长黄开山另候任用，遗缺派张云亮代理，请公决案。

（决议）照案通过。

十二、主席提议，饶平县长黄绪虞另候任用，遗缺派刘竹轩代理，请公决案。

（决议）照案通过。

---

① 会计处签拟略。

广东省政府第九届委员会
第四百三十四次议事录

日　期　六月七日

地　点　曲江本府

出席者　李汉魂　许崇清　吴遒宪　胡铭藻　王志远　高　信
　　　　　刘佐人

列席者　陈　文　毛松年　李锡朋　谢群彬　魏育怀　何汉昌
　　　　　何启昌　李文韬

主　席　李汉魂

纪　录　（科长）谢乐文

报告事项

一、据建设厅签呈，转据合作事业管理处呈，以该处技士李星辉赴渝中央训练团第二十一期受训完毕参加社会行政会议回程旅费表，计列支三千一百元，请察核拨还归垫等情。饬据会计处签称，拟发二千二百六十九元，款在本年度省概算赴中央干训团受训人员旅费科目开支等语，应准如拟办理。

二、奉行政院电，该省三十二年度农村调查费一十八万元，准在该省本年度战时特别预备金项下动支等因。饬据会计处签称，拟分行办理等语，应准如拟办理。

三、据省卫生处呈，以奉卫生署转奉行政院令，各省中心卫生院应予裁撤等因。现遵令暂缓设置中心卫生院，原有各卫生区署尚仍存在，继续办理各项卫生工作，请察核转备等情，应准如拟办理。

四、据建设厅签呈，拟议更正本府员工日用品供销处组织规程，请察核等情，经准如拟办理。

五、准广东全省保安司令部函，以第二区保安司令部副司令本年四月一日以后超级薪应由贵府拨支等由。饬据会计处签称，该署副司令现奉准比照少将待遇，月支薪俸三百二十元，除该署经费预算已列上校副

353

司令薪俸月支二百四十元，计每月尚需增拨八十元，该款似应饬在该署经费预算内俸给费项下匀支。至加成生活补助费月增二十四元，四至十二月九个月共二百一十六元，拟准在本年度生活补助费科目补足等语，应准如拟办理。

六、据民政厅签呈，关于省警队三十二年度追加服装费预算，审计处以年度不同，未便备查一案，本年度拟先就原预算内尽量撙节开支，倘有不敷，再行另筹来源，专案呈请核定等情。饬据会计处签称，似可饬就本年度省概算所列年额一十二万元内撙节支用等语，应准如拟办理。

七、据本府行政效率促进委员会签呈，请将动员会议三十一年度节余折薪差额及生活补助金由会具领转发等情。饬据会计处签拟前来，应准如拟办理。

讨论事项

一、据会计处案呈，仁化县政府呈缴三十一年度地方岁入岁出第四次追加概算一案，经核编后，计仍各列为四万五千四百六十三元，请提会核定等情，请公决案。

（决议）照案通过。

二、据建设厅呈转农田水利处呈，以测夫生活困难，请予准照每名每月核发公粮四市斗，或照士兵待遇发三市斗，俾资维持一案，转请察核等情，请公决案。

（决议）准自本年六月下半月起每名每月改发三市斗。

三、据民政厅呈缴本省警察队警长、警士、夫役三十二年度生活补助费清表，计列每人每月改支五十元，全年度共需五十五万三千八百元，请察核等情，请公决案。

（决议）照案通过。款在本年度公务员生活补助费项下开支。

四、（略）

五、据教育厅呈缴历年应领应解各款清厘清表，计列应领数三万六千五百三十元零八角九分，应解数五万三千零七十八元零五分，比对应解数一万六千五百四十七元一角六分，请核定等情，请公决案。

（决议）照财政厅签拟通过。（签拟略）

六、刘委员、吴委员、王委员会复，审查民政厅签，拟具修正乡镇公所及保办公处编制及经费标准表一案意见，请公决案。

（决议）照审查意见通过。（意见略）

七、高委员、胡委员、刘委员会复，审查驿运管理处呈，关于在桂林举行四省限政会议时与盐务当局洽商拟定由粤东盐务管理局垫借五百万元交由本处修造驿路车船拟议办法一案意见，请公决案。①

（决议）照审查意见通过。

八、张委员、何委员、刘委员会复，审查花县县政府呈请准照战地县份拨给全部补助经费以利施政一案意见，请公决案。②

（决议）照审查意见通过。

九、主席提议，惠来县长郑俊岳辞职照准，遗缺派方德明代理，请公决案。

（决议）照案通过。

广东省政府第九届委员会
第四百三十五次议事录

日　期　六月十日

地　点　曲江本府

出席者　李汉魂　张导民　高　信　吴逎宪　王志远　胡铭藻
　　　　许崇清　刘佐人

列席者　黄　雯　陈　文　毛松年　戴振魂　魏育怀　李锡朋
　　　　谢群彬　陈次恺

主　席　李汉魂

纪　录　（科长）谢乐文

报告事项

一、据社会处呈，请修正社会服务总站暂行组织规程第六条条文，

---

① 审查意见略。
② 审查意见略。

请察核等情。饬据秘书处签称，拟修正为"站长、总干事、干事及助理干事由社会处遴请省政府核派，雇员由站长任用，呈报社会处备案"等语，应准如拟办理。

二、据省救济归侨事业筹备处呈，以事务需要，拟将奉发编制表修正，请察核等情。饬据秘书处签称，核与奉核准案尚属相符，拟准照列等语，应准如拟办理。

三、据第二区行政督察专员兼保安司令公署呈，以会计主任伍泽霖因公遭受空袭损失财物，请拨款救济等情。饬据秘书、会计两处签称，核与修正本省公务员、雇员、公役遭受空袭暂行救济办法第六条规定尚符，惟查该员仅一部分衣物损失，似应酌予核减，拟发给救济费四百元，款在三十二年度省岁出概算救济费项下拨支等语，应准如拟办理。

四、据高考及格粤籍人员林琦呈，请准予援例补助赴渝受训旅费等情。饬据会计处签称，本案奉批"仍照向例补助五百元，饬赴渝处请领"，此款拟在赴中央干部训练团受训人员旅费项下拨支等语，应准如拟办理。

讨论事项

一、奉第×战区司令长官司令部饬知将本年度省概算所列××守备区每月补助费五千元，全年度六万元，挺进第×纵队每月补助费三千元，全年度三万六千元，由六月份起改拨为挺进第×纵队经费等因，请公决案。

（决议）照案通过。

二、据省振济会呈缴三十一年度振款收支预算书，计各列五百三十五万四千二百六十六元，请察核备案等情，请公决案。

（决议）照会计处签拟通过。（签拟略）

三、据第七区行政督察专员公署呈缴改编三十二年度第三防空区茂化茂电茂春五中继所经费预算书表，并宝墟中继所开办费预算表，计共列一万三千九百七十六元，请察核等情，请公决案。

（决议）照案通过，款在本年度省概算所列第三防空区茂化茂合茂电中继所经费开支。

四、据会计处案呈，新兴县政府呈缴三十一年度地方岁入岁出第四次追加追减概算一案，经依照各厅意见核编后，计岁入追加二十九万一千四百六十三元，追减五千九百二十三元，岁出追加二十八万五千五百四十元，计追加追减相抵后，岁入岁出实各为二十八万五千五百四十元，请提会核定等情，请公决案。

（决议）照案通过。

五、据秘书处案呈，恩平县民邹东山为报垦车陂、灯心塘等处荒地事件不服恩平县政府通知不予放垦之处分，提起诉愿一案，经审查完竣，作成决定书，请提会核定等情，请公决案。

（决议）交高、许、张三委员审查，由高委员召集。

六、许委员函复，审查教育厅签，拟具广东省复兴奖学金办法及预算一案意见，请公决案。

（决议）照审查意见通过。（意见略）

七、张委员、高委员、王委员会复，审查建设厅转缴公路处三十二年改善工程费分配表，计列三百万元，抢修工程费分配表，计列二百万元一案意见，请公决案。①

（决议）照审查意见通过。

八、主席提议，宝安县长李若泉辞职照准，遗缺派吴舜农代理，请公决案。

（决议）照案通过。

九、何委员、张委员提议，为增加县政府办公费，以符实际需要，加强行政效率起见，拟定本省实施新制各县办公费实支数额一览表，并定期本年度七月一日起在县款支给，请公决案。

（决议）照案修正通过。

广东省政府第九届委员会
第四百三十六次议事录

日　期　六月十四日

---

①　审查意见略。

地　点　曲江本府

出席者　李汉魂　高　信　许崇清　黄麟书　刘佐人　王志远
　　　　胡铭藻　张导民

列席者　毛松年　陈　文　黄　雯　魏育怀　李锡朋

主　席　李汉魂

纪　录　（科长）谢乐文

报告事项

一、奉行政院代电，以该省政府分层负责办事通则经酌予改正，应准试办，俟试办六个月后，仍应按照各级机关拟订分层负责办事细则之原则与方式第八条之规定办理等因。饬据秘书处签称，拟转行遵办等语，应准如拟办理。

二、据省振济会呈，以据妇女生产工作团请照改订儿童副食费比照级数表标准办理一案，核尚需要，拟请照准增加之款在本会三十二年度振款项下拨发，转请核示等情。饬据会计处签称，拟准照三十二年度改订儿童教养院配拨儿童副食费标准办理，并饬编入生产团及托儿所三十二年度经费预算内支报等语，应准如拟办理。

三、奉行政院训令，关于中华民国三十二年国家岁出岁入总预算内容改正情形，饬知照等因。饬据会计处签称，拟报告会议后存等语。应准如拟办理。

四、准省地方行政干部训练委员会电送派赴中央训练团党政班第二十五期受训人员陈友发一员去程旅费预算书，计列支二千二百六十九元二角，请如数拨会办理等由。饬据会计处签称，核与本省三十二年度派赴渝受训旅费规定数额尚符，款拟在本年度省预算派赴中训团受训人员旅费项下列支等语，应准如拟办理。

五、奉行政院电，以三十一年度该省各区专署及四、五等县，战地县份配属电台追加不敷材料费三十五万四千七百二十七元五角，准在三十一年度调整机构补助公务员生活费项下移用等因。饬据会计处签称，拟分别通知等语，经准如拟办理。

六、据省振济会呈，以奉饬拨付韶关市空袭救济费二十万元一案，无款可拨，未能遵办，仍恳在省救济费项下拨支，请核示等情，经核定改在最近中央拨给之空袭紧急救济费一百五十万元内拨付，并分别通知。

七、奉行政院电，以据报曲江药库三十一年度修缮购置费三千二百九十六元，拟在三十一年度省预算卫生运动及环境卫生费节余项下移拨一案，准在该省三十二年度第一预备金项下动支等因，经遵照办理，分别通知。

八、据会计处签呈，始兴县政府呈缴三十年度地方岁入岁出第六次追加概算一案，经核编后，计各列一万三千八百七十九元，请报会核定等情，应准如拟办理。

九、据教育厅呈，请核拨三十一年度各省立学校附属小学员役米代金共五万七千七百二十二元，幼稚师范科、专科师范科师资短训班教职员平价米代金一万九千二百二十元，合共七万六千九百四十二元，及师资短训班主任增加生活费补助金一千四百四十元，请察核等情。饬据会计处签称，拟饬粮政局即予照数在三十一年度米代金项下核拨，至请核拨师资短训班主任增加生活补助金，拟饬财政厅在三十一年度省概算调整机构补助公务员生活费科目如数拨支等语，应准如拟办理。

讨论事项

一、据会计处案呈，乐昌县政府呈缴三十一年度地方岁入岁出第三次追加概算一案，经依照各厅处意见核编后，计各为二十万四千二百一十四元，请提会核定等情，请公决案。

（决议）照案通过。

二、据会计处案呈，开平县政府呈缴三十一年度带征公粮岁入岁出预算书一案，经核编后，计仍各为二万零七百四十五石，请提会核定等情，请公决案。

（决议）照案通过。

三、据会计处案呈，阳春县政府呈缴三十一年度奉令裁废苛杂后抵补不敷数额追加预算书，计岁入岁出各列一十万七千零五十二元一案，拟予照准，请提会核定等情，请公决案。

（决议）照案通过。

四、（略）

五、据社会处呈，拟以汤宝锴代理本处视导，请察核等情，请公决案。

（决议）照案通过。

六、据建设厅呈，拟调派农林局技正兼农艺课长孔昭英代理北区棉作繁殖场场长，请察核等情，请公决案。

（决议）照案通过。支荐任八级薪。

七、据会计处签呈，拟请规定凡未依照本年度省级预算公务员生活补助费支给办法规定列表请核发生活补助费之各机关，一律于本年六月底以前列送办理等情，请公决案。

（决议）照案通过。

广东省政府第九届委员会
第四百三十七次议事录

日　期　六月十七日

地　点　曲江本府

出席者　李汉魂　胡铭藻　王志远　黄麟书　许崇清　高　信
　　　　　张导民　刘佐人

列席者　毛松年　陈　文　李锡朋　魏育怀　李文韬

主　席　李汉魂

纪　录　（科长）谢乐文

报告事项

一、据会计处案呈，农林局呈，以农村经济课及病虫害防除室三十二年度生活补助费请予更正一案，查该两项生活补助费本府原核定扣抵数一、二月份系照三十一年度预算员额计算，被裁职员包括在内，三月份以后则照裁员后实有人数计算，现据请概照裁员后实有人数计算更正，似未便照准，惟该防除病虫害室荐任职一员三十一年度在原经费预算内支生活费每月六十元，既经作为八十元扣抵，计每月应补拨二十元，全年二百四十元，拟准照数在三十二年度省概算内生活补助费项下拨给，请察核等情，应准如拟办理。

二、据建设厅签呈，转缴农林局乐昌蚕桑改良场三十一年度十至十二月份薪俸加成生活费预算书，计列二千三百四十二元，请核拨等情。饬据会计处签称，似可准予照拨，款在三十一年度省概算调整机构补助公务员生活费项下拨支等语，应准如拟办理。

三、据建设厅签呈，转缴农田水利处修葺办公厅、传达、厨房、职员宿舍预算书，合共列支二万三千二百三十八元九角八分，请准在开办费预算内第一项第一目内开支等情，经姑准所请办理。

四、据建设厅签呈，转缴农田水利处呈缴该处及测量队、查勘队等编制表，请察核等情。饬据秘书处签称，拟予照准等语，应准如拟办理。

讨论事项

一、据秘书处案呈，台山县民李康明因承升山坦事件不服台山县政府核准原报承人优先承升之处分提起诉愿一案，经审查完竣，作成决定书，请提会核定等情，请公决案。

（决议）照决定书通过。

二、据建设厅呈，拟以汤炎师代理农林局技士，请察核等情，请公决案。

（决议）照案通过。

三、据会计处案呈，五华县政府呈缴三十一年度地方岁入岁出第四次追加概算书一案，经核编后，计各列为七千六百四十二元，请提会核定等情，请公决案。

（决议）照案通过。

四、据会计处案呈，云浮县政府呈缴三十一年度地方岁入岁出第四次追加概算书一案，经依照民政厅、财政厅意见核编后，计各列为六千九百零五元，请提会核定等情，请公决案。

（决议）照案通过。

五、据省地政局案呈，拟具重估连县、南雄、始兴、曲江、乳源、韶关等六县市宅地地价计划，请核示等情，请公决案。

（决议）交许、胡、张三委员审查，由许委员召集。

六、（略）

七、据民政厅签呈，为各县区署办公费因物资高涨，前定数目已不足因应，拟从新规定为甲种五百元，乙种四百元，丙种三百元，请察核等情，请公决案。

（决议）照案通过，款在各该县预备金项下拨支。

八、据会计处签呈，关于省动员会议送督察队改编本年度经费预算分配表，拟准月支五万二千三百一十九元，款在新兴事业费一百五十万元内开支一案，签请察核等情，请公决案。

（决议）照案通过。

广东省政府第九届委员会
第四百三十八次议事录

日　　期　六月二十一日

地　　点　曲江本府

出席者　李汉魂　郑彦棻　张导民　高　信　许崇清　吴迺宪
　　　　黄麟书　刘佐人　王志远　胡铭藻

列席者　毛松年　戴振魂　黄　雯　陈　文　李锡朋　魏育怀

主　　席　李汉魂

纪　　录　（科长）谢乐文（假　编译余惠霖代）

报告事项

一、准广东省慰劳抗战将士委员会函，以本会系将原有广东省各界征募慰劳委员会改组于本年六月一日成立，办理慰劳征募事宜，请将贵府前经按月补助征募慰劳会经费国币一百四十元照案拨助本会具领等由。饬据会计处签称，似可照办等语，应准如拟办理。

二、据会计处案呈，本府补助陆大特六第十八、第十九各期粤籍学员每员每月生活补助费一百五十元，计三十一员月共需四千六百五十元，款在三十二年度赴中央干部训练团受训人员旅费科目开支一案，经电奉行政院核准，拟分别通知等情，应准如拟办理。

三、据粮食局签呈，拟将本局组织规程第十三条条文修正等情。饬据秘书处签称，拟将该条"本局设办事员五十人"句下加"委任"二字，以利铨叙。核无不合，拟予照准等语，应准如拟办理。

四、据社会处呈，缴修正本省军民合作总站组织规程暨编制表，请察核等情。饬据秘书处签称，组织规程第五条第一项文末"各组"二字拟改为"第二组"，关于编制部分，拟将服务员额十人减缩，另设督导员十人，经费员额既不增加，似可照准。又查该站既无官等，则组织规程内凡有"派任""委任"及"委充"等字，似均应一律改为"派充"二字。又凡有"遴委"二字，似均应改为"遴派"二字等语，应准如拟办理。

五、据省卫生处呈，代省立救济医院编具三十一年十至十二月份按俸薪加成生活补助费预算分配表，请察核等情。饬据会计处签称，本案原已逾规定期限，惟查该处曾于限期内请发，因当时未将折薪差额及生活费余费扣出编报发还改编，致逾期限，似应酌予变通办理，该款六千七百四十七元拟在三十一年度调整机构补助公务员生活费项下拨支等语，应准如拟办理。

六、奉行政院令知，本省三十一年度第五次追加岁出预算书准予分别存转一案。饬据会计处签称，拟分别通知等语，经准如拟办理。

讨论事项

一、据省地政局呈，拟修正本省土地登记旅行细则、各县市地籍整理办事处调处委员会组织暂行章程、各县市政府所属机关人员协助办理土地登记规则、各县市政府所属机关人员协助办理土地登记考绩规则、各县市地籍整理办事处处理逾期未登记暂管办法等情，请公决案。

（决议）交张、何、刘三委员审查，由张委员召集。

二、据财政厅签呈，关于函请审计处设置各县驻审员一案，拟具意见，请察核等情，请公决案。

（决议）交刘、高、何三委员审查，由刘委员召集。

三、据建设厅签呈，遵谕综合各机关意见拟具广东省战时公有建筑工程招商承办依米价调整工资暂行办法，请察核等情，请公决案。

（决议）交张、胡、刘三委员审查，由张委员召集。

四、据会计处签呈，关于本府战时通讯所器材库设备费八万元一案，拟改在本年度省第一预备金项下开支，以应急等情，请公决案。

（决议）照案通过。

五、高委员、许委员、张委员会复，审查秘书处案呈，恩平县民邹东山为报垦车陂、灯心塘等处荒地事件不服恩平县政府通知不予放垦之处分，提起诉愿一案，经审查完竣，拟照原决定书通过一案意见，请公决案。①

（决议）照审查意见通过。

六、主席提议，连平县长刘奋翘另候任用，遗缺派李崇鉴代理，请公决案。

（决议）照审通过。

七、主席提议，罗定县长王公宪另有任用，遗缺调阳山县长关玉廷接充，递遗阳山县长缺，派麦健生代理，请公决案。

（决议）照审通过。

八、据秘书处案呈，关于本省物价管制委员会组织规程、编制表、预算书等件，请提会核定等情，请公决案。

（决议）交张、胡、刘三委员审查，由张委员召集。

九、王委员函复审查广东省东区移民垦殖救济办事处组织规程及编制经费简表一案意见，请公决案。

（决议）照审查意见通过。（意见略）

广东省政府第九届委员会
第四百三十九次议事录

日　期　六月二十四日
地　点　曲江本府
出席者　李汉魂　郑彦棻　张导民　高　信　许崇清　刘佐人
　　　　王志远　黄麟书
列席者　毛松年　黄　雯　陈　文　魏育怀　李锡朋
主　席　李汉魂
纪　录　（科长）谢乐文（假　编译余惠霖代）

---

① 审查意见略。

报告事项

一、奉行政院训令,以各县市政府主计人员对于乡镇公所,得随时介绍适当之会计统计人员,并随时予该项人员以技术上之指导等因。饬据会计处签称,拟分行各区行政督察专员公署、各县政府知照等语,应准如拟办理。

二、据建设厅签呈,据农林局呈,以奉拨二万六千元预购木薯种苗一案,现已逾时,木薯种苗无法收购,拟将该款转拨为增制速效堆肥菌之用,核属可行,似可照准,请核示等情。饬据会计处签称,似可如建设厅意见准如所请办理等语,应准如拟办理。

讨论事项

一、据会计处案呈,英德县政府呈缴三十一年度地方岁入岁出第二次追加概算一案,经核编后,计各列为二十一万一千五百四十六元,请提会核定等情,请公决案。

(决议)照案通过。

二、据会计处案呈,顺德县政府呈缴三十一年度地方岁入岁出第一次追加概算书一案,经核编后,计各列为二万八千八百四十五元,请提会核定等情,请公决案。

(决议)照案通过。

三、据会计处案呈,四会县政府呈缴三十一年度地方岁入岁出第四次追加概算一案,经核编后,计各列为三十万四千四百五十八元,请察核等情,请公决案。

(决议)照案通过。

四、据卫生处呈,缴三十一年度卫生运动及环境卫生科目流用表,请察核等情,请公决案。

(决议)照案通过。呈行政院备案。

五、准广东省军管区司令部电送三十二年度本省组织后备队经费预算表,计列二百九十五万八千二百四十元,请查照办理等由,请公决案。

(决议)本年经费总额准列二百万元,除建设大龙山经费一百二十八万五千七百三十六元及保队附经费五十一万九千九百零一元全数移拨应用外,尚差之十九万四千三百六十三元,准在国税拨县款由省统筹部分开支。

六、据秘书处呈，转本府战时通讯所及所属各通讯机关三十二年度经临费预算分配表，请察核等情，请公决案。

（决议）工役膳食补助费应核实数额准在生活补助费项下开支。余照会计处签拟通过。

七、据梅菉管理局报告，以收入短少，不足供应，请准拨助等情。查属实情，经准一次过拨助五万元，款在三十二年度国税拨县款由省统筹部分拨付，补请追认案。

（决议）照案追认。

八、准经济部工矿调整处函送合办麻袋厂合约机器名称清单及该厂章程等件，请核定签盖，以利进行等由，请公决案。

（决议）照案修正通过。

九、张委员、胡委员、刘委员会复，审查本府物价管制委员会组织规程、编制表、预算书一案意见，请公决案。①

（决议）照审查意见通过。

广东省政府第九届委员会
第四百四十次议事录

日　期　六月二十八日

地　点　曲江本府

出席者　李汉魂　郑彦棻　张导民　郑　丰　高　信　许崇清
　　　　刘佐人　黄麟书　胡铭藻　王志远

列席者　毛松年　陈　文　李锡朋

主　席　李汉魂

纪　录　（科长）谢乐文

---

① 审查意见略。

报告事项

一、奉行政院令，以招黄氏一胎四孩教养费准每名年补助五千元，共二万元，仍以三年为限，本年度所需二万元准在该省本年度第一预备金项下动支等因。饬据会计处签称，拟请饬财政厅自三十二年元月份起至十一月份止，按月增拨六百六十六元，十二月份增援六百七十四元，并请饬民政厅代编预算呈府等语，应准如拟办理。

讨论事项

一、准广东省军管区司令部电送兵役干部训练班民国三十一年度迁连费支付预算书，计列支八百四十八元六角，请查照等由，请公决案。

（决议）照会计处签拟通过。（签拟略）

二、据会计处案呈，从化县政府呈缴三十一年度地方岁入岁出第三次追加概算一案，核编后计各列为一十万零八千四百四十六元，请提会核定等情，请公决案。

（决议）照案通过。

三、据会计处案呈，信宜县政府呈缴三十一年度地方岁入岁出第二次追加概算一案，经核编后，计各列为五万七千二百七十九元，请提会核定等情，请公决案。

（决议）照案通过。

四、据会计处案呈，南雄县政府呈缴三十一年度地方岁入岁出第五次追加追减概算书一案，经核编后，计岁入追加二十二万六千二百八十五元，追减一十一万四千九百九十元，岁出追加一十一万一千二百九十五元，请提会核定等情，请公决案。

（决议）照案通过。

五、据会计处案呈，高明县政府呈缴三十一年度田赋带征县级公粮实物岁入岁出预算书一案，经核编后，计各为九千二百四十五石，请提会核定等情，请公决案。

（决议）照案通过。

六、据会计处案呈，新会县政府呈缴三十一年度地方岁入岁出第三次追加概算暨带征公粮岁入岁出概算一案，经核编后，计岁入岁出各追加二十九万九千零九十二元，带征公粮岁入岁出概算各列二万零四百石，请一并提会核定等情，请公决案。

（决议）照案通过。

七、据会计处案呈，化县县政府呈缴三十一年度地方岁入岁出第二次追加概算一案，经核编后，计各列为一十八万四千三百零四元，请提会核定等情，请公决案。

（决议）照案通过。

八、据会计处案呈，高要县政府呈缴三十一年度地方岁入岁出第三次追加概算书一案，经核编后，计各列为二万二千零七十元，请提会核定等情，请公决案。

（决议）照案通过。

九、据会计处案呈，高明县政府呈缴三十一年度地方岁入岁出第二次追加概算一案，经核编后，计各列为一十七万三千零六十八元，请提会核定等情，请公决案。

（决议）照案通过。

十、据第一区行政督察专员兼保安司令公署呈缴本年三、四月份行政囚粮支付预算书，计共列支一万七千三百一十四元，请核发归垫等情，请公决案。

（决议）照会计处签拟通过。（签拟略）

十一、据会计处签呈，以本省三十三年度县地方预算编制办法，经呈奉行政院指复下府，谨遵照奉核饬事项拟具意见，请察核等情，请公决案。

（决议）照案通过。

十二、据教育厅呈，据中央政治学校粤籍学生梁之硕等十员赴校旅费预算书，计列每员各发给八百元，共支八千元，请察核等情，请公决案。

（决议）照会计处签拟通过。（签拟略）

十三、据会计处案呈，本府战时通讯所呈缴代编区属第四分台开办费预算书，计列三千四百五十一元，款在该台三十二年一至四【月】份经费节余拨支一案，签请核示等情，请公决案。

（决议）照案通过。

十四、（略）

十五、据省卫生处呈，拟以陈斌代理本处技正，请察核等情，请公决案。

（决议）照案通过。

十六、据省地政局呈，拟以李鉴济代理本局督导员，请察核等情，请公决案。

（决议）照案通过。

十七、准广东省军管区司令部电送三十一年度六月迁移连县迁移费预算书，计列支四万五千一百九十六元九角，款拟在三十一年度本部额领经费项下开支，请查照办理等由，请公决案。

（决议）照案通过。

十八、张委员、何委员、许委员会复，审查教育厅呈，奉教育部电知三十二年度补助各县国教费应在中央划拨县市国税内列案，请察核通饬遵办一案意见，请公决案。

（决议）照审查意见通过。（意见略）

十九、据第八区行政督察专员公署呈，以署址多处毁圮，觅址修葺迁移，计需修葺费七千七百零一元五角，请如数拨还等情，请公决案。

（决议）照会计处签拟通过。（签拟略）

二十、据财政厅、会计处会签，关于奉行政院电，指拨本省本年度六月至十二月公务员生活费一案拟议办法，请察核等情，请公决案。

（决议）交张、刘、胡三委员审查，由张委员召集。

二十一、据财政厅签呈，拟具本年度县级公粮不敷补救办法，请察核等情，请公决案。

（决议）交刘、高、胡、黄、郑（丰）五委员审查，由刘委员召集。

广东省政府第九届委员会
第四百四十一次议事录

日　期　七月一日
地　点　曲江本府

出席者 李汉魂　郑彦棻　张导民　高　信　许崇清　吴迺宪
　　　　　胡铭藻　王志远　刘佐人

列席者 毛松年　黄　雯　陈　文　戴振魂　谢群彬　魏育怀
　　　　　王仁佳

主　席 李汉魂

纪　录 （科长）谢乐文

报告事项

一、据省振济会呈缴儿童教养院第五分院三十一年一月份遣送儿童及公物临时费二月至四月份办理结束临时费预算书，合计共列支二万三千一百九十□元四角一分，该款拟在该院三十年度结存项下开支外，其余不敷数五百九十九元□角□分，核属需要，请准在本会三十一年度振济基金救济妇女难童教育费科目拨还归垫等情。饬据会计处签称，拟准照办等语，应准如拟办理。

二、据会计处案呈，本府战时通讯所呈，以直属第四分台三十一年度尚未成立，现年度已过，前缴该台三十一年度经临费预算分配表各件，请准注销一案，拟予照准等情，应准如拟办理。

三、据建设厅案呈，以农林局呈报西江蚕桑改良场三十二年度职员生活补助费请更正一案。饬据会计处签称，兹依照规定更正，一、二月份每月仍照旧发三千一百零二元，三至十二月份每月改正为一千一百零二元，全年改正为三万七千二百二十四元，拟照案在三十二年度省级概算内生活补助费项下补拨等语，应准如拟办理。

四、据会计处案呈，以奉行政院令，饬购储×机关办公用品及办理冬耕贷款利息应在本年度第一预备金拨支，及由受款人负担等因，拟分别通知各有关机关遵办等情，经准如拟办理。

五、据建设厅呈转农林局增加小麦、杂粮生产三十一年度十至十二月份员役薪俸加成生活费预算书，计列支×千七百七十六元一案。饬据会计处签称，本案各项名册预算据称，因呈厅核转，中间稽搁时日等情，似属实情，拟准另拨不敷数八百六十六元，款在三十一年度调整机构补助公务员生活费项下拨给等语，应准如拟办理。

六、据秘书处签呈，以本府行政会议规程第二条甲项第五款内所列出席人员略有变更，拟请将原列军民合作总站长、战时政治工作总队

370

长、粤侨通讯处主任等删去，并加入驿运处处长，农田水利处处长、副处长，粮政局业务处处长、副处长，储运处处长、副处长，图书杂志审查处处长，请核示等情，应准如拟修正。

讨论事项

一、准广东省军管区司令部函送三十一年度国民兵团队管理处官佐及兵役训练班额外人员眷属补助费支付预算书，计共列支二万一千二百元，款拟在三十一年度兵团队经费节余项下拨支，请查照等由，请公决案。

（决议）照案通过。

二、据秘书处案呈，遵谕将本府奖励华侨兴办本省工矿业及农业办法、本府招致各地归侨从事农垦办法整理，签请察核等情，请公决案。

（决议）交许、高、王三委员审查，由许委员召集。

三、据省地政局呈，拟具土地测量队组织规程，请转咨地政署核准施行，并将前拟土地测量队组织规程撤销等情，请公决案。

（决议）交张、胡、刘三委员审查，由张委员召集。

四、据秘书处签呈，以本府警卫团本年度新成立各部队建设费及补充服装费暨卫士队服装费，计不敷一百零八万六千一百二十六元，请核示等情，请公决案。

（决议）照会计处签拟通过。（签拟略）

五、据会计处案呈，花县县政府呈缴三十一年度地方岁入岁出第二次追加追减概算书一案，经核编后，计列岁入追加一十万零八千七百四十元，追减一万九千八百零二元，岁出追加八万八千九百三十八元，请提会核定等情，请公决案。

（决议）照案通过。

六、据会计处案呈，钦县县政府呈缴三十一年度地方岁入岁出第五次追加概算一案，经核编后，计各列为四千六百元，请提会核定等情，请公决案。

（决议）照案通过。

七、刘委员、胡委员会复，审查建设厅转据公路处呈，以护路队实有官兵一百一十一名，请转请照发公粮一案意见，请公决案。

（决议）照审查意见通过。（意见略）

八、吴委员、许委员、高委员会复，审查民政厅签拟修正优待出征抗敌军人家属条例广东省施行细则、广东省各县（市局）征收出征抗敌军人家属义务代耕实施办法一案意见，请公决案。

（决议）照审查意见通过。（意见略）

九、据建设厅签呈，转缴省营纺纱厂三十二年度营业计划及概算书编制表等件，请察核等情，请公决案。

（决议）照会计处签拟通过。（签拟略）

十、据教育厅呈，拟以丘渊代理省立高坡陶瓷科职业学校校长，请察核等情，请公决案。

（决议）照案通过。

十一、张委员、刘委员、胡委员会复，审查财政厅、会计处会签，为奉行政院电，指拨本省去年度六月至十二月公务员生活费拟议办法一案意见，请公决案。

（决议）照审查意见通过。（意见略）

十二、刘委员、高委员、胡委员、吴委员、郑委员（丰）会复，审查财政厅所拟本年度县级公粮不敷补救办法一案意见，请公决案。

（决议）照审查意见通过。（意见略）

十三、准广东省动员会议函送本府议员协助各县检查站检查补助费预算书，计月列二千五百四十元，该款拟在本省管理物价委员会补助各区办理限价事业费项下拨支等由，请公决案。

（决议）照案通过。

十四、主席提议，郁南县长张冠英另有任用，遗缺调新会县长阮君慈接充，递遗新会县长缺，派马有为代理，请公决案。

（决议）照案通过。

十五、据会计处签呈，以本年度省战时特别预备金科目因复奉行政院核准在本科目动支学员旅费等项经费，共二十七万一千一百二十元，计已超支，拟电请追加三百万元。在未奉准前，并暂缓停止本科目之开支，请核示等情，请公决案。

（决议）照案通过。

广东省政府第九届委员会
第四百四十二次议事录

日　期　七月五日

地　点　曲江本府

出席者　李汉魂　许崇清　吴迺宪　黄麟书　胡铭藻　刘佐人　高信

列席者　毛松年　黄雯　陈文　戴振魂　李锡朋　何汉昌　魏育怀

主　席　李汉魂

纪　录　（科长）谢乐文（咨议吴煜堂代）

报告事项

一、据第七区行政督察专员兼保安司令公署代电，编造架设坪石专线工料运费追加预算书，计列六千三百四十八元，请核拨等情。饬据会计处签称，查核所列之数尚无不合，拟准照办等语，应准如拟办理。

二、据建设厅签呈，转据农田水利处呈，请迅将三十一年九至十二月生活补助费二万一千二百七十元拨发等情。饬据会计处签称，拟饬在该处三十一年度核定经费内统筹匀支等语，应准如拟办理。

三、据会计处签呈，查火车票价已由本年六月份起增加，拟将本省派赴渝受训人员去程旅费修订为特任四千一百八十七元，简任三千七百八十七元，荐任三千一百四十三元，委任二千九百四十三元，其余办法仍照本府阳会一普戊字第五五二八三号己虞作戊代电办理，并拟由六月二十一日起实行等情，应准如拟办理。

四、据秘书处案呈，拟将本府行政会议秘书处组织简则第二条修正为"本处设主任一人，副主任一人，承主席之命，掌理全处事务，并指挥监督所属各职员"第三条修正为"本处设秘书三人，承正副主任之命，办理机要及其他特定事务"等情，应准如拟修正。

五、据建设厅签呈，据工业试验所呈，以编制未奉核定前，请准照筹备编制，核发职员生活费一案，转请察核等情。饬据会计处签称，本案原则似可照准，除工役生活费应依照规定在原核定预算内另列一目公役膳食补助费支报不予另案补助外，至该所职员二十一人，于生活补助费基本数额每人一百四十元之规定，本年一至六月份六个月共一万七千六百四十元，拟准在本年度省概算内生活补助费项下垫拨，俟该所编制核定后，再行冲正扣补等语，应准如拟办理。

六、据会计处案呈，关于本府战时通讯所燃料费一万七千二百八十元全数拨购偈油二十四加仑，计实仍不敷一万一千五百二十元，请设法追加一案，可否饬在该所本年度通讯临时费预算内第三目电话器材费内三十万元拨出一万一千五百二十元流用等语，应准流用经费购备。

讨论事项

一、（略）

二、据建设厅呈，缴省营工厂产品经销处三十二年度追加经费概算书，计列支二十六万四千六百五十一元，请察核等情，请公决案。

（决议）照会计处签报通过。（签拟略）

三、据建设厅签呈，附缴代编工业试验所三十二年度经常费预算分配表、编制表等，请察核等情，请公决案。

（决议）照秘书处签拟通过。

四、据民政厅签呈，关于内政部函，以奉行政院规定各县户籍事务应一律改在民政科内设户政股办理一案，签请核示等情，请公决案。

（决议）交刘、张、高三委员审查，由刘委员召集。

五、据广东省银行呈缴三十一年度预决算书表，请察核等情，请公决案。

（决议）交张、刘、郑（丰）三委员审查，由张委员召集。

六、据会计处案呈，据清远县政府呈缴三十一年度地方岁入岁出追加概算书一案，经核编后，计各列为一十五万二千三百三十六元，请提会核定等情，请公决案。

（决议）照案通过。

七、据会计处案呈，潮安县政府呈缴三十一年度地方岁入岁出第二次追加概算一案，经核编后，计各列为一十四万八千九百四十一元，请提会核定等情，请公决案。

（决议）照案通过。

八、据会计处案呈，和平县三十三年度地方岁入岁出总概算，经编审会核编后，计各列为三百一十九万一千五百七十二元，请提会核定等情，请公决案。

（决议）交刘、何、张、黄、郑（丰）五委员审查，由刘委员召集。

九、据会计处案呈，中山县三十三年度地方岁入岁出总概算，经编审会核编后，计各列为五十二万二千三百二十九元，请提会核定等情，请公决案。

（决议）交刘、何、张、黄、郑（丰）五委员审查，由刘委员召集。

十、据会计处案呈，乐昌县三十三年度地方岁入岁出总概算，经编审会核编后，计各列为二百九十二万七千八百七十九元，请提会核定等情，请公决案。

（决议）交刘、何、张、黄、郑（丰）五委员审查，由刘委员召集。

十一、据会计处案呈，阳山县三十三年度地方岁入岁出总概算，经编审会核编后，计各列为三百三十五万九千五百零一元，请提会核定等情，请公决案。

（决议）交刘、何、张、黄、郑（丰）五委员审查，由刘委员召集。

十二、刘委员、高委员、何委员会复，审查财政厅签呈，函请审计处设置各县驻审员一案意见，请公决案。

（决议）照审查意见通过。（意见略）

十三、主席提议，派方委员少云兼东区移民垦殖救济办事处主任，罗献祥、李郁焜、周景臻兼副主任，请公决案。

（决议）照案通过。

十四、据卫生处签呈，为东江霍乱严重，拟具防治办法连同预算书，请察核拨款办理等情，请公决案。

（决议）照会计处签拟通过。（签拟略）

十五、准广东各界集会统筹委员会函，请援助本年七七纪念大会经费五千元等由，请公决案。

（决议）照案拨助。款在本年度第一预备金开支。

广东省政府第九届委员会
第四百四十三次议事录

日　期　七月九日
地　点　曲江本府
出席者　李汉魂　张导民　郑　丰　许崇清　刘佐人　胡铭藻
　　　　黄麟书　高　信　王志远
列席者　吴晴晖　毛松年　黄　雯　李锡朋　张尔超　何启昌
　　　　丁鸿训
主　席　李汉魂
纪　录　（科长）谢乐文（参议蔡熹代）

报告事项

一、据第二区行政督察专员兼保安司令公署电，以副司令超支俸薪每月八十元，及加成生活费月增二十四元，请代将前缴预算表分别加列。又该项超支俸薪，仍请指款增拨等情。饬据会计处签称，超支薪俸部分，似应将该署前呈经费预算表代为减列办公费每月八十元，拨入俸级内，并将生活补助费每月二十四元代为加列入生活补助费清表内等语，应准如拨办理。

二、据省振济会呈缴省立北江师范学校三十一年度增班开办费支付预算书，列支五万二千元，款在三十一年度振款救济难童难妇教育费项下拨支，请核示等情。饬据会计处签称，查此案既经振济会核明需要，拟准照办等语，应准如拟办理。

三、准内政部公函，以本省各区行政督察专员兼保安司令公署编制表已奉行政院准予备案，请查照等由。饬据会计处签称，拟报会后分行知照等语，应准如拟办理。

讨论事项

一、据建设厅签呈，转缴省营化工厂三十二年一至五月十五日开办营业概算书，及五月十六日至十二月三十一日营业计划概算书，请察核等情，请公决案。

（决议）照会计处签拟通过。（签拟略）

二、（略）

三、据会计处案呈，仁化县政府呈缴三十一年度地方岁入岁出第三次追加追减概算一案，经核编后，计岁入追加一十九万四千八百八十七元，追减一万五千九百四十八元，岁出追加一万九千四百八十五元，追减一万五千八百七十六元，请提会核定等情，请公决案。

（决议）照案通过。

四、（略）

五、据会计处案呈，南山管理局呈缴三十二年度地方岁入岁出追加概算书一案，经核编后，计各为一十万二千零四十九元，请提会核定等情，请公决案。

（决议）照案通过。

六、据会计处案呈，连县县政府呈缴三十一年度地方岁入岁出追加概算，计划补助民众学校经费二百五十元，经教育厅核明拟准照列，请提会核定等情，请公决案。

（决议）照案通过。

七、据会计处案呈，连县三十三年度地方岁入岁出总概算，经编审会核编后，计各列为五百四十七万一千二百零二元，请提会核定等情，请公决案。

（决议）交刘、何、张、黄、郑（丰）五委员审查，由刘委员召集。

八、据秘书处呈缴本省三十二年度行政会议支给各费标准预算表，计共列支二十万二千八百元，请核示等情，请公决案。

（决议）照会计处签拟通过。（签拟略）

九、据会计处签呈，以据安化管理局呈请依规定加给生活补助费，并追加各区办事处经费一案，拟议办法，请核示等情，请公决案。

（决议）交刘、张、胡三委员审查，由刘委员召集。

十、主席提议，灵山县长曾传仁着与钦县县长陈公佩对调，请公决案。

（决议）照案通过。

广东省政府第九届委员会
第四百四十四次议事录

日　期　七月十二日

地　点　曲江本府

出席者　李汉魂　张导民　郑　丰　高　信　许崇清　吴逎宪
　　　　黄麟书　胡铭藻　刘佐人

列席者　毛松年　陈　文　李锡朋　张尔超　何启昌

主　席　李汉魂

纪　录　（科长）谢乐文　（参议）蔡　熹

报告事项

一、奉行政院电，以该省三十二年度岁出单位概算应候国防最高委员会核定总数及本院修正概算科目颁达后，再行编补等因。饬据会计处签称，拟报告会议等语，应准如拟办理。

二、奉行政院电复，以该省三十一年度县长考试经费五万元准在该省三十一年度实施新县制补助款项下移用等因。饬据会计处签称，拟通知审计处等语，应准如拟办理。

三、据教育厅呈转省立廉州中学校教员周曼程遭受空袭损失救济费预算书，计一次过列支九百元，请察核等情。饬据秘书、会计两处签称，核与本年度修正公务员、雇员、公役遭受空袭损失暂行救济办法第六条第十一条各规定尚符，似可准照发给救济费九百元，款在三十二年度省岁出概算救济费项下拨支等语，应准如拟办理。

四、据教育厅呈转请核发省立肇庆师范已故专任教员暨教务主任刘启贤养老金、恤金一次过共四千一百六十四元等情。饬据秘书、会计两处签称，核与学校教职员养老金及恤金条例第九条第一款规定尚无不

378

合，拟准予发给一次过恤金四千一百六十四元，款在本年度省岁出概算恤金项下拨支等语，应准如拟办理。

五、据省振济会呈，转缴儿童教养院□办事处三十一年度生活补助费分配预算，请察核等情。饬据会计处签称，本案既据振济会核明尚合，款在该会三十一年度振款预算其他支出科目项下拨支，拟准照办等语，应准如拟办理。

讨论事项

一、据建设厅呈转省营纺纱厂组织章程，请察核等情，请公决案。

（决议）照秘书、会计两处签拟通过。（签拟略）

二、据建设厅签呈，转缴省营面粉厂三十二年度营业计划及概算书，请察核等情，请公决案。

（决议）照会计处签拟通过。（签拟略）

三、据教育厅呈，转请核发省立高州中学已故专任教员莫铨一次过恤金四千三百二十元等情，请公决案。

（决议）照案通过，款在三十二年度省岁出概算恤金项下拨支。

四、据社会处呈送秘书张希贤、科长李少华、视导员谭莹斌三员赴渝受训旅费预算书，计共列支八千七百三十四元四角，请察核拨还归垫等情，请公决案。

（决议）照会计处签拟通过。（签拟略）

五、据第二区行政督察专员公署呈缴三十一年度行政囚粮支付预算书，计共列支一万一千一百五十一元，请察核等情，请公决案。

（决议）照案通过。款在三十一年度省缴预算行政人犯口粮项下拨支，仍请行政院核示。

六、据会计处案呈，英德县政府呈，拟将三十一年度拨县中央特别补助金一万五千八百元全数拨充县银行投资，附缴岁入岁出追加概算书，请察核一案，款与规定相符，拟予照准，请提会核定等情，请公决案。

（决议）照案通过。

七、据会计处案呈，廉江县政府呈缴三十一年度地方岁入岁出第三次追加概算一案，经核编后，计各列为一十三万二千五百九十二元，请提会核定等情，请公决案。

（决议）照案通过。

八、据会计处案呈，兴宁县政府呈缴三十一年度地方岁入岁出第二次追加概算一案，经核编后，计各列为四万一千五百二十二元，请提会核定等情，请公决案。

（决议）照案通过。

九、据会计处案呈，罗定县政府呈缴三十一年度地方岁入岁出第二次追加概算一案，经核编后，计各列为一十七万四千六百三十元，请提会核定等情，请公决案。

（决议）照案通过。

十、据会计处案呈，茂名县政府呈缴三十一年度地方岁入岁出第三次追加概算一案，经核编后，计各列为五万一千二百一十六元，请提会核定等情，请公决案。

（决议）照案通过。

十一、据建设厅签呈，转缴省营炼油厂三十二年七月一日至十二月三十一日营业计划及概算书，请察核等情，请公决案。

（决议）在产量未达到原定数额以前，其人员由建设厅妥拟紧缩报核，其余照会计处签拟通过。（签拟略）

十二、据会计处案呈，关于连、连、阳三县边疆施教站不敷经费及发放公粮一案，拟议拨发办法，请核示等情，请公决案。

（决议）照案通过。

广东省政府第九届委员会
第四百四十五次议事录

日　期　七月十五日

地　点　曲江本府

出席者　李汉魂　张导民　郑　丰　高　信　许崇清　吴遒宪
　　　　王志远　胡铭藻　刘佐人

列席者　毛松年　李锡朋　李文韬　林鸿勋

主 席　李汉魂

纪 录　（科长）谢乐文　（参议）蔡　熹

报告事项

一、据财政厅呈缴前所属各税务局所站三十年度结束费、遣散费预算，请察核等情。饬据会计处签称，查遣散费原列九万六千二百八十元，更正后应列九万六千零二十四元，结束费原列一十一万三千八百八十四元九角五分，更正后应列一十一万三千九百零九元九角五分，本案连县、高明等六十个税务局所结束遣散费更正后，尚未超越本府原核定数额，似可照准等语，应准如拟办理。

二、据教育厅呈缴改编长沙师范、越华中学两校三十二年度师范生公费预算表件，计长沙师范改列一十一万五千五百五十六元，越华中学改列八百一十二元，请察核等情。饬据会计处签称，本案教育厅声明系因调整班级所致，似可准予自本年二月份将越华中学校师范生公费及公粮移归长沙师范学校领发等语，应准如拟办理。

三、据教育厅呈，请核发省立肇庆师范学校已故专任教员陈吉甫一次过恤金三千八百六十四元等情。饬据秘书、会计两处签称，核与学校教职员养老金及恤金条例第九条第三款规定相符，似可准予照发，款在三十二年度省岁出概算恤金项下拨支等语，应准如拟办理。

讨论事项

一、据中央警官学校正科第十一期粤籍学员何国清等三十七员联呈，以本年八月底毕业回粤服务，近因物价高涨，旅费迭增，请准援例增给旅费每员一千元等情，请公决案。

（决议）准每名津贴三百元，仍呈行政院请准在追加战时预备金案数额内开支，款汇本府驻渝办事处按实据领。

二、（略）

三、准广东全省保安司令部代电，以本部干训班于三十一年十二月十五日恢复组织，所有筹备期间经常费一万八千八百九十四元六角五分，开办费一万八千一百一十一元一角，拟并在该班三十一年度经费节余项下列支等由，请公决案。

（决议）照案通过。

四、据建设厅签呈，遵照本府委员会议决定，将本省前颁之私有荒山强制造林暂行规程、各县乡村林营造办法，改订为广东省强制造林办法施行细则，请察核等情，请公决案。

（决议）照秘书处签拟通过。（签拟略）

五、据会计处案呈，新丰县政府呈缴三十一年度地方岁入岁出第二次追加概算一案，经核编后，计各列为一十万三千一百六十五元，请提会核定等情，请公决案。

（决议）照案通过。

六、据会计处案呈，关于教育厅签拟，博罗县三十一年度地方岁入岁出追加预算一案，似应作为第三次追加预算，计各列为六千七百五十元，请提会核定等情，请公决案。

（决议）照案通过。

七、据会计处签呈，廉江县政府呈缴三十一年度随赋带征公粮岁入岁出预算一案，经核编后，计各列为一万二千六百零三石，请提会核定等情，请公决案。

（决议）照案通过。

八、据第九区行政督察专员电，以专署房舍家具被敌捣毁净尽，拟重新建搭购置，计共需款三万六千八百六十元，请拨款应支等情，请公决案。

（决议）准拨一万元，仍呈行政院请准在追加战时预备金案数额内开支。

九、据省银行电缴三十二年度营业概算书及计划，请察核等情，请公决案。

（决议）交张、高、郑（丰）三委员审查，由张委员召集。

十、据秘书处案呈，遂溪县民林培熙为购运青豆事件不服遂溪县政府所为没收之处分，提起诉愿一案，经遵批分别依照财政厅、民政厅、动员会议意见将决定书整理完竣，请赐核定等情，请公决案。

（决议）照案通过。

十一、据会计处案呈，河源县三十三年度地方岁入岁出总概算一案，经编审会核编后，计各列为五百二十八万一千九百三十六元，请提会核定等情，请公决案。

（决议）交刘、何、张、黄、郑（丰）五委员审查，由张委员召集。

十二、据会计处案呈，始兴县三十三年度地方岁入岁出总概算一案，经编审会核编后，计各列为二百二十一万零一百零三元，请提会核定等情，请公决案。

（决议）交刘、何、张、黄、郑（丰）五委员审查，由刘委员召集。

十三、据会计处案呈，曲江县三十三年度地方岁入岁出总概算一案，经编审会核编后，计各列为四百三十六万六千九百零五元，请提会核定等情，请公决案。

（决议）交刘、何、张、黄、郑（丰）五委员审查，由刘委员召集。

十四、据会计处案呈，佛冈县三十三年度地方岁入岁出总概算一案，经编审会核编后，计各列为一百六十五万四千九百六十八元，请提会核定等情，请公决案。

（决议）交刘、何、张、黄、郑（丰）五委员审查，由刘委员召集。

十五、据会计处案呈，龙门县三十三年度地方岁入岁出总概算一案，经编审会核编后，计各列为二百五十三万七千二百八十二元，请提会核定等情，请公决案。

（决议）交刘、何、张、黄、郑（丰）五委员审查，由刘委员召集。

十六、据会计处案呈，梅县三十三年度地方岁入岁出总概算一案，经编审会核编后，计各列为八百五十七万九千一百九十七元，请提会核定等情，请公决案。

（决议）交刘、何、张、黄、郑（丰）五委员审查，由刘委员召集。

十七、据会计处案呈，连平县三十三年度地方岁入岁出总概算一案，经编审会核编后，计各列为二百六十万五千三百八十一元，请提会核定等情，请公决案。

（决议）交刘、何，张、黄、郑（丰）五委员审查，由刘委员召集。

十八、据会计处案呈，郁南县三十三年度地方岁入岁出总概算一案，经编审会核编后，计各列为五百一十五万一千一百七十八元，请提会核定等情，请公决案。

（决议）交刘、何、张、黄、郑（丰）五委员审查，由刘委员召集。

十九、据会计处案呈，钦县三十三年度地方岁入岁出总概算一案，经编审会核编后，计各列为六百零六万四千二百三十元，请提会核定等情，请公决案。

（决议）交刘、何、张、黄、郑（丰）五委员审查，由刘委员召集。

二十、（略）

二十一、刘委员、张委员、胡委员会复，审查会计处签拟安化管理局呈，请依规定加给生活补助费并追加各区办事处经费办法一案意见，请公决案。

（决议）照审查意见通过。（意见略）

二十二、张委员、刘委员会复，审查秘书处签拟修正情报人员管理规则一案意见，请公决案。

（决议）照审查意见通过。（意见略）

二十三、主席提议，高要县长伍琚华铨叙不合格，应予解职，遗缺以茂名县长张虞韶调充，递遗茂名县长缺，派王公宪代理，请公决案。

（决议）照案通过。

二十四、主席提议，陆丰县长左××玩忽粮政，着即撤职，遗缺调建设厅第一科科长曾兆鹏代理，请公决案。

（决议）照案通过。

二十五、主席提议，省银行业务日增，原有董事名额过少，且多有因职务关系不能出席董事会议，殊难收集思统筹之效，拟增董事名额两员，监察人名额一员，请公决案。

（决议）照案通过。

二十六、主席提议，派张导民、叶青为省银行董事，冯次淇为监察人，请公决案。

（决议）照案通过。

广东省政府第九届委员会
第四百四十六次议事录

日　期　七月十九日

地　点　曲江本府

出席者　李汉魂　张导民　郑　丰　高　信　许崇清　吴迺宪
　　　　刘佐人　王志远　黄麟书

列席者　毛松年　陈　文　戴振魂　李锡朋　张尔超　李文韬

主　席　李汉魂

纪　录　（科长）谢乐文　（参议）蔡　熹

报告事项

一、据会计处签呈，本府战时通讯所呈缴直属第五、六分台三十二年度经费预算分配表等件一案，拟议办法，请察核等情，应准如拟办理。

二、据建设厅签呈，转缴农林局畜疫防疗所三十二年度委任级技术人员战时加给预算分配表名册，及特殊成绩履历表，请核示等情。饬据秘书、会计两处签称，据缴成绩册内填报黄耀苍既经本府嘉奖有案，林伯钧、陈式仪、黄秉宪、何健民等四员册填办理防疫牛只成绩颇著，似可均予加给，计每月战时加给共一百八十七元五角，款在该所本年度经费预算内俸给费项下支报等语，应准如拟办理。

三、据会计处案呈，准财政厅函送三十二年度应拨革命同志养老金及恤金名册，请核复一案。关于恤金部分，册列应拨各数为四百零六名，年额共三万四千零三十七元八角四分，既系三十一年度核定有案，自可照案在本年度省概算恤金项下拨支，由财政厅办理拨发手续等语，应准如拟办理。

四、据第五区行政督察专员兼保安司令公署呈缴三十二年三月份囚粮支付预算书表，计列支七百九十六元五角，请发还归垫等情。饬据会计处签称，核尚需要，该款七百九十六元五角拟在本年度省级预算行政人犯口粮科目拨支等语，应准如拟办理。

五、据建设厅签呈，以合作管理处派赴中央合作人员训练所受训人员谢逸群等旅费一案，现奉合管局每员补助一千五百元，两员共补助三千元，尚不敷二千八百三十元，请察核拨发。至该员等回程旅费，另案支报等情。饬据会计处签，为体恤该员等免因公赔累起见，其去程旅费可否援照三十年间民政厅派赴内政部户籍干训班受训人员旅费案办理，该不敷数二千八百三十元，由府拨补，款在本年度赴中央干训团受训人员旅费项下拨支。至回程旅费，拟照规定本府不予补发等语，应准如拟办理。

讨论事项

一、据教育厅呈，拟将仲元中学改为省立，并缴代编该校三十二年度经费预算分配表及生活补助金清表，请察核等情，请公决案。

（决议）准由本年八月一日起改为省立仲元中学，该校全年经常费准列支七万四千六百八十八元，生活补助费及公粮准由本年度省级预算内生活补助费及省级公粮项下分别拨支。

二、据建设厅签呈，转缴省营织造厂改编三十二年度营业计划及概算书，请察核等情，请公决案。

（决议）照案通过。

三、据建设厅签呈，转缴公路处增造乳源河渡口车船预算图表，计列支二万零七百元四角五分，拟准在三十二年度抢修费项下开支，请察核等情，请公决案。

（决议）照案通过。

四、据会计处案呈，本府广州湾通讯处电，以奉令裁撤，请准核发经费至本年四月份止一案，签拟办法，请核示等情，请公决案。

（决议）照案通过，款在本年度第一预备金项下拨支。

五、据韶关市政筹备处呈，拟将市内西厢乡河西头段火灾区土地征收重划分配使用，附缴征收计划，分租办法等图件，请察核等情，请公决案。

（决议）照案修正通过。（修正之点略）

六、据第五区行政督察专员兼保安司令公署呈，拟以刘志芳代理本署第一科科长，方思茂代理本署第三科科长，请察核等情，请公决案。

（决议）照案通过。

七、（略）

八、据会计处案呈，台山县政府呈缴三十一年度地方岁入岁出第三次追加概算一案，经核编后，计仍各列九万元，请提会核定等情，请公决案。

（决议）照案通过。

九、据省侨资垦殖委员会呈缴三十二年度经常费支出预算书，请核示等情，请公决案。

（决议）照会计处签拟通过。（签拟略）

十、主席提议，广宁县长韩源辞职照准，遗缺派县长考试及格人员区鼎燊代理，请公决案。

（决议）照案通过。

十一、据广东企业股份有限公司呈，为依照本公司业务计划，拟请改名广东实业股份有限公司，请核示等情，请公决案。

（决议）交张、刘、郑三委员审查，由张委员召集。

广东省政府第九届委员会
第四百四十七次议事录

日　期　七月二十二日

地　点　曲江本府

出席者　李汉魂　郑彦棻　黄麟书　郑　丰　张导民　许崇清
　　　　王志远　胡铭藻　高　信　刘佐人

列席者　毛松年　陈　文　李锡朋　冼维逊

主　席　李汉魂

纪　录　（科长）谢乐文　（参议）蔡　熹

报告事项

一、据会计处签呈，拟将本府第九届委员会第四三七次会议讨论第八案案由修正为"据会计处签呈，关于省动员会议全年度事业费及一至四月份经费暨督察队改编本年度经费预算分配表，拟具办法，签请察核等情，请公决案"等情，应准如拟修正。

二、据粮政局呈，以第三科股长萧永光积劳病故，请准照章一次过核给殓葬费六百元等情。饬据秘书、会计两处签称，核与本省战时公务员、雇员、公役在职亡故核给殓葬费暂行办法第二条第一款及本府本年第一一四四九号卯马玉电各规定相符，似可准予照数发给，款在抚恤费公务员部分项下开支等语，应准如拟办理。

三、据省振济会呈，为奉令以教育厅拟设省立北江农工职业学校，经费不敷，饬在三十二年度振款项下酌拨一案，可在本会三十二年度振济基金内拨助共十二万元，以作该校开办各费之用，请察核等情。饬据会计处签称，该数尚不致少于教部拨助款，拟如所拟办理等语，应准如拟办理。

讨论事项

一、张委员、何委员、刘委员会复，审查地政局呈拟修正本省土地登记施行细则、各县市地籍整理办事处调处委员会组织暂行章程、各县市政府所属机关人员协助办理土地登记规则暨考绩规则、各县市地籍整理办事处处理逾期未登记暂管办法一案意见，请公决案。

（决议）照审查意见通过。（意见略）

二、据第二区行政督察专员兼保安司令公署呈，拟以邓振声代理本署第一科科长，请察核等情，请公决案。①

（决议）照秘书处签拟通过。

三、据财政厅呈，为召开第二区财政会议，计支经费一万九千八百元，请指款给领归垫等情，请公决案。

（决议）照案通过，款在国税拨县款由省统筹未分配部分拨支。

四、据会计处案呈，关于省防护团三十二年度征收防空附捐岁入预算及该团经费预算书，暨奉司令长官部电饬，将韶关市东西河浮桥保养及事业费由三十三年元月份起列入市预算内同时由市政筹备处接管一案，签请核示等情，请公决案。

（决议）交张、郑、许三委员审查，由张委员召集。

① 秘书处签拟略。

五、据财政厅签呈，准省田赋管理处函送拟订广东省各县市土地税征收规则一案，签请核示等情，请公决案。

（决议）交许委员审查。

六、刘委员、张委员、高委员会复，审查民政厅呈，以遵照规定各县户籍事务应一律改在民政科内设户政股办理，拟具各县局户政股编制经费表，请察核一案意见，请公决案。

（决议）照审查意见通过。（意见略）

七、张委员、刘委员、郑委员会复，审查广东企业股份有限公司呈，为依照本公司业务计划，拟请改名广东实业股份有限公司一案意见，请公决案。

（决议）照审查意见通过。（意见略）

八、（略）

九、据会计处签呈，关于本省武职员兵提高待遇需增经费一案，拟议办法，请核示等情，请公决案。

（决议）照案通过。

十、准广东省保安司令部函，以本部及各区保安司令公署未决囚犯口粮应如何筹拨等由，请公决案。

（决议）交刘、胡、张三委员审查，由刘委员召集。

广东省政府第九届委员会
第四百四十八次议事录

日　期　七月二十六日

地　点　曲江本府

出席者　李汉魂　刘佐人　黄麟书　王志远　许崇清　吴遁宪
　　　　胡铭藻

列席者　李锡朋　毛松年　陈　文　何汉昌　冼维逊

主　席　李汉魂

纪　录　（科长）谢乐文　（参议）蔡　熹

报告事项

一、奉行政院训令，以省岁入概算应由财政厅汇编，会同会计处报由省政府分别呈送行政院及财政部，营业概算仍依法定程序呈院核转等因。饬据会计处签称，拟报告会议后转行等语，应准如拟办理。

二、奉行政院代电，以该省三十一年度各区行政督察专员公署及四、五等县，战地县份配属电台追加不敷材料费三十五万四千七百二十七元五角，准予转账，加入现年度支出等因。经分别通知，并饬财政厅转知公库转账划按。

三、奉行政院代电，以本省派赴中央警官学校外事警察班学员陈昭武、杨德玉二员旅费共四千三百三十八元，准在本年度战时特别预备金项下动支等因。经分别通知，并饬财政厅拨付。

四、奉行政院代电，以该省参议会秘书处卫兵、工役宿舍、厨房各一座准予建筑，所需经费准在该省本年度第一预备金项下动支一万元等因。经分别通知，并饬财政厅遵照拨付。

五、据地政局呈，以本局督导刘笃材随同地政署技正前赴东江视察，途次被劫，损失财物，拟照本省战时各级行政机关员役因公损失财物救济暂行办法第三条第一款丙节规定，发给救济费二百元等情。饬据秘书、会计两处签称，查核尚合，似可照准，该项救济费二百元拟在该局本年度事业费节余项下开支等语，应准如拟办理。

讨论事项

一、据会计处案呈，本府令派出席广西省第一区专员兼保安司令公署召开粤、桂、贺连沿边行政保安会议人员补助旅费一万元，款拟在国税拨县款由省统筹部分拨支，请察核等情，经准如拟办理，请追认案。

（决议）照案追认。

二、据省振济会呈，转妇女生产工作团三十二年度修葺费概算，计共七万八千五百元，拟议拨支办法，请察核等情，请公决案。

（决议）照案通过。

三、张委员、胡委员、刘委员会复，审查地政局呈，拟具土地测量队组织规程，请转咨地政署核准施行，并将前拟土地测量队组织规则撤销一案意见，请公决案。

（决议）照审查意见通过。（意见略）

四、准广东全省保安司令部代电，以本部三十一年度疏散文卷、物资、眷属超支一十万六千九百九十九元，拟在本部三十一年度保安经费历月份节余项下拨支，请查照办理等由，请公决案。

（决议）照案通过。

五、准广东省军管区司令部电送特务大队三十年十月份补充新兵伙食费预算书，计列二千二百九十五元，款拟在各县缴回三十年度团队经费节余项下拨付，请查照等由，请公决案。

（决议）照案通过。

六、（略）

七、据会计处案呈，新丰县三十三年度地方岁入岁出总概算一案，经编审会核编后，计各列为二百零三万二千五百二十六元，请提会核定等情，请公决案。

（决议）交刘、何、张、黄、郑五委员审查，由刘委员召集。

八、据会计处案呈，阳春县三十三年度地方岁入岁出总概算一案，经编审会核编后，计各列为四百四十四万三千二百三十一元，请提会核定等情，请公决案。

（决议）交刘、何、张、黄、郑五委员审查，由刘委员召集。

九、据会计处案呈，惠来县三十三年度地方岁入岁出总概算一案，经编审会核编后，计各列为四百二十五万三千四百三十元，请提会核定等情，请公决案。

（决议）交刘、何、张、黄、郑五委员审查，由刘委员召集。

十、据会计处案呈，从化县三十三年度地方岁入岁出总概算一案，经编审会核编后，计各列为一百九十三万零七百五十一元，请提会核定等情，请公决案。

（决议）交刘、何、张、黄、郑五委员审查，由刘委员召集。

十一、许委员、胡委员、张委员会复，审查地政局呈，拟具重估连县、南雄、始兴、曲江、乳源、韶关等六县市宅地地价计划一案意见，请公决案。

（决议）照审查意见通过。（意见略）

十二、据会计处案呈，普宁县三十三年度地方岁入岁出总概算，经编审会核编后，计各列为六百一十二万二千四百四十元，请提会核定等情，请公决案。

（决议）交刘、何、张、黄、郑五委员审查，由刘委员召集。

十三、据会计处案呈，新兴县三十三年度地方岁入岁出总概算，经编审会核编后，计各列为四百一十六万三千六百三十七元，请提会核定等情，请公决案。

（决议）交刘、何、张、黄、郑五委员审查，由刘委员召集。

十四、据会计处案呈，四会县三十三年度地方岁入岁出总概算，经编审会核编后，计各列为三百七十七万一千六百六十元，请提会核定等情，请公决案。

（决议）交刘、何、张、黄、郑五委员审查，由刘委员召集。

十五、据会计处案呈，揭阳县三十三年度地方岁入岁出总概算，经编审会核编后，计各列为一千一百四十万零三千一百六十四元，请提会核定等情，请公决案。

（决议）交刘、何、张、黄、郑五委员审查，由刘委员召集。

十六、据建设厅案呈，转缴本省各县市度量衡检定分所组织及办事通则暨编制经费表，请核示等情，请公决案。

（决议）照秘书处、会计处、设计考核委员会签拟通过。（签拟略）

十七、据会计处案呈，关于充实安化管理局组织及解决连山吉田乡汉瑶纠纷，由府先发六万五千元办理，妥拟科目呈核一案，签请核示等情，请公决案。

（决议）照案通过。

广东省政府第九届委员会
第四百四十九次议事录

日　期　七月二十九日
地　点　曲江本府
出席者　李汉魂　郑　丰　王志远　胡铭藻　黄麟书　许崇清
列席者　毛松年　李锡朋　张尔超　何汉昌　陈　文　卓振雄

冼维逊

主　席　李汉魂

纪　录　（科长）谢乐文　（参议）蔡　熹

报告事项

一、据民政厅呈送三十二年度科长郑泽光赴渝受训旅费预算书，计列支二千二百六十九元二角，请拨还归垫等情。饬据会计处签，以该项旅费预算二千二百六十九元，核与本府本年度派赴渝受训人员旅费规定尚符，拟准照列，款在本年度省级概算赴中央干部训练团受训人员旅费项下支拨等语，应准如拟办理。

讨论事项

一、据省振济会呈缴三十二年度振款收支预算书，计收支各列六百二十万九千四百九十六元，请察核等情，请公决案。

（决议）照案通过。

二、据会计处案呈，开平县政府呈缴三十一年度地方岁入岁出第三次追加概算一案，经核编后，计各列为五十八万二千七百元，请提会核定等情，请公决案。

（决议）照案通过。

三、据会计处案呈，韶关市政筹备处呈缴三十一年度地方岁入岁出追加概算一案，经核编后，计各列四十六万一千七百零六元，请提会核定等情，请公决案。

（决议）照案通过。

四、据会计处案呈，英德县政府呈缴三十二年度地方岁入岁出第一次追加概算一案，经核编后，计各列为一百万七千八百八十四元，请提会核定等情，请公决案。

（决议）照案通过。

五、据会计处案呈，德庆县政府呈缴三十一年度地方岁入岁出第一次追加概算一案，经核编后，计各列四十一万一千三百九十二元，请提会核定等情，请公决案。

（决议）照案通过。

六、据会计处案呈，仁化县政府呈缴三十二年度地方岁入岁出第一次追加概算一案，经核编后，计各列为三十九万六千七百一十元，请提会核定等情，请公决案。

（决议）照案通过。

七、据第二区行政督察专员兼保安司令公署呈，拟以周游代理本署秘书等情，请公决案。

（决议）照案通过。

八、据建设厅呈，拟以颜恭叔代理本厅视察等情，请公决案。

（决议）照案通过。

九、据财政厅签呈，关于钦县县府电请准增收屠场租一案，拟议征额，请察核等情，请公决案。

（决议）照案通过。

十、据建设厅案呈，以农林局稻作改进所本年度经费困难，拟将垦荒利息一十六万元全数改拨为该所经费一案，请核示等情，请公决案。

（决议）照会计处签拟通过，至移用垦荒利息十六万元一节，仍由建设厅造具计划呈府转请行政院核准移用。（签拟略）

十一、（略）

十二、刘委员、何委员、张委员、黄委员、郑委员会复，审查和平、中山、连县、阳山、乐昌、河源、始兴、曲江、佛冈、龙门、梅县、连平、郁南、钦县等十四县三十三年度地方岁入岁出总概算一案意见，请公决案。

（决议）除第四项外，余照审查意见通过。（意见略）

广东省政府第九届委员会
第四百五十次议事录

日　期　八月二日
地　点　曲江本府
出席者　李汉魂　张导民　刘佐人　吴逦宪　许崇清　黄麟书
　　　　郑彦棻
列席者　毛松年　魏育怀　王仁佳　丁鸿训　李文韬

主　席　李汉魂

纪　录　（科长）谢乐文　（参议）蔡　熹

报告事项

一、据二区行政督察专员兼保安司令公署呈缴本署奉派第三期民运干训班学员张燮受训去程旅费预算书，计列支二百三十四元，请核拨归垫等情。饬据会计处签称，核与规定支给数额尚属相符，此款拟在本年度省第一预备金科目拨支等语，应准如拟办理。

二、（略）

三、据会计处案呈，本府储油库三十二年度修理费一千四百五十元，前经核定在三十年度省库收支结束各项节余保管款二十九万余元内拨支，现准审计处核复以与定案不符。查本年度省预备金垫拨部分经有归还，该款一千四百五十元拟改在本年度第一预备金项下拨支等语，应准如拟办理。

讨论事项

一、（略）

二、据会计处案呈，南雄县政府呈缴三十二年度地方岁入岁出第一次追加概算，经核编后，计各仍列为三十万零五百零四元，请提会核定等情，请公决案。

（决议）照案通过。

三、据会计处案呈，清远县政府呈缴三十二年度地方岁入岁出第一次追加概算一案，经核编后，计各列为二百四十一万三百零九元，请提会核定等情，请公决案。

（决议）照案通过。

四、据社会处案呈，准中国国民党广东省执行委员会函送拟订广东省救济黄花岗殉党先烈遗族暂行办法，请查照一案，经分别整理，请察核等情，请公决案。

（决议）交张、何、刘三委员审查，由张委员召集。

广东省政府第九届委员会
第四百五十一次议事录

日　期　八月五日

地　点　曲江本府

出席者　高　信　张导民　郑　丰　吴迺宪　何　彤　许崇清

列席者　毛松年　张尔超

主　席　李汉魂（公出　何彤代）

纪　录　（科长）谢乐文　（参议）蔡　熹

报告事项

一、奉行政院电，该省政府委员兼秘书长郑彦棻另有任用，应免本兼各职，任命陈元瑛为该省政府委员兼秘书长等因。饬据秘书处签称，拟报告会议后，分别函行等语，应准如拟办理。

二、据建设厅签呈，关于农林局呈报办理金鸡纳苗圃一案情形，所需经费五千元，仍请府拨支一案，拟由农林局棉作场本年度施业费节余项下移拨等情。饬据会计处签称，原属可行，惟查该场本年度经费预算尚未经本府核定，为免误培植时间计，拟请将本案先行核定，再饬分别迅编预算呈核等语，应准如拟办理。

三、据建设厅呈缴农林局新订员额编制表暨原缴组织规程及编制表，请核示等情。饬据秘书处签称，查该局裁员后，编制表所列员额核与一百五十之数依裁员标准裁减后员额尚合，拟准予备案等语，应准如拟办理。

四、据教育厅签呈，关于童军理事会请拨三十一年度迁连疏散费超支数一千一百零四元八角一案，请核示等情。饬据会计处签称，查所列超支之数，系属实在，该款拟在三十一年度第五次追加岁出单位预算内迁连补助费项下动支等语，应准如拟办理。

讨论事项

一、据会计处案呈，关于省动员会议督察队缩编被裁人员遣散费需支薪俸共一千零三十六元，生活补助费五千九百四十一元一案，拟议办法，请核示等情，请公决案。

（决议）照案通过。

二、据会计处案呈，乐昌县政府呈缴三十二年度国省库补助户籍表册印制费暨看守所修葺费岁入岁出追加预算书一案，计各列二万六千三百八十四元，核案相符，拟予照准，请提会核定等情，请公决案。

（决议）照案通过。

三、据建设厅签呈，转缴农林局病虫害防治所组织章程及编制表，请察核等情，请公决案。

（决议）交张、胡、刘三委员审查，由张委员召集。

四、据建设厅案呈，关于广东省银行呈拟本省耕牛保险暂行办法草案一案，签请核示等情，请公决案。①

（决议）照张、胡、何三委员复核意见通过。

广东省政府第九届委员会
第四百五十二次议事录

日　　期　　八月九日

地　　点　　曲江本府

出席者　　李汉魂　　何　彤　　黄麟书　　刘佐人　　王志远　　胡铭藻
　　　　　张导民　　郑　丰　　高　信　　吴遒宪　　许崇清

列席者　　毛松年　　张尔超　　李文韬　　何启昌

主　　席　　李汉魂

纪　　录　　（科长）谢乐文　　（参议）蔡　熹

报告事项

一、奉行政院代电，以该省省立粤秀中学三十一年度设备费二千零七十一元准在该省三十二年度第一预备金项下动支，原有超收学费，应

---

① 复核意见略。

397

依法缴库等因。遵经分别通知。

二、据建设厅签呈，以将本厅由田螺涌迁小黄岗迁移费节余款七千零四十五元零六分移为该厅统计室三十一年度九至十二月增员经费（五千九百七十六元一角一分），及三十一年度罗致技术人员来程旅费（一千零六十八元九角三分）之用，至前项垫付技术人员来程旅费流用后不敷二千三百三十一元零七分，拟改在本厅本年度临时费项下支报等情。饬据会计处签称，本案拟将迁移费节余七千零四十五元零六分移为该厅统计室三十一年度九至十二月增员经费五千九百七十六元一角三分，及三十一年度罗致技术人员来程旅费一千零六十八元九角三分，似可准如所请，至技术人员旅费尚不敷二千三百三十一元零七分，拟改在该厅本年度临时费项下列报一节，年度不同，于法未协，拟先行电呈行政院核示等语，应准如拟办理。

讨论事项

一、据会计处案呈，惠来县政府呈缴三十一年度地方岁入岁出第四次追加概算一案，经核编后，计各列为九万九千三百七十七元，请提会核定等情，请公决案。

（决议）照案通过。

二、据会计处案呈，连县县政府呈缴三十二年度地方岁入岁出第一次追加概算一案，经核编后，计各列为一百三十四万四千五百五十五元，请提会核定等情，请公决案。

（决议）照案通过。

三、据会计处案呈，电白县政府呈缴三十一年度地方岁入岁出第四次追加概算一案，经核编后，计各列为四千八百五十元，请提会核定等情，请公决案。

（决议）照案通过。

四、据地政局呈缴副局长黄公安赴渝受训旅费支付预算书，计列支三千一百三十九元四角，请照数拨还归垫等情，请公决案。

（决议）照案通过，款在三十二年度省概算赴中训团受训人员旅费项下开支。

五、据建设厅呈，拟以何肇中代理本厅技正，请察核等情，请公决案。

（决议）照案通过。

六、许委员函复审查财政厅签，准省田赋管理处函送拟订广东省各县市土地税征收规则一案意见，请公决案。①

（决议）照审查意见第二、三、四项通过。

广东省政府第九届委员会
第四百五十三次议事录

日　　期　八月二十一日

地　　点　曲江本府

出席者　李汉魂　胡铭藻　黄麟书　许崇清　张导民　刘佐人
　　　　　王志远　吴迺宪　陈元瑛　方少云

列席者　毛松年　郑彦棻　黄秉勋　陈　文　黄公安　李锡朋
　　　　　林起钰

主　　席　李汉魂

纪　　录　（科长）谢乐文　（参议）蔡　熹

报告事项

一、奉行政院令，发三十一年度国家普通岁出广东省第五次追加预算，饬遵照等因。经通知审计处及饬财政厅知照。

讨论事项

一、据秘书处案呈，阳春县民吕肇瑭等不服阳春县政府不准拨还那漠乡属之化龙寺租产充潭籍乡第一、二保联立国民学校经费之处分，提起诉愿一案，经审查完竣，作成决定书，请提会核定等情，请公决案。

（决议）照决定书通过。

二、据省振济会呈转儿童教养院总办事处暨所属分院部校职教员三十二年度生活补助费清表，计共列六十四万一千三百六十四元，款拟在本会三十二年度振款预算教育费科目项下拨支等情，请公决案。

---

① 审查意见第二、三、四项略。

（决议）照案通过。

三、据建设厅呈缴省度量衡检定所组织规程草案，请核示等情，请公决案。

（决议）照秘书处签拟修正通过。

四、据会计处案呈，以据三十二年度第一次高等考试曲江区取录合格人员叶桂铃、倪希明、邓家齐等三员呈请援案比照本省派赴中央受训人员最低数额之规定每员发给旅费二千九百四十三元一案，请核示等情，请公决案。

（决议）交黄委员审查。

五、刘委员、胡委员、何委员会复，审查驿运管理处签呈，拟具推进广东省驿运工作实验办法一案意见，请公决案。①

（决议）照审查意见通过。

六、据粮食局签呈，关于田赋管理处拟送广东省各县局非常时期随赋带征地方仓储积谷暂行办法一案意见，签请察核等情，请公决案。

（决议）交刘、张、何、高四委员审查，由刘委员召集。

七、主席提议，揭阳县长陈暑木辞职照准，遗缺派陈友云代理，请公决案。

（决议）照案通过。

八、（略）

九、据财政厅签呈，会商省田赋管理处、粮政局拟定本省本年度新赋开征日期，及征实征购每元折征标准，暨配赋各县征额，请核示等情，请公决案。

（决议）交胡、方、刘、何、陈、高六委员审查，由胡委员召集。

---

① 审查意见略。

广东省政府第九届委员会
第四百五十四次议事录

日　　期　八月二十六日

地　　点　曲江本府

出席者　李汉魂　许崇清　何　彤　吴迺宪　方少云　王志远
　　　　陈元瑛

列席者　毛松年　陈　文　黄公安　魏育怀　张希贤　何汉昌
　　　　李文韬　陈次恺　郑彦棻

主　　席　李汉魂

纪　　录　（科长）谢乐文　（参议）蔡　熹

报告事项

一、奉行政院令，发各省编制三十二年度岁出预算要点，仰知照等
因。饬据会计处签称，拟报会后存俟中央核定明年度本省岁出总额电知
即行筹拟签核等语，应准如拟办理。

二、据广东省振济会呈缴儿童教养院第一院三十一年度第二次护送
儿童赴连转送费支付预算书，请核示等情。饬据会计处签称，查该预算
书计列支五千零四十六元八角五分，既经振济会核明需要，拟准在该会
三十一年度振款预算运输费项下开支，拟准照办等语，应准如拟办理。

三、据建设厅签呈，为据农林局呈缴改编乐昌蚕桑改良场三十二年
度职员生活补助费清表一案，转请核示等情。饬据会计处签称，查：
（一）据呈送该场生活补助费清表照案扣抵原在该场三十一年度经费预
算内领支生活费之数额后，计一至二月份每月应拨一千八百七十六元，
三月份应拨一千七百九十六元，四至十二月份每月应拨一千七百一十六
元，全年度应拨二万零九百九十二元，拟照案在三十二年度省概算生活
补助费项下按月饬财政厅依照每月已核发该场数额比对补发。（二）照
通案由本年六月份起增加生活费一倍，该场每月实照增二千一百一十六
元，七个月共一万四千八百一十二元，惟前经增拨该场是项生活费一万

五千零七十八元，即多拨二百六十六元，此款财政厅应在上项（一）补拨数内扣发等语，应准如拟办理。

四、据社会处呈，为遵令派员赴渝参加中训团二十七期人事管理人员受训，编具预算书，请迅赐拨款，以利受训等情。饬据会计处签称，查该预算书列支二千九百四十三元，核案相符，拟准在本年度省概算赴中央干部训练团受训人员旅费项下拨支等语，应准如拟办理。

讨论事项

一、据会计处案呈，紫金县政府呈缴三十二年度地方岁入岁出追加概算一案，经核编后，计各列为七十二万六千六百零三元，请提会核定等情，请公决案。

（决议）照案通过。

二、据会计处案呈，蕉岭县政府呈缴三十二年度地方岁入岁出第一次追加概算一案，原各列五十一万一千一百二十元，经财政厅、教育厅、建设厅、粮政局等核合，拟准照列，请提会核定等情，请公决案。

（决议）照案通过。

三至五、（略）

六、据省地政局呈，拟将核定举办粤北七县土地整理统计印刷费一十万零三百二十三元，改办曲江一县土地整理统计业务一切支需，请察核等情，请公决案。

（决议）照案通过。

七、准广东省军管区司令部代电，以三十二年度官佐夏服代金，计列军管区司令部及直属班队二万八千元，连阳自卫总队一万一千七百六十元，罗信自卫大队三千一百三十六元，款在本部本年度额领经费内开支等由，请公决案。

（决议）照案通过。

八、据教育厅呈，以省立琼崖中学粤北分校校舍遭火焚毁，请拨款一百零七万九千二百元修建等情，请公决案。

（决议）准补助一十万元，款在国税补助款由省统筹部分拨支。

九、据社会处呈，拟修正广东省救济院组织规程，请察核等情，请公决案。

（决议）交王委员审查。

十、据教育厅呈缴修正广东省各县市长办理教育行政考成奖惩标准，请察核等情，请公决案。

（决议）交许、方、刘三委员审查，由许委员召集。

十一、据省驿运管理处呈，以奉准建筑办公厅预算拟变更为全部新建，计共需建筑费三十二万三千八百五十元，该款拟在三十二年度营业盈余项下开支，请察核等情，请公决案。①

（决议）照会计处签拟通过。

十二至十三、（略）

十四、主席提议，澄迈县长何劲秋因病辞职，拟予照准，遗缺派王绍裕代理，请公决案。

（决议）照案通过。

广东省政府第九届委员会
第四百五十五次议事录

日　期　八月三十日

地　点　曲江本府

出席者　李汉魂　刘佐人　方少云　许崇清　陈元瑛　何　彤
　　　　胡铭藻　黄麟书　张导民

列席者　毛松年　黄秉勋　魏育怀　张希贤　何启昌　李文韬

主　席　李汉魂

纪　录　（科长）谢乐文　（参议）蔡　熹

报告事项

一、奉行政院令，发修正战时国家总预算编审办法，饬遵照等因。饬据会计处签称，拟分行遵照等语，应准如拟办理。

二、奉行政院电，以公有营业盈余及各项经费节余应解缴国库，不得擅自挪用等因，经通饬遵照。

---

① 会计处签拟略。

403

三、据教育厅呈，请核发本厅奉令派遣人事管理人员赴中央党政军人事管理人员训练班受训人员赴渝旅费二千九百四十三元等情。饬据会计处签称，似可依照最近规定之赴渝受训旅费数额发给该委任级人事股长周荣纲赴渝受训旅费二千九百四十三元，款在三十二年度第一预备金保留部分拨支等语，应准如拟办理。

四、据地政局签呈，经将本省土地登记施行细则、各县市地籍整理办事处调处委员会组织暂行章程、各县市政府所属机关人员协助办理土地登记规则暨考绩规则、各县市地籍整理办事处处理逾期未登记暂管办法等法规再行修正等情，应准如拟修正。

五、据省驿运管理处电，拟修正本处组织规程及办事细则，请察核等情。经饬据秘书处、会计处、统计处、设计考核委员会签拟前来，应准如拟修正。

六、奉行政院电，饬关于不相隶属平行机关之分配预算与科目流用应即依照前颁省市单位预算执行补充办法第三条由省市政府核准或核定转送各该机关之该管上级机关备案，至其所属单位机关之分配预算与科目流用应即依照预算法第四十九条、五十四条规定办理等因，经分别通知各有关机关。

七、奉行政院电，关于该省政府委员会及秘书处声请保留三十一年度各项经费剩余额，核属可行等因，经分别通知。

讨论事项

一、据建设厅签呈，转据本省度量衡检定所筹备处呈，拟修正广东省度量衡划一程序，请察核公布施行，并咨经济部备案等情，请公决案。

（决议）交胡、刘、方三委员审查，由胡委员召集。

二、据省地政局呈，拟以吕泽湘代理本局第一科科长，请察核等情，请公决案。

（决议）照案通过。

三、据建设厅呈，拟以连濬代理公路处技正兼督察室主任，请察核等情，请公决案。

（决议）照派代理。

四、据民政厅呈，拟以何树祥代理本厅视察，请察核等情，请公决案。

（决议）照案通过。

五、据民政厅呈，拟以钱巩代理本厅视察，请审核等情，请公决案。

（决议）照案通过。

六、据建设厅呈，农林局病虫害防治室技正兼主任陈金璧辞职经权予照准，遗缺拟调派该局技正王贵儒接充，请察核等情，请公决案。

（决议）照案通过。

七、据建设厅呈，转据农林局呈，拟调总务课长胡俊甫代理秘书一案，请察核等情，请公决案。

（决议）照案通过。

八、据建设厅签呈，转据公路处呈，以建造连平路土壁墈桥及加建连贺路连县河渡车船一艘一案，共需八万一千五百七十七元，款请并准在三十一年度抢修费预算第二项第二目抢修韶连路桥涵渡口费项下开支等情，请公决案。

（决议）照案通过。

九、据会计处案呈，中山县政府呈缴三十二年度地方岁入岁出第一次追加概算书，经核编后，计岁入追加三十四万零七十三元，追减二十三万二千四百三十一元，岁出追加一十万七千六百四十二元，请提会核定等情，请公决案。

（决议）照案通过。

十、（略）

十一、据本府设计考核委员会案呈，拟具广东省政务视导团三十二年度视导办法，请察核等情，请公决案。

（决议）交何、张、黄、郑、胡五委员审查，由何委员召集。

十二、主席提议，连平县长李崇銮出缺，遗缺派县长考试及格人员周世泰代理，请公决案。

（决议）照案通过。

十三、主席提议，阳江县长彭展义另候任用，遗缺调河源县长吴式均代理，递遗河源县长缺，派马克珊代理，请公决案。

（决议）照案通过。

广东省政府第九届委员会
第四百五十六次议事录

日　期　九月二日

地　点　曲江本府

出席者　李汉魂　许崇清　何　彤　王志远　陈元瑛　胡铭藻
　　　　吴遁宪　郑　丰　刘佐人

列席者　毛松年　陈　文　陈国伦　黄秉勋　黄公安　何汉昌
　　　　麦霞甫　张希贤　李文韬　何启昌

主　席　李汉魂

纪　录　（科长）谢乐文　（参议）蔡　熹

报告事项

一、奉行政院令，以该省三十二年度应缴营业盈余数经国防最高委员会决议通过，仰遵照等因。饬据会计处签称，查此案经呈院请示概算标准，并奉核复在案，拟报会后存等语，应准如拟办理。

二、奉行政院令，以该省追加三十二年度保安处及所属各团队服装费三百万元暨增加公务人员生活补助费一千二百一十三万三千四百零一元一案，经国防最高委员会决议通过，仰遵照等因。饬据会计处签称，拟报告会议后，分行各有关机关等语，应准如拟办理。

三、准广东省地方行政干部训练委员会函送各县干训所三十三年度经费标准，请查照办理等由。饬据会计处签称，查编制县名表内所列适用县份不少属于贫瘠或地方款不甚宽裕之县份，如硬性规定数额，饬令遵办，似有困难，且三十三年县概算经已审竣，各县亦未必有来源追加，为顾全事实起见，拟照原表转行饬县自三十三年度起斟酌实际需要，并体察地方财力，在规定数额内办理，其审定概算原列数额不足因应时，如筹有来源，并准先行暂付，并案追加预算。又县训所分配预算格式，前经会商训委会订定，拟并案饬县遵照等语，应准如拟办理。

四、准广东省地方行政干部训练委员会函，为关于各县教育长三十一年十至十二月份加成生活补助费拟议支给办法，请查照办理等由，饬据会计处签称，查三十一年度各县训所教育长薪系由补助县训所经费四十万元内开支，若十至十一月份加成款责令各县负担，事实上不无困难，现该会既拟将三十一年度所印训练资料工料费一万五千五百元流用，似可照办等语，应准如拟办理。

五、奉行政院令，发战时营业预算编审办法、战时营业决算编审办法，仰饬属遵照等因，经分别转饬遵照。

讨论事项

一、据建设厅签呈，转缴合作社事业管理处改编三十二年度派赴中训团受训人员范朕廷等去程旅费预算书，计列支七千四百零七元六角，请核示等情，请公决案。①

（决议）照会计处签拟通过。

二至三、（略）

四、据建设厅呈，以据公路处拟具本处员工福利委员会组织大纲及办事细则，基金暂定二十万元，拟先由养路费项下挪借一案，请转核示等情，请公决案。

（决议）交胡、刘、陈三委员审查，由胡委员召集。

五、据韶关市政筹备处呈，以准广东战时长途电话所送整理韶市电话木杆计划预算书表，请核备等情，请公决案。

（决议）照建设厅签拟通过。（签拟略）

六、黄委员函复，审查三十二年第一次高等考试曲江区初试合格人员叶桂铃等，呈请援案比照本省派赴中央受训人员最低数额规定，发给赴渝受训旅费一案意见，请公决案。

（决议）准每员补助旅费一千二百一十三元，款在三十二年度赴中训团受训人员旅费项下拨支。

七、（略）

八、据建设厅呈，拟以张杰文代理公路处督察，请察核等情，请公决案。

（决议）照案通过。

---

① 会计处签拟略。

九、据省粮食增产总督导团呈，拟以梁士锺代理专业督导，请察核等情，请公决案。

（决议）照案通过。

十、主席提议，台山县长陈子和另有任用，遗缺派邓公烈代理，请公决案。

（决议）照案通过。

十一、主席提议，恩平县长张国馨辞职照准，遗缺派县长考试及格人员卢忠亮代理，请公决案。

（决议）照案通过。

广东省政府第九届委员会
第四百五十七次议事录

日　　期　九月六日

地　　点　曲江本府

出席者　李汉魂　郑　丰　陈元瑛　王志远　许崇清　胡铭藻
　　　　　刘佐人　何　彤

列席者　黄秉勋　毛松年　黄公安　何汉昌　麦霞甫　冼维逊
　　　　　张希贤　何启昌

主　　席　李汉魂

纪　　录　（科长）谢乐文　（参议）蔡　熹

报告事项

一、据教育厅呈，请转饬粮政局由本年二月份起按月增拨雷州师范学校师范生十四名公粮等情。饬据会计处签称，该校收容遂溪县立简师学生十四人，系属另外增收，非包括在原核定数额内，据声请自本年二月份起拨发公粮，核属可行，似可照准，饬粮政局自本年二月份起照规定连前核定二百六十六人，共二百八十人，按月配发公粮等语，经准如拟办理。

讨论事项

一、据民政厅签呈，关于本省各县乡镇收入数额，除乡镇支出外，尚有盈余，提出一定成数作为该乡镇之临时事业费一案，拟具办法，请核示等情，请公决案。

（决议）照案通过。呈报行政院备案。

二、据会计处案呈，赤溪县政府呈缴三十一年度岁入岁出第五次追加概算一案，经核编后，计各列一十万零九百四十二元，请提会核定等情，请公决案。

（决议）照案通过。呈行政院备案。

三、据会计处案呈，从化县政府呈缴三十一年度随赋带征县级公粮岁入岁出预算书一案，经核编后，计各列为五千七百七十五石，请提会核定等情，请公决案。

（决议）照案通过。

四、据会计处案呈，顺德县政府呈缴三十二年度地方岁入岁出第一次追加追减概算书一案，经核编后，岁入追加一十七万七千八百五十七元，追减一十一万一千二百五十元，岁出追加六万六千六百零七元，请提会核定等情，请公决案。

（决议）照案通过。

五、据会计处案呈，翁源县政府呈缴三十二年度地方岁入岁出第一次追加概算一案，经核编后，计岁入追加为七十二万九千四百三十一元，追减为六万八千零三十二元，岁出追加六十六万一千三百九十九元，请提会核定等情，请公决案。

（决议）照案通过。

六、据会计处案呈，惠来县政府呈缴三十二年度地方岁入岁出第一次追加概算一案，经核编后，计各为一百一十五万五千元，请提会核定等情，请公决案。

（决议）照案通过。

七、据会计处案呈，本府战时通讯所呈缴暂收价让器材款岁入岁出追加预算表，计各列六万六千一百六十元零五角一案，拟准照列，请提会核定等情，请公决案。

（决议）照案通过。

八、准广东省军管区司令部函，以垫付团队干训班修缮及购置家具费一万七千二百七十八元，款拟在团管处及所属单位本年度额领经费项下拨付，请查照等由，请公决案。

（决议）照案通过。

九、据教育厅呈，以省立两阳中学被炸时导师许绍彭等七名，校役冯来等七名，因保护公物及执行职务，致私人财物损失，拟请核发导师许绍彭等七名一次过救济费各六百元，校役冯来等七名一次过救济费各三百元，共六千三百元，请察核等情，请公决案。

（决议）照案通过。款在本年度省岁出概算救济费项下开支。

十、据教育厅呈，拟任梁镜尧为省立仲元中学校长等情，请公决案。

（决议）照派代理。

十一、刘委员函送拟具广东省县（市局）政府及所属机关缩并办法、各县（市局）及县训所编制表一案，请公决案。

（决议）交何、张、郑、黄、陈、胡六委员审查，由何委员召集。

十二、据粮政局呈，本局第三科科长胡业伟呈请辞职，拟予照准，遗缺拟派周长雄代理等情，请公决案。

（决议）照案通过。

十三、主席提议，乳源县长刘德闻另候任用，遗缺派李缵铮代理，请公决案。

（决议）照案通过。

广东省政府第九届委员会
第四百五十八次议事录

日　期　九月九日
地　点　曲江本府
出席者　李汉魂　何彤　吴迺宪　高信　郑丰　胡铭藻
　　　　陈元瑛　许崇清　陈国伦

列席者　黄秉勋　陈　文　毛松年　何汉昌　张希贤　麦霞甫

　　　　何启昌　李文韬

主　席　李汉魂

纪　录　（科长）谢乐文　（参议）蔡　熹

报告事项

　　一、据省振济会呈缴儿童教养院工艺院三十二年度修建院内棚舍工程费预算书，计共列二万六千九百八十元，核属需要，款拟在三十二年度振款预算救济妇女难童费项下拨付等情。饬据秘书、会计两处签称，核无不合，拟准照办等语，应准如拟办理。

　　二、据第九区行政督察专员公署电，请示本年度县地方总预算应如何办理等情。饬据会计处签拟办法三项前来，应准如拟办理。

　　讨论事项

　　一、据会计处案呈，省振济会代编救济队及南路振济区第二、第三振济区等三十二年度生活补助费清表，请察核等情。请公决案。

　　（决议）照会计处签拟通过。（签拟略）

　　二、据卫生处呈，请拨款五万八千四百三十元建筑连县药库，款拟在本年度省战时特别预备金项下开支等情，请公决案。

　　（决议）照案通过，款在本年度省概算行政区中心卫生院经费项下移拨，仍呈行政院备案。

　　三、据驿运管理处呈，为实践驿运服务目的，弥补运输空程损失，拟依照奉颁章则克日筹组本处驿运服务社，并就各驿区内分别择要筹设驿运服务所（站），请察核等情，请公决案。

　　（决议）在不增加人员经费原则下准酌予设置，仍由该处拟具营业计划及概算呈核。

　　四、据秘书处案呈，拟具广东省政府人事室组织规程、各厅处局人事管理员设置规则、各区行政督察专员兼保安司令公署、各县市局政府人事管理员设置规则，请察核等情，请公决案。

　　（决议）交何、胡、许三委员审查，由何委员召集。

　　五、据建设厅签呈，转据合作事业管理处呈，以奉饬合作指导人员三十二年度俸给及生活费应分别列入县地方概算及列为补助经费一案困难情形，转请核示等情，请公决案。

（决议）交陈、胡、刘三委员审查，由陈委员召集。

六、（略）

七、据秘书处案呈，关于承建本府合署商人集成公司请补偿损失一十一万二千九百元一案。经审计处派员会核开列意见送回，请察核等情，请公决案。

（决议）准补偿一万五千二百四十元，款在合署建筑费预备金项下拨给。

八、据会计处签呈，关于社会处及所属各机关三十二年度职员生活补助费清表，请察核等情，请公决案。

（决议）照会计处签拟第一项及第二项甲款通过，该处原担任之方便善院补助经费，准改在本年度省概算救济费项下开支。（签拟略）

九、张委员、胡委员、刘委员会复，审查建设厅签呈，转缴农林局病虫害防治所组织章程及编制表一案意见，请公决案。①

（决议）仍就原有人员经费改组成立，余照审查意见通过。

十、据教育厅呈，请援照前案核发三十二年度补助考选保送中央政治学校及国立师范学院新生赴校旅费一万六千三百元等情，请公决案。

（决议）照案通过，款在本年度第一预备金保留部分项下拨支。

十一、据建设厅签呈，奉行政院令将农田水利处改科，兹拟于九月十六日起裁撤归并本厅设置第五科赓续办理农田水利事业，编具组织及预算呈核等情，请公决案。

（决议）照秘书、会计两处签拟通过。（签拟略）

十二、据教育厅签呈，省立梅州农业职业学校校长黄遵庚辞职，拟予照准，遗缺派姚庆文代理等情，请公决案。

（决议）照案通过。

十三、主席提议，佛冈县长钟××玩视功令，应予免职，遗缺派梁廷光代理；海丰县长曾镇南辞职照准，遗缺派张蔚文代理；新丰县长陈淦另候任用，遗缺派邓煜华代理，请公决案。

（决议）照案通过。

---

① 审查意见略。

广东省政府第九届委员会
第四百五十九次议事录

日　期　九月十三日

地　点　曲江本府

出席者　李汉魂　陈元瑛　何　彤　胡铭藻　高　信　许崇清
　　　　郑　丰　王志远　刘佐人　陈国伦

列席者　毛松年　黄秉勋　陈　文　何汉昌　李秋谷　张希贤
　　　　李文韬　何启昌

主　席　李汉魂

纪　录　（科长）谢乐文　（参议）蔡　熹

报告事项

一、据地政局呈缴三十二年度选派科员周祥光赴渝受训旅费预算表，计列支二千九百四十三元，请察核如数拨发等情。饬据会计处签称，核与本省最近规定赴渝受训人员旅费核发数额，尚无超过，拟准照列，款在本年度省第一预备金（保留赴中训团旅费数额）项下开支等语，应准如拟办理。

二、据省三十三年度各县概算编审委员会签呈，以三十三年度各县市局概算，经整理完竣，请报告会议后分行等情。应准如拟办理。

三、据会计处案呈，关于省战时长途电话管理所呈缴三十二年度整理韶关市电话线路工程费预算书，计列一万二千二百九十六元七角，请察核等情。饬据会计处签称，案经建设厅核明，准在该所三十二年度营业预算线路修理及维持费用项下追加支出八百八十五元，线路消耗品及费用项下追加支出一万一千四百一十二元七角，似可照办，饬列入本年度决算内支销等语，应准如拟办理。

讨论事项

一、据会计处案呈，电白县政府呈缴三十二年度地方岁入岁出第一次追加概算一案，经核编后，计各列为一百三十万五千八百三十三元，请提会核定等情，请公决案。

（决议）照案通过。

二至六、（略）

七、据会计处案呈，奉谕曲江疫疬流行急待救治，应由府垫拨二十万元为救疫设备费一案，款拟在本年度省预算战时特别预备金拨回归垫，请补提会追认等情，请公决案。

（决议）照案追认。

八、据会计处案呈，奉谕台山县长陈子和捕获著名私枭李□应在本年度战时特别预备金项下拨给奖金一万元一案，经电行政院察核，请补提会追认等情，请公决案。

（决议）照案追认。

九、张委员、胡委员、刘委员会复，审查建设厅签呈，遵谕综合各机关意见，拟具广东省战时公有建筑工程招商承办依米价调整工资暂行办法一案意见，请公决案。

（决议）照审查意见修正通过。

十、（略）

十一、陈委员、胡委员、刘委员会复，审查合作事业管理处，以奉饬合作指导人员三十二年度俸给及生活费应分别列入县地方概算及列为补助经费困难情形一案意见，请公决案。

（决议）照审查意见通过。（意见略）

十二、据会计处案呈，为拟具各县市局及所属机关增加办公费办法及各实施新县制县份办公费增加后支给数额表，请核示等情，请公决案。

（决议）台山、高要、惠阳、潮阳、揭阳等五县照原定基准数增加百分之四十，余照案通过。

十三、据会计处案呈，为拟订本省三十三年度省单位预算，有应请先行核定事项十七点，请核示等情，请公决案。

（决议）交陈、何、郑、高、刘五委员审查，由陈委员召集。

十四、（略）

十五、据教育厅签呈，拟具韶关市立黄岗乡中心学校、西厢乡第一国民学校及小黄岗小学等三校改为省立小学办法，请察核等情，请公决案。

（决议）照案修正通过。

十六、方委员提议，拟请将东区移民垦殖救济办事处原定组长三员改为专任职，各定荐任八级至六级，增设专任职组员二员，各定委任七级至一级，俾专责成，以利事功，请公决案。

（决议）照案修正通过。

十七、刘委员、张委员、何委员、高委员会复，审查关于广东省各县局非常时期随赋带征地方仓储积谷暂行办法草案一案意见，请公决案。

（决议）照审查意见通过。（意见略）

十八、何委员、张委员、黄委员、郑委员、胡委员会复，审查本府设计考核委员会拟具广东省政务视导团三十二年度视导办法一案意见，请公决案。

（决议）照审查意见通过。（意见略）

十九、据民政厅签呈，拟具本省各县临时参议会组织规程及议事规则，请核示等情，请公决案。

（决议）交郑、刘、许三委员审查，由郑委员召集。

广东省政府第九届委员会
第四百六十次议事录

日　　期　九月十六日

地　　点　曲江本府

出席者　　李汉魂　何　彤　陈元瑛　方少云　王志远　胡铭藻

　　　　　陈国伦　高　信　许崇清　吴迺宪　刘佐人

列席者　　毛松年　黄秉勋　何汉昌　谢群彬　魏育怀　陈　文

　　　　　何启昌　张希贤　李文韬

主　　席　李汉魂

纪　　录　（科长）谢乐文　（参议）蔡　熹

报告事项

一、据粮政局签呈，以该局主任秘书吴景超呈请辞职，拟请调派幸耀燊代理；稽核吴宗彝呈请辞职，拟请调徐化龙代理；储运处付处长□治伟呈请辞职，拟派李鼎曾代理并兼该处运输组组长；储运处秘书黎复呈请辞职，拟派曾作恭代理；业务处处长、副处长拟依照原组织规程仍设主任一员，并请调派胡秩五代理；业务处总务组长原关良骖兼，拟请调派杜湛津代理；业务处仓务组长吴云□呈请辞职，拟请派谢潮代理；业务处秘书黄石川呈请辞职，拟请派徐之籍代理等情，经准如拟办理。

讨论事项

一、据省卫生处电，请拨款制药救治潮属各地饥民患饥饿水肿病，经在本年度省概算实施新县制经费补助金科目拨付三十万元办理，补请追认案。

（决议）照案追认。

二至六、（略）

七、据会计处案呈，关于省立医院呈缴遵令改正本院三十二年度职员生活费清表一案，签请察核等情，请公决案。

（决议）交何、高、陈、方、王五委员审查，由何委员召集。

八、据财政厅案呈，关于省银行呈，拟具该行董事会办事细则暨监察人办事细则一案，请察核等情，请公决案。

（决议）照财政厅签拟通过。（签拟略）

九、何委员、张委员、郑委员、黄委员、陈委员、胡委员会复，审查广东省县（市局）政府及所属机关缩并办法，各县（市局）及县训所编制表一案意见，请公决案。

（决议）照审查意见修正通过。（审查意见略）

十、主席提议，防城县长邓侠另有任用，遗缺派林为栋代理，请公决案。

（决议）照案通过。

广东省政府第九届委员会
第四百六十一次议事录

日　期　九月二十一日

地　点　曲江本府

出席者　李汉魂　何　彤　刘佐人　胡铭藻　许崇清　郑　丰
　　　　陈元瑛　陈国伦　方少云

列席者　毛松年　黄秉勋　陈　文　谢群彬　何汉昌　张希贤
　　　　李文韬　何启昌

主　席　李汉魂

纪　录　（科长）谢乐文　（参议）蔡　熹

报告事项

一、奉行政院电，该省老隆等地临时防疫处经费四十万零一千元，准在核准移用案公共医院预备费五十一万三千四百四十六元四角内拨支等因。饬据会计处签称，拟分行遵照等语，应准如拟办理。

二、据会计处、粮政局会签，拟具广东省各县市局公教团警节储公粮暂行办法，请察核等情。应准照办。

三、据教育厅呈缴派赴中央训练团二十三期受训人员旅费预算分配表，计列六千六百六十元，请察核等情。饬据会计处签称，核数相符，拟准在三十一年度赴中央训练团旅费教育厅借领数二万八千元项下拨支等语，应准如拟办理。

讨论事项

一、据会计处案呈，省立医院呈缴三十二年度非营业循环基金预算书一案，计利益损失两表，均列二十八万五千一百六十六元，签请核示等情，请公决案。

（决议）照案通过。

二、据建设厅签呈，转缴省营制纸示范厂三十二年度营业计划及概算书，请核示等情，请公决案。

（决议）照案通过。仍呈行政院核办。

三、据省物价管制委员会签呈，拟请派邓飞鹏代理第三组副组长，何明泽代理第四组副组长，杨宝燊代理秘书，张振鹏兼代第二科长，袁国维兼代第三科长，陈克明、廖宗明、姚希明、温文、叶围代理督察等情，请公决案。

（决议）照秘书处签拟通过。（签拟略）

四、据第三区行政督察专员兼保安司令公署电，拟以戴邃根代理第二科科长等情，请公决案。

（决议）照案通过。

五、据第六区行政督察专员兼保安司令公署电，拟以黄梦周代理视察等情，请公决案。

（决议）照案通过。

六、据省地政局呈，以前仁化县测量队三十一年度奉与连山途次曲江遭受空袭被炸，损失财物开具救济费预算书，计列一万零九百四十元，请赐拨归垫等情，请公决案。

（决议）照案通过，款在三十二年度省岁出单位预算救济费项下开支。

七、据秘书处案呈，综合各有关机关意见，拟具本省公营事业机构人员任用待遇办法，请察核等情，请公决案。

（决议）交刘、郑、胡三委员审查，由刘委员召集。

八至九、（略）

十、准广东全省保安司令部电送该部三十二年八至十二月份囚犯营养补助费支付预算书，计共列支三千元，款拟在本部本年度保安经费项下拨支等由，请公决案。

（决议）照案通过。

十一、刘委员、胡委员、张委员会复，审查广东全省保安司令部及各区保安司令公署未决囚犯口粮，应如何筹拨一案意见，请公决案。

（决议）照审查意见修正通过。（审查意见略）

十二、王委员函复，审查社会处呈，拟修正广东省救济院组织规程一案意见，请公决案。

（决议）照审查意见通过。（审查意见略）

广东省政府第九届委员会
第四百六十二次议事录

日　期　九月二十三日

地　点　曲江本府

出席者　李汉魂　何　彤　方少云　许崇清　吴逎宪　郑　丰
　　　　陈元瑛　胡铭藻　刘佐人　陈国伦

列席者　陈　文　毛松年　黄秉勋　何汉昌　谢群彬　张希贤
　　　　黄公安　李文韬　何启昌

主　席　李汉魂

纪　录　（科长）谢乐文　（参议）蔡　熹

报告事项

一、据秘书处案呈，以奉命选派科员刘宏文、林焕昭、陈焕谋三员赴渝中训团人事班受训，垫付去程旅费共八千八百二十九元，请指款拨还归垫等情。饬据会计处签称，拟准照列，款在本年度省第一预备金（保留派赴中央训练团旅费部分）项下开支等语，应准如拟办理。

讨论事项

一、据第四区行政督察专员兼保安司令公署呈，拟以霍瑜缘代理本署第一科长，余光实代理视察等情，请公决案。

（决议）照案通过。

二至三、（略）

四、据会计处案呈，海丰县政府呈缴三十二年度地方岁入岁出第一次追加概算一案，经核编后，计各列为二百六十二万七千五百九十八元，请提会核定等情，请公决案。

（决议）照案通过。

五、据会计处案呈，阳江县政府呈缴三十一年度地方岁入岁出第五次追加概算一案，经核编后，计各列为一十万零一百三十四元，请提会核定等情，请公决案。

（决议）照案通过。

广东省政府第九届委员会
第四百六十三次议事录

日　　期　九月二十七日

地　　点　曲江本府

出席者　李汉魂　方少云　刘佐人　胡铭藻　郑　丰　陈元瑛
　　　　　许崇清　陈国伦

列席者　毛松年　黄　雯　陈　文　黄秉勋　黄公安　王仁佳
　　　　　何汉昌　谢群彬　陈次恺　卓振雄　何启昌　邓飞鹏

主　　席　李汉魂

纪　　录　（科长）谢乐文　（参议）蔡　熹

报告事项

一、据秘书处签呈，为各机关新订或修改组织规程，于提会时对于组织规程内设置之人员，如定有"简任"或"荐任"官职者，决议后并应签请主管院或函主管部会核转备案，并请转送铨叙机关备查；其组织规程内所设置之人员如定为"委任"官职者，决议后，应分送铨叙机关备案，请核示等情，应准如拟办理。

二、奉行政院令，发战时县市预算编审办法，并饬将前颁之县市预算科目实例内，凡属概算之"概"字均应删去，仰知照等因。饬据会计处签拟议办法四点，请鉴核等语，应准如拟办理。

三、据省振济会呈缴韶关空袭紧急救济联合办事处本年度职员生活补助费清表，请核示等情。饬据会计处签称，查该表共列五千七百七十二元（月列四百八十一元），既据振济会核明需要，款在该会三十二年度振款预算内其他支出科目项下拨给，拟准照办等语，应准如拟办理。

四、据建设厅签呈，转缴粤南骨粉厂组织规程、编制表，及办事细则等，请核备等情。饬据秘书处签称，业经分别修正，拟指饬遵照等语，应准如拟办理。

五、据三水县政府电，以三十一年六月十八日之役，集中团警粮食，不敷伙食费二万二千零八十四元七角四分，请赐发还归垫等情。饬据会计处签称，查此项经费迄未奉准拨支，现三十一年度结束已久，事实上无法拨付，而本年度省概算第一预备金及战时特别预备金又无余额可发，拟指饬该项经费准由县地方款归垫，俾了悬案等语，应准如拟办理。

讨论事项

一、据秘书处案呈，为依本处本年度工作计划，拟具本府法规整理委员会组织规程，请核示等情，请公决案。

（决议）照案修正通过。（修正点略）

二、据建设厅呈，为拟具广东省各县市度量衡器具营业管理规则草案，请核示等情，请公决案。

（决议）交胡、许、刘三委员审查，由胡委员召集。

三、据粮政局呈，为拟具修正广东省政府粮政局业务处组织规程草案及编制表，请核示等情，请公决案。

（决议）自本年十一月一日起应遵照中央指示依法改组，在未改组前准照秘书处签拟办理。

四、据省振济会呈，转缴儿童教养院第七院水灾修建工程费预算书，列为二万六千六百五十九元八角，查属需要，拟予照准，款项拟在本年度振款预算救济妇女难童费项下开支等情，请公决案。

（决议）照案通过。

五、据会计处案呈，东莞县政府三十一年度县级公粮岁入岁出预算书，经核编后，计各列为八千二百一十六市石，请核定等情，请公决案。

（决议）照案通过。

六、据会计处案呈，安化管理局三十一年度地方岁入岁出追加概算，经核编后，计各列为五万零二百一十六元，请核定等情，请公决案。

（决议）照案通过。

七、胡委员、刘委员、方委员会复，审查建设厅呈转本省度量衡检定所筹备处所拟修正广东省度量衡划一程序一案意见，请公决案。

（决议）照审查意见通过。（审查意见略）

八、据财政厅呈缴本厅视察夏树棠资历表件，请赐核委等情，请公决案。

（决议）照派代理。

九、陈委员、何委员、郑委员、高委员、刘委员会复，审查三十三年度本府普通岁出经临费预算一案意见，请公决案。

（决议）照审查意见修正通过。（审查意见略）

广东省政府第九届委员会
第四百六十四次议事录

日　期　九月三十日

地　点　曲江本府

出席者　李汉魂　　刘佐人　　吴迺宪　郑　丰　许崇清　何　彤
　　　　陈元瑛　　胡铭藻　　方少云　陈国伦

列席者　毛松年　　陈　文　　黄秉勋　黄公安　黄　雯　何汉昌
　　　　邓飞鹏　　何启昌

主　席　李汉魂

纪　录　（科长）谢乐文　（参议）蔡　熹

报告事项

一、奉行政院令，发省级公务员战时生活补助标准等因。饬据会计处签拟，分行省级机关等语，应准如拟办理。

二、据财政厅呈，以廉江县政府前拨南路特务大队经费扣去汇费二千九百六十八元七角一案，拟在本年度省预算第一预备金项下开支等语，应准如拟办理。

讨论事项

一、据教育厅签呈，以粤北运动会前奉核定经费六万元不敷应支，拟请增拨六万八千元，俾资筹备等情，请公决案。

（决议）照案通过，款在本年度实施新县制补助金项下拨给。

二、据会计处案呈，阳春县政府呈缴三十二年度地方岁入岁出第一次追加概算，计各列为一百零三万三千七百零四元，请提会核定等情，请公决案。

（决议）照案通过。

三、据会计处案呈，郁南县政府呈缴三十二年度地方岁入岁出第一次追加概算一案，经核编后，计各列为一百九十五万二千七百三十一元，请提会核定等情，请公决案。

（决议）照案通过。

四、（略）

五、据会计处案呈，揭阳县政府呈缴三十二年度地方岁入岁出第一次追加追减概算一案，经核编后，计各列为五百二十九万二千一百九十九元，请提会核定等情，请公决案。

（决议）照案通过。

六、据会计处案呈，惠阳县政府呈缴三十二年度地方岁入岁出第一次追加追减概算一案，经核编后，计各列为二百八十二万三千九百六十八元，请提会核定等情，请公决案。

（决议）照案通过。

七、据社会处呈缴本处员役遭受空袭损害救济费预算书，计列支二万八千二百五十元，请拨还归垫等情，请公决案。

（决议）照案通过，款在本年度概算救济费项下拨支。

八、据秘书处呈缴本处三十二年度本府民政厅何厅长等奉派前赴兴宁召开会议，及赴江西省接洽盐粮互换事宜，各项经费支付预算书，计列支八万八千九百六十四元，请准在本年度省第一预备金科目保留之款二十九万元内拨给，请核示等情，请公决案。

（决议）照案通过，款在本年度第一预备金（保留本府特别公差旅费部分）项下开支。

九、准广东全省防空司令部电送本部选派赴渝受训人员旅费预算书，计列支六千元，拟请准在省防空协导会本年六月份起停拨之经费项内拨支等由，请公决案。①

---

① 会计处签拟略。

（决议）照会计处签拟通过。

十、据秘书处签呈，为拟具将连连阳乳建设委员会易于变坏物品，价发各机关数量价目表，及购储物品分配各机关数量表，分发各机关价领使用，俾便清理省银行透支款项，请核示等情，请公决案。

（决议）照案修正通过。（修正之点及意见略）

十一、据建设厅签呈，为关于加强粮食增产一案，业照批示各点更正，恳赐指款办理，请核示等情，请公决案。

（决议）（一）木薯种苗供应站经费，准在本年度国税拨县税由省统筹部分拨给二十万元，由建设厅统筹。（二）木薯种苗装运费，应由采购县份地方款第一预备金项下开支，如第一预备金无剩余时得追加预算，倘无法追加，并得列入成本计算，由贷种人负担。（三）优良稻种运输费照每担四十元计算。

广东省政府第九届委员会
第四百六十五次议事录

日　　期　十月四日

地　　点　曲江本府

出席者　李汉魂　吴迺宪　许崇清　胡铭藻　陈元瑛　何　彤

列席者　陈国伦　毛松年　黄　雯　陈　文　黄秉勋　魏育怀
　　　　谢群彬　张希贤　何汉昌　黄公安　何启昌

主　　席　李汉魂

纪　　录　（科长）谢乐文　（参议）蔡　熹

报告事项

一、奉行政院电，以战时通讯所增拨燃料费一万一千五百二十元，准在本年度战时特别预备金动支等因，经分别通知饬遵。

二、据建设厅签呈，本年冬耕贷款、汇款、电报费六百四十元，请指款拨支等情。饬据会计处签拟，援照三十一年度冬耕贷款案，准在本年度省概算第一预备金项下开支等语，应准如拟办理。

讨论事项

一、据社会处呈，为本处拟设儿童乐园及救济院民众习艺所、出品推销所一案，请核准办理等情，请公决案。

（决议）该款准全部拨充设置儿童乐园之用，仍另拟计划呈核。

二、据教育厅呈请补助连县瑶民教育补助费，年共七千五百八十八元等情，请公决案。

（决议）交许、何、刘三委员审查，由许委员召集。

三、据建设厅签呈，拟订广东省各县市农田水利工程征工办法，请察核等情，请公决案。

（决议）交何、方、胡三委员审查，由何委员召集。

四、据财政厅、物价管制委员会会签，拟议修正本省管制财政金融施行细则各点，请察核等情，请公决案。

（决议）照秘书处签拟通过。（签拟略）

五、据教育厅呈，拟订本省各县市局教育专款特种基金收支处理暂行办法，请察核等情，请公决案。

（决议）交许委员审查。

六、据建设厅签呈，拟订广东省推广种植桐、柏奖助办法，请察核等情，请公决案。

（决议）交胡委员审查。

七、据粮政局签呈，拟具加强粮食管理方案，请察核等情，请公决案。

（决议）交胡、何、刘三委员审查，由胡委员召集。

八、胡委员、许委员、刘委员会复，审查建设厅呈，拟具广东省各县市度量衡器具营业管理规则一案意见，请公决案。

（决议）照审查意见通过。（意见略）

九、胡委员、刘委员、陈委员函送审查会计处签，拟具广东省政府员工福利事业策进委员会组织大纲一案意见，请公决案。

（决议）照审查意见通过。（意见略）

十、胡委员、刘委员、陈委员会复审查公路处，拟具员工福利委员会组织大纲及办事细则，基金暂定二十万元，拟先由养路费项下挪借一案意见，请公决案。

（决议）照审查意见通过。（意见略）

十一、何委员、胡委员、许委员会复，审查秘书处案呈，拟具广东省政府人事室组织规程，暨各厅处局、各区专署、各县市局政府人事管理员设置规则一案意见，请公决案。

（决议）照审查意见通过。（意见略）

十二、（略）

十三、据建设厅签呈，为关于广东省垦殖贷款办法及贷款补息办法须略加修正，检同原案及座谈纪录，请核示等情，请公决案。

（决议）交陈、张、刘三委员审查，由陈委员召集。

十四、据财政厅签呈，本年征购粮食拟改为征借等情，请公决案。

（决议）照案通过。

广东省政府第九届委员会
第四百六十六次议事录

日　期　十月七日

地　点　曲江本府

出席者　李汉魂　高　信　郑　丰　张导民　何　彤　陈元瑛
　　　　许崇清　吴迺宪　胡铭藻　刘佐人　黄麟书　陈国伦

列席者　毛松年　黄　雯　陈　文　何启昌　邓飞鹏

主　席　李汉魂

纪　录　（科长）谢乐文　（参议）蔡　熹

报告事项

一、奉行政院电，以该省请追加三十二年度教育文化费一案，准追加二百二十一万零二百九十八元等因，经分别通知饬遵。

二、准广东省地方行政干部训练团代电，为适应实际需要，拟自第十一期起将受训人员回程旅费改为每天四十元，东江各地有车可乘者每公里发给车费一元二角，并将夫费改为每天五元，其途程在九日以上十日起每天加给五元，至于来程旅费请通饬各区县自十二期起须援照现订回程旅费数目给发来程旅费，仍在县地方款项下开支等由。饬据会计处签称，在属需要，拟照备案，所有因增订标准而需增支之款，应由该团在经费预算内支报等语。经准如拟，分别通知饬遵。

三、据粮政局呈，自本年九月一日起恢复原日秘书室编制，裁撤第四科，即将该科职掌划归秘书室办理，请察核备案等情，应准予备案。

讨论事项

一、据会计处案呈，新兴县政府呈缴三十二年度地方岁入岁出第一次追加概算一案，经核编后，各列为七十万九千八百零三元，请提会核定等情，请公决案。

（决议）照案通过。

二、据会计处案呈，安化管理局呈缴三十二年度地方岁入岁出第一次追加概算一案，经核编后，计岁入追加二十一万八千七百五十三元，追减七万六千七百四十六元，岁出追加一十四万二千零七元，请提会核定等情，请公决案。

（决议）照案通过。

三、（略）

四、据会计处签呈，为三十三年度县市局总预算汇编印刷费六万零八百七十五元，拟请在本年度省预算第一预备金科目开支等情，请公决案。

（决议）照案通过。

五、主席提议，韶关市警察局长刘应时另候任用，遗缺派何名泽接充，请公决案。

（决议）照案通过。

六至七、（略）

八、主席提议，潮阳县长胡××发放民粮有渎职嫌疑，拟撤职查办，遗缺以古焕谟代理，请公决案。

（决议）照案通过。

广东省政府第九届委员会
第四百六十七次议事录

日　期　十月十一日

地　点　曲江本府

出席者　李汉魂　何　彤　黄麟书　许崇清　刘佐人　胡铭藻
　　　　　陈元瑛　高　信　郑　丰　张导民　方少云　王志远
　　　　　陈国伦

列席者　毛松年　黄秉勋　黄　雯　陈　文　何启昌

主　席　李汉魂

纪　录　（科长）谢乐文　（参议）蔡　熹

报告事项

一、据省振济会呈缴三十一年度振款预算科目流用表，请察核等
情。饬据会计处签称，复查表列科目尚无不合，似可准予照办等语，应
准如拟办理。

二、奉行政院令，发各省编制三十三年度岁出预算要点，令仰遵照
等因。饬据会计处签称，拟报会后存查等语，应准如拟办理。

讨论事项

一、据秘书处案呈，印行广东实业投资指南一书，计需印刷费二万
元，请指款拨付办理等情，请公决案。

（决议）由战时预备金拨款四万元尽量增印。

二、准省地方行政干部训练团代电，转据三十一年度派赴中训团受
训人员谢松培呈请准照来回程旅费全数补发一案，请查照办理等由，请
公决案。

（决议）照案通过，款在三十二年度省第一预备金（保留中训团旅
费）项下拨支。

三、据会计处案呈，开平县政府呈缴三十二年度地方岁入岁出第一
次追加概算一案，经核编后，计各列为二百七十七万三千二百六十七

元，请提会核定等情，请公决案。

（决议）照案通过。

四、据会计处案呈，关于公路处派车接送出席党政联席会议人员车费，计由本年七月至十二月共需一千七百六十七元，拟在本年度省第一预备金项下拨支等情，请公决案。

（决议）照案通过。

五、据第五区行政督察专员兼保安司令公署代电，拟以林振标代理第二科科长等情，请公决案。

（决议）照案通过。

六、何委员、高委员会复，审查秘书处案呈，拟在卫生处第一诊疗所内设置留医室，请拨款办理一案意见，请公决案。

（决议）照审查意见修正通过。（修正意见略）

七、陈委员、张委员、刘委员会复，审查建设厅签呈，修正广东省垦殖贷款办法及贷款补息办法一案意见，请公决案。

（决议）照审查意见通过。（意见略）

八、郑委员、刘委员、许委员会复，审查民政厅签呈，拟具本省各县临时参议会组织规程及议事规则一案意见，请公决案。

（决议）照审查意见修正通过。（意见略）

十①、据会计处签呈，关于公共卫生人员训练所学员四十五人公粮，拟在省级公粮项下自本年十一月份起拨支，护士职业学校学生公粮已会商教育厅由职业学生公粮部分核发，请提会核定等情，请公决案。

（决议）照案通过。

十一、据财政厅签呈，拟具本省本年新赋征实征借额共二百二十万市石，核配各县最低应征额办法，请察核等情，请公决案。

（决议）交胡、郑、刘三委员审查，由胡委员召集。

---

① 原文缺第九项。

广东省政府第九届委员会
第四百六十八次议事录

日　期　十月十四日

地　点　曲江本府

出席者　李汉魂　吴迺宪　许崇清　高　信　方少云　胡铭藻

　　　　黄麟书　何　彤　刘佐人　王志远　陈元瑛　张导民

　　　　陈国伦

列席者　戴振魂　毛松年　黄　雯　陈　文　何启昌

主　席　李汉魂

纪　录　（科长）谢乐文　（参议）蔡　熹

报告事项

一、据会计处签呈，关于省救护委员会等一百二十九【个】机关单位三十一年度十至十二月份员役按薪加成生活费不敷数，共九十六万五千九百零三元六角，经先后核定在三十一年度调整机构补助公务员生活费项下拨支，请补报会议后，分别通知等情，应准如拟办理。

二、奉行政院电，以该省地政局三十一年度成立统计室增员经费三千五百二十元，准在该局三十一年度事业费节余项下移用等因，经分别通知。

三、奉行政院电，发三十三年国家总预算编审原则，饬知照等因。饬据会计处签拟，报告会议后分行等语，应准如拟办理。

四、据会计处签呈，本省三十三年度省岁出单位预算，现经遵照本府第九届委员会第四六三次会议核定办法等整理完竣，计岁出总额三亿一千八百八十万二千九百零四元，转行政院核定本省三十三年岁出总额二亿八千二百零四万一千元，超过三千六百七十六万一千九百零四元，请报告会议后，呈报行政院核定等语，应准如拟办理。

讨论事项

一、据财政厅签呈，拟修正本省筵席及娱乐税征收规则第二条第

一、二两项条文，请核示等情，请公决案。

（决议）交何、高、胡三委员审查，由何委员召集。

二、（略）

三、据会计处案呈，新会县政府呈缴三十二年度地方岁入岁出第一次追加概算一案，经核编后，计各列为八十一万六千九百三十七元，请提会核定等情，请公决案。

（决议）照案通过。

四、据会计处案呈，佛冈县政府呈缴三十二年度地方岁入岁出第一次追加概算一案，经核编后，计岁入追加五十九万九千八百一十五元，追减一十一万五千九百零四元，岁出追加四十八万三千九百一十一元，请提会核定等情，请公决案。

（决议）照案通过。

五、胡委员函复审查建设厅签呈，拟订广东省推广种植桐、稻奖助办法一案意见，请公决案。

（决议）照审查意见第二、三项通过。（意见略）

广东省政府第九届委员会
第四百六十九次议事录

日　期　十月十八日

地　点　曲江本府

出席者　李汉魂　高　信　张导民　何　彤　黄麟书　陈元瑛
　　　　许崇清　方少云　王志远　胡铭藻　刘佐人　陈国伦

列席者　毛松年　黄秉勋　戴振魂　魏育怀　何启昌　梁谦武
　　　　陈次恺

主　席　李汉魂（公差　何彤代）

纪　录　（科长）谢乐文　（参议）蔡　熹

报告事项

一、据会计处签呈，关于一甲一衣运动扩大宣传，所需宣传费已由社会处拟定为四千元，除由振济会拨一千元，社会处拨二千元外，其尚差之一千元，拟在本年度省概算救济费科目拨支等情，应准如拟办理。

讨论事项

一、据会计处案呈，阳山县政府呈缴三十二年度地方岁入岁出第一次追加概算一案，经核编后，计各列为八十七万二千九百一十八元，请提会核定等情，请公决案。

（决议）照案通过。

二、据会计处案呈，东莞县政府呈缴三十二年度地方岁入岁出第一次追加概算一案，经核编后，计各列为八十二万二千八百八十五元，请提会核定等情，请公决案。

（决议）照案通过。

三、据会计处案呈，恩平县政府呈缴三十二年度地方岁入岁出第一次追加概算一案，经核编后，计各列为一百零八万九千零二十元，请提会核定等情，请公决案。

（决议）照案通过。

四、据省振济会呈转力行中学三十一年二至十二月份追加学生膳费预算，列支一十八万七千三百一十五元九角九分，请察核等情，请公决案。

（决议）照案通过，款在救济费妇女难童科目下拨支。

五、据会计处签呈，关于本府战时通讯所签，拟调整该所及所属机构一案，经会商秘书处意见，签请察核等情，请公决案。

（决议）交张、刘、郑三委员审查，由张委员召集。

六、据秘书处签呈，拟具广东省政府秘书处组织规程，请察核等情，请公决案。

（决议）交胡、高、刘三委员审查，由胡委员召集。

七、据教育厅长黄麟书签呈，请准辞去省立体育场场长兼职，遗缺并请派丘纪祥接充等情，请公决案。

（决议）照案通过。

八、胡委员、何委员、刘委员会复，审查粮政局签，拟具加强粮食管理方案一案意见，请公决案。

（决议）照审查意见通过。（意见略）

九、胡委员、郑委员、刘委员会复，审查财政厅签，拟具本省本年新赋征实征借额共二百二十万市石，核配各县最低应征额办法一案意见，请公决案。

（决议）照审查意见通过。（意见略）

十、据卫生处签呈，为仁化、始兴、乳源、从化、佛冈、连山等六县妇婴卫生实验室经费、公粮无着，请准予列入省级发放等情，请公决案。

（决议）交张、许、刘三委员审查，由张委员召集。

十一、据财政厅签，拟订本年度征实征借及随赋带征积谷加强宣传办法纲要，请察核等情，请公决案。

（决议）交黄、高、王三委员审查，由黄委员召集。

广东省政府第九届委员会
第四百七十次议事录

日　期　十月二十一日

地　点　曲江本府

出席者　李汉魂　黄麟书　王志远　许崇清　高　信　张导民
　　　　陈元瑛　方少云　胡铭藻　何　彤　刘佐人

列席者　毛松年　黄　雯　戴振魂　巫　琦　黄秉勋　魏育怀
　　　　何启昌

主　席　李汉魂

纪　录　（科长）谢乐文　（参议）蔡　熹

报告事项

一、据本府参议林值中签呈，以寓所遭受敌机空袭损失财物，请予救济等情。核与修正本省公务员、雇员、公役遭受空袭损失暂行救济办法第六条规定相符，应给与救济费九百元，款准在三十二年度省拟定预算内救济费项下支拨。

二、（略）

三、据省振济会呈，请转缴第一振区大人山垦区第二期施业计划预算书，计列支九千五百八十元，核属需要，款在该垦区第一期整理经费剩余及农产品收益项下列支。

四、据秘书处案呈，本省除可到达之通商口岸外，其余各地停止外人游历一案，限期将满，请自三十一年十一月一日起至三十三年四月底止，再继续停止外人游历六个月，经核定电请外交部办理。

五、据本府设计考核委员会签呈，拟修正组织规程，请察核等情。经饬会计处会商秘书处签拟修正，应准照办。

六、据建设厅呈缴广东省营电池厂组织规程，请察核等情。除原规程第十条依法规数□原则之规定应删去，原第十一条改为第十条外，其余大致尚合，应准照办。

讨论事项

一、据第一区行政督察专员兼保安司令公署呈缴三十二年度五、六两月份行政人犯口粮清册，计共列支四万七千六百四十五元七角四分，请拨还归垫等情，请公决案。

（决议）照案通过，款在三十二年度省第一预备金（保留行政人犯口粮部分）项下拨支。

二、据建设厅签呈，拟将本省各江基围围董会组织大纲加以整理，请察核等情，请公决案。

（决议）交高、胡、王三委员审查，由高委员召集。

三、何委员、高委员、陈委员、方委员、王委员会复，审查省立医院呈缴改正三十二年度职员生活费清表一案意见，请公决案。

（决议）照审查意见修正通过。（审查意见略）

四、何委员、张委员、黄委员、郑委员、刘委员会复，审查秘书处拟具广东省政府及所属机关档案保存办法一案意见。请公决案。

（决议）照审查意见通过。（审查意见略）

五、张委员、郑委员、刘委员会复，审查本府战时通讯所调整机构一案意见，请公决案。

（决议）照审查意见通过。（审查意见略）

六、张委员、许委员、刘委员会复，审查卫生处签呈，请准将仁化、始兴、乳源、从化、佛冈、连山等六县妇婴实验室经费、公粮列入

434

省级发放一案意见，请公决案。

（决议）照审查意见通过。（审查意见略）

七、张委员、刘委员、陈委员会复，审查民政厅案呈，韶关市政筹备处改组办法、市政府组织暂行规程编制表一案意见，请公决案。

（决议）照审查意见修正通过。（审查意见略）

广东省政府第九届委员会
第四百七十一次议事录

日　期　十月二十五日
地　点　曲江本府
出席者　李汉魂　黄麟书　何　彤　陈元瑛　许崇清　高　信
　　　　张导民　胡铭藻　刘佐人　王志远
列席者　巫　琦　毛松年　黄　雯　戴振魂　魏育怀
主　席　李汉魂
纪　录　（科长）谢乐文　（参议）蔡　熹

报告事项

一、据秘书处职员傅振嵩签呈，以寓所遭受敌机空袭损失财物，请予救济等情。核与修正本省公务员、雇员、公役遭受空袭损害暂行救济办法第六条规定相符，应给救济费九百元，款在本年度省概算救济费项下拨支。

二、据民政厅职员王绍章签呈，以寓所遭受敌机空袭损失财物，请予救济等情。核与修正本省公务员、雇员、公役遭受空袭损害暂行救济办法第六条规定相符，应给救济费九百元，款在本年度省概算救济费项下拨支。

讨论事项

一、据民政厅签呈，遵谕拟议县以下民意机关设置所需补助经费办法三项，计共需款二十五万元，款请在国税拨县款补助新县制项下列支等情，请公决案。

（决议）删去标语及选举票两项，余照案通过，款在第一预备金移拨增列部分开支。

二、据建设厅签呈，拟具广东省要、明十三围工程督办处组织规程，请察核等情，请公决案。

（决议）交胡、张、高三委员审查，由胡委员召集。

三、据建设厅呈，据公路处呈，拟调派翁源区工务段技正兼段长张琳代理本处技正，转请察核等情，请公决案。

（决议）照案通过。

四、据会计处签拟，各区专署暨番禺、南海两县三十一年度行政人犯囚粮未经核定拨付及已核准在本年度省预算行政人犯口粮科目补拨，审计人员拒签各数共七万五千六百七十三元三角补拨办法等情，请公决案。

（决议）照案通过。

五、（略）

六、据东区移民垦殖救济办事处呈缴救济计划军粮一万大包发放差额分配预算表、移民招待站暂行组织通则预算表等件，请察核等情，请公决案。

（决议）交何、张、高三委员审查，由何委员召集。

七、奉行政院令，以前订出差旅费规则所定支给旅费标准，应提高二倍支给一案，经饬据会计处拟议实行办法，请核示等情，请公决案。

（决议）照会计处签呈通过，仍造具预算呈请行政院追加。

八、许委员、高委员、王委员会复，审查秘书处整理本府奖助华侨兴办本省工矿业及农业办法、本府招致各地归侨从事农垦办法一案意见，请公决案。

（决议）照审查意见通过。（意见略）

九、刘委员、郑委员、胡委员会复，审查秘书处签，拟具本省公营事业机构人员任用待遇办法一案意见，请公决案。

（决议）照审查意见修正通过。（意见略）

十、据民政厅签呈，拟具本省各乡镇自卫班校阅（视导）规则，请察核等情，请公决案。

（决议）照案通过。

436

十一、据社会处签呈，拟订本省推行国民义务劳动办法草案及实施计划大纲等，拟设专科办理等情，请公决案。

（决议）交何、郑、高、许、刘、黄六委员审查，由何委员召集。

十二、据民政厅签呈，拟具广东省县长检定委员会组织规程草案及广东省县长检定办法草案，请察核等情，请公决案。

（决议）交刘、胡、高三委员审查，由刘委员召集。

十三、据粮政局呈，拟于本年十月底裁撤业务处，同时成立购销组、粮食调节处，请察核等情，请公决案。

（决议）交张、胡、刘三委员审查，由张委员召集。

十四、主席提议，韶关市政已筹备完竣，原筹备处拟即结束，改设市政府，派萧冠英代理韶关市市长，请公决案。

（决议）照案通过。

十五、黄委员、高委员、王委员会复，审查财政厅签，拟订本年度征实征借及随赋带征积谷加强宣传办法纲要一案意见，请公决案。

（决议）照审查意见通过。（意见略）

广东省政府第九届委员会
第四百七十二次议事录

日　期　十月二十八日

地　点　曲江本府

出席者　李汉魂　许崇清　高　信　张导民　胡铭藻　黄麟书
　　　　陈元瑛　刘佐人　何　彤

列席者　毛松年　戴振魂　黄秉勋　黄　雯　巫　琦　魏育怀

主　席　李汉魂

纪　录　（科长）谢乐文　（参议）蔡　熹

报告事项

一、据省物价管制委员会呈，拟自本年五月一日起至十二月止在一百五十万元管制物价事业费限价临时事业费科目内，每月拨支一万元为视导检察出差旅费，请察核等情，应准如拟办理。

二、据建设厅呈，转缴改编省营糖厂三十二年度临时疏散迁移费预算书表，请核备等情。饬据会计处签，以预算书共列疏散费一十八万七千三百七十九元八角，经建设厅核属相符，此项开支系属意外损失，拟拨作递延资产支出，分五年摊提，饬将单据径送审计处等语，应准照办。

三、奉行政院电复，本府设备装载消防器具及人员车辆经费一万元，准在本年度省第一预备金项下动支等因，经分别通知。

四、奉行政院饬知，中央警校学生何国清等三十七员回粤补助旅费共一万一千一百元，准在三十二年度战时特别预备金项下动支等因，经分别通知。

五、刘委员、胡委员会报，关于本府第九届委员会第四三八次会议决议交审查之本省物价管制委员会组织规程编制一案，审查时所列员额七十九人系八十四人之误，请予更正等语，应照更正。

六、据财政厅签呈，遵照本府委员会议决议，另编本省各县三十二年度田赋征实征借考成标准额表，请察核等情。应准如拟办理。

七、据省振济会呈，以儿童教养院第七分院营舍被风雪所毁，经审计处核准以六万八千元交商修建，款拟在三十二年度振款预算内救济妇女难童费项下拨支等情，应准照办。

讨论事项

一、准广东省军管区司令部电送三十一、三十二年度各项未核定临时费更正经费来源数目表，请查照迅予核定等由，请公决案。

（决议）照案通过。

二、据会计处签呈，政治工作队等遣散人员，拨入干训团受训毕业后分发旅费二万八千三百五十二元，拟在本年度第一预备金拨支等情，请公决案。

（决议）照案通过。

三、据建设厅签呈，转缴省营肥皂厂改编三十二年度营业计划及概算书，请察核等情，请公决案。

（决议）照案通过。

四、据会计处签呈，中央政治学校考取粤籍学生陈凤琪等呈，请援例每名发给赴渝旅费一案，拟议办法，请核示等情，请公决案。

（决议）陈凤琪等四名准予照案发给，其未缴证件者，函校证明。

五、（略）

六、张委员、胡委员、刘委员会复，审查粮政局呈，拟自本年十月底裁撤业务处，同时成立购销组、粮食调节处一案意见，请公决案。

（决议）照审查意见通过。（意见略）

七、张委员、何委员、刘委员会复，审查社会处案呈，整理中国国民党广东省执行委员会函送广东省救济黄花岗殉党先烈遗族暂行办法一案意见，请公决案。

（决议）照审查意见通过。（意见略）

八、（略）

广东省政府第九届委员会
第四百七十三次议事录

日　期　十一月一日

地　点　曲江本府

出席者　李汉魂　黄麟书　胡铭藻　许崇清　高　信　张导民
　　　　陈元瑛　何　彤　刘佐人　王志远　陈国伦

列席者　毛松年　黄　雯　陈　文　黄秉勋　魏育怀　何启昌
　　　　张希贤　陈次恺

主　席　李汉魂

纪　录　（科长）谢乐文　（参议）蔡　熹

讨论事项

一、（略）

二、据会计处案呈，蕉岭县政府呈缴三十二年度县级公粮岁入岁出预算书一案，经核编后，计各列为三千六百六十五市石，请提会核定等情，请公决案。

（决议）照案通过。

三、据会计处呈，三水县政府呈缴三十二年度地方岁入岁出第一次追加追减概算一案，经核编后，计各追加四十三万三千四百九十三元，请提会核定等情，请公决案。

（决议）照案通过。

四、据会计处案呈，灵山县政府呈缴三十二年度地方岁入岁出第一次追加概算一案，经核编后，计各列为一百零三万二千七百三十元，请提会核定等情，请公决案。

（决议）照案通过。

五、据本府战时通讯所签请，准免息贷借十万元购置电池供应等情。经饬向省银行商借，所需息金准在借款购料费内统筹，将来列入该项预算内开支，补请追认案。

（决议）照案通过。

六、据建设厅签呈，遵谕将广东省公用度量衡划一办法整理完竣，请察核等情，请公决案。

（决议）照案通过。

七、胡委员、高委员、刘委员会复，审查广东省政府秘书处组织规程一案意见，请公决案。

（决议）照审查意见修正通过。（审查意见略）

八、据卫生处呈，拟将本处驻连县一部分公物、案卷、人员调运回韶并修建韶关办公地址，计需迁建费一十二万二千元，款拟在本处临时费预算卫生事业临时费项下支报等情，请公决案。

（决议）照案通过。

九、何委员、高委员、胡委员会复，审查财政厅签呈，拟修正本省筵席及娱乐税征收规则第二条第一、二两项条文意见，请公决案。

（决议）照审查意见修正通过。（审查意见略）

十、刘委员、胡委员、高委员会复，审查民政厅所拟广东省县长检定委员会组织规程及广东省县长检定办法草案一案意见，请公决案。

（决议）照审查意见修正通过。（审查意见略）

广东省政府第九届委员会
第四百七十四次议事录

日　期　十一月四日

地　点　曲江本府

出席者　方少云　王志远　胡铭藻　黄麟书　许崇清　高　信
　　　　张导民　刘佐人　何　彤　陈国伦

列席者　毛松年　黄秉勋　黄　雯　魏育怀　张希贤　何启昌

主　席　李汉魂（公出　何彤代）

纪　录　（科长）谢乐文　（参议）蔡　熹

报告事项

一、奉行政院电，该省第七区督察专员兼保安司令公署代抢购无线电器材价款运费共八千八百三十六元，准在本年度战时特别预备金项下动支等因，经分别通知。

二、据教育厅呈，请准援案核发三十一年中央政治学校考取粤籍学生林常、孙国栋二名赴校补助旅费等情。查该生等已由中央政治学校证明属实，林常一名发给八百元，款在本年度战时特别预备金项下动支，孙国栋一名发给八百元，款在本年度省预算赴中训团受训人员旅费项下开支。

讨论事项

一、据会计处案呈，大埔县政府呈缴三十二年度地方岁入岁出第一次追加概算一案，经核编后，计各列为九十九万二千零六十三元，请提会核定等情，请公决案。

（决议）照案通过。

二、据会计处案呈，和平县政府呈缴三十二年度地方岁入岁出第一次追加概算书一案，经核编后，岁入追加一百零六万三千八百元，追减五万四千二百八十四元，岁出追加一百万零九千五百一十六元，请提会核定等情，请公决案。

（决议）照案通过。

三、据会计处案呈，博罗县政府呈缴三十二年度地方岁入岁出第一次追加追减概算书一案，经核编后，计实追加各为九十八万二千七百七十六元，请提会核定等情，请公决案。

（决议）照案通过。

四、据会计处案呈，新丰县政府呈缴三十二年度地方岁入岁出第一次追加概算书一案，经核编后，计实追加各为七十八万七千三百八十元，请提会核定等情，请公决案。

（决议）照案通过。

五、据会计处案呈，德庆县政府呈缴三十二年度地方岁入岁出第一次追加概算书一案，经核编后，计各列为三百三十九万三千六百九十四元，请提会核定等情，请公决案。

（决议）照案通过。

六至九、（略）

广东省政府第九届委员会
第四百七十五次议事录

日　期　十一月八日

地　点　曲江本府

出席者　许崇清　陈元瑛　胡铭藻　何　彤　张导民　方少云
　　　　刘佐人　陈国伦

列席者　黄　雯　陈　文　黄秉勋　黄公安　谢群彬　魏育怀
　　　　王仁佳　温振鹏　张希贤　何启昌

主　席　李汉魂（公出　陈元瑛代）

纪　录　（科长）谢乐文　（参议）蔡　熹

报告事项

一、据省振济会呈转妇女生产团托儿所三十一年度八至十二月份追加儿童膳食费预算书，列支九百七十一元一分，款拟列入本会三十一年度振款追加预算内救济妇女难童费科目列支等情。经饬据会计处核覆，应准照办。

二、据会计处签呈，拟自本年十一月一日起将本省前定派送赴渝受训人员去程旅费数额增加至特任官支九千一百七十七元，简任官支七千九百七十七元，荐任官支六千九百三十三元，委任官支六千三百三十三元，余照前规定办理等情，应准照办。

三、奉行政院令知，本省本年度保安团队提高待遇不敷数二百万元，追加本年度教育文化支出二百二十一万零二百九十八元两案，经奉国民政府饬知，经国防最高会议核准备案等因。

四、奉行政院令知，修正战时国家总预算办法等因。

五、据会计处签呈，本处驻渝办事处电务组助理员林均成由韶赴任，舟车费一千八百三十二元四角，可否姑准照数在本年度省第一预备金拨发，饬财政厅将此款签拨本府秘书处归垫等情，应准照办。

讨论事项

一、据会计处案呈，花县县政府呈缴三十二年度地方岁入岁出第一次追加概算一案，经核编后，计各列三十七万二千二百三十九元，请提会核定等情，请公决案。

（决议）照案通过。

二、据会计处案呈，乐昌县政府呈缴三十二年度地方岁入岁出追加概算一案，经核编后，计各列一百一十二万三千一百二十八元，请提会核定等情，请公决案。

（决议）照案通过。

三、据会计处案呈，连山县政府呈缴三十二年度地方岁入岁出第一次追加概算一案，经核编后，计岁入追加五十一万零八元，追减一十七万五千四百九十六元，岁出追加三十三万四千五百一十二元，请提会核定等情，请公决案。

（决议）照案通过。

四、（略）

五、据会计处案呈，封川县政府呈缴三十二年度地方岁入岁出追加追减概算一案，经核编后，计岁入追加八十九万六千四百四十三元，追减七万六千五百七十七元，岁出各为八十一万九千八百六十六元，请提会核定等情，请公决案。

（决议）照案通过。

六、据会计处案呈，龙川县政府呈缴三十二年度地方岁入岁出第一次追加概算一案，经核编后，计各列为二百三十八万四千一百九十五元，请提会核定等情，请公决案。

（决议）照案通过。

七、据会计处案呈，开建县政府呈缴三十二年度地方岁入岁出第一次追加概算一案，经核编后，计各列为五十五万八千六百七十六元，请提会核定等情，请公决案。

（决议）照案通过。

八、准广东全省防空司令部代电，为本部先后奉派赴渝受训人员治装、旅费，除奉准列支外，其比较超支款三千七百八十三元，拟在本部防毒科队本年度经费节余项下支拨等由，请公决案。

（决议）照案通过。

九、准广东全省防空司令部代电，为本部第五情报分所及第一、二监视队本年度官兵冬服，拟将前拨该所队三十二年度一至四月份未动支经费共六万一千八百七十二元及历月份经费节余项下移拨购办等由，请公决案。

（决议）照会计处签拟通过。（签拟略）

十、据粮政局呈缴业务处三十二年度营业计划概算书，请察核等情，请公决案。

（决议）交张、许、陈三委员审查，由张委员召集。

十一、据教育厅签呈，请拨发本年度省立仲元等六中等学校因收容韶关失学青年所增设教职员役及职校学生生活补助费、公粮等情，请公决案。

（决议）交胡、刘、张三委员审查，由胡委员召集。

十二、据卫生处签呈，拟以黄汝濯代理本处技正等情，请公决案。

（决议）照派代理。

十三、据卫生处呈，秘书李文韬因病呈请辞职，经权予照准，遗缺拟以冼维逊代理等情，请公决案。

（决议）照案通过。

十四、据教育厅呈，拟以郑达容代理本厅督学等情，请公决案。

（决议）照派代理。

十五、何委员、张委员、高委员会复审查东区移民垦殖救济办事处呈，缴救济计划军粮一万大包发放差额分配预算表，移民招待站组织通则预算表件一案意见，请公决案。

（决议）照审查意见通过。（审查意见略）

十六、据民政厅签呈，白沙县县长曾××处理县政失当，拟予撤职，遗缺拟派李茂荣代理等情，请公决案。

（决议）照案通过。

十七、主席提议，中山县长袁带另有任用，遗缺派方岳昭代理，请公决案。

（决议）照案通过。

十八、据建设厅签呈，遵谕重拟广东省高要、高明两县十三围工程督办处组织规程，请察核等情，请公决案。

（决议）交许、张、刘三委员审查，由许委员召集。

广东省政府第九届委员会
第四百七十六次议事录

日　期　十一月十一日

地　点　曲江本府

出席者　李汉魂　刘佐人　黄麟书　胡铭藻　许崇清　张导民
　　　　　　陈元瑛　方少云　陈国伦

列席者　陈　文　黄　雯　黄秉勋　黄公安　李锡朋　魏育怀
　　　　　　张希贤　温振鹏　何启昌

主　席　李汉魂

纪　录　（科长）谢乐文　（参议）蔡　熹

报告事项

一、据第四区行政督察专员兼保安司令公署呈缴奉饬派保安第五大

445

队员兵押解犯员李鼎谋等由河源至曲江支出旅费共一千八百八十元，请拨还归垫等情。饬据会计处签称，查核所列之数，尚无不合，似可准在本年度省预算第一预备金科目项下动支拨还归垫等语，应准如拟办理。

二、据建设厅签呈，为奉通知关于加强粮食增产木薯种苗装运费一案之装运费，系征集费之误，请予更正等情，经准分别更正。

讨论事项

一、据会计处案呈，五华县政府呈缴三十二年度地方岁入岁出第二次追加概算一案，经核编后，计各列为八十八万四千六百零三元，请提会核定等情，请公决案。

（决议）照案通过。

二、据会计处案呈，兴宁县政府呈缴三十二年度地方岁入岁出第一次追加概算一案，经核编后，计各列为一百一十八万零四百九十七元，请提会核定等情，请公决案。

（决议）照案通过。

三、据会计处案呈，钦县县政府呈缴三十二年度地方岁入岁出第一次追加概算一案，经核编后，计各列为一百九十三万八千一百九十六元，请提会核定等情，请公决案。

（决议）照案通过。

四、据会计处案呈，普宁县政府呈缴三十二年度地方岁入岁出第一次追加概算一案，经核编后，计各列一百七十三万三千七百二十元，请提会核定等情，请公决案。

（决议）照案通过。

五、据会计处案呈，平远县政府呈缴三十二年度地方岁入岁出第一次追加概算一案，经核编后，计各列为六十五万五千六百二十四元，请提会核定等情，请公决案。

（决议）照案通过。

六、据建设厅呈缴省营电池厂三十二年度营业计划概算书，请察核等情，请公决案。

（决议）照案通过。

七、据建设厅案呈，公路处三十年派员测勘五华至安流路线旅费一万三千六百六十二元一案，拟改在本处三十一年度养路费抢修费节余项下开支等情，请公决案。

（决议）照会计处签拟通过。（签拟意见略）

八、教育厅呈，拟以骆维骧代理本厅督学等情，请公决案。

（决议）照案通过。

九、据建设厅签呈，转缴更正省营酒精厂三十二年度营业计划及概算书，请察核等情，请公决案。

（决议）照案通过。

十、据秘书处、会计处会签，以省救护委员会职员林子衡等六员，公役梁日二名，遭受空袭损失财物，请予发给救济费一案，职员拟每员各给六百元，公役每名各发三百元，共四千二百元，款在本年度省预算第一预备金项下拨支等情，请公决案。

（决议）照案通过。

十一、据秘书处案呈，高要县民黄镜泉为储运酒饼叶事件不服高要县政府之处分，提起诉愿一案，经审查完竣，作成决定书，请察核等情，请公决案。

（决议）照决定书通过。

十二、高委员、胡委员、王委员会复，审查建设厅签呈，拟将本省各江基围围董会组织大纲加以整理一案意见，请公决案。

（决议）照审查意见通过。（审查意见略）

十三、张委员、高委员、王委员会复，审查建设厅签呈，准农民银行韶关分行函送本年度农贷协议书件，请查照签盖一案意见，请公决案。

（决议）照审查意见通过。（审查意见略）

十四、准本省临时参议会函，请本府弛禁限制宰牛一案，应如何办理，请公决案。

（决议）遵照中央颁行保护耕牛办法办理，本府前订之施行细则关于逢五屠牛一节应予废止。

十五、民政厅签呈，拟将本省禁酒办法予以修改，只切实执行禁酿，并禁止在公共场所饮酒，以利执行等情，请公决案。

（决议）照案通过。

十六、何委员、郑委员、高委员、许委员、刘委员、黄委员会复，审查社会处签呈，拟订本省推行国民义务劳动办法草案及实施计划大纲，并拟设专科办理一案意见，请公决案。

（决议）本省国民义务劳动办法，候中央颁布国民义务劳动法后遵照拟定实施，在未施行前本省如有征工事项依工役法及其他征工办法办理。

十七、据民政厅呈，拟以谭雨亭代理本厅视察等情，请公决案。

（决议）照案通过。

十八、据粮政局签呈，拟具广东省各县（市）收购大户余粮实施办法，请察核等情。请公决案。

（决议）交胡、方、张、刘、许、黄、王七委员审查，由胡委员召集。

广东省政府第九届委员会
第四百七十七次议事录

日　　期　十一月十五日

地　　点　曲江本府

出席者　李汉魂　刘佐人　许崇清　高　信　陈元瑛　陈国伦

列席者　毛松年　黄秉勋　黄　雯　陈　文　李锡朋　谢群彬
　　　　魏育怀　何启昌

主　　席　李汉魂

纪　　录　（科长）谢乐文　（参议）蔡　熹

报告事项

一、（略）

二、准广东省军管区司令部电送连阳自卫总队派员点验及视察军风纪出差旅费预算书，计列支一千五百九十元，请查核见复等由。饬据会计处签称，核与规定尚无不合，拟准在该队本年度节余经费项下开支等语，应准如拟办理。

三、据省振济会呈，以儿教第七院十至十二月份，工艺院十二月份，实验小学六至十二月份，培德小学部五至十二月份追加膳费预算书，计共列一十九万一千六百六十六元八角八分，核无不合，款拟在三十一年度振款预算内救济妇女难童费科目拨支等情，应准如拟办理。

四、据省振济会先后呈送儿童教养院第六院妇女生产工作团技工班及托儿所追加膳费预算书，共列四万五千三百七十八元三角六分，核属实情，款拟在本会三十一年度追加振款预算救济妇女难童费科目项下开支等情，应准照办。

讨论事项

一、准省干训团电，以训委会奉令并入本团，业由本年八月份起实行重新编具经费分配表件，请查照等由，请公决案。

（决议）照案通过。

二、据会计处案呈，潮安县政府呈缴三十二年度地方岁入岁出第一次追加概算一案，经核编后，计各列为五十七万零三百四十一元，请提会核定等情，请公决案。

（决议）照案通过。

三、据会计处呈，高明县政府呈缴三十二年度地方岁入岁出第一次追加概算一案，经核编后，计各列为一百七十万七千二百八十元，请提会公决等情，请公决案。

（决议）照案通过。

四、据会计处案呈，梅县县政府呈缴三十二年度地方岁入岁出第一次追加概算一案，经核编后，计各列为一百三十二万六千二百三十一元，请提会核定等情，请公决案。

（决议）照案通过。

五、据会计处案呈，化县县政府呈缴三十二年度地方岁入岁出第一次追加概算一案，经核编后，各列为一百八十七万二千零七十元，请提会核定等情，请公决案。

（决议）照案通过。

六、据秘书处签呈，拟具广东省公营事业机构人员任用、待遇办法施行细则，并拟请将原修正待遇办法第十二条改为第十三条，另增订第十二条"本办法施行细则另定之"一条等情，请公决案。

（决议）交刘、高两委员审查，由刘委员召集。

七、据省振济会呈，以救济队三十二年度购置费共支七千九百四十五元，款拟在前奉拨本会救济备用金项下拨支等情，请公决案。

（决议）照案通过。

八、据省驿运管理处呈，拟以赵协中代理本处总务科长等情，请公决案。

（决议）照派代理，饬比照荐任六级支薪。

九、胡委员、刘委员、张委员会复，审查教育厅签请拨发本年度省立仲元等六中等学校因收容韶关失学青年所增设教职员役及职校学生生活补助费、公粮一案意见，请公决案。

（决议）照审查意见通过。（审查意见略）

十、胡委员、方委员、张委员、刘委员、许委员、黄委员、王委员会复，审查粮政局签，拟具广东省各县（市）收购大户余粮实施办法一案意见，请公决案。

（决议）照审查意见通过。（审查意见略）

广东省政府第九届委员会
第四百七十八次议事录

日　期　十一月十八日

地　点　曲江本府

出席者　李汉魂　刘佐人　陈元瑛　高信　张导民　陈国伦

列席者　陈文　黄雯　毛松年　黄秉勋　李锡朋　谢群彬
　　　　魏育怀　何启昌

主　席　李汉魂

纪　录　（科长）谢乐文　（参议）蔡熹

报告事项

一至二、（略）

三、据建设厅签呈，转缴公路处呈缴连县河渡车船预算表，计列工程费及管理费共一万九千七百六十七元六角二分，核属需要，准予照列，款仍饬在原法案核定科目开支。

四、准省地方行政干部训练团电，以省训练委员会业于本年八月一日并入本团，检附现行组织规程及编制，请查照等由。饬据设计考核委员会签称，合并后原有公役二百三十六人，现依照新编制于九月十六日起裁减公役十二人，其公粮、公饷在九月十五日以前仍照原有人数发给一节，尚无不合，似可照准，复请照各机关裁并支给遣散费办法会商驻审员办理等语，应准如拟办理。

五、据建设厅转据公路处呈，以修建大江桥木材部分及渡口码头工程费前奉核定数，现因物价高涨，无法办理，经从新拟定为一百八十余万元，在未奉核定前，为因应事实需要，拟在公路保养金项下先拨十万元赶筑东西两岸码头，以备不时之需，转请核示等情。该项码头工程费准在本年度公路保养基金项下垫拨十万元办理，仍俟改善韶兴公路工程概算奉核定后，将款归还该基金清账。

讨论事项

一、据会计处案呈，澄海县政府呈缴三十二年度地方岁入岁出第一次追加概算一案，经核编后，计各列为四十七万六千七百元，请提会核定等情，请公决案。

（决议）照案通过。

二、据会计处案呈，高要县政府呈缴三十二年度地方岁入岁出第一次追加概算一案，经核编后，计各列为二百八十三万三千四百零二元，请提会核定等情，请公决案。

（决议）照案通过。

三、据会计处案呈，阳江县政府呈缴三十二年度地方岁入岁出第一次追加概算，经核编后，计追加经常门岁入二百二十七万九千八百八十九元，岁出二百一十二万九千八百六十九元，特殊门岁出一十五万元，请提会核定等情，请公决案。

（决议）照案通过。

四、（略）

五、据会计处案呈，南海县政府呈缴三十二年度地方岁入岁出第一次追加追减概算一案，经核编后，计岁入追加三十七万九千六百二十二元，追减一十一万五千四百一十一元，岁出追加二十七万六千七百八十五元，追减一万二千五百七十四元，请提会核定等情，请公决案。

（决议）照案通过。

六、据会计处案呈，遂溪县政府呈缴三十二年度地方岁入岁出第一次追加概算一案，经核编后，计各列为八十二万六千七百九十三元，请提会核定等情，请公决案。

（决议）照案通过。

七、据会计处案呈，罗定县政府呈缴三十二年度地方岁入岁出第一次追加概算一案，经核编后，计各列为一百一十二万四千八百四十六元，请提会核定等情，请公决案。

（决议）照案通过。

八、据会计处案呈，潮阳县政府呈缴三十二年度地方岁入岁出第一次追加概算一案，经核编后，计各列为一百八十五万九千零七十九元，请提会核定等情，请公决案。

（决议）照案通过。

九、准广东全省防空司令部电，送连阳防空指挥部派员来韶领运器材，计需旅运费三千零四十元，款拟准在该指挥部本年度额领经费项下支报等由，请公决案。

（决议）照案通过。

十、据教育厅、财政厅、会计处会签，拟具广东省立学校设备扩充及维持基金收支保管章程，请察核等情。请公决案。

（决议）照秘书处签拟通过。（签拟略）

十一、许委员、何委员、刘委员会复，审查教育厅呈，请补助连县瑶民教育补助费，年共七千五百八十八元一案意见，请公决案。

（决议）照审查意见通过。（意见略）

十二、据本府员工日用品供销处董事会案呈，拟将本府员工日用品供销处经奉饬改组，拟具改组原则七项，请察核等情，请公决案。

（决议）照案通过。

十三、许委员、张委员、刘委员会复，审查建设厅签呈，遵谕重拟广东省高要、高明两县十三围工程督办处组织规程及贷款合约一案意见，请公决案。

（决议）关于贷款合约部分照审查意见修正通过，工程督办处组织

规程部分由原审查人详具意见再议。（意见略）

广东省政府第九届委员会
第四百七十九次议事录

日　期　十一月二十二日
地　点　曲江本府
出席者　李汉魂　高　信　陈元瑛　张导民　刘佐人
列席者　毛松年　戴振魂　黄　雯　巫　琦　黄秉勋　王仁佳
　　　　谢群彬　魏育怀　何启昌
主　席　李汉魂
纪　录　（科长）谢乐文　（参议）蔡　熹

报告事项

一至五、（略）

六、奉行政院电，以本府委员吴迺宪另有任用，应予免职，并任命王应榆继任等因。

七、据社会处呈，拟将奉核定追加社会福利事业费一十万零三千九百八十元，从新分配，计儿童乐园建设费六万八千九百八十元，资料室图书购置费一万元，至前奉准拨助民众会堂建筑费二万元拟暂不予补助，改列旅客咨询处经常费六千二百零六元，设置费一万八千七百九十四元等情。饬据会计处签拟，准照办等语，应准如拟办理。

八、据民政厅签呈，拟具广东省县长检定委员会办事细则、广东省县长检定办法实施细则，检定合格县长训练办法等情。经饬据秘书处拟议分别修正前来，应准如拟办理。

讨论事项

一、据会计处案呈，云浮县政府呈缴三十二年度地方岁入岁出第一次追加概算一案，经核编后，计各列为六十四万七千零四十五元，请提会核定等情，请公决案。

（决议）照案通过。

二、据会计处案呈，封川县政府呈缴三十一年度地方岁入岁出第二次追加追减概算暨三十一年度田赋带征县级公粮岁入岁出预算一案，经核编后，计岁入追加一十六万四千九百二十一元，追减四千七百零九元，岁出追加一十六万零二百一十二元，县级公粮各列六千三百一十四市石，请一并提会核定等情，请公决案。

（决议）照案通过。

三、据建设厅呈缴改正省营丝织厂创办营业计划及概算书，请察核等情，请公决案。

（决议）照案通过。

四、准广东省军管区司令部电送遂徐自卫中队编制预算表，计月支六千一百九十元，本年全年七个月共四万三千三百三十元，款拟由本年罗信自卫大队原有经费移充，由本部发给，请查照办理等由，请公决案。

（决议）照会计处签拟通过。（签拟略）

五、据粮政局签呈，拟具广东省各地交收军粮评议委员会章程草案，请察核等情，请公决案。

（决议）照秘书处签拟修正通过。（签拟略）

六、（略）

七、张委员、许委员、陈委员会复，审查粮政局呈缴业务处三十二年度营业计划概算一案意见，请公决案。

（决议）照审查意见通过。（意见略）

八、张委员、刘委员会复，审查建设厅所拟广东省高要、高明十三围工程督办处组织规程一案意见，请公决案。

（决议）照审查意见修正通过。（审查意见及财委会组织简则略）

广东省政府第九届委员会
第四百八十次议事录

日　期　十一月二十五日

地　点　曲江本府

出席者　方少云　陈元瑛　高　信　张导民

列席者　毛松年　巫　琦　黄秉勋　李锡朋　谢群彬　魏育怀
　　　　张希贤　何启昌　冼维逊

主　席　李汉魂（公出　陈元瑛代）

纪　录　（科长）谢乐文　（参议）蔡　熹

报告事项

一、据财政厅呈，请将社会处暨所属各院所生活补助费每月应发数目发下办理，至社会处原补助方便医院经费二万一千元，准改在本年度省概算救济费项下开支，该款应如何分配拨付等情。饬据会计处签拟办法三项前来，经准如拟分别办理。

讨论事项

一、据秘书处签呈，为建筑卫生处第一、第二临时医院一案，经与卫生处、财政厅、会计处会商结果，需增拨设备费四十万元，请核拨等情，应准予照增款并在原科目开支，补请追认案。

（决议）照案追认。

二、（略）

三、据建设厅呈，转缴更正省营药棉厂三十二年营业计划及概算书，请察核等情，请公决案。

（决议）照案通过。

四、刘委员、高委员会复，审查秘书处签，拟具广东省公营事业机构人员任用待遇办法施行细则一案意见，请公决案。

（决议）照审查意见通过。（审查意见略）

五、据会计处案呈，丰顺县政府呈缴三十一年度县级公粮岁入岁出概算一案，经核编后，计各列为六千一百三十三市石，请提会核定等情，请公决案。

（决议）照案通过。

广东省政府第九届委员会
第四百八十一次议事录

日　期　十一月二十九日

地　点　曲江本府

出席者　刘佐人　高　信　陈元瑛　郑　丰　张导民　方少云
　　　　陈国伦

列席者　毛松年　黄　雯　李锡朋　张希贤　何启昌

主　席　李汉魂（公出　陈元瑛代）

纪　录　（科长）谢乐文　　（参议）蔡　熹

报告事项

一、奉行政院电，该省第三区行政督察专员兼保安司令公署搬迁修葺布置及增设防空洞经费一万八千元，准在本年度战时特别预备金项下动支等因，经分别通知。

二、准粮食部函，以该省追加三十一年度省级公粮不敷额二千三百五十六万九千二百四十二市石，经奉行政院核准等由。饬据会计处签拟，分行各有关机关等语，应准如拟办理。

三、据会计处签呈，关于奉行政院令知，修正国库统一处理各省收支暂付办法一案，拟分行知照等情，应准如拟办理。

四、据财政厅呈，本府前核定在地区编组经费科目余额拨发挺进第二纵队增加经费一案，查奉颁核定本年度拟定预算已将该科目删去，致十月份以后未能签拨已拨付之五至十月份共三万元，已无从拨正科目开支，应如何办理，请示等情。饬据会计处签拟，照案改在本年度省预算第一预备金项下开支等语，应准如拟办理。

讨论事项

一、据民政厅签呈，拟具本省各县临时参议会驻会委员规则、各县临时参议会秘书室办事通则、各县临时参议会编制经费表、各县临时参议会全体大会经费支给标准等件，请察核等情，请公决案。

（决议）交张、刘、陈三委员审查，由张委员召集。

二、据秘书处签呈，拟将本府前颁非常时期公务员考绩暂行条例广东省实施办法废止，及修正广东省政府直属各机关暨各县市局公务员考绩委员会设置大纲第一条、第八条条文等情。请公决案。

（决议）交刘、张、郑三委员审查，由刘委员召集。

三、（略）

四、据会计处签呈，关于陆大特七期粤籍学员陈章等十四员，请自本年十月起月各发给补助费六百元一案，拟议支拨办法，请察核等情，请公决案。

（决议）照案通过。

五、据会计处签呈，关于本省三十二年行政会议纪要印刷费二万六千七百零七元一案，拟议支拨办法，请察核等情，请公决案。

（决议）照案通过。

六、据教育厅签呈，遵照部令，拟具本省社会教育机关工作人员第一次无试验检定办法、检定委员会办事细则、经费预算书等件，请察核等情，请公决案。

（决议）照秘书处签拟通过，款由教育厅在教育文化费项下指款开支报核。（签拟略）

七、据秘书处签呈，拟以黄石煖代理本处技术室技正等情，请公决案。

（决议）照派代理，薪级饬补缴证件再核。

八、据本府设计考核委员会签呈，本省三十三年度计划现已汇编完毕，并附审核意见，请公决案。

（决议）交张、郑、高、方四委员审查，由张委员召集。

九、（略）

广东省政府第九届委员会
第四百八十二次议事录

日　期　十二月二日

地　点　曲江本府

出席者　陈元瑛　郑　丰　张导民　刘佐人　陈国伦

列席者　毛松年　黄　雯　黄公安　黄秉勋　李锡朋　谢群彬
　　　　何启昌

主　席　李汉魂（公出　陈元瑛代）

纪　录　（科长）谢乐文　（参议）蔡　熹

报告事项

一、（略）

二、据省振济会呈，转缴妇女生产工作团三十二年度职员生活费清表，月列支九千三百五十一元，年列支一十一万二千二百一十二元，款在本年度振款预算内难童难妇教育费内拨支一万五千五百零四元，及难民移垦费科目拨支九万六千七百零八元等情。饬据会计处签称，拟准照办等语，应准如拟办理。

三、（略）

讨论事项

一、奉行政院令，发公务员战时生活补助办法，饬遵照等因。饬据会计处拟议奉行办法前来，请公决案。

（决议）交陈、张、郑、刘四委员审查，由陈委员召集。

二、据省船舶总队部呈，以北江区大队部部址被炸，计支用修葺费四千一百七十元，请拨还归垫等情，请公决案。

（决议）照会计处签拟通过。（签拟略）

三、（略）

四、据教育厅呈，请援照本年六月份增加生活费通案，增拨本年度国民教育师资短期训练班生活费一倍等情，请公决案。

（决议）照案通过，款在本年度省概算生活补助费科目项下开支。

五、据民政厅签呈，拟具广东省设置县市局长暨乡镇长劝廉金办法，请察核等情，请公决案。

（决议）交刘、郑、张、陈四委员审查，由刘委员召集。

六、据卫生处呈，以卫生试验所所长李煜谦业经辞职，遗缺拟以该所制药室主任盛展能升充等情，请公决案。

（决议）照派代理，俸给饬比照荐任五级支薪。

七、据会计处案呈，合浦县政府呈缴三十二年度地方岁入岁出第一次追加概算一案，经核编后，计各列为三百一十五万七千零五十三元，请提会核定等情，请公决案。

（决议）照案通过。

八、据粮政局签呈，拟将奉核定筹拨省保安司令部及所属各区保安司令公署未决囚犯口粮办法，改由三十二年度各县粮谷碾余拨作救济部分百分之三十项下提拨等情，请公决案。

（决议）照案通过。

九、张委员、郑委员、高委员、方委员会复，审查设计考核委员会签，以三十三年度新兴事业费，经奉核定六百万元，现各机关编送计划请求在该款内开支约二千一百万元，其超出数应如何办理一案意见，请公决案。

（决议）照审查意见通过。（意见略）

广东省政府第九届委员会
第四百八十三次议事录

日　期　十二月六日

地　点　曲江本府

出席者　刘佐人　许崇清　郑　丰　陈元瑛

列席者　毛松年　黄　雯　陈　文　巫　琦　李锡朋　何启昌
　　　　谢群彬

主　席　李汉魂（公出　陈元瑛代）

纪　录　（科长）谢乐文　（参议）蔡　熹

报告事项

一、据省物价管制委员会呈缴第三届湘、桂、粤、赣四省限政联席会议经费预算书，计列支九万六千五百元，款拟在物价管制事业费内管制临时事业费项下开支等情。饬据会计处签称，似可照准等语，经准如拟办理。

二、据省振济会呈缴儿童教养院实验小学三十二年迁校经费预算书，计列迁移费二千七百三十七元五角，款拟在本会三十二年度振款预算内旅费及输送费科目项下开支等情。饬据会计处签称，拟准照办等语，应准如拟办理。

讨论事项

一、据建设厅签呈，转缴省营农具厂三十二年度营业计划概算书等情，请公决案。

（决议）照会计处签拟通过。（签拟略）

二、据教育厅呈，请依照三十一年七月份每月核发执信、仲元两校生活费数额，核给该两校本年度未改省立以前各月份生活补助费等情，请公决案。

（决议）照案通过，款在本年度省预算生活补助费项下拨支。

三、准广东全省保安司令部代电，拟摘要购贮通讯器材一批，计需价款一十二万九千五百三十三元，款在本年内保安经费节余项下拨支等由，请公决案。

（决议）照案通过。

四、据粮政局签呈，拟具广东省各县局非常时期随赋代收地方仓储积谷暂行办法，请察核等情，请公决案。

（决议）交张委员审查。

五、据省振济会呈缴救济队本年度服装费支付预算书，计列支一万九千一百五十一元，款拟在收存库拨救济备用金结余款项下拨支等情，请公决案。

（决议）照案通过。

六、据会计处案呈，徐闻县政府呈缴三十二年度地方岁入岁出第一次追加概算一案，经核编后，计各列为一百一十九万四千一百四十元，请提会核定等情，请公决案。

（决议）照案通过。

七、张委员、郑委员、高委员、方委员会复，审查本府设计考核委员会签，本省三十三年度施政计划意见一案意见，请公决案。

（决议）照审查意见修正通过（意见略）。

广东省政府第九届委员会
第四百八十四次议事录

日　期　十二月九日

地　点　曲江本府

出席者　许崇清　陈元瑛　张导民　陈国伦

列席者　陈　文　陆冠莹　毛松年　黄秉勋　黄公安　李锡朋
　　　　谢群彬　魏育怀　冼维逊

主　席　李汉魂（公出　陈元瑛代）

纪　录　（科长）谢乐文　（参议）蔡　熹

报告事项

一、据省设计考核委员会签呈，拟自三十三年度起将各区行政督察专员兼保安司令公署原定委任八级及委任六级科员额内提高两员为委任四级及委任二级，提高后每月增加之薪俸一百元，拟在专署三十三年度预算增成项下列支等情，应准如拟办理。

二、据省物价管制委员会案呈，拟具广东省议价实施办法，请察核等情，应准如拟办理。

三、奉行政院电知，本省地方行政干部训练团迁移费一百零五万元，准在本年度省预算生活补助费科目余额移用等因，经分别通知饬遵。

讨论事项

一、据财政厅签呈，拟订广东省各县（市）屠宰税征收细则，请察核等情，请公决案。

（决议）照秘书处签拟通过。（签拟意见略）

二、（略）

三、据会计处案呈，信宜县政府呈缴三十二年度地方岁入岁出第一次追加概算一案，经核编后，计各列为一百一十四万一千零四十四元，请提会核定等情，请公决案。

（决议）照案通过。

四、据会计处签呈，关于本省各机关追加办公费一案，经行政院核定实准追加三百一十八万八千六百一十四元，拟议分配原则，请察核等情，请公决案。

（决议）交陈、张两委员审查，由陈委员召集。

广东省政府第九届委员会
第四百八十五次议事录

日　期　十二月十三日

地　点　曲江本府

出席者　李汉魂　何　彤　刘佐人　许崇清　郑　丰　张导民
　　　　陈元瑛　陈国伦

列席者　毛松年　陈　文　黄秉勋　黄公安　谢群彬　何启昌

主　席　李汉魂

纪　录　（科长）谢乐文　（参议）蔡　熹

报告事项

一、（略）

二、奉行政院代电，以本省地政局前仁化县测量队被炸救济费一万零九百四十元，准改在本年度省预算救济费项下拨支等因，经分别通知。

三、奉行政院电，复以本省编印广东实业投资指南一书费用四万元，准在战时特别预备金项下动支等因，经分别通知。

四、奉行政院电，复以本省三十一年度各机关价让款六万六千一百六十元五角为财源，追加三十一年度战时通讯临时费三万四千零八十元，及三十二年同科目三万二千零八十元，姑准照办等因，经分别通知。

五、据本府驻渝办事处呈缴三十二年度战时生活补助费分配表，等情。饬据会计处签称，计分配表共列一十万六千六百一十元，比原核定数计多列二千一百二十元，查系该处委五电务员一员，八月底无须裁去，故九月至十二月仍应支生活补助费二千一百二十元，致与原核定数不符，拟饬财政厅在本年度省预算生活补助费科目补拨电务员生活费二千一百二十元等语，应准如拟办理。

讨论事项

一、据民政厅签呈，拟具本省出征壮丁安家费筹集保管及发放办法，请察核等情，请公决案。

（决议）交张、刘、许三委员审查，由张委员召集。

二、（略）

三、据省物价管制委员会签呈，为过去所订各种法规因组织上变更致略有与事实未尽相符，拟分别酌加修订等情，请公决案。

（决议）交陈、许两委员审查，由陈委员召集。

四、主席提议，顺德县长高鼎荣出缺，调战时通讯所长陈次恺接充，请公决案。

（决议）照案通过。

广东省政府第九届委员会
第四百八十六次议事录

日　期　十二月十六日
地　点　曲江本府
出席者　李汉魂　陈元瑛　何　彤　许崇清　郑　丰　张导民
　　　　刘佐人　陈国伦

列席者 毛松年　陈　文　陆冠莹　黄秉勋　黄公安　谢群彬
　　　　　何启昌　冼维逊
主　席 李汉魂
纪　录 （科长）谢乐文　（参议）蔡　熹

报告事项

一、据省物价管制委员会签呈，以本年度视导检察出差旅费科目不敷，拟在其他事业费科目划拨四万元应支等情。饬据会计处签称，查属需要，拟予照准，呈报行政院备案等语，应准如拟办理。

二、据民政厅呈缴派遣省警护送敌侨恩斯勤赴桂敌民第三收容所集中旅费预算书，计列支二千二百一十元，请察核等情。饬据会计处签称，查核尚无不合，拟准在本年度省预算各科目余额拨入第一预备金科目数内开支，在法案手续未完前，饬由民政厅先行垫付，俟法案成后，再行拨还归垫等语，应准如拟办理。

讨论事项

一、据秘书处签呈，拟具广东省县各级干部人员管理暂行办法，请察核等情，请公决案。

（决议）交何、张、郑、许、刘五委员审查，由何委员召集。

二、据教育厅呈，拟具广东省各县市局督学及区教育指导员督导各国民学校及中心学校筹集基金办法，请察核等情，请公决案。

（决议）交许委员审查。

三、准广东省军管区司令部电送连阳自卫总队三十二年十一月派员出发校阅所属部队公差旅费预算，计列五千五百七十六元，款拟在该总队三十二年度经费节余项下拨支等由，请公决案。

（决议）照案通过。

四、据本府驻渝办事处呈，以重庆市及迁建区各中央机关公务员本年十至十二月份战时生活补助费业已增加，请转饬援案拨款增发本处职员生活补助费等情，请公决案。

（决议）照案通过，款在本年度省预算生活补助费科目拨支。

五、据秘书处签呈，拟以李保世代理本处编译室编译等情，请公决案。

（决议）照派代理。

六、陈委员、张委员、郑委员、刘委员会复，审查奉颁公务员战时生活补助办法、会计处签拟奉行办法一案意见，请公决案。

（决议）照审查意见修正通过。

七、陈委员、张委员会复，审查会计处签，拟奉行政院核准本年度本省各机关追加办公费拟议分配原则一案意见。请公决案。

（决议）照审查意见通过。（意见略）

八、主席提议，据民政厅签呈，琼东县长符傅钵因病辞职，拟予照准，遗缺拟调昌江县长岑孟雅接充，递遗昌江县长缺拟派符祥和代理等情，请公决案。

（决议）照案通过。

九、张委员函复，审查粮政局签呈，拟具广东省各县局非常时期随赋代收地方仓储积谷暂行办法一案意见，请公决案。

（决议）照审查意见通过，商店殷户派募竞赛办法由粮政局再拟呈核。（审查意见略）

广东省政府第九届委员会
第四百八十七次议事录

日　期　十二月二十日

地　点　曲江本府

出席者　李汉魂　郑　丰　刘佐人　张导民　陈元瑛　许崇清
　　　　陈国伦

列席者　毛松年　黄　雯　黄公安　李锡朋　陆冠莹　谢群彬
　　　　何启昌　陈次恺

主　席　李汉魂

纪　录　（科长）谢乐文　（参议）蔡　熹

报告事项

一、据会计处签呈，中央警官学校正科第十一期毕业返粤实习学生分发各县实习旅费一万九千二百四十二元，拟在省第一预备金项下垫支，由分发实习之各县第二预备金项下拨还归垫等情，应准如拟办理。

讨论事项

一、据民政厅签呈，遂溪、海康两县情况变迁，已不适施行新县制，拟饬均照战地县份编制改组等情，请公决案。

（决议）照案通过。

二、据省物价管制委员会签呈，拟在本会本年度物价管制事业费内其他事业费科目内拨支一万元为加强韶关市人民团体协助管价补助费等情。请公决案。

（决议）照案通过。

三、据会计处案呈，吴川县政府呈缴三十二年度地方岁入岁出第一次追加预算一案，经核编后，计各列为五十一万五千二百四十三元，请提会核定等情，请公决案。

（决议）照案通过。

四、陈委员、张委员、刘委员会复，审查民政厅所拟本省各县临时参议会驻会委员规则、各县临时参议会秘书室办事通则、各县临时参议会编制经费表、各县临时参议会全体大会经费支给标准表一案意见，请公决案。

（决议）各县临时参议会职员薪额，照行政院核定四川省成案办理，余照审查意见通过。（意见略）

五、据省驿运管理处电送修正组织规程、办事细则暨所属驿运线区段站组织通则及编制表等件，请察核等情，请公决案。

（决议）交刘、许、郑三委员审查，由刘委员召集。

广东省政府第九届委员会
第四百八十八次议事录

日　期　十二月二十三日

地　点　曲江本府

出席者　李汉魂　刘佐人　陈元瑛　郑　丰　许崇清

列席者 毛松年 黄秉勋 黄 雯 陈 文 陆冠莹 黄公安
　　　　巫 琦 李锡朋 何汉昌 谢群彬

主 席 李汉魂

纪 录 （科长）谢乐文 （参议）蔡 熹

报告事项

一、据教育厅呈，转缴省立连州中学本年六至十二月份校长按俸给加成生活费清表，请察核等情。饬据会计处签称，本案计列支一千一百七十六元，既据陈明该校一至五月份生活费已开支无余，似应准予照数在三十二年度省预算生活补助费项下拨给等语，应准如拟办理。

二、据民政厅签呈，韶关市政府业经正式成立，为指挥监督便利起见，拟应直属本府管辖，其行文办法该府对于本府合署办公各厅处会局行文应用呈，对各区行政督察专员兼保安司令则互用公函，当否，请示等情，应准如拟办理。

三、据振济会呈缴韶市难民收容站迁建新宿舍棚厂费预算书件，请核备等情。饬据会计处签称，本案预算列支五千一百二十一元，既据核明需要，款在发放救济民粮占百分之十五之救济专款内其他救济费项下拨支，拟准照办等语，应准如拟办理。

四、据会计处签呈，三十二年核定各机关生活补助费数额清表，列本府会计处等一百三十四个机关单位职员生活补助费共计一千四百六十六万二千五百九十一元，经本府先后核定在本年度省级预算生活补助费项下拨支，分别通知在案，请补报会议后存查等情，应准如拟办理。

讨论事项

一、据会计处案呈，四会县政府呈缴三十二年度地方岁入岁出第一次追加预算一案，经核编后，计各列为一百七十七万七千八百三十元，请提会核定等情，请公决案。

（决议）照案通过。

二、据会计处案呈，饶平县政府呈缴三十二年度地方岁入岁出第一次追加概算一案，经核编后，实各追加一百八十万零八千八百零五元，请提会核定等情，请公决案。

（决议）照案通过。

三、据会计处案呈，赤溪县政府呈缴三十二年度地方岁入岁出第一次追加概算一案，经核编后，计各列为二十二万九千一百三十七元，请提会核定等情，请公决案。

（决议）照案通过。

四、据会计处案呈，顺德县政府呈缴三十二年度地方岁入岁出第二次追加预算一案，经核编后，计各列为二千四百二十一元，请提会核定等情，请公决案。

（决议）照案通过。

五、据建设厅呈，拟以黄惠平代理本厅技正兼督导等情，请公决案。

（决议）照派代理。

六、据教育厅呈缴国民教育经费保留款支付概算书，并请核发湟江等六省立小学因增班而增加之员役公粮及生活补助费等情，请公决案。

（决议）各该校因增班而增加之员役生活补助费及公粮，准在本年度生活补助费及省级公粮项下拨支，余照案通过，自三十三年度起其他各学校因新增班所需补助费公粮应一并呈请行政院追加拨支。

七、据会计处签呈，拟具本省各公费事业机关三十二年度概算编送办法三项，请提会核定施行等情，请公决案。

（决议）照案通过。

八、张委员、刘委员、许委员会复，审查民政厅签拟本省出征壮丁安家费筹集保管及发放办法一案意见，请公决案。

（决议）照审查意见通过。（意见略）

九、据省物价管制委员会签呈，拟具韶关市物价管制处组织规程、编制表，请察核等情，请公决案。

（决议）交许、陈两委员审查，由许委员召集。

十、陈委员、张委员会复，审查物价管制委员会签呈，为过去所订各种法规因组织上变更致略与事实未尽相符，拟分别酌加修订一案意见，请公决案。

（决议）照审查意见通过。（意见略）

十一、据建设厅签呈，准农民银行韶关分行函复，以关于本年度农贷协议书一案，仍请照原业〔协〕签盖等由，请再提会决定等情。请公决案。

468

（决议）本会第四七六次第十三案决议撤销之，准照原协议书签盖办理。

广东省政府第九届委员会
第四百八十九次议事录

日　期　十二月二十七日

地　点　曲江本府

出席者　李汉魂　刘佐人　王志远　许崇清　郑　丰　陈元瑛
　　　　黄麟书

列席者　黄　雯　毛松年　黄秉勋　陆冠莹　巫　琦　黄公安
　　　　李锡朋　何汉昌　何启昌

主　席　李汉魂

纪　录　（科长）谢乐文　（参议）蔡　熹

报告事项

一、据本府设计考核委员会、会计处先后签呈，拟订省营工厂编制标准、现行省营各工厂会计室编制表，请察核前来。该省营工厂编制标准，除会计室编制部分应准照会计处签拟办理外，余准如拟办理。

二、据教育厅呈缴国民教育研究会三十二年度经费预算分配表，请核定饬拨等情。饬据会计处签称，生活补助费全年度共列支五万八千零二十六元，拟准照数在三十二年度省预算生活补助费项下拨给等语，应准如拟办理。

三、据财政厅呈缴税警总团民国二十九年度冬季服装支付预算书，请察核存转等情。饬据会计处签称，本案所列冬服费一十万一千九百九十元二角，比对原核定数六万五千四百五十一元八角，超支三万六千五百三十八元四角，据称超支数拟在该总团二十九年度经费节余开支一万二千五百三十八元四角，三十年度经费节余开支二万四千元，查年度早经过去，款已实际支出，可否准予照办，请示等语，应准照办。

四、据省振济会呈报，增设第一、五振济区副主任委员，并各月支

469

特别办公费五百元，由本年十至十二月份三个月合计三千元，款请准在振款项下拨支等情。饬据设计考核委员会、会计处分别核签，均拟姑准照办等语，应准如拟办理。

讨论事项

一、据会计处案呈，广宁县政府呈缴三十二年度地方岁入岁出第一次追加预算一案，经核编后，计各列为五十一万一千九百零七元，请提会核定等情，请公决案。

（决议）照案通过。

二、据第三区行政督察专员兼保安司令公署呈，拟以施甲殿代理本署视察等情，请公决案。

（决议）照派代理。

三、据卫生处呈，关于本省三十二年行政会议决议提高卫生洁净费征收一案，经会商财政厅同意，拟修正本省各县乡镇卫生洁净费征收办法大纲第五条等情，请公决案。

（决议）照案通过。

四、据建设厅呈，拟以沈元良代理本厅技正等情，请公决案。

（决议）照派代理。

五、据安化管理局呈缴连、连、阳、安化四县局调整边民粮食委员会组织章程，请察核等情，请公决案。

（决议）交许委员审查。

六、主席提议，派罗宗炜为战时通讯所所长，请公决案。

（决议）照案通过。

广东省政府第九届委员会
第四百九十次议事录①

日　期　十二月三十日

---

①　第九届委员会议事录馆藏不全，此后多次议事录原文缺。

地　点　曲江本府

出席者　李汉魂　王志远　许崇清　刘佐人　陈元瑛

列席者　陆冠莹　黄秉勋　毛松年　黄　雯　黄公安　巫　琦

　　　　魏育怀　李锡朋　何启昌　何汉昌　谢群彬

主　席　李汉魂

纪　录　（科长）谢乐文　（参议）蔡　熹

报告事项

一、据民政厅签拟，派梁省炘、李曜华、陈德芬三员前往警察教育讲习班受训，请核发旅费等情。饬据会计处签拟，请每员发给旅费六千三百三十三元，三员共一万八千九百九十九元，核尚需要，拟予照准，款在本年度省预算各科目余额拨入第一预备金科目款内开支，在此款法案手续未完前，该梁省炘等旅费，拟饬民政厅先行自筹垫拨应支，俟将来本年度省预算各科目余额拨入第一预备金案完成法案手续后，再行签拨归垫等语，经准如拟办理。

二、据第一区行政督察专员兼保安司令公署呈缴更正三十二年度职员生活补助费清表，请察核等情。饬据会计处签，以表列年支九万九千八百三十元，较前核定生活补助费年额计增一千五百三十七元，拟饬财政厅在三十二年度省预算生活补助费科目补拨等语，经准如拟办理。

三、据省物价管制委员会呈，为省动员会议三十二年一至四月份生活费三万三千九百七十四元二角六分，拟在管制物价事业费预算内其他事业费科目未分配余额内支报等情。饬据会计处签称，核尚可行，报请行政院并同本府前呈送该会事业费预算案核备等语，应准如拟办理。

四、据会计处签呈，编具三十一年度本省岁出决算书，请察核等情，经准如拟办理。

五、据会计处签呈，拟议清理本府秘书处保管三十年度省库收支结束余款二十九万一千八百二十八元八角一分一案办法等情，应准如拟办理。

讨论事项

一、（略）

二、据会计处案呈，连平县政府呈缴三十二年度地方岁入岁出第一次追加预算一案，经核编后，计各列为四十八万三千六百九十元，请提会核定等情，请公决案。

（决议）照案通过。

三、据民政厅、财政厅会签，关于各县成立参议会后，县地方财务委员会之裁留问题，谨拟具三个方式，请核夺等情，请公决案。

（决议）照第三方式及秘书处签拟通过。（签拟略）

四、据建设厅呈缴公路处三十二年度公路保养基金收支预算，请察核等情，请公决案。

（决议）照会计处签拟通过。（签拟略）

五、据省物价管制委员会签呈，拟具广东省各县（市局）物价评议会组织通则，请察核等情，请公决案。

（决议）交陈委员审查。

六、（略）

广东省政府第九届委员会
第五百一十次议事录

日　　期　民国三十三年三月十三日

地　　点　曲江本府

出席者　李汉魂　张导民　许崇清　郑　丰　陈元瑛　胡铭藻
　　　　　何　彤　黄麟书　王志远　方少云　陈国伦

列席者　黄　曼　毛松年　黄周昌　何启昌

主　　席　李汉魂

纪　　录　（科长）谢乐文　（参议）蔡　熹（假　蔡呈晖代）

报告事项

一、据会计处案呈，关于三十二年造林运费三千元，拟改在三十二年度第一预备金科目动支等情，经准如拟办理。

二、奉行政院电，以该省公路处二十九年三、四月间各路面水灾工程费十三万三千四百九十七元三角八分，姑准改作三十一年度支出，除将该处三十一年度节余经费九千五百七十一元二角八分移用外，其余十二万三千九百二十六元一角，准在该省三十一年度养路费特种基金项下拨付等因，经分别通知令遵。

三、据会计处案呈，关于台山县民邓添、袁北海等十一名先后参加抗战工作阵亡或生戕，奉核定各给一次过恤金八十元，年抚金各五十元，以十年为限，计上项一次过恤金八百八十元，三十三年度年抚金共五百五十元，总共一千四百三十元，拟在三十三年度省预算恤金项下拨付，自三十四年度起该项年抚金应由财政厅并同其他恤案汇列清册，呈府列入省预算恤金科目开支等情，应准如拟办理。

讨论事项

一、据秘书处案呈，开平县民李景发等为筑陂争执事件不服开平县政府处分，提起诉愿一案，经审查完竣，作成决定书，请提会决定等情，请公决案。

（决议）照案通过。

二、据建设厅签呈，转缴农具厂三十三年度营业计划及概算书，请察核等情，请公决案。①

（决议）照会计处签拟通过。

三、据地政局呈，以第二科长张建新奉调派代理仁化县长，遗缺拟派技正何新铭接充等情，请公决案。

（决议）照案通过。

四、准各省政府主席驻渝代表联合办事处函，请体念困难，仍将捐助本处基金两万元惠拨等由，请公决案。

（决议）照拨，款在本年度第一预备金项下开支。

五、主席提议，兴宁县长温克威与梅县县长缪任仁互调，请公决案。

（决议）照案通过。

六、据本府驻渝办事处呈，以处址亟须修葺，家具亦须购置，请拨发修缮购置费共六万五千元应支等情，请公决案。

（决议）照拨，款在本年度战时特别预备金项下开支。

---

① 会计处签拟略。

广东省政府第九届委员会
第五百一十二次议事录

日　期　三月二十日

地　点　曲江本府

出席者　李汉魂　许崇清　黄麟书　何　彤　郑　丰　陈元瑛
　　　　方少云　胡铭藻　刘佐人　王志远

列席者　毛松年　巫　琦　张尔超　黄公安　陈鸿藻　黄周昌
　　　　冼维逊

主　席　李汉魂

纪　录　（科长）谢乐文　（参议）蔡　熹（股长杜如喧代）

报告事项

一、据会计处案呈，关于广东省新生活运动促进会三十二年度职员生活费清表，计全年度共应列二万九千零一十五元，款拟照案在三十二年度省预算内生活补助费项下先行拨支等情，经准如拟办理。

二、奉行政院令知，各省田赋粮食管理处长准列席省务会议等因。饬据秘书处签拟，函知田赋管理处等语，应准如拟办理。

三、准广东省临时参议会函，以本会秘书长柯景濂赴渝受训，请拨发去程旅费九千六百零七元等由。饬据会计处签称，核与本省各机关人员奉派赴渝入中训团受训旅费支给办法所规定简任职应支数额相符，似可照数在三十三年度省预算内列受训人员旅费科目拨给等语，应准如拟办理。

讨论事项

一、奉第七战区司令长官司令部电，饬迅将第七战区党工会报秘书处补助费年额一十万六千二百四十八元，由三十三年一月份起按月拨付等因，请公决案。

（决议）照案通过，款在本年度省预算广东省各机关联席会报经费项下拨付。

二、据财政厅签呈，拟议增加各县政府办公费办法，请核示等情，请公决案。①

（决议）照会计处签拟通过。

三、据建设厅呈，拟原级调派省营酒精厂长李达钦代理本厅技正等情，请公决案。

（决议）照案通过。

四、据建设厅呈，拟以余瑞朝代理公路处技正兼技术室主任等情，请公决案。

（决议）照派代理。

五、据会计处案呈，关于卫生处救护队队员、省立艺术专科学校实习剧团团员公粮，请自本年一月份起改照公教人员待遇配发一案，应如何办理，请核示等情，请公决案。

（决议）交胡、方、王、许、刘五委员审查，由胡委员召集。

六、据民政厅、财政厅会签，拟议禁绝纸宝冥镪办法四项，请核示等情，请公决案。

（决议）交方、胡、陈三委员审查，由方委员召集。

七、据财政厅签呈，拟具广东省各县市管理局房捐征收细则，请核示等情，请公决案。

（决议）交何、许、王三委员审查，由何委员召集。

八、据会计处签呈，关于本府警卫团本年度少列经常费五十二万三千八百七十九元四角，拟在同款之罗信自卫大队经常费及服装费余额项下移拨等情，请公决案。

（决议）照案通过。

九、据秘书处签呈，拟摘要修理本府防空洞，计共需修理费一十万九千一百五十元，请指款拨支办理等情，请公决案。

（决议）准拨十五万元交由秘书处统筹修理，款在本年度战时特别预备金项下开支。

十、据财政厅签呈，拟具三十一年度本省征借粮食库券处理办法，请察核等情，请公决案。

---

① 会计处签拟略。

（决议）交胡、何、郑三委员审查，由胡委员召集。

十一、据秘书处签呈，拟具本府所属各机关裁员标准，请察核等情。请公决案。

（决议）交刘、方、何三委员审查，由刘委员召集。

十二、据民政厅，签具改善省警队长警待遇办法，请公决案。

（决议）交胡、方、王、许、刘五委员审查，由胡委员召集。

广东省政府第九届委员会
第五百五十九次议事录

日　期　八月三十一日

地　点　曲江本府

出席者　李汉魂　高　信　胡铭藻　黄麟书　张导民　郑　丰
　　　　许崇清　周　游　陈元瑛　刘佐人　王志远

列席者　黄　雯　陆冠莹　巫　琦　陈鸿藻　王仁佳　梁　苏

主　席　李汉魂

纪　录　（秘书）古有成　（股长）杜如暄

报告事项

一、据会计处案呈，和平县政府呈缴三十一年度第四次岁入岁出追加预算一案，计各列一千九百七十八元，拟准照列等情，应准如拟办理。

二、准广东省军管区司令部电，以罗信、龙河、连和三自卫大队均定本年九月一日成立，请照拨经费、军粮、建设费过部办理等由。饬据会计处签，三个大队本年经费共九十三万六千零八十四元，拟遵照前核定原案，款在本年度国税拨县款由省统筹百分之四十部分拨支，至三个大队一次过建设费共五百一十万七千九百八十二元，款在县抗战准备金由省统筹部分拨支，并由省银行先在该户透支等情，应准如拟办理。

讨论事项

一、据会计处案呈，梅县县政府呈缴三十二年度地方岁入岁出第二

476

次追加追减预算一案，经核编后，计各列实追加一百三十七万四千三百八十三元，请提会核定等情，请公决案。

（决议）照案通过。

二、据会计处案呈，连山县政府呈缴三十二年度地方岁入岁出第二次追加预算一案，经核编后，计各列二十八万九千二百五十二元，请提会核定等情，请公决案。

（决议）照案通过。

三、据会计处案呈，和平县政府呈缴三十三年度地方岁入岁出第一次追加预算一案，经核编后，计各列一百七十二万四千九百九十三元，请提会核定等情，请公决案。

（决议）照案通过。

四、据会计处案呈，新丰县政府呈缴三十二年度地方岁入岁出第二次追加预算一案，经核编后，计各列四十六万九千一百七十五元，请提会核定等情，请公决案。

（决议）照案通过。

五、据会计处案呈，赤溪县政府呈缴三十三年度地方岁入岁出第一次追加预算一案，经核编后，计各列四十八万元，请提会核定等情，请公决案。

（决议）照案通过。

六、据会计处案呈，德庆县政府呈缴三十二年度地方岁入岁出第一次追加预算一案，经核编后，计各列一百六十七万八千二百二十元，请提会核定等情，请公决案。

（决议）照案通过。

七、据地政局呈，拟以黄汝翰代理本局督导员等情，请公决案。

（决议）照案通过。

八、据建设厅签呈，以公路处请准在坪石石灰冲及连县河渡口征收汽车渡河费，每次单程每车三百元一案，核属可行，拟准照办等情，请公决案。

（决议）照案通过，由九月五日起实行。

九、周委员函复，审查教育厅呈，拟具广东省体育师资训练班暨国民体育委员会组织规程、编制表、经费预算表一案意见，请公决案。①

（决议）照审查意见通过。

十、据建设厅签呈，据公路处呈，请准援照赣桂省征收路费办法，征收货车每吨每公里八元，客车每客每公里二角一案，核尚可行，拟准照办等情，请公决案。

（决议）照案通过。

十一、主席提议，陆丰县长曾××撤职查办，遗缺派陈藻文代理，请公决案。

（决议）照案通过。

广东省政府第九届委员会
第五百六十二次议事录

日　　期　九月十一日

地　　点　曲江本府

出席者　郑　丰　周　游　刘佐人　陈元瑛　陈国伦

列席者　王仁佳　何汉昌　麦霞甫　梁　苏

主　　席　李汉魂（公出　陈元瑛代）

纪　　录　（秘书）古有成　　（股长）杜如暄

报告事项

一、据建设厅签呈，奉行政院令，颁通行公路人力兽力车辆管理规则一案，拟转行知照，并将本省现行管理规则废止。至养路费在交通部未将征收率拟呈核定公布前，拟仍照本省现行征收率征收等情，应准如拟办理。

二、据秘书处签呈，本府警卫团特务连长李德才三十二年度调差旅费四千三百一十六元，请指款拨还归垫等情。饬据会计处签称，拟姑准在该团三十二年度节余经费项下拨支等语，应准如拟办理。

---

① 审查意见略。

三、据秘书处签呈，拟具加强本省各区县情报机构计划，请核示等情。饬据民政厅加具意见前来，应准照办。

四、据设计考核委员会签呈，拟议修正本省各县市局三十四年度工作计划编造办法，请核示等情，应准如拟办理。

讨论事项

一、准广东全省防空司令部代电，请一次过核拨连县区防空播音哨棚修建费六万四千元等由，请公决案。

（决议）照案通过。款在本年度保留加强保卫经费项下拨支。

二、据会计处案呈，关于教育厅前编本省三十二年度招考海军生经费预算，列支二十万六千八百四十元八角，除经核定拨支十五万元外，尚差五万六千八百四十元八角，拟准在本年度战时特别预备金科目拨足等情，请公决案。

（决议）照案通过。

三、据建设厅呈，拟以覃翰代理农林局稻作改进所技正等情，请公决案。

（决议）照派代理。

四、据教育厅签呈，本厅督学叶光曇已派充省立喜泉农职校长，所遗督学缺，拟以朱宗海代理等情，请公决案。

（决议）照案通过。

五、据秘书处案呈，转据战时通讯所呈，拟改善各县电台购发电池办法五项，请察核等情，请公决案。①

（决议）照会计处签拟通过。

六、据财政厅签呈，拟具本省县级公教人员福利金支拨办法，请察核等情，请公决案。

（决议）交刘、周两委员审查，由刘委员召集。

七、据设计考核委员会签呈，拟具整顿本省各县市局狱政办法，请核示等情，请公决案。

（决议）交何、周、方、陈四委员审查，由何委员召集。

八、据会计处签呈，编具本省三十四年度岁出单位预算书，请核示

---

① 会计处签拟略。

等情，请公决案。

（决议）交刘、何、张、黄、郑、陈、周七委员审查，由刘委员召集。

广东省政府第九届委员会
第五百六十三次议事录①

日 期 九月十八日
地 点 曲江本府
出席者 方少云 郑 丰 陈元瑛
列席者 巫 琦 王仁佳 何汉昌 麦霞甫 温振鹏 许培柏
主 席 李汉魂（公出 陈元瑛代）
纪 录 （秘书）古有成（林应麟代） （股长）杜如暄

讨论事项

一、据会计处案呈，龙门县政府呈缴三十二年度地方岁入岁出追加追减预算一案，经核编后，实各追加五十二万九千五百一十三元，请提会核定等情，请公决案。

（决议）照案通过。

二、据第二区行政督察专员兼保安司令公署呈，拟以纪志远代理第一科长等情，请公决案。

（决议）照派代理。

三、据财政厅、会计处会签，拟具县级公务人员比照省级待遇支给办法，请核示等情，请公决案。

（决议）照案通过。

---

① 原文缺"报告事项"内容。

广东省政府第九届委员会
第五百六十四次议事录

日　期　九月二十五日
地　点　曲江本府
出席者　李汉魂　方少云　黄麟书　陈元瑛　张导民　陈国伦
列席者　王仁佳　李宏略　温振鹏　许培柏
主　席　李汉魂
纪　录　（秘书）古有成　（股长）杜如暄

报告事项

一、准广东全省防空司令部电送第三防空指挥部所属监视第三分队修葺房舍估价单，请拨款办理等由。饬据会计处签称，既据核明需要，拟照原呈估价单最低额三千一百零七元之数，在本年度第一预备金科目项下拨支等语，应准如拟办理。

二、据第九区行政督察专员兼保安司令公署呈，以情报员柯秀光因公出差被敌拘杀，请予给恤等情。饬据秘书、会计两处会签，以核与本省战时情报人员伤亡给恤暂行标准第一条及第二条乙款丑项规定相符，拟照上项标准核给一次过抚恤费七百二十元，款在本年度省预算恤金科目拨给等语，应准如拟办理。

讨论事项

一、据会计处案呈，惠阳县政府呈缴三十三年度地方岁入岁出第一次追加追减预算一案，经核编后，计实各追加六百四十三万三千六百零六元，请提会核定等情，请公决案。

（决议）照案通过。

二、据会计处签呈，关于广东省灾荒筹振委员会函请分担拨发待遣人员遣散费一案，拟议拨发办法，请公决案。

（决议）照案通过。

三、据民政厅签呈，拟议裁撤韶关市政府办法，请核示等情，请公决案。

（决议）照案修正通过。

四、据卫生处签呈，拟议修正广东省策动协助疗护抗战负伤官兵实施办法，请核示等情，请公决案。①

（决议）照秘书处签拟通过。

五、据教育厅签呈，拟指定秘书谢群彬为本厅主任秘书等情，请公决案。

（决议）照案通过。

广东省政府第九届委员会
第五百六十五次议事录

日　期　九月二十八日
地　点　曲江本府
出席者　李汉魂　何彤　张导民　郑丰　黄麟书　陈元瑛
　　　　刘佐人　方少云　高信　陈国伦
列席者　黄雯　温振鹏　许培柏
主　席　李汉魂
纪　录　（秘书）古有成　（股长）杜如暄

报告事项

一、奉行政院电知，修正省市单位预算执行补充办法三项，饬遵照等因，经转电省审计处，并饬知财政厅。

二、准粮食部电，以三十三年囚粮结价规定谷每市石一百八十元，前奉颁寄禁军事人犯口粮及费用支给办法第九条内之"担"字应修改为"石"等由。经分电各区专署、各县、市、局、各仓库知照。

讨论事项

一、据会计处签呈，中央警校正科十二期粤籍毕业生张凤岩等二十

---

① 秘书处签拟略。

人呈请比照向例增发补助回粤服务旅费一案，拟议办法，请核示等情，请公决案。

（决议）照案通过。

二、据建设厅签呈，拟议修正广东省各县市局运输业登记暂行办法，请核示等情，请公决案。①

（决议）照秘书处签拟通过。

三、据会计处签呈，奉行政院令，调整国内出差旅费支给标准，饬遵办一案，拟自本年十月一日起实行，请核示等情，请公决案。

（决议）照案通过。

四、据秘书处签呈，拟以邓振声代理本处法制室编审等情，请公决案。

（决议）照派代理。

五、据会计处案呈，揭阳县政府呈缴三十三年度地方岁入岁出第一次追加预算一案，经核编后，计各列二百一十八万二千六百四十七元，请提会核定等情，请公决案。

（决议）照案通过。

六、据会计处案呈，乳源县政府呈缴三十三年度地方岁入岁出第一次追加预算一案，经核编后，计各列一十七万六千八百二十一元，请提会核定等情，请公决案。

（决议）照案通过。

广东省政府第九届委员会
第五百六十六次议事录

日　期　十月二日

地　点　曲江本府

出席者　李汉魂　何　彤　周　游　张导民　陈元瑛　方少云

---

① 秘书处签拟略。

刘佐人　郑　丰　陈国伦

列席者　毛松年　麦霞甫　许培柏　温振鹏

主　席　李汉魂

纪　录　（秘书）古有成　（股长）杜如暄

报告事项

一、据梅县县政府、龙川县政府先后电，请准各该县级公务员生活补助金照省级办理各等情。饬据会计处签称，查省级机关职员生活补助金，经于本年五月份起增加，拟通行各县市局因应地方财力比照办理，款应妥筹来源，依期列入追加预算或在县预备金拨付。至毫无收入之战地县份及安化管理局，因本年度国税拨县款已无可分配余额，拟着就可有经费内统筹因应办理，暂不补助等语，应准如拟办理。

二、据设计考核委员会签呈，拟设置工作竞赛组并将省动员会议编余参事、督导六员调会服务，其原支薪津、公粮并移本会等情，应准如拟办理。

讨论事项

一、据会计处案呈，南澳县政府呈缴三十三年度地方岁入岁出第一次追加概算一案，经核编后，计各列三万二千七百六十元，请提会核定等情，请公决案。

（决议）照案通过。

二、据会计处案呈，开平县政府呈缴三十三年度地方岁入岁出第一次追加概算一案，经核编后，计各列五百八十二万零七百零四元，请提会核定等情，请公决案。

（决议）照案通过。

三、据会计处案呈，南山管理局呈缴三十三年度地方岁入岁出第一次追加概算一案，经核编后，计各列一百一十二万七千元，请提会核定等情，请公决案。

（决议）照案通过。

四、据会计处案呈，英德县政府呈缴三十一年度地方岁入岁出第四次追加预算一案，经核编后，计各列三万零四百四十三元，请提会核定等情，请公决案。

（决议）照案通过。

五、据会计处案呈，吴川县政府呈缴三十二年度地方岁入岁出第二次追加概算一案，经核编后，计各列二十一万四千四百零三元，请提会核定等情，请公决案。

（决议）照案通过。

六、据会计处案呈，安化管理局呈缴三十二年度地方岁入岁出第三次追加概算，计各列二万六千零一十元，核无不合，请提会核定等情，请公决案。

（决议）照案通过。

七、据会计处案呈，信宜县政府呈缴三十二年度地方岁入岁出第四次追加概算，计各列三十九万一千九百二十一元一案，核无不合，请提会核定等情，请公决案。

（决议）照案通过。

八、据建设厅呈，拟以余英敏代理农林局东坡酒壶岭牧场技正兼场长，请察核等情，请公决案。

（决议）照派代理。

九、据教育厅签呈，拟订广东省游击区内中等学校游动教育办法，请核示等情，请公决案。

（决议）交方、刘、张三委员审查，由方委员召集。

十、据教育厅签呈，拟具筹设商船科职业学校及工业职业学校计划，请核示等情，请公决案。

（决议）交方、刘、张三委员审查，由方委员召集。

十一、据教育厅签呈，拟具省立文理学院、省立勤勤商学院联合分教处设置办法，请核示等情，请公决案。

（决议）交方、刘、张三委员审查，由方委员召集。

十二、主席提议，在加强保卫经费项下拨支二百万元交省保安司令部督同当地团队构筑东区防御工事，请公决案。

（决议）照案通过。

十三、刘委员、何委员、张委员、黄委员、郑委员、陈委员、周委员会复，审查会计处签，拟编本省三十四年度岁出单位预算书一案意见，请公决案。

（决议）照审查意见修正通过。

485

十四、据教育厅签呈，本厅秘书刘桂灼呈请辞职，拟予照准，遗缺拟调本厅督学黄继植接充，递遗督学缺，拟派黄炯第代理等情，请公决案。

（决议）照案通过。

十五、主席提议，鹤山县长汤灿华免职，遗缺派梁汉耀代理，请公决案。

（决议）照案通过。

广东省政府第九届委员会
第五百六十七次议事录

日　期　十月五日

地　点　曲江本府

出席者　李汉魂　方少云　何　彤　张导民　陈元瑛　刘佐人
　　　　周　游　郑　丰　陈国伦

列席者　麦霞甫　温振鹏

主　席　李汉魂

纪　录　（秘书）古有成　（股长）杜如暄

报告事项

一、据建设厅案呈，关于农林局、省银行会呈，更正本省耕牛保险暂行办法一案，请核示等情。经饬据秘书处签拟修正前来，应准如拟办理。

二、据大埔县政府电，以乡镇队附生育补助费，可否依照公务员战时生育补助标准拨发等情。饬据会计处签，以县级公务员生育子女补助费之发给范围，经规定以领县级公粮之县属机关编制内专任人员为限，乡镇队附本年四至九月公粮虽由乡镇筹发，但乃因县级公粮不敷所致，本年十月份起，已恢复由县级公粮项下配拨，且乡镇队附同属国民兵团系统，拟准照规定标准发给等语，应准如拟办理。

三、据会计处案呈，番禺县政府呈缴二十九年度地方岁入岁出追加

486

概算一案，计各列一万七千一百二十一元，核无不合，拟准照列等情，应准如拟办理。

四、据会计处签呈，关于本府老隆办事处处长每月应发薪俸、生活补助费及加成特别办公费，合共三千七百一十五元，由八月份起本年度五个月共需一万八千五百七十五元，款拟在本年度第一预备金项下拨支，公粮每月一市石，照在省级公粮拨发等情，应准如拟办理。

讨论事项

一、据民政厅、建设厅会签，拟具广东省县各级合作社组织加紧完成办法，请核示等情，请公决案。

（决议）交方、刘、张三委员审查，由方委员召集。

二、据会计处签呈，潮安县政府呈缴三十三年度地方岁入岁出第二次追加概算一案，计各列二十八万二千六百元，核无不合，拟准照列，请提会核定等情，请公决案。

（决议）照案通过。

三、（略）

四、据会计处案呈，惠来县政府呈缴三十二年度地方岁入岁出第三次追加概算一案，计各列四万五千八百三十七元，核无不合，拟准照列，请提会核定等情，请公决案。

（决议）照案通过。

五、据会计处案呈，新会县政府呈缴三十三年度地方岁入岁出第一次追加概算一案，经核编后，计各列追加一百九十三万七千七百元，请提会核定等情，请公决案。

（决议）照案通过。

六、据第五区行政督察专员兼保安司令公署呈，拟以王鼎新代理本署秘书等情，请公决案。

（决议）照派代理，支荐任七级俸。

七、据教育厅签呈，拟具本省三十三年度战区学生收容救济计划及人数分配表，请核示等情，请公决案。

（决议）交刘、张、何三委员审查，由刘委员召集。

八、据连山县政府电，以三十二年度县级公粮除奉准补助外，尚不敷七百四十五石，折合代金五十二万一千五百元，请准照数补助等情，请公决案。

（决议）照案通过。

九、主席提议，新会县长马有为另候任用，遗缺以本府秘书张宝荣代理，请公决案。

（决议）照案通过。

十、据会计处签呈，革命先烈郑士良遗族郑玉贞呈请由本年五月份起按月发给救济金三千元一案，应否照准，请核示等情，请公决案。

（决议）准一次过拨助二万元，款在本年度省预算退休及抚恤支出款内恤金科目项下拨支。

十一、据民政厅签呈，曲江自市县合并后，曲江县第一届临时参议会在过渡时期拟增设副议长一人，驻会委员二人，请核示等情，请公决案。

（决议）照案通过。

广东省政府第九届委员会
第五百六十八次议事录

日　期　十月九日

地　点　曲江本府

出席者　郑　丰　何　彤　刘佐人　方少云　张导民　周　游　　　陈元瑛　陈国伦

列席者　毛松年　陈鸿藻　麦霞甫　许培柏

主　席　李汉魂（公出　陈元瑛代）

纪　录　（参议）蔡　熹　（股长）杜如喧

报告事项

一、据会计处案呈，关于战时通讯所开辟由所至胜利新村大道，支出工料费尚不敷七千元，请准在该所建筑器材库扣减余款七千元移用一案，拟准照办等情，应准如拟办理。

讨论事项

一、方委员、刘委员、张委员会复，审查教育厅签，拟具筹设商船科职业学校及工业职业学校一案意见，请公决案。①

（决议）照审查意见通过。

二、方委员、刘委员、张委员会复，审查教育厅签，拟具广东省游击区内中等学校游动教育办法一案意见，请公决案。②

（决议）照审查意见通过。

三、据卫生处呈，拟以周达谋代理本处秘书等情，请公决案。

（决议）照派代理。

四、方委员、刘委员、张委员会复，审查教育厅签呈，拟具省立文理学院、勷勤商学院联合分教处设置办法一案意见，请公决案。③

（决议）照审查意见通过。

五、据会计处签呈，拟议拨支连阳自卫总队、遂徐自卫中队本年五、六两月官兵副食费共三十八万零八百元办法，请核示等情，请公决案。

（决议）照案通过，款在本年度保留加强保卫经费项下拨支。

六、据设计考核委员会签呈，拟具广东省三十四年度各县工作计划项目，请核示等情，请公决案。

（决议）交何、张、郑三委员审查，由何委员召集。

七、刘委员、张委员、何委员会复，审查教育厅签呈，拟具本省三十三年度战区学生收容救济计划及人数分配表一案意见，请公决案。

（决议）照审查意见修正通过。

八、刘委员、周委员会复审查财政厅签呈，拟具本省县级公教人员福利金支拨办法一案意见，请公决案。④

（决议）照审查意见通过。

---

① 审查意见略。
② 审查意见略。
③ 审查意见略。
④ 审查意见略。

广东省政府第九届委员会
第五百六十九次议事录

日　期　十月十二日

地　点　曲江本府

出席者　郑　丰　张导民　陈元瑛　何　彤　方少云　周　游

　　　　刘佐人　陈国伦

列席者　毛松年　黄　雯　陈鸿藻　麦霞甫

主　席　李汉魂（公出　陈元瑛代）

纪　录　（参议）蔡　熹　（股长）杜如暄

报告事项

一、准广东全省保安司令部代电，编送本部暨直属队三十二年度月份谍报费支付预算书，计月支四千零九十元，年支四万九千零八元，款拟在同年度保安经费节余项下列支等由。饬据会计处签称，拟姑照在三十二年度保安经费节余项下开支等情，应准如拟办理。

二、据第四区行政督察专员兼保安司令公署呈，以副司令王耀远奉调到差，共支调差旅费四千零二十元，因经费预算内旅费不敷支应，请准由府核发等情。饬据会计处签称，该副司令事实业经携带随从到差，为数无多，为省繁牍起见，可否姑准照修正国内出差旅费规则规定剔减五月十一日列报旅费五十元后，发还该副司令旅费二千五百五十元及携带勤务兵旅费一千四百二十元，合共三千九百七十元，款在本年度第一预备金科目拨支等语，应准如拟办理。

三、奉行政院饬知，本省三十三年度八至十二月学生副食费核定七百零四万二千元等因。经饬据会计处签，经教育厅列具分配预算表，查尚符合，拟照分行等语，应准如拟办理。

四、据建设厅呈，以农林局总务课长谭荣沛因病请辞职，拟予照准，遗缺拟调该局技士汤炎师代理，晋支荐任七级薪等情。饬据秘书处签称，拟准照调，并依例暂支荐任七级薪等语，应准如拟办理。

490

讨论事项

一、何委员、周委员、方委员、陈委员会复，审查设计考核委员会签，拟具整顿本省各县市局狱政办法一案意见，请公决案。①

（决议）照审查意见通过。

二、据会计处案呈，关于本府秘书处由南雄运韶转连县军区六五子弹一万颗，共支旅费五千七百六十元，款拟在本年度保留加强保卫经费项下拨支等情，请公决案。

（决议）照案通过。

三、据地政局签呈，为租佃契约登记每件所需登记表证拟收回工本费二元，请核示等情，请公决案。

（决议）照案通过，呈缴行政院备案。

四、据建设厅签呈，拟以李炳芬代理本厅技正兼农具制造厂厂长等情，请公决案。

（决议）照派代理。

五、何委员、张委员、郑委员会复，审查设考会拟具广东省三十四年度各县工作计划项目一案意见，请公决案。②

（决议）照审查意见通过。

六、据设计考核委员会签呈，拟具本府西江、南路行署组织规程，请核示等情，请公决案。

（决议）交何、方、郑三委员审查，由何委员召集。

七、据会计处签呈，拟筹垫十、十一两个月本省保安等武职机关部队，依照本年五月份起应增加官兵待遇之数，请核示等情，请公决案。

（决议）照案通过。

---

① 审查意见略。
② 审查意见略。

广东省政府第九届委员会
第五百七十次议事录

日　期　十月十六日

地　点　曲江本府

出席者　李汉魂　陈元瑛　刘佐人　何　彤　张导民　郑　丰
　　　　周　游　方少云　陈国伦

列席者　毛松年　黄　雯　麦霞甫

主　席　李汉魂

纪　录　（参议）蔡　熹　（股长）杜如暄

报告事项

一、奉行政院令，发印度、缅甸、越南、香港等地出差旅费规则、饬知照等因。饬据会计处签，拟分行并饬知各机关自本年八月五日起，以前转颁该暂行规则不再适用等语，应准如拟办理。

讨论事项

一、方委员、刘委员、张委员会复，审查民政厅、建设厅会签，拟具广东省县各级合作社组织加紧完成办法一案意见，请公决案。①

（决议）照审查意见通过。

二、据物价管制委员会电，编具补助设计考核委员会资料室办公费预算表，计年列支七万六千元，款拟在本会事业费项下拨用等情，请公决案。

（决议）照案通过。

三、据民政厅签呈，拟具调整乡镇保编制，以增加待遇一案办法，请核示等情，请公决案。

（决议）交陈、张、郑、周、刘、方六委员审查，由陈委员召集。

四、据会计处案呈，关于罗信等三个自卫大队官兵每名月追加副食

---

① 审查意见略。

费六十元一案，计由本年九月至十二月共需三十七万二千二百四十元，款拟在本年度保留加强保卫经费项下拨支，请核示等情，请公决案。

（决议）照案通过。

五、据民政厅签呈，依法拟具韶关市临时参议会参议员改任曲江县临时参议会参议员及副议长人选核圈名单，请察核等情，请公决案。

（决议）照案通过。

广东省政府第九届委员会
第五百七十一次议事录

日　期　十月十九日
地　点　曲江本府
出席者　李汉魂　何　彤　张导民　郑　丰　陈元瑛　方少云
　　　　刘佐人　陈国伦
列席者　黄　雯　谢群彬　温振鹏　许培柏
主　席　李汉魂
纪　录　（参议）蔡　熹　（股长）杜如暄

报告事项

一、准广东省地方行政干部训练团函，请拨发科长陈克明赴渝受训旅费八千四百六十三元一案。饬据会计处签称，核数尚合，似可在本年度受训人员旅费科目拨支等语，应准如拟办理。

讨论事项

一、据秘书处案呈，拟具本府战时通讯所改组纲领及方案，请核示等情，请公决案。

（决议）电话队仍隶总台，余照案通过。

二、据设计考核委员会签呈，拟具广东省各机关战时财物管理办法草案，请核示等情，请公决案。

（决议）交陈、何、张、郑、刘、周六委员审查，由陈委员召集。

广东省政府第九届委员会
第五百七十二次议事录①

日　期　十月二十三日

地　点　曲江本府

出席者　何　彤　周　游　张导民　陈元瑛　刘佐人　郑　丰
　　　　方少云　陈国伦

列席者　史延程　黄　雯　陈鸿藻　谢群彬　温振鹏　许培柏

主　席　李汉魂（公出　陈元瑛代）

纪　录　（参议）蔡　熹　（股长）杜如暄

讨论事项

一、据建设厅签呈，关于第六区行政督察专员兼保安司令公署呈，拟设置农田水利工程办事处一案，应否准予设置，请核示等情，请公决案。

（决议）依照三、四两区成案，准予设立，公粮、经费如何分配，由该区专署拟具呈核。

二、陈委员、何委员、张委员、郑委员、刘委员、周委员会复，审查设计考核委员会签呈，拟具广东省各机关战时财物管理办法草案一案意见，请公决案。

（决议）照审查意见通过。

三、据建设厅呈，拟具三十三年度东江各县引种马铃薯实施办法，请拨款办理等情，请公决案。

（决议）照案通过，款在本年度新兴事业费拨支。

四、据会计处签呈，关于揭阳等八十三县局三十四年度地方岁入岁出概算，经核编完竣，请核定等情，请公决案。

（决议）交张、何、郑、黄、陈、刘、方七委员审查，由张委员

---

① 原文缺"报告事项"内容。

召集。

五、主席提议，揭阳县长陈友云辞职照准，遗缺调普宁县长朱少言接充，递遗【普宁县长】缺派周英耀代理，请公决案。

（决议）照案通过。

广东省政府第九届委员会
第五百七十四次议事录

日　期　十月三十日

地　点　曲江本府

出席者　何　彤　陈元瑛　张导民　周　游　方少云　郑　丰
　　　　刘佐人　陈国伦

列席者　谢群彬　温振鹏

主　席　李汉魂（公出　陈元瑛代）

纪　录　（参议）蔡　熹　（股长）杜如暄

报告事项

一、据财政厅签呈，拟会同田赋管理处重新核定县级公粮征额为：（一）临时地税县份，照原定征率减四分之一，计每元带征一市斗五升。（二）地籍整理及土地陈报完竣县份，亦按照原定带征率减四分之一，如各县经照前定征率征收者，应查明发还粮户等情，经准如拟办理。

二、据报高明县长钟岐因事行踪不明，在该县长未及处理县政时，经电由第三区副保安司令陈斗宿暂行护理县政。

三、据秘书处签呈，关于本府无线电总台编制，拟请准予：（一）分台长一职仍保留原来名称照旧称为领班。（二）总台工役人数照员四役一之规定比率配足十九人名额等情，应准如拟办理。

讨论事项

一、据第四区行政督察专员兼保安司令公署电缴三十三年一至七月份人犯囚粮预算，请拨还归垫等情，请公决案。

（决议）照会计处签拟通过。

二、据会计处签呈，拟议抵拨本府前发给驻韶省级各机关职员及眷属疏散补助费办法，请核示等情，请公决案。

（决议）照案通过。

三、张委员、何委员、郑委员、黄委员、陈委员、方委员、刘委员会复，审查会计处签呈，核编揭阳等八十三县局三十四年度地方岁入岁出概算案意见，请公决案。①

（决议）照审查意见通过。

广东省政府第九届委员会
第五百七十五次议事录

日　　期　十一月二日

地　　点　曲江本府

出席者　何　彤　方少云　陈元瑛　张导民　郑　丰　刘佐人
　　　　周　游　陈国伦

列席者　谢群彬　温振鹏　冼维逊

主　　席　李汉魂（公出　陈元瑛代）

纪　　录　（参议）蔡　熹　（股长）杜如暄

报告事项

一、据粮政局电缴第二区粮食调节处三十年度十一、十二月份及结账后会计报告决算书表，请察核等情。饬据会计处签拟：（一）资产负债平衡表列粮食及材料盘存数，核尚相符，拟予照列。（二）余绌计算总表列本期盈余一十万零一千四百零七元七角七分，核计尚符，拟准照列。（三）三十二年十一、十二月份报告，拟予存查等语，应准如拟办理。

二、据会计处案呈，关于本府罗定办事处奉准增加职员一人，该处办公费拟依前核定每人月以办公费三百六十元，旅费照办公费之半数计

---

① 审查意见略。

一百八十元，月共应增五百四十元，由十一月份起计至十二月份止共两个月计增发一千零八十元，该款照前案在省预算新兴事业费项下拨支等情，应准增拨。

讨论事项

一、准广东省军管区司令部电送平蕉自卫大队月份经常费、军眷粮、建设费预算书，计月列经常费六千八百一十四元五角，军眷粮七石八百八十九合，一次过建设费九万六千五百零五元，请查照，自十月份起如数照拨等由，请公决案。

（决议）建设费在加强保卫经费项下拨支，经费在抗战准备金统筹部分拨支，军眷粮在各县抗战准备粮拨给。

二、方委员、何委员、刘委员、张委员会复，审查秘书处签呈，拟具广东省督辅兴办农田水利规程、广东省农田水利事业管养征费规则一案意见，请公决案。①

（决议）照审查意见通过。

三、陈委员、张委员、郑委员、周委员、刘委员、方委员会复，审查民政厅签呈，拟具调整乡镇保编制，以增加待遇办法一案意见，请公决案。②

（决议）照审查意见通过。

四、据设计考核委员会签呈，拟具加强组训地方团队方案，加强组训团队关于编制及出粮部分调整办法，请核示等情，请公决案。

（决议）照案修正通过。

广东省政府第九届委员会
第五百七十六次议事录③

日　期　十一月六日

---

① 审查意见略。
② 审查意见略。
③ 原文缺"报告事项"内容。

地　点　曲江本府

出席者　何　彤　张导民　陈元瑛　郑　丰　周　游　方少云
　　　　刘佐人　陈国伦

列席者　毛松年　黄　雯　谢群彬　黄周昌

主　席　李汉魂（公出　陈元瑛代）

纪　录　（参议）蔡　熹　（股长）杜如暄

讨论事项

一、据秘书处签呈，拟以丘耀渠代理本处技术室技正，请察核等情，请公决案。

（决议）照派代理，支荐任五级薪。

二、据设计考核委员会签呈，关于汇编本府三十四年度施政计划，请核示等情，请公决案。

（决议）交陈、张、郑、方四委员审查，由陈委员召集。

三、据会计处签呈，拟议由本年十月份起增加本省团队官兵待遇办法，请核示等情，请公决案。

（决议）照案通过。

四、主席提议，保亭县长李汉仪病故出缺，派周栽彬代理，请公决案。

（决议）照案通过。

广东省政府第九届委员会
第五百七十七次议事录

日　期　十一月九日

地　点　曲江本府

出席者　李汉魂　刘佐人　方少云　郑　丰　陈元瑛　何　彤
　　　　周　游　张导民　陈国伦

列席者　毛松年　黄　雯　谢群彬　黄周昌

主　席　李汉魂

纪　录　（参议）蔡　熹　（股长）杜如暄

报告事项

一、据广东省物价管制委员会呈缴疏散费支出各费清表，计列一十六万二千零五十九元七角，除奉核发一十一万六千九百零八元外，仍不敷四万五千一百五十一元七角，请察核拨还归垫等情。饬据会计处签，该超支款既经驻审人员核定，并已实际支出，似可姑准在该会本年度事业费项下支报等语，应准如拟办理。

二、据教育厅呈，以本厅三十三年迁连疏散超支七万四千三百五十八元二角，拟将中等学校暑期教员讲习会经费流入应支等情。饬据会计处签称，既经驻审人员签证，据请准予列入教育文化费分类总表临时部分一款一项一目内支报，至于仍不敷五万八千五百八十元，据请准将同款五项三目支报五万八千五百八十元流入该支报科目，似可并予照数流入该厅本年度经费预算办公费项旅杂费目项下支报等语，应准如拟办理。

讨论事项

一、据建设厅签呈，请准在本年度新兴事业费项下拨助一百万元修理加强韶庚公路等情，请公决案。

（决议）准在本年度新兴事业费项下垫拨五十万元。

二、据会计处案呈，拟议垫拨各机关部队不敷装备费办法，请核示等情，请公决案。

（决议）照案通过。

三、据粮政局签呈，拟具三十三年度各县募集积谷分配表，并修改竞赛积谷实施办法，请核示等情，请公决案。

（决议）交方、□、张三委员审查，由方委员召集。

四、据会计处签呈，拟排印三十四年度本省各县局地方岁入岁出总预算，计需印刷费一十三万六千七百四十元，款拟在本年度省预算第一预备金拨支等情，请公决案。

（决议）照案通过。

五、陈委员、张委员、郑委员、方委员会复，审查设计考核委员会签呈，关于汇编本府三十四年度施政计划一案意见，请公决案，

（决议）照审查意见通过。

广东省政府第九届委员会
第五百七十八次议事录①

日　期　十一月十三日

地　点　曲江本府

出席者　陈元瑛　方少云　周　游　张导民　高　信　刘佐人
　　　　陈国伦

列席者　史延程　毛松年　黄　雯　王仁佳　谢群彬　黄周昌

主　席　李汉魂（公出　陈元瑛代）

纪　录　（参议）蔡　熹

讨论事项

一、据粮政局签呈，拟具广东省查验各级仓廒三十三年度积谷施行细则，请核示等情，请公决案。②

（决议）照秘书处签拟通过。

二、据设计考核委员会签呈，拟具广东省战地县份三十四年度工作计划项目，请察核等情，请公决案。

（决议）交高、周、张三委员审查，由高委员召集。

三、据会计处签呈，拟由本年五月份起增加军管区司令部团队管理处官佐补助费及官兵副食费办法，请核示等情，请公决案。

（决议）照案通过。

---

① 原文缺"报告事项"内容。

② 秘书处签拟略。

广东省政府第九届委员会
第五百七十九次议事录

日　期　十一月十六日
地　点　曲江本府
出席者　李汉魂　周　游　高　信　张导民　陈元瑛　刘佐人
　　　　王志远　陈国伦
列席者　毛松年　黄　雯　李锡朋　谢群彬　李世安
主　席　李汉魂
纪　录　（参议）蔡　熹　（股长）杜如暄

报告事项

一、据本府设计考核委员会签呈，拟议修正本省加强组训地方团队方案暨加强团队关于编制及经费、公粮部分调整办法各点，请察核等情，经准如拟办理。

讨论事项

一、据本府驻渝办事处呈，以每月所需电报费增加数倍，无法应支，请准指款拨付等情，请公决案。①

（决议）照会计处签拟通过。

二、主席提议，郁南县长关××擅离职守，放弃责任，应予撤职查办，遗缺派张中鼎代理，请公决案。

（决议）照案通过。

三、主席提议，增城县长李友庄辞职照准，遗缺派邓琦昌代理，请公决案。

（决议）照案通过。

四、据民政厅签呈，拟议改善本省警察队长警待遇给与办法及追加

----

① 会计处签拟略。

服装费案，请核示等情，请公决案。①

（决议）照会计处签拟通过。

五、方委员、刘委员、张委员会复，审查粮政局签呈，拟具三十三年度各县募集积谷分配表并修改竞赛积谷实施办法一案意见，请公决案。

（决议）照审查意见修正通过。

六、据设计考核委员会签呈，拟修正本府老隆办事处工作项目，请核示等情，请公决案。

（决议）照案修正通过。

七、主席提议，本府罗定办事处应在本年十一月底结束，所有该处人员拨西江、南路行署服务，请公决案。

（决议）照案通过。

广东省政府第九届委员会
第五百八十次议事录②

日　　期　　十一月二十日
地　　点　　曲江本府
出席者　　李汉魂　何　彤　高　信　郑　丰　张导民　陈元瑛
　　　　　周　游　刘佐人　王志远　陈国伦
列席者　　毛松年　谢群彬　许培柏
主　　席　　李汉魂
纪　　录　　（参议）蔡　熹　（股长）杜如暄
讨论事项

一、准广东全省保安司令部电，以所属保三团重新成立第七中队及特务分队，经一次过发给开办购置费五千六百元，款在节余项下支报等

---

① 会计处签拟略。
② 原文缺"报告事项"内容。

由，请公决案。

（决议）照案通过。

二、据会计处案呈，拟议拨支省军管区司令部团队管理处由本年十一月下半月起增设官佐一案，所增经费军眷粮办法，请核示等情，请公决案。

（决议）照案通过。

三、主席提议，德庆县长周天任另有任用，遗缺派覃维正代理，请公决案。

（决议）照案通过。

四、据建设厅签呈，拟具曲江老狱水库工程协办委员会组织章程，请核示等情，请公决案。

（决议）照秘书处签拟修正通过。

五、据会计处签呈，拟议拨支本府西江、南路行署经费办法，请核示等情，请公决案。

（决议）交刘、何、张、黄、郑、陈、周、高八委员审查，由刘委员召集。

六、据会计处签呈，关于曲江县三十四年度地方岁入岁出总预算，经核编完竣，请提会核定等情，请公决案。

（决议）照案通过。

七、据会计处签呈，拟议拨支本省第一至八区行政督察专员兼保安司令公署本年十二月份起增加督察等员需增经费办法，请核示等情，请公决案。

（决议）照案通过。

八、据本府设计考核委员会签呈，拟具广东省政府优待青年公务员志愿从军补充办法，请核示等情，请公决案。

（决议）照案通过。

广东省政府第九届委员会
第五百八十一次议事录

日　期　十一月二十三日

地　点　曲江本府

出席者　李汉魂　何　彤　高　信　郑　丰　陈元瑛　王志远
　　　　张导民　周　游　刘佐人　陈国伦

列席者　毛松年　黄　雯　谢群彬　许培柏

主　席　李汉魂

纪　录　（参议）蔡　熹　（股长）杜如暄

报告事项

一、据会计处签呈，关于前核定抵拨本府前发给驻韶省级各机关职员及眷属疏散补助费办法，因签拨手续问题，经与财政厅商议，除在公粮盈余提拨三百万元外，其余二百六十四万四千五百九十八元，拟在本年度生活补助费科目项下拨支等情，应准如拟办理。

二、据卫生处签呈，拟派员前赴东江增强防护工作，计需旅运费一十万元，款在本年度卫生事业临时费预算内相当科目支报等情。饬据会计处签称，查核尚属可行，似可照准等语，应准如拟办理。

讨论事项

一、据财政厅呈，以本厅厅长奉派赴渝出席全国行政会议，计共支旅费二万零四百六十三元，请拨还归垫等情，请公决案。

（决议）照案通过。款在本年度第一预备金项下拨支。

二、据第七区行政督察专员兼保安司令公署电，以区县电台电球损坏，经垫款四万八千元修理，请拨还归垫等情，请公决案。①

（决议）照会计处签拟通过。

三、准广东全省保安司令部电送三十二年度裁遣人员资遣费预算

----

① 会计处签拟略。

书，计共列七万五千二百八十七元，请查照等由，请公决案。

（决议）照案通过，款在三十二年度保安经费节余项下开支。

四、据会计处签呈，关于湘粤两省宜、临、汝、乐、连、乳六县联防办事处，由本年十月二十日起至十二月底止，本府应负担经费共三万五千元，拟在本年度战时特别预备金项下拨支，请核示等情。请公决案。

（决议）照案通过。

五、据设计考核委员会签呈，拟议在连机关裁并办法，请核示等情，请公决案。

（决议）（一）上窑托儿所裁。（二）省体育场交曲江县接收办理。（三）所有被裁机关之经费，拨回省预算归并者，其办公费拨归归并机关。（四）余照案通过。

六、据财政厅签呈，拟具各县税捐征收处改制后编制经费表，请核示等情，请公决案。

（决议）交刘、高、郑、陈、王五委员审查，由刘委员召集。

七、主席提议，连山县长张益民免职，遗缺派廖骐代理；高明县长钟岐免职，遗缺派陈斗宿代理，请公决案。

（决议）照案通过。

八、刘委员、何委员、张委员、黄委员、郑委员、陈委员、周委员、高委员会复，审查会计处签，拟议拨支本府西江、南路行署经费办法一案意见，请公决案。①

（决议）照审查意见通过。

九、高委员、周委员、张委员会复，审查设考会签，拟具广东省战地县份三十四年度工作计划项目一案意见，请公决案。②

（决议）照审查意见通过。

---

① 审查意见略。

② 审查意见略。

广东省政府第九届委员会
第五百八十二次议事录

日　期　十一月二十七日

地　点　曲江本府

出席者　高　信　郑　丰　陈元瑛　周　游　王志远　何　彤
　　　　刘佐人　黄麟书　陈国伦

列席者　毛松年　黄　雯

主　席　李汉魂（公出　陈元瑛代）

纪　录　（参议）蔡　熹　（股长）杜如暄

报告事项

一、据设计考核委员会签呈，以准粮政局函送粮政部分项目提要，嘱补列本省各县局三十四年度工作计划项目一案，拟另案饬县并前案办理等情，应准如拟办理。

二、据会计处签呈，关于景华舰自本年十月份起停发办公费，其余薪饷生活补助费、特别费等按月继续发给一案，拟饬财政厅遵办，至原应发还该舰一成经费，拟一并停发等情，应准如拟办理。

讨论事项

一、据秘书处签呈，拟具本府无线电台总台设置办法，请核示等情，请公决案。

（决议）交王委员审查。

二、据第五区行政督察专员兼保安司令公署电，请发本年一至六月份行政人犯口粮暨油盐柴菜等费等情，请公决案。[1]

（决议）照会计处签拟通过。

三、据粮政局签呈，拟具各县仓保管委员会编制预算表，请核示等情，请公决案。

---

[1]　会计处签拟略。

506

（决议）交高、何两委员审查，由高委员召集。

四、据会计处案呈，关于连山县政府以县级公粮不敷无法拨发该县电台三十一年十月至三十二年四月公粮一案，拟议由本府拨助办法，请核示等情，请公决案。

（决议）照案通过。

五、准广东省军管区司令部电，请拨发连阳自卫总队恢复通讯及担架分队暨增加运输兵等，本年九至十二月经费共二十一万三千五百四十一元七角等由，请公决案。

（决议）照案通过。款在本年度国税超征项下开支。

六、据民政厅、财政厅会签，拟具各县三十四年度乡镇保自治经费筹集及动支办法，请核示等情，请公决案。

（决议）照案修正通过。

广东省政府第九届委员会
第五百八十三次议事录①

五、刘委员、高委员、郑委员、陈委员、王委员会复，审查财政厅签，拟具各县税捐征收处改制后编制经费表一案意见，请公决案。

（决议）照审查意见。

六、据第二区行政督察专员兼保安司令公署电，以本区专员奉令前赴连山办理剿抚案件，计共支旅杂费二万元，请准拨款拨还归垫等情，请公决案。

（决议）照案通过，款在战时特别预备金支拨。

七、据粮政局签呈，拟具广东省三十四年度省级公粮经理办法，请核示等情，请公决案。

（决议）交高、陈、刘、何、王、黄、郑审查。

---

① 该次议事录原文残缺不全，时间不详。以下照原文辑录。